매력의 시대

The Power of Attractiveness

매력의 시대

초판 1쇄 인쇄 2025년 09월 20일
초판 1쇄 발행 2025년 09월 28일

지은이 홍순만
펴낸이 백유창
펴낸곳 도서출판 더 테라스

신고번호 제2016-000191호
주 소 서울 마포구 양화로길 73 체리스빌딩 6층
Tel. 070-8862-5683
Fax. 02-6442-0423
E.mail seumbium@naver.com

이 책은 저작권법에 의해 보호를 받는 저작물이므로 무단전재 및 복제를 금합니다.
잘못 만들어진 책은 구입하신 서점에서 바꾸실 수 있습니다.

ISBN 979-11-988250-5-6 03300

값 22,000원

매력의 시대

The Power of Attractiveness

우리 모두의 미래를 위한 담론

인류는 오랜 기간의 〈권력의 시대〉를 보내고, 〈매력의 시대〉를 맞고 있다.
이에 따라 우리의 삶의 방식이 바뀌고 있다.

홍순만 지음

더테라스

CONTENTS

프롤로그 · 8
매력의 시대 · 11

제1부 인간과 매력

제1장 인간이란? 14
우리의 일상 | 생물학적 인간 | 치열한 생존 메커니즘 | 생물학적 인간, 철학적 인간

제2장 인간의 정신능력 26
기억과 상상 | 감성과 감정 | 우연과 필연, 이성 | 이성의 반복, 지성 |
생명의 연대, 지혜 | 인간 지능과 인공지능 | 미래 컴퓨터

제3장 인간의 생존의지 51
생존욕구와 생존의지 | 본능적 생존의지, 지성적 생존의지 |
치열한 생존의지, 신神에 대한 믿음

제4장 지성의 여정 56
명석한 두뇌 | 자아의 성숙 | 고난의 행군 | 알렉산드리아 도서관 |
지성 산실: 학문과 대학 | 미래사회, 지성사회

제5장 마음을 사로잡는 매력 76
사전적 정의 | 매력의 유형: 시장 친화적 매력, 공감 친화적 매력
변덕스러운 매력, 지속가능한 매력
가치 높은 매력, 가치 없는 매력

제2부 권력과 매력

제1장 세상을 움직이는 힘 82

제2장 매력의 시대 84
징후들 | 권력의 탄생 | 전쟁의 소멸 | 자유와 인권

제3장 전쟁과 권력구조 91
창검 전쟁 | 지식 전쟁 | 시스템 전쟁 | 미래 전쟁: 무인 전쟁 | 보이지 않는 전쟁

제3부 세상을 흔든 매력, 흔들 매력

제1장 세상을 흔든 매력 102
고대 매력 '클레오파트라' | 지적 혁신, 문자 | 생산성 혁명, '동력기관' | 새로운 공간, 달

제2장 세상을 흔들 매력 116
거대한 도전: BIG-STEP | 제2차 대항해 시대 | 우주 비즈니스 | 성큼 다가운 우주시대 | 우주개척을 위한 행보 | 우주적 세계관

제4부 매력 시장, 수요와 공급

제1장 매력 시장 136
시장의 역할 | 시장의 확대 | 시장의 분화 | 시장의 진화

제2장 매력 수요와 공급 145
매력 수요 | 매력 공급

제5부 매력을 만드는 기술

제1장 매력 비즈니스 152

제2장 매력의 조건 154

제3장 매력 만들기 156
매력의 디자인 | 빠른 혁신 | 열정과 인내

제4장 매력 가치 올리기 162
판과 틀 | 트렌드 | 승수효과 | 시장 노출 | 나누어 팔기 | 매력과 사람의 이동

제6부 매력과 기업

제1장 산업 생태계의 진화 186
또 하나의 산업혁명 | 하나로 통합되는 산업 | 생산, 공급, 소비 프로세스 통합과 혁신

제2장 생산요소 191

제3장 기업의 역할 194
기업 목표, 이윤극대화? | 복합등가형 사회 | 미래 기업 역할: 공급사슬 관리자, 게임 체인저

제4장 미래기업의 조건 200
혁신적 리더십 | 의사결정 | 조직 관리 | 탄력적인 비즈니스 | 플랫폼 비즈니스 | 좋은 비즈니스 파트너 | 실시간 직거래 비즈니스 | 과학 기반 비즈니스

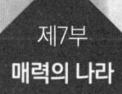

제7부 매력의 나라

제1장 세계인의 매력, 한류 226
한류의 발상지 | 한류 매력의 이유: 권력구조 혁신, 지적 혁신, 일의 혁신, 인프라 혁신

제2장 지식 보고 238
인류의 축복, 한글 | 혁신적인 한글 관리 | K-라이브러리

제3장 생각 교육 250
수요자 중심 교육 | 생각의 근육 | 개방형 교육 플랫폼

제4장 공간 혁명 257
미래 공간 | 지적 공간 | 주거 공간 | 이슈와 쟁점

제5장 인구 구조 284
맬서스형 인구 폭증 | 이유 있는 낮은 출산율 | 출산율 감소 대책 | 고령화 시대 노동대책

제6장 일자리, 융합소득 296
사라지는 일자리 | 꿈과 희망 = 일자리 | 융합소득 | 일자리 친화형 기업 지원 | 기본소득에 대한 논의

제7장 대한민국 메가리전 305
　　교통이 만든 명당 | 교통 발달과 도시 형성 | 초거대 도시, 메가리전 |
　　고속교통망으로 연결된 성장 거점

제8장 초고속 대량교통망 325
　　폭발적인 고속교통 수요 | 초대용량 고속교통망 | 고밀도 열차 운행 |
　　시속 200에서 300킬로미터로 | 대도시권 광역급행철도 |
　　미완의 수도권 광역급행철도 | 기존 전철과 지하철 급행화

제9장 물자 공급망 356
　　생존을 위한 네트워크 | 남북연결 프로젝트 | 철도 물류의 혁신 |
　　초장대 화물열차 | 남해안 항만 산업 벨트

제10장 미래 에너지 369
　　생명의 원천, 에너지 | 무한(핵분열, 핵융합) 에너지 | 신재생 에너지

제11장 미래 인프라 379
　　고대 이집트 피라미드 | 국가 인프라 전략 | 국가인프라전략기획단

제12장 인재, 시스템, 벤쳐기업 389
　　유능한 인재 | 효율적 조직, 시스템 빌딩 | 벤처 기업

에필로그 · 395

프롤로그

　인류는 어떻게 태어났고, 어떻게 만물의 영장이 되었을까? 그리고 우리 인류의 미래는 어떻게 전개될 것인가? 모두가 궁금하게 생각하는 원초적 질문들이다. 이들 질문에 대한 답을 얻으려면 치열한 담론이 있어야 할 것으로 보인다. 이 책은 이들 담론을 이끌어내기 위한 화두話頭의 일부이다. 이를 시작으로 우리 인류의 과거, 현재, 미래에 대한 치열한 담론이 이어지기를 바란다.

　인류의 조상Hominin인 오스트랄로피테쿠스Australopithecus가 아프리카 일대에 출현한 것은 지금부터 420만~210만 년 전이다. 오랜 기간의 진화를 거쳐 35만 년 전 현생 인류Homo sapiens가 탄생했다. 인류가 석기石器를 도구로 사용하기 시작한 시기는 인류의 조상이 살던 340만 년 전이다. 인류가 지구상에 나타난 이후 살아온 99.7%의 기간이 석기 시대였다. 그 오랜 기간 인류는 여느 동물과 비슷한 삶을 살았다. 인류는 1만 년 전에 와서야 비로서 〈문명의 시대〉를 열기 시작했다. 이는 인류가 점토에 열을 가해 토기를 만들고, 지식을 담는 문자를 발명하며 시작된 지적 혁명에서 비롯된 일이다.

　인류는 인류 문명이 시작된 1만 년 중 대부분의 기간을 절대 권력이 세상을 지배하는 〈권력의 시대〉를 살았다. 이 시대에는 절대 권력의 힘에 눌려 일반 개인은 자신의 존재감을 드러낼 수 없었다. 1945년 제2차 세계 대전 이후 과거 인류에게 일상과도 같았던 전쟁이 사라지기 시작했다. 이와 동시에 지구촌 전역에서 자유민주주의 권력구조가 확산되고, 시장경제의 바람이 불기 시작했다. 그리고 매력을 만들고 즐기는 일이 우리네 일상이 되었다. 전쟁을 매개로 인류를 억압했던 〈권력의 시대the Age of Power〉가 막을 내리고, 매력을 매개로 상부상조하는 〈매력의 시대the Age of Attractiveness〉가 도래한 것이다. 이는 1만 년의 〈문명의 시대〉의 1%에 해당하는 100년 전부터의 일이다.

지구촌 곳곳에서 끝 모르고 커지는 매력의 힘을 느낄 수 있다. 매력이 있는 곳에는 여지없이 사람의 발길이 이어지며 세계의 중심HUB이 되고 있다. 그리고 인류의 생존방식도 시장에서 매력을 만들어 사고파는 일로 바뀌었다. 바야흐로 시장경제 시대가 도래한 것이다. 이제 어떻게 매력을 만들고, 그 매력의 가치를 어떻게 올릴 지가 초미의 관심사가 되었다.

지구촌에는 지구 온난화, 빈부 격차, 저출산, 에너지 고갈, 국지적 전쟁 등 해결해야 할 많은 문제가 있다. 대한민국, 역시 여기저기서 경고음이 울리고 있다. 부동산 가격 등락, 경상수지 적자, 물가 불안, 국가와 가계 부채 동반 상승, 전통적인 제조업 몰락, 낮은 출산율, 낮은 노동생산성, 높은 실업률, 빈부격차 확대, 사회적 갈등 증폭 등 셀 수 없을 만큼 많다. 중국의 부상浮上으로 인해 지구촌 힘의 균형 축이 흔들리고 있다. 이로 인해 경제는 물론 안보에 대한 불확실성이 가중되고 있다. 이들 문제에 대한 돌파구를 찾지 못하면 개인, 기업, 나라는 물론 인류 모두의 미래를 장담할 수 없다. 유무형의 매력을 만들어, 그 힘으로 이들 문제를 풀어 나가야 한다.

매력의 힘은 이를 느끼는 인간으로부터 나온다. 따라서 매력의 실체를 알기 위해서는 이를 느끼는 인간을 알아야 한다. 인간은 35억 년의 진화를 거친 '인간 나름의 치열한 생존 메커니즘'이다. 인간이 사물에 대해 매력을 느끼는 이유, 역시 이들 생존 메커니즘이 작동하였기 때문이다.

〈매력의 시대〉를 사는 우리는 유무형의 매력을 만들어야 살아갈 수 있다. 그러나 매력을 만들기는 생각보다 쉽지 않다. 내 마음 같지 않은 다른 사람의 마음에 들어야 하기 때문이다. 가치 높은 매력을 만들어내려면 나름의 '매력을 만드는 기술'이 필요하다. 그 기술은 꿈과 희망, 지성, 혁신, 열정, 도전, 인내의 조합이 될 것이다.

이 책에서는 인간이란 무엇인지? 그 인간을 움직이는 힘의 실체는 무엇인지? 인간은 무엇 때문에 매력을 느끼는지? 매력에는 어떠한 유형이 있는지? 매력을 어떻게 만들고, 그 매력의 가치를 어떻게 높일 수 있는지? 개인, 기업, 나라는 매력을 만들기 위해 무엇을 해야 하는지? 미래 우리 인류는 어떠한 매력을 만들기 위해 매진할지? 등등에 대한 나만의 경험과 생각을 담았다. 그리고 이 시대 뜨거운 화두인 인구, 공간과 주택, 산업과 기업, 소득과 일자리, 에너지, 인프라, 인공 지능, 미래 컴퓨터, 우주 개척 등에 대한 나름의 생각과 고민을 적었다.

지금, 이 순간에도 개인, 기업, 나라의 성공을 위해, 밤낮으로 고군분투하는 많은 분이 계신다. 이 분들이 이 글을 읽고 가치 높은 매력을 만들어, 그 힘으로 희망찬 미래를 열기를 바라는 마음이다.

2025년 9월, 서울의 어느 호젓한 카페에서

매력의 시대

인류는 오랜 기간의 〈권력의 시대〉를 보내고, 〈매력의 시대〉를 맞고 있다.
이에 따라 우리의 삶의 방식이 바뀌고 있다.

제 1 부

인간과 매력

인간이 매력에 끌리는 이유는 무엇일까?
그 이유를 알려면, 먼저 매력에 끌리는
인간을 이해할 필요가 있다.

제1장 | 인간이란?

인간이 무엇인지에 대한 철학적 담론이 지난 3,000년간 지속되고 있다.
이들 담론만으론 인간의 본질에 대한 명쾌한 답을 얻기 어려운 모양새다.

우리의 일상

우리는 무엇을 하며 하루를 보내고 있을까?

우리의 하루 일과는 이른 아침 기지개를 켜며 시작된다. 거울 앞에서 세수, 면도, 화장을 하고, 옷매무새를 고쳐 맨다. 그리고 직장에 출근하거나, 등교하여 낮 시간을 보낸다. 그리고 여유가 생기면 여행, 운동, 영화, 게임을 즐기고, 학원, 유튜브 등을 찾아다니며 못다 한 공부에 열을 올린다. 틈만 나면, 새 옷을 사고, 성형, 다이어트diet, 피트니스fitness 등으로 얼굴과 몸매를 가다듬는다.

햇살 따사로운 이탈리아 피렌체Firenze 피사Pisa 성당 앞이다. 기울어진 피사 사탑을 보러 오는 사람들로 인산인해다. 이탈리아 로마 콜로세움, 트레비 분수, 이집트 피라미드, 중국 만리장성, 미국 디즈니월드, 한국 K-POP 공연장, 유명 맛집도 상황은 마찬가지이다. 매력이 발산되는 곳, 여지없이 사람들의 발길이 이어지고 있다.

이렇듯 사람들이 분주하게 움직이는 이유는 무엇 때문일까? 스스로 매력이 되거나, 남을 위해 매력을 만들거나, 매력을 즐기기 위해서이다. 바야흐로 〈매력의 시대〉이다. 이는 인류의 지적 혁명, 지식 보편화, 자유민주주의 권력구조, 시장경제가 빠르게 확산되며 일어난 일이다. 이는 인류 문명이 시작된 1만 년의 기간 중 1%에 불과한, 지난 100년 이내 일어난 인류의 생존방식의 급격한 변화이다. 아직도 권력의 그늘아래 원치 않는 삶을 사는 이들이 많다. 그렇지만 〈매력의 시대〉는 돌이키기 어려운 시대적 흐름이 되어가고 있다.

이탈리아 피사 사탑과 트레비 분수를 보러 오는 사람들로 인산인해이다. 과거 인류가 만든 매력을 직접 체험해 보기 위해서다.

생물학적 인간

인간이 매력을 느끼는 이유는 무엇일까? 이를 알기 위해서는 우선 매력을 느끼는 인간에 대한 이해가 필요하다.

'인간이란 무엇인가?'에 대한 철학적 담론dialectics이 지난 3000년간 지속되고 있다. 이들 담론은 영혼과 육체, 본질과 실존, 존재와 무, 인식과 실체, 경험과 선험, 변화와 불변 등 경계가 불분명한 추론적 용어들로 가득 들어차 있다. 이들 담론은 관점에 따라 관념론idealism, 인식론epistemology, 현상론phenomenology, 형이상학metaphysics 등[1] 다양한 이름으로 불리어 왔다. 이들 담론으로 인간의 실체를 단번에 알고자 했지만, 정작 이를 알기는 힘겨운 모양새이다. 하지만 이들 담론이 여전히 회자되는 이유는 가끔씩 인류 생존에 필요한 자각을 불러오기 때문이다.

---

[1] 관념론(idealism): 정신을 세계의 기초에 두는 견해를 취하는 철학
  인식론(epistemology): 지식, 사실, 진리를 어떻게 인지하는지를 연구하는 철학
  현상론(phenomenology): 현상에 대해 개인들이 체험의 공통적인 의미를 연구하는 철학
  형이상학(metaphysics): 존재의 근본을 연구하는 철학

'인간이란 무엇인가?'에 대한 답을 얻기 위해 또다시 철학적 담론을 일일이 언급하는 것은 적절치 않아 보인다. 순환론적 담론에 빠져 헤어 나오지 못할 것을 우려해서다. 대신, 생물학적 관점에서 인간에 대한 이야기를 해 보는 것이 좋을 것 같다. 생물학은 그나마 입증할 수 있는 과학적인 방법으로 생명의 탄생과 진화를 이야기하고 있기 때문이다.

생물학적 인간 이야기는 1859년 〈종의 기원, On the Origin of Species〉으로 발표된 찰스 다윈Charles Robert Darwin(1809~1882)의 '진화론'에서 찾아볼 수 있다. 찰스 다윈은 변이가 일어나는 생명 진화 동기로 자연선택Natural selection[2]을 들었다. 이후 1809년 라마르크Chevalier de Lamarck(1744~1829)는 그의 저서에서 기린이 긴 목을 갖게 된 이유를 들어, 살면서 획득한 형질이 유전된다는 용불용설[3]을 주장했다. 이는 당시 일반적인 진화의 원인으로 받아들여졌다. 이후 멘델 Gregor Mendel(1822~1884)이 유전은 부모의 우성 인자와 열성 인자의 조합이라는 것을 실험으로 증명하면서, 라마르크의 주장은 설득력을 잃게 되었다.

1864년 영국의 철학자 허버트 스펜서Herbert Spencer(1820~1903)는 그가 발간한 〈생물의 원리, Principles of Biology〉에서 진화론에 대한 사회 철학적 의미를 함축하여 적자생존Survival of the fittest이라고 불렀다. 우연하게 탄생된 수 많은 종들 중 자연이란 체에 걸러진 종만이 살아 남는다는 것이다. 즉 생명이 자연에 맞추어 진화한 것이 아니라, 이종간 교배과정에서 생겨난 돌연변이 중에 자연에 의해 선택된 종이 살아남는다는 의미다. 이는 생명체 진화를 생명체의 치열한 생존 의지와는 상관없이 우연의 연속으로만 보았다는 점에서 납득하기 어려운 측면이 있다. 이에 대해서는 추가적인 논의가 필요할 것으로 보인다.

---

2 자연선택설은 생물의 어떤 종(種)의 개체 간에 변이가 생겼을 경우에, 그 생물이 생활하고 있는 환경에 가장 적합한 것만이 살아남고, 부적합한 것은 멸망해 버린다는 견해이다. [네이버 지식백과] 찰스 다윈 [Charles Robert Darwin] (두산백과 두피디아, 두산백과)

3 라마크크의 저서 〈동물철학, Philosophie Zoologique ou exposition des considérations relatives à l'histoire naturelle des animaux〉에서 기린은 높은 곳에 있는 먹이를 먹기 위해 노력과 경험을 통해 목을 계속 늘어뜨렸고 그 결과 지금처럼 길어졌다는 견해

진화론은 화석에 대한 연대 분석, 유전자 분석, 임상 결과 등 객관적 자료가 뒷받침되며 보편적 학문으로 자리를 잡았다. 생물학자들은 진화론 관점에서 인간을 비롯한 모든 생명체 탄생과 진화 과정을 설명해 왔다. 이를 정리하여 추론하면 이렇다.

46억 년 전, 태양계 생성과 함께 원시 지구가 생겨났다. 그리고 안정화 기간을 거친 39억 년에서 35억 년 전 사이에, 지구에서 모든 생명체의 원조인 공통조상[4]이 태어났다. 이 공통조상이 유전적 분화를 거쳐, 단세포 원핵생물prokaryote인 세균bacteria과 고세균archaebacteria이 생겨났고, 이들이 결합하여 단세포 진핵생물eukaryote이 만들어졌다.

6~8억 년 전에는 다세포 유기체인 점균류slime mold가 생겨났다.[5] 점균류는 단세포 진핵생물이 집단을 이루어 만들어진 유기체로 진균의 포자, 박테리아, 미생물 등을 먹잇감으로 삼아 생명을 유지하고 확장한다. 단세포 진핵생물이 모여 하나의 덩어리가 되면, 외부환경과 접촉하는 단면적이 줄어들고, 함께 먹이를 포획하고 나눌 수 있어 생존에 유리하다. 이는 모든 생명체에 내재된 치열한 생존 메커니즘의 행태 중 하나이다.

두 가지 형태의 점균류가 있다. 하나는 거대한 단세포 진핵생물이 모여 하나의 세포 덩어리plasmodial를 이루는 형태이다. 또 다른 하나는 단세포 진핵생물로 존재하다가 특정 화학 신호로 몰려드는 세포 덩어리cellular를 이루는 형태이다. 점균류는 포자로 번식하는 점에서는 균류fungi인 곰팡이와 유사하지만, 이동하며 먹이를 포식한다는 점에서 곰팡이와는 다르다. 이는 생태계 먹이 그물망의 초기 승자의 모습이다. 이 점균류가 진화를 거쳐 다세포 동물과 식물 등으로

---

4 공통조상이란 Last Universal Ancestor 또는 Last Universal Common Ancestor. (약칭 LUCA 혹은 LUA)의 약칭이다. 찰스 다윈은 [종의 기원]을 통해 처음으로 언급되었다. 지금으로는 이를 유기물로 생명을 만드는데 촉매역할을 하는 RNA가 관련된 것으로 보는 설이 유력하다. (네이버 지식백과, https://terms.naver.com/entry.naver?docId=5842629&cid=63057&categoryId=63057)

5 "Multicellular organism" (https://en.wikipedia.org/wiki/Multicellular_organism)

진화한 것으로 추정하고 있다.

원핵생물인 세균bacteria과 고세균archaebacteria, 단세포 진핵생물eukarya, 점균류slime mold 등을 '초기 생명체primitive life form'라고 부른다. '초기 생명체'는 모든 생명체의 진화 기반backbone이 되었다. 이후 생명체들은 이들 '초기 생명체'를 몸 안으로 끌어들여 공생관계를 구축하며 진화했다. 그렇게 추론하는 이유는 '초기 생명체'의 흔적이 우리 몸에 고스란히 남아 있기 때문이다.

인간 몸에는 여성 28조 개, 남성 36조 개 등 남녀 평균 32조 개의 진핵세포가 있다.[6] 이들 진핵세포에는 세포핵, 엽록체, 미토콘드리아, 리보솜 등 20개가량의 세포소기관이 있다. 이 중 세포를 가장 많이 차지(20~25%)하는 세포소기관은 세포 내 에너지를 공급하는 미토콘드리아다. 미토콘드리아는 간, 폐, 근육, 뇌 등 신체 부위에 따라 세포당 수백, 수천 개, 평균적으로 300~400개가 들어 있다. 우리 몸 전체에 약 1경京(1만 조兆)개의 미토콘드리아가 있는 것으로 추정하고 있다.

이들 미토콘드리아는 '초기 생명체'인 박테리아 구조와 비슷하게 자체 DNA, 리보솜, 이중二重 세포막 구조, 호흡 및 인산화 효소를 가지고 있다. 이는 원시 박테리아가 인간의 세포 안으로 들어와 공생관계를 이룬 것으로 보아, 이를 〈세포 내 공생 관계〉[7]라고 부른다. 이와 별개로 유산균과 같이 박테리아 원형 그대로 우리 몸에 기생하며 발효, 부패 등 소화 활동을 돕는 경우도 있다.

'초기 생명체'인 점균류와 비슷한 생명체 흔적 역시 우리 몸 곳곳에서 발견된다. 그 예가 인간의 간과 폐에 존재하는 대식세포macrophage이다. 이들 대식세포는 집단으로 외부에서 침입하는 박테리아를 먹어 치우는 등 점균류와 비슷한 구조와 역할을 하고 있다. 그 대표적인 대식세포의 예가 백혈구이다.

---

[6] "How many cells are in the human body? New study provides an answer." (Emily Cooke, 2023. 9. 21, https://www.livescience.com/health/anatomy/)

[7] "세포 내 공생설" (나무위키, https://namu.wiki/w/세포%20내%20공생설)

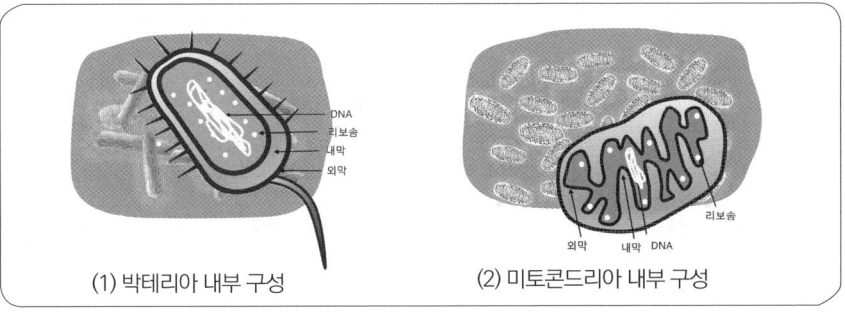

(1) 박테리아 내부 구성   (2) 미토콘드리아 내부 구성

'초기 생명체'인 단세포 원핵생물인 박테리아와 다세포 생물의 세포 내 에너지를 공급하는 미토콘드리아 내부구조이다. 미토콘드리아는 박테리아가 세포 내로 들어와 〈세포 내 공생관계〉를 이룬 것으로 본다.

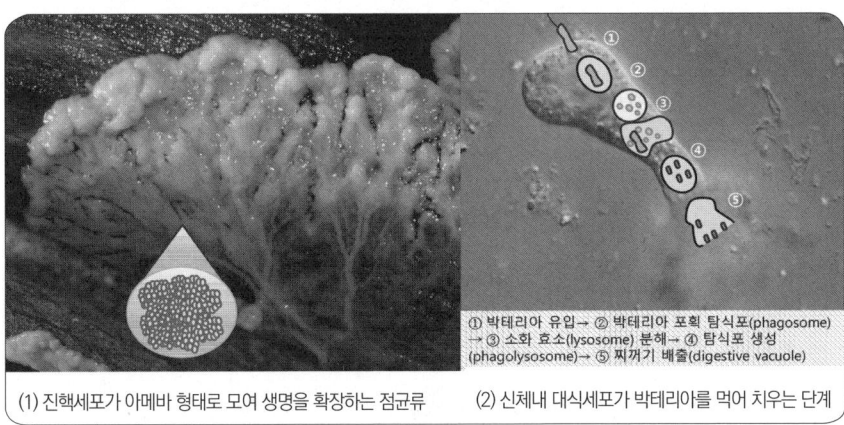

(1) 진핵세포가 아메바 형태로 모여 생명을 확장하는 점균류   (2) 신체내 대식세포가 박테리아를 먹어 치우는 단계

점균류의 모습이다. 단세포 진핵생물이 모여 덩어리를 만들면, 외부환경과 접촉 단면을 줄이고, 먹이를 포획하고, 먹이를 나누는 등 생존에 유리하다. 이는 다세포 생물로 진화하는 '초기 생명체'의 모습이다.

인간의 몸에는 박테리아, 미토콘드리아, 대식세포 등 '초기 생명체'들로 가득 차 있다.[8] 이들은 우리 몸 안의 세포에 영양분을 공급하거나, 세균으로부터 몸을 보호하는 역할을 하고 있다. 우리 몸을 유지하기 위해서 이들 '초기 생명체'가

---

8 "우리의 몸은 살과 피, 뇌와 피부, 뼈와 근육 등 10%의 인체세포와 박테리아, 바이러스, 곰팡이 등 90%의 미생물로 이루어져 있다." (10% Human, Alanna Collen)

나름의 역할을 하도록 지원하는 신체 기관organ이 만들어졌다. 인간의 진화과 정에서 〈세포 내 공생 관계〉 넘어, 〈기관 내 공생 관계〉, 그리고 이를 하나로 엮 는 '순환 메커니즘'과 '신경 메커니즘'이 생겨난 것으로 보인다. 이렇게 보면, 인 간은 수많은 '초기 생명체'와 세포 또는 기관이 유기적인 공생관계를 형성하고, 이를 '순환 메커니즘'과 '신경 메커니즘'으로 하나로 엮어 생명을 유지하는 독립 된 생존 메커니즘이다.

인간 몸에 있는 세포는 하나하나가 독립적으로 신진대사를 하며 생명을 유지 한다. 인간이 오랜 기간 생명을 유지하기 위해, 인간보다 수명이 짧은 세포 갈 이는 필수적이다. 하루에만 약 3,300억 개(초당 380만 개) 이상의 세포가 죽고 태 어난다.[9] 피부 세포는 2주, 적혈구는 4개월, 간세포는 300~500일, 뼈세포는 10 년, 내장 세포 15.9년(표피 세포는 5일), 갈비뼈 근육세포는 15.1년이면 완전한 세 포 갈이가 이루어진다. 성인의 세포 평균 나이는 7~10년이다.[10] 이렇게 보면 100세를 사는 인간의 몸에서는 10여 차례 이상의 완전한 세포 갈이가 일어난 다. 어제의 나와 오늘의 나는 다르다는 이야기이다. 우리 기억의 흐름이 시간상 으로 연결되며 동일한 나로 인식될 뿐이다.

인간은 환경에 적응하고, 진화를 거듭하며 겨우겨우 생존해 왔다. 이렇듯 인 간의 몸에는 생존을 위한 치열함이 숙명宿命처럼 각인되어 있다. 생존을 위한 치 열한 몸부림이 끝나는 순간, 인간은 죽음에 이르게 된다. 19세기 정신분석학자 인 프로이트Sigmund Freud는 인간을 '비합리적인 거대한 무의식의 영향을 받는 존재'라고 말했다. 인간의 몸속에 존재하는 '초기 생명체', 세포, 기관의 생존 욕 구가 인간의 욕구로 이어진다는 사실을 둘러 이야기한 듯하다.

35억 년 동안 어렵사리 구축된 생존의 메커니즘은 유전자에 기록되어 다음

---

9 "매일 3300억 개의 세포가 태어나고 죽는다."(https://scienceon.kisti.re.kr/srch/selectPORSrchTrend.do?cn=SCTM00217038)

10 https://cordis.europa.eu/article/id/24286-life-span-of-human-cells-defined-most-cellsare-younger-than-the-individual

세대로 이어졌다. 인간 세포에 자리 잡은 세포핵에는 46가닥인 이중나선 구조를 한 DNA가 있다. 이들 DNA는 2미터 길이로 마주 보는 염기쌍은 약 30억 개에 달한다. 이중 인간 게놈[11]에 있는 유전자 수는 총 염기쌍의 2%인 약 20,000~25,000개이다. 이들 유전자에 '초기 생명체'와의 세포와 기관 내 공생 관계, 순환과 신경 메커니즘 등의 생존 메커니즘을 담아, 다음 세대로 종種을 이어가고 있다.

이제 정리해보자. 현생인류Homo Sapiens는 35만 년 전에 지구상에 최초로 출현했다.[12] 그러나, 인간은 자신의 몸에 자리 잡은 '초기 생명체'까지를 감안하면, 그보다 1만 배가 넘는 35억 년 전부터 생존만을 위해 몸부림치며 진화해 온 생명체이다. 그런 의미에서 인간은 '인간 나름의 치열한 생존 메커니즘' 그 자체다.

치열한 생존 메커니즘

인간의 몸에는 1만 경의 미토콘드리아, 32조 개의 세포, 860억 개의 신경세포neuron[13], 이들 신경을 연결하는 150조 개의 시냅스synapse, 640~850개의 근육[14], 206개의 뼈마디[15]를 갖고 있다. 이는 지난 35억 년 동안 생존만을 위해 진화해 온 '인간 나름의 치열한 생존 메커니즘'이 가진 축적된 생존 자산이다.

인간은 춥거나, 덥거나, 배가 고프거나, 몸이 아프면 고통을 느낀다. 인간이 느끼는 고통은 몸속에 있는 '초기 생명체', 세포, 기관의 생존이 위험하다는 것

---

11 게놈(Genome)이란 유전자(Gene)와 염색체(Chromosome)를 합성한 용어로, 생물의 유전자 정보 총체를 일컫는 말이다. (https://www.google.com/search?q=게놈)

12 https://www.timeslive.co.za/news/sci-tech/2017-09-29-happy-350000th-birthday-study-pushes-back-homo-sapiens-origins/

13 "뇌 속 신경세포 860억 개, 어떻게 세포 개수를 알아냈을까?" (매일경제, 송민령 기자, 2018. 2. 12 https://www.mk.co.kr/news/it/8190470)

14 '인간의 몸에는 머리와 목(head and neck), 몸통(torso or trunk), 팔(upper limbs)과 다리(lower limbs)에 640~850개의 근육이 있다.' (https://ko.wikipedia.org/wiki/인체_골격근_목록)

15 '인간의 뼈는 몸통에 80개, 머리(skull)에 29개, 척추(Vertebral column) 26개, 가슴 우리(thoracic skeleton)에 25개, 팔(bones of the upper limbs)에 64개, 다리(bones of the lower limbs)에 62개 등 206개의 뼈로 이루어져 있다.' (https://ko.wikipedia.org/wiki/ 인체_뼈_목록)

을 알리는 경고 신호다. 인간은 그 고통에서 벗어나기 위해 먹고, 자고, 옷과 집을 짓고, 도구를 만들고, 배우고, 싸우고, 치료하고, 이동하며 살고 있다. 인간의 몸은 생존을 위해 이 모든 일을 해낼 수 있도록 구조화된 나름의 치열한 생존 메커니즘이다. 인간이 하나의 일에만 매달리는 기계와 달리 실수를 하는 이유도 이 때문이다.

'인간 나름의 치열한 생존 메커니즘'인 인간에게는 그 치열한 만큼의 생존의지가 있다. 인간 누구나 죽음을 앞둔 사형수와 같은 절망 속에서 살고 있다. 하지만 인간이 죽음이란 절망에도 아랑곳 하지 않고 살고 있는 이유는 과연 무엇일까? 그 이유는 인간의 치열한 생존의지가 이들 절망을 뛰어 넘을 강력한 힘을 갖고 있기 때문이다. 그런 의미에서는 이미 인간에게는 자연과 신의 섭리를 뛰어 넘을 치열한 생존의지가 내재해 있다고 볼 수 있다. 어찌보면 인간은 스스로의 치열한 생존의지의 종속되어 세상을 살고 있는 셈이다. 그럼에도 인간이 주관에서 벗어나 객관적으로 사물을 바라볼 수 있는 이유는 인간의 치열한 생존의지가 다양한 방식으로 발현되고 있기 때문이다.

아인슈타인은 '빛의 속도가 항상 일정하다.'라는 광속불변의 법칙을 정립했다. 이를 기반으로 고정불변으로 생각했던 시공간時空間이 변화한다는 상대성 이론을 발표했다. 상대성 이론은 고전물리학에서 현대물리학으로 가는 큰길을 열었다.

생명체에도 이에 상응하는 불변의 법칙이 있다. 모든 생명체는 '나름의 치열한 생존 메커니즘'이라는 법칙이다. 인간 또한 '인간 나름의 치열한 생존 메커니즘'이다. 이러한 인간에게는 생존은 양보할 수 없는 절대선絶對善, absolute good이며, 본질적으로 이기적selfish이다. 인간의 모든 행동과 희로애락喜怒哀樂은 '인간 나름의 치열한 생존 메커니즘'이 작동한 결과이다. 인간이 사물에 대해 매력을 느끼는 이유, 역시 이들 생존 메커니즘이 작동한 결과이다.

'인간 나름의 치열한 생존 메커니즘'은 인간 만사에 투영되어 나타난다. 하나의 예가 국가, 도시, 기업, 협회 등 인간이 모여 만든 조직이다. 인간이 만든 조직, 역시 인간과 같은 치열한 생존 메커니즘이 있다. 이들 조직과 구성원은 하나의 이익 공동체로서 공생관계를 이룬다. 일단 조직이 만들어지면 그 구성원들은 조직의 생존을 위해 따라야 할 의무를 갖는다. 이를 강제하는 것이 조직을 규율하는 헌장, 법령, 사규, 규약이다. 이들 명문화된 규정에 따라 구성원은 조직에 대한 의무와 회비, 세금, 분담금 납부의무를 진다. 이러한 과정을 거쳐 인간이 모여 만든 조직도 나름의 생명력을 갖는다.

인간, 그리고 인간으로 구성된 조직을 움직이는 메커니즘, 모두 '인간 나름의 치열한 생존 메커니즘'의 연장선상에 있다. 이를 연구하는 학문이 철학, 인문학, 경제학, 사회학, 법학, 의학 등의 학문이다.

생물학적 인간, 철학적 인간

생물학적 관점과 철학적 관점에서 바라보는 인간의 본질 간에는 무슨 차이점이 있을까?

생물학적 관점에서의 인간의 본질은 '인간 나름의 치열한 생존 메커니즘'이다. 반면에 철학적 담론의 대부분은 인간의 본질을 '사회적 동물'로 보는 관점에서 시작된다. 그 대표적인 담론이 고대 그리스 철학자 아리스토텔레스가 주장한 '인간은 사회적 동물'이라는 담론이다. 또 다른 철학적 담론 중의 하나가 인간의 본질을 선악善惡으로 보는 이원론이다. 이렇게 인간을 바라보는 관점은 고대에서 현대에 이르기까지 동서양을 가리지 않고 광범위하게 이어져 왔다.

기원전 400년경 그리스 철학자 플라톤Plato은 인간을 영혼과 육체가 결합된 존재로 보았다. 그는 영혼을 육체와 결합되어 충동적이며 감각적인 욕망인 정욕과, 그 육체와 결합되지 않은 순수한 영혼으로 나누었다. 그는 육체로부터 떠날 수 없는 인간이 이상 세계인 이데아를 동경하는 마음이 에로스eros, 현상을 보고 이데아idea를 인식하고자 하는 것이 진리truth라고 했다.[16] 플라톤은 이데아는 참 진실이며, 이를 추구하기 위해 인간의 감성, 감정, 욕망은 억제되어야 한다고 보았다. 그리고 영혼의 이데아를 선善으로 인간의 감성, 감정, 욕망은 악惡한 것으로 보아, 이를 채찍으로 다스려야 한다고 했다.

비슷한 시기에 중국의 순자荀子(BC 372~289)는 '인간은 원래부터 악한 존재'라는 성악설性惡說을 주장했다. 반면에 중국의 맹자孟子(BC 298~238)와 유럽 계몽주의 철학자 루소Jean-Jacques Rousseau(1712~1778)는 '인간의 바탕은 선하다.'는 성선설性善說을 주장했다.

인간을 선악의 대상으로 보는 사고는 기독교에서도 극명하게 나타난다. 금단의 열매인 선악과를 따먹고, 에덴동산에서 추방된 아담과 이브의 이야기에서 시작되는 원죄론이다.

생물학적 관점에서 바라본 인간은 '인간 나름의 치열한 생존 메커니즘'이다. 그러한 인간에게는 생존은 절대선이다. 인간의 생존을 위한 어떤 행동도 선악의 대상이 될 수 없다. 예를 들어 호랑이가 사슴을 잡아먹는 행위를 악이라 볼 수 없는 것이나 마찬가지이다. 호랑이에게는 절대선인 생존을 위한 불가피한 선택이기 때문이다.

철학적 담론에서 이야기하는 선악은 인간의 본질이 아니다. 이들 선악의 개념은 '인간 나름의 치열한 생존 메커니즘'인 인간이 함께 살기 위해 만들어낸 사회적 규범에 불과하다. 인간 행동이 그가 속한 사회의 생존에 도움이 되면 선善한 것으로, 이를 위협하면 악惡한 것으로 본다. 인간의 정욕도 마찬가지이다. 플라톤은 인간의 정욕을 절제해야 할 대상으로 보았다. 생물학적 관점에서 보면 정욕은 인간에게는 종을 번식하기 위한 절대선이다. 인간에게는 절대선인 행동도 그가 속한 사회 규범에 따라 절제 대상, 즉 악惡으로 바뀐다. 인간에 대한 선

---

16 "플라톤"(위키백과, https://ko.wikipedia.org/wiki/플라톤)

악의 개념은 그가 속한 사회 규범에 따라 유동적이다. 자유민주주의 국가에서는 선한 행동인 집회, 결사結社, 표현의 자유가 공산독재 국가에서는 절제 대상인 악으로 처벌되는 경우가 하나의 예이다.

인간을 선악으로 구분하여 인간의 본질을 이야기하는 것은 적절치 않다. 모든 인간에게는 생존이 절대선이기 때문이다. 인간이 선하고 악한 행동 모두 자신의 생존을 위한 일이다. 인간이 몹쓸 짓을 한 사형수에게도 측은지심을 갖는 것은 이 때문이다. 선악의 개념은 인간 본질에 관한 이야기가 아니라, 인간 사회가 만들어낸 사회적 규범이다. 인간이 함께 모여 사는 공동체에서 넘지 말아야 할 선線을 그은 것이 선악의 개념이다. 이를 다룬 것이 도덕과 윤리학 등 인문학이다.

생물학적 담론과 철학적 담론의 인간 본질에 대한 이야기는 이렇게 다르다. 과거 〈권력의 시대〉에는 인간을 선악으로 구분한 사상은 도덕적 규범이 되었다. 그리고 이들 규범은 절대권력이 모든 이를 통제할 수 있는 중요한 통치 수단이 되어왔다. 이제 〈매력의 시대〉이다. 강압적인 〈권력의 시대〉에 만들어진 도덕, 윤리, 사상, 제도에서 벗어나, 상부상조의 〈매력의 시대〉에 걸맞는 새로운 도덕, 윤리, 사상, 제도가 필요한 시기이다. 이미 그러한 움직임이 여기저기서 나타나고 있다.

그 일단이 신구 세대, 남녀 노소 간의 갈등이다. 그 갈등의 끝에서 〈매력의 시대〉에 걸맞은 새로운 도덕, 윤리, 사상, 제도가 잉태될 것이다. 〈매력의 시대〉에는 사회 전반에 매력을 만들고 느끼는 상부상조의 수평적인 역할 분담 체제가 구축된다. 이에 맞추어 개인의 자유, 인격, 인권이 존중되는 보편적 평등 사회로 가는 길을 걷게 될 것이다.

제2장 인간의 정신능력

> 인간의 정신능력은 인간에게 가장 강력한 생존능력이다. 인간의 모든 행동은 이들 정신능력으로부터 나온다.

인간 나름의 진화로 인해 인간은 사물을 인식하고, 판단하고, 추론하는 정신능력을 갖고 있다. 지난 1만 년 전 인간의 정신능력에서 나온 지적 혁명이 인류 문명을 열게 되면서, 인간의 정신능력은 인간에게 가장 중요한 생존능력으로 자리 잡았다. 앞으로 더욱 그럴 것이다. 인간이 다른 생명체와 확연히 다른 삶을 사는 이유도 이들 정신능력의 차이 때문이다. 따라서 인간을 이해하려면 이들 정신능력이 어떻게 생겨났고, 어떻게 사물을 인식하고, 판단하고, 추론하는 지를 아는 것이 중요할 것으로 보인다.

인간의 정신능력은 기억memory, 상상imagination, 감성sensibility, 감정emotion, 이성reason, 지성intelligence, 지혜wisdom 등의 개념으로 설명되고 있다. 이들 각각의 정신능력은 독립적인 측면이 있지만, 상호 연결되어 서로의 경계를 넘나든다. 어느 하나의 정신능력을 명확히 정의하고자 하면 다른 정신능력과의 구분이 모호해진다. 이 때문에 인간의 정신능력은 철학자나 사상가의 관점에 따라 다양하게 이야기되어 왔다. 인간의 정신능력에 대한 이야기, 역시 이를 설명하는 용어의 모호성으로 순환론적 오류에 빠져들 소지가 크다. 인간 정신능력에 대한 보다 객관적인 설명을 위해 역시 진화론에 기반한 생물학적 관점을 빌려와야 할 것 같다.

생물학적 관점에서 인간의 정신능력은 인간의 진화 과정에서 만들어진 중요한 생존능력이다. 진화론적 관점의 추론이다. 모든 생명체는 외부와 끊임없이 교류하고 적응하며 생존한다. 이들 생명체는 자신의 생존에 유리한 행동은 강화하고, 자신의 생존에 불리한 행동은 자제하며 최적의 생존 루트를 찾아간다. 하나의 생명체로 존재하려면 자신의 행동과 외부 반응 간에 인과관계causality를 살피어 대처하는 능력은 필수적이다. 그래야 변화무쌍하고 혹독한 외부 환경에서 살아 갈 수 있기 때문이다. 따라서 자신의 행동과 외부 반응 간에 인과관계를 살피어 대처하는 능력이 없는 생명체는 존재할 수 없다. 이 능력의 존재 여부가 생명과 물질을 나누는 경계선이다.

모든 생명체는 자신이 생존하는 동안 무수한 행동과 반응의 인과관계를 살피며, 나름의 생존에 최적화된 인과관계를 찾는다. 이들 최적화된 인과관계가 반복적으로 진행되어 확고한 루틴routine이 되면, 이를 자신의 유전자에 기록하여 다음 세대로 이어갔을 것이다. 이런 의미에서 현존하는 생명체는 35억 년 동안 자신의 행동과 주변의 반응 간의 인과관계의 경험을 축적하며 생명을 이어온 존재이다.

인간의 정신능력, 역시 생존 과정에서 자신의 행동과 주변의 반응 간의 인과관계를 살피는 과정이 누적되며 만들어진 능력이다. 인간은 다른 동물과 다르게 '명석한 두뇌'를 이용하여, 물리적physical, 개념적conceptual, 영향적effective 인과관계를 살피는 능력을 갖추고 있다. '물리적 인과관계'를 살피는 능력은 자신의 행동에 대한 물리적 변화를 연계시켜 이해하는 능력이다. '개념적 인과관계'를 살피는 능력은 자신의 행동 또는 사물의 반복적인 물리적 변화를 개념화하여 원리로써 이해하는 능력이다. '영향적 인과관계'를 살피는 능력은 자신의 행동 또는 사물의 변화를 확률적인 인과관계로 파악하는 능력이다. 확률적 인과관계는 직접적 인과관계를 연결하기 어려운 복잡계를 통해 영향을 미치는 인과관계이다. 통계학에서는 확률적 인과관계의 정도를 상관관계라는 지표로 설명한다. 확률적 인과관계의 대표적인 예가 버터플라이 효과[17]이다.

'명석한 두뇌'를 가지고 있는 인간은 물리적, 개념적, 영향적 인과관계를 모두 살피는 정신능력을 가지고 있다. 반면에, 다른 생명체는 주로 '물리적 인과관계'만을 살피는 정신능력만을 갖고 있다.

사물의 인과관계를 살피는 인간의 정신능력은 이성reason이다. 근대 프로이센의 철학자인 임마누엘 칸트Immanuel Kant(1724~1804)는 자신의 저서인 〈순수이성비판〉에서 인간의 순수이성pure reason은 태어나기 전부터 만들어진 선험적 정신능력이라고 말했다. 여기서 이야기하는 선험적이란 표현은 인과관계를 살피는 인간의 이성이 오랜 진화과정에서 만들어져 이미 내재하고 있음을 의미한다.

학문은 인간 지성의 산물이다. 이 역시, 인간의 이성으로 사물의 인과관계를 알아가는 과정 속에서 생겨난다. 물리적, 개념적인 인과관계를 바탕으로 만들어진 대표적인 학문은 과학과 수학이다. 이들 공식에서 흔히 보는 '같다 =', '크다 〉', '작다 〈', '다르다 ≠' 등의 부호도 좌우항項의 물리적 또는 개념적 인과관계를 나타내기 위해 사용된 부호이다. '영향적 인과관계'를 찾는 학문은 상관관계로 확률적 인과관계를 연구하는 통계학이다.

정신능력의 유사성은 생존 방식의 유사성으로 이어진다. 인류라는 종species을 구분하는 기준도 정신능력의 유사성에서 나온다. 정신능력이 유사하면 경험과 교육을 통해 인류 사회 구성원으로서 역할을 하며 함께 생존을 이어갈 수 있기 때문이다. 인간과 침팬지와 원숭이는 유전적 구조는 비슷하지만 정신능력의 차이가 크다. 따라서 침팬지와 원숭이는 인간과 생존 방식의 유사성이 없으며, 따라서 인류라는 종에 속하지 않는다. 이제 인간 생존에 중요한 역할을 하는 인

---

[17] '1961년 기상학자인 로렌츠(Edward Lorenz)는 컴퓨터 기상 시뮬레이션의 미세한 변수 값의 차이가 엄청난 기상변화로 발전한다는 사실을 발견했다. 1963년 로렌츠는 그러한 사실을 연구 결과로 발표하게 되었다. 그리고 나비의 날개 짓이 커다란 변화를 일으킬 수 있다는 생각을 하게 되었다. 이를 본 동료 기상학자인 메릴리스 Philip Merilees가 "브라질에서 나비가 날갯짓을 하면 텍사스에서 토네이도가 일어날까? (Does the flap of a butterfly's wings in Brazil set off a tornado in Texas?)"라는 주제를 제안했다.' [네이버 지식백과] 나비효과 [Butterfly effect] (상식으로 보는 세상의 법칙: 경제편, 이한영)

간의 정신능력을 해부해 보자.

기억과 상상

기억memory과 상상imagination은 인간의 정신능력을 작동시키는 기반적인 정신능력이다. 기억과 상상은 감성, 감정, 이성, 지성, 지혜의 정신능력을 연결하는 가교역할을 한다. 기억은 과거 경험, 학습 등으로 얻은 정보를 저장하는 정신능력으로, 모든 정신능력의 기본이 된다. 상상은 기억 속의 형상을 내적 가상공간에 배치하여, 여러 상황에 맞추어 시뮬레이션을 할 수 있는 정신능력이다.

인간의 기억 또한 '인간 나름의 치열한 생존 메커니즘'에 맞게 최적화되어 있다. 이에 맞추어 인간의 기억은 뇌의 기억 용량을 최대로 키우고, 기억과 재생에 사용하는 에너지 소모를 최소화하도록 구조화 되어있다. 기억에 대한 구조화 작업은 여러 가지 방식으로 이루어진다. 첫째는 감각기관이 받아들인 형상 정보를 함축하여, 형상에 대한 순간 이미지, 상징, 기호 등 찰나의 기억만을 저장하는 방식이다. 둘째로 이들 형상 정보를 서로 연결해 기억해야 할 양을 줄이는 방식이다. 하나의 기억이 또 다른 기억의 연결고리로 만드는 방식이다. 이 방식은 연상 기억을 통해 기억력 증강 훈련에 사용되기도 한다. 셋째로 인간의 생존의지가 원하는 우선순위에 따라 기억을 저장하는 방식이다. 생존을 위협하는 충격적인 사건과 생존에 도움을 주는 사건이 두고두고 기억되는 것도 이 때문이다. 넷째로 사물에 대한 인식과 반응을 바로 연결함으로써 기억할 양을 줄이는 방식이다. 그 예의 하나가 조건반사를 하는 머슬 메모리이다[18]. 이는 조건반사로 살아가는 초기 생명체와 유사한 기억저장 방식이다. 이렇듯 인간은 인식한 형상 정보를 함축하거나, 이들 정보를 상호 연결하거나, 생존 우선순위에 따라 기억하거나, 인식과 반응을 바로 연결하는 방식으로 자신의 기억을 최적화

---

18 운동자극을 세포와 조직이 기억하여 이후 동일한 자극이 다시 주어졌을 때 해당 자극에 대한 향상된 반응을 나타내는 근육의 특성

한다. 이 과정에서 인간의 기억에 자리잡은 형상은 사물의 본질, 실재, 실존에서 멀어진다. 그러나 인간이 살면서 겪게 되는 수많은 경험은 기억 속의 형상을 깨워, 더욱 명확하게 기억 속의 형상을 재구조화 한다.

인간의 상상은 인간의 '명석한 두뇌'로 내적 가상공간을 만들고, 이 가상공간에 기억 속의 형상을 불러내어 배치하고, 이를 상호 연결시켜 상황을 재현하는 정신능력이다. 인간의 기억과 상상은 인간의 감성, 감정, 이성, 지성, 지혜의 정신세계가 작동할 수 있도록 지원하는 기본적인 정신능력이다.

감성과 감정

인간의 감성sensibility은 사물을 감각기관이 받아들인 나름의 형상[19]으로 인식하는 정신능력이다. 감성은 사물의 형상에 대한 감각기관의 느낌만 존재할 뿐, 좋고 나쁨의 구분이 없다. 이렇듯 감성은 천진난만한 순수함이 있다.

인간의 감정emotion은 감성으로 인식한 형상에 가치를 부여하는 정신 능력이다. 감정은 '인간 나름의 치열한 생존 메커니즘'이 개입하는 초기 단계이다. 감정은 감성으로 인식한 형상에 대해 본능적으로 생존에 유불리를 따지며 생겨난다. 생존에 유리하면 우호적이고 편안한 감정이, 생존에 불리하면 적대적이고 불안한 감정을 갖는다. 감정이 불현듯 나타나고 사라지는 이유도 생존의 유불리가 시시각각으로 변하기 때문이다. 인간의 감정은 인간의 이성과 지성을 깨우는 동기가 된다.

이성과 지성의 정신능력은 객관적인 사실과 지식을 토대로 인과관계를 살피며 생존에 유불리를 따지는 능력이다. 따라서 감정은 즉각적인 반응을 보이는 반면에, 이성과 지성은 이보다 다소 늦게 발동되는 것이 일반적이다. 감정적으로 일을 처리하고 난 후 후회하는 경우가 종종 발생하는 것도 감정, 이성, 지성,

---

19 칸트철학에서는 이를 앞에 서있는 형상이란 의미로 표상vorstellung이란 표현을 사용했다.

지혜의 정신능력의 발동 방식에 차이가 있기 때문이다. 감정, 이성, 지성, 지혜 모두 인간 생존을 위해 만들어진 것이지만, 사물에 대해 인식, 판단, 추론하는 방식에는 확연한 차이가 있다.

우연과 필연, 이성

인간의 정신능력은 감성과 감정에 머물지 않는다. 인간에게는 이성reason과 지성intelligence으로 사물을 인식, 판단, 추론하는 정신능력이 있다. 이는 여타 생명체와 다른 점이다. 인간의 이성은 객관적 사실과 지식을 토대로 사물의 원인과 결과의 인과관계를 따져 묻는 정신능력이다. 근대 철학자 임마뉴엘 칸트는 살아가며 생기는 경험뿐 아니라, 선험적인 순수이성만으로 새로운 지식을 창출할 수 있다고 보았다.[20] 이를 진화론 관점에서 인간의 순수이성은 과거 조상들이 획득한 행동과 반응 간 인과관계의 루틴routine을 유전자에 담아 이어온 정신능력으로 해석될 수 있다. 생물학적 관점에서 철학의 인식론과 경험론 모두, 현재 또는 과거 조상들의 경험에 기반을 두고 있다는 점에서 같은 이론이라 할 수 있다.

인간의 이성으로 행동과 반응 간의 인과관계가 있다고 판단하면 이를 필연必然 또는 공정公正하다고 말한다. 반면에 행동과 반응 간에 인과관계가 타당하지 않다고 생각하면 이를 우연偶然 또는 불공정不公正하다고 말한다. 이들 인과관계를 따지고 이해하는 능력은 사람마다 태어나고 자라난 환경, 경험, 처한 상황 따라 각기 다르다. 따라서 공정과 불공정, 우연과 필연은 사람마다 차이가 있다. 우리 인생에는 필연도 있지만 그렇지 못한 우연도 많다. 인간은 우연하게 왕, 귀족, 부자, 평민 또는 노예의 자식으로 태어난다. 그리고 질병, 사고, 전쟁 등 우

---

20 칸트는 〈순수이성비판〉에서 인간이 대상을 인식하는 능력은 경험에서 나온 것이 아니라 선험적 (transzendent)인 능력으로 보았다. 필자는 이들 선험적 정신 능력이 인간이 오랜 세월 동안 진화하면서 누적되어온 경험이 유전자에 각인되어 온 능력으로 보았다.

연으로 자신의 생을 마감한다. 인간은 살아있는 동안 탄생과 죽음을 제외하고 이성으로 필연을 찾아 나선다. 마치 우리네 인생은 우연으로 시작되어 필연으로 살다가 우연으로 마감하는 것처럼 보인다.

그렇지만 현재 우연처럼 보이는 일도 과거 인간의 이성이 만든 필연의 결과인 경우가 많다. 나라를 지키다 희생된 유공자의 필연이 그들 처자에게 이어져 유공자 유족으로 연금을 받는다든지, 왕이 되기까지의 우여곡절의 필연이 자식에게 이어져 자식이 왕이 된다든지 하는 일이다. 이렇게 보면 인류는 세대를 이어가며 필연의 세계로 나가고 있을지도 모른다. 이러한 필연의 세계가 어디까지 이어질지 매우 궁금하다.

인과관계를 살피는 인간의 이성을 활용하려는 시도는 사회, 제도, 학문, 종교 등에서 폭넓게 일어나고 있다. 종교에서는 업보, 천당, 극락, 지옥 등의 개념을 도입하여 우리네 인생을 전생, 현생, 후생으로 연결하여 필연의 과정으로 설명하려 하고 있다. 그 이유는 이성을 가진 인간을 설득하여 자신들의 종교에 귀의하게 하기 위함이다.

〈권력의 시대〉에서는 과거의 필연이 그대로 현생으로 이어지는 경우가 다반사였다. 왕의 자식은 왕이 되고, 양반의 자식은 양반으로, 노비의 자식은 노비가 되는 경우이다. 대代를 이어 권력과 그에 따른 신분의 승계가 이어지는 모습이다.

〈매력의 시대〉에는 과거의 필연이 그대로 현생으로 이어질 가능성이 희박하다. 그보다 현재의 필연 속에서 미래가 만들질 가능성이 높다. 그 이유는 경제, 과학, 사회의 변화가 시장을 통해 빠르게 진행되기 때문이다. 그 하나의 예가 남아공화국의 가난한 집안에서 태어나, 당대에 세계 최대 부를 축적한 테슬라 창업자인 일론 머스크이다. 일론 머스크 이외에도 자신의 세대 동안 부를 축적한 사업가, 유명 배우, 스포츠 선수들이 급격히 늘어나는 추세이다. 이들이 당대에 우리 사회에 막강한 영향력을 행사하고, 막대한 부를 거머쥘 수 있게 된 데는

〈매력의 시대〉가 도래했기에 가능한 일이었다. 만약, 이들이 과거 〈권력의 시대〉에 살았다면, 매력을 만들어내고도 절대 권력의 횡포로 생사를 넘나드는 노예의 삶을 살았을 것이다.

이성의 반복, 지성

인간의 지성은 철학적 담론에 따라 이해understanding, 지식knowledge, 지능intelligence 등으로 표현되곤 한다.[21] 캠브리지 사전에는 지성intelligence이란 '이성reason을 기반으로 배우고, 이해하고, 판단하고, 의견을 가지는 능력[22]'이라고 정의하고 있다. 표준국어대사전에서는 '지각된 것을 정리하고 통일하여, 이것을 바탕으로 새로운 인식을 낳게 하는 정신 작용'이라고 정의하고 있다. 이들 정의와 그간의 경험을 토대로 이성과 지성의 차이점을 보다 명확하게 정리해 보자.

인간의 이성은 행동과 반응의 인과관계를 살피는 정신능력이다. 인간의 지성은 이성을 반복적으로 작동시켜, 수많은 인과관계 속에서 새로운 지식을 창출하는 정신능력이다. 지성을 가진 사람을 하나의 상황에 집착하지 않고, 여러 가지를 두루두루 살피는 현명한 사람이라고 부르는 이유도 이 때문이다.

인간의 이성과 지성을 구분하는 데 도움이 되는 사례가 있다. 인간의 이성과 지성을 모사한 인공지능이다. 정보통신기술 발달로 사람 음성 또는 문자화된 막대한 양의 디지털 정보가 다양한 형태의 빅데이터로 축적되고 있다. 인공지능은 이들 빅데이터에서 알고리즘을 통해 데이터 간에 무수한 인과관계를 살피며 의미 있는 정보를 추출한다. 이들 정보는 경영, 투자, 마케팅, 자산관리, 제조 및 서비스 등 다양한 분야에 활용되고 있다. 인공지능이 인과관계를 살피는 과정은 인간의 이성 활동과 유사하다. 또한 무수한 인과관계를 살피며, 의미를 찾

---

21 영국의 경험주의 철학자인 존 로크는 인간 오성론(An Essay Concerning Human Understanding) 이란 제목의 저서에서 인간의 지성을 논하고자 했다.

22 intelligence: the ability to learn, understand, and make judgments or have opinions that are based on reason. (Cambridge dictionary 인터넷판)

는 과정은 인간의 지성 활동과 유사하다.

이를 정리하면 인간의 지성은 '객관적 사실과 지식을 기반으로 이성을 반복적으로 작동시켜 얻어낸 수많은 인과관계를 살피며 사물을 인식, 판단, 추론하는 정신능력'이다. 이 과정에서 얻어지는 인간 지성의 결과물이 전문성, 통찰력, 예지력 등이다.

전문성이란 한 분야에 집중하여, 통찰력은 다양한 분야에 걸쳐 객관적 사실과 지식을 기반으로 이성을 반복적으로 작동시켜 얻어낸 지성의 산물이다. 사물에 대한 통찰력이 깊어지면 미래를 예측하는 예지력이 생겨난다. 가끔씩 나이 든 부모나 노인에게서 번뜩이는 통찰력과 예지력을 보게 되는 것은 그분들의 다양한 삶의 무게 때문이다.

수많은 학자가 자신의 지성을 깨워 '불변의 지식'을 만들어냈다. 이들 지식은 독서, 관찰, 실험으로 얻어낸 객관적 사실과 지식을 토대로 이성을 반복적으로 작동시켜, 수많은 인과관계를 살피면서 만들어 낸 지성 활동의 결과물이다. 이들 '불변의 지식'들은 인류의 미래를 열어가는 소중한 자산이 되어 왔다. 앞으로 더욱 그럴 것이다.

진정한 의미의 지성과 대비되는 말이 '정신승리 Spiritual Victory'와 '지성화 Intellectualization'이다. 이들 모두 자아에 대한 방어기제이다. 자기 뜻대로 하기 어려운 상황이 발생할 때 자신을 반사적으로 방어하는 정신적 행위이다. 정신승리 Spiritual Victory[23]는 본인에게 불리하거나 나쁜 상황을 좋은 상황이라고 왜곡하여 정서적으로 자기를 위안하는 행위이다. 정신승리는 객관적 사실과 지식에 근거하기 보다는 자신의 주관적인 상상에 근거하여 사물을 인식, 판단, 추론하는 정신능력이다.

---

23 '본인에게 불리하거나 나쁜 상황을 좋은 상황이라고 왜곡하여 정신적 자기 위안을 하는 행위로, 실상은 자신의 망상으로만 이기고 있는 상황을 의미한다. 중국 문호인 루쉰의 소설 아Q정전(阿Q正傳)의 정신승리법(精神勝利法)에서 유래했다.' (https://namu.wiki/w/정신승리)

이에 반해 지성화Intellectualization[24]는 감정적 고통을 지성을 이용해 객관화하는 논리를 구성하여, 이로부터 초연해지려는 노력을 말한다. 지성화와 정신승리, 모두 '인간 나름의 치열한 생존 메커니즘'이 만든 자기방어적 행동이다. 지성화와 정신승리의 차이는 객관적 사실과 지식에 근거하고 있느냐 아니냐의 차이다.

정신승리의 문제점은 주관적 감정에 과도하게 의존하여 객관적 사실과 지식을 왜곡하여 현상을 판단하는 위험성이 있다. 정신승리에는 지성이 추구하는 객관성, 일관성, 재현성이 존재하지 않는다. 더 큰 문제는 객관적 사실과 지식과 괴리되어 사물을 판단함으로써 장기적으로는 인간의 절대선인 생존을 위태롭게 만든다는 점이다. 그런 의미에서는 정신승리는 인간에게 마약과 같은 존재다. 과거 우리 국민도 힘없던 시절 정신승리로 위안 삼은 사례가 많았다. 오도 가도 못하는 어려운 상황에서 생존을 이어가기 위해 어찌할 수 없었을 것이다. 과거의 정신승리의 틀에서 깨어나, 지성으로 사물의 이치를 깨달으며 예견되는 삶을 살아야 한다. 그래야 오래오래 우리들의 생존을 이어갈 수 있다. 그런 의미에서는 정신승리보다 지성화로 감정적 고통을 극복하는 것이 더 나을지 모른다.

세계 곳곳에 '거대한 지성의 물결giant wave of intelligence'이 흐르고 있다. 인간의 지성 활동으로 지식을 만들고, 그 지식이 또다시 지성을 깨워 새로운 지식이 만들어지고 있다. 인간의 수명이 늘어나고, 다양한 지성 활동으로 지식의 확대 재생산이 일어나고 있다. 지식의 확대 재생산은 대학, 연구소, 도서관, 독서실, 실험실 등 현실공간은 물론, 유튜브, TED, 온라인 공개강좌MOOC 등 가상공간을 통해 동시다발적으로 일어나고 있다. 이들 지식은 무형의 사회, 제도, 문화는 물론, 유형의 로켓, 로봇, 우주선, 자율자동차 등을 통해 지구촌 변화를 이끌

---

24 'Intellectualization: In psychology, intellectualization is a defense mechanism by which reasoning is used to block confrontation with an unconscious conflict and its associated emotional stress – where thinking is used to avoid feeling.' (Glen O. Gabbard, Long-Term Psychodynamic Psychotherapy (London 2010) p. 35, https://en.wikipedia.org/wiki/Intellectualization)

고 있다. 이렇듯 지식을 생산하는 인간 지성은 인간의 생존에 보다 중요한 역할을 담당하고 있다. 지구촌 전체가 지성사회intellectual society로 수렴하고 있는 모양새이다.

생명의 연대, 지혜

지혜wisdom에 대한 캠브리지 사전의 사전적 정의에 따르면, 우리의 지식과 경험을 좋은 결정과 판단에 사용하는 능력이다.[25] 하지만 무엇이 좋은 결정이고 판단인지에 대한 설명이 없다. 이에 대해 다시금 정의를 내릴 필요가 있어 보인다. 지혜란 지성으로 얻어진 지식을 어떻게 활용하느냐와 관련된 이야기이다. 일반적으로 인간은 지성으로 얻은 지식을 자신의 생존을 위해 활용한다. 지혜는 조금 다른 이야기이다. 지구상 생명체는 하나의 생태계 속에서 물고 물리는 얽힘의 관계이다. 인간의 지혜는 자신의 생존이 다른 인간이나 생명체의 생존과 연결되었다는 자각에 기반을 둔 정신능력이다. 이는 단기적으로 자신의 생존에 큰 도움이 되지 않는 것처럼 보일 수 있다. 하지만, 지혜 역시, 궁극적으론 자신이 속한 생태계를 보존함으로써 자신의 생존을 도모한다는 점에서 인간의 생존의지 범위 안에 있다.

여태까지 설명한 바와 같이 기억, 상상, 감성, 감정, 이성, 지성, 지혜 등 인간의 모든 정신능력은 '인간 나름의 치열한 생존 메커니즘'에서 한 치의 벗어남이 없다.

인간 지능과 인공지능

인공지능 하면 빠짐없이 나오는 질문이 있다. 인공지능이 인간 지능을 완벽히 모사할 수 있을까? 인공지능이 인간 지능을 넘어설 수 있을까? 과거 인공지

---

25 "the ability to use your knowledge and experience to make good decisions and judgments:" (https://dictionary.cambridge.org/ko/사전/영어/wisdom)

능이 체스와 바둑 등 인간과의 대결에서 인간을 이길 때마다 나온 이야기이다. 이에 대한 논의는 2022년 11월 마이크로 소프트가 출자한 오픈에이아이OpenAI의 챗지피티ChatGPT가 출시된 이후 더욱 뜨겁게 달아오르고 있다. 이런 질문이 세간의 조명을 받는 이유는 인공지능이 인간 지능을 추월하는 특이점singularity에 대한 두려움이다. 이 특이점이 도래하면 인간은 목적이 아닌, 인공지능의 수단으로 전락하기 때문이다. 그렇게 되는 순간 인간은 만물 영장의 지위를 잃고, 인공지능의 노예로 살아야 한다는 두려움 때문이다.

인공지능의 역사

인공지능은 인간이 컴퓨터를 활용하여 고도의 알고리즘과 연산장치로 인간의 지적능력을 모사해서 만든 전자 기계 장치다. 인공지능에는 강한 인공지능strong AI과 약한 인공지능weak AI이 있다. 전자는 인간의 지적 능력을 뛰어넘는 인공지능이고, 후자는 인간의 지적 능력 일부만을 구현한 인공지능이다.

인공지능 역사는 컴퓨터의 출현으로부터 시작되었다. 인공지능에 이목이 집중된 이유는 강한 인공지능 출현과 관련된 세간의 관심 때문이다. 강한 인공지능의 탄생을 알리기 위해, 여러 차례 인간과 인공지능 간의 대결이 이루어졌다.

1995년 5월, 인공지능인 '딥 블루Deep Blue'가 체스 챔피언이었던 카스파로프Kasparov와의 64개의 칸의 체스 대결에서 승리했다. 1943년 영국에서 콜로서스Colossus란 최초의 컴퓨터가 만들어진 후, 52년 만에 일이다. 2016년 3월, 인공지능인 '알파고AlphaGo'가 이세돌 9단과 361개 칸의 바둑 대결에서 4대 1로 승리했다. 인공지능이 체스대결에서 인간을 이긴 후 21년 만의 일이다. 최초의 컴퓨터가 만들어진 이후 인공지능이 체스판과 바둑판에서 인간을 완벽하게 이기는 데 모두 73년 정도가 걸렸다.

이미 예견된 결과였지만, 이를 지켜보는 사람들은 당혹스러움을 감추지 못했다. 인공지능이 인간 지능을 뛰어넘을지 모른다는 두려움 때문이다. 이로 인해 강한 인공지능에 대한 논의가 뜨겁게 달아올랐다. 돌이켜 보면 이세돌 기사는 동일한 조건의 인공지능에 진 것이 아니다. 인간이 만든 수리적, 확률적 알고리즘, 빅데이터인 3,000만 건의 기보棋譜, 그리고 1,920개의 CPU와 280개의 GPU가 병렬로 연결된 초고속 연산처리 장치와 대용량 메모리를 가진 '알파고 AlphaGo'란 인공지능에 진 것이다.[26] 오히려 하나의 인간이 훈수도 없이 이러한 인공지능 시스템과 견줄 수 있었다는 것 자체가 경이롭다. 지구상에는 이러한 지능을 가진 사람 숫자가 70억 명에 이른다. 이들의 지성을 네트워크로 연결하여 다양한 형태의 집단 지성을 만들어 내면 해결하지 못할 일이 없다.

이세돌 9단과 바둑 대결은 과거의 체스 대결의 연장선으로 볼 수 있다. 알파고가 이세돌 9단을 이긴 바둑 대결은 인간의 생각을 묻는 것이 아니다. 바둑판 361개 칸에 흰색과 검정색 돌을 교대로 놓는 제한된 조건의 승부에서 진 것이다. 이렇듯 제한된 조건이 있는 경우, 인공지능이 가진 초고속 연산능력으로 인간보다 빠르고 정확한 답을 얼마든지 구할 수 있다. 체스의 64개의 칸에 6개의 말이 움직이는 경우의 수는 10의 120승(10^{120})이다. 바둑판은 361개의 칸에 경우의 수는 10의 170승(10^{170})이다.[27] 더욱 복잡한 경우도 제한된 조건에서는 컴퓨터 연산 능력만 키우면 언제든 유사한 문제 풀이가 가능하다.

이렇듯 인공지능은 정해진 규격 내에서 수식을 조합하여 제한된 결과의 답을 만들어내는 일에 뛰어나다. 인공지능이 뛰어난 영역은 체스나 바둑은 물론, 빅데이터에서 상관관계로 특이점을 찾아내는 안면인식 기술, 그림 변형 기술 등이다. 이들 기술 모두 빅데이터 간의 상관관계를 분석하는 알고리즘을 이용한 기술들이다.

제2차 산업혁명 이후 기계가 인간의 육체적 능력을 뛰어넘었다. 그렇다고 인

---

[26] "CPU·GPU가 뭐야?…인공지능 놓고 칩들의 '두뇌' 싸움" (조선일보, 박성우 기자, 2016.07.24., https://biz.chosun.com/site/data/html_dir/2016/07/24/2016072400125.html)

[27] "인공지능, 인간 꺾는데 퀴즈 7년·체스 30년… 바둑은 47년?"(조선일보, 2016.3.2, https://biz.chosun.com/site/data/html_dir/2016/03/02/2016030200243.html)

간이 기계보다 못하다고 생각하는 사람은 없다. 같은 이유로 인공지능이 제약 조건이 있는 문제를 인간보다 빨리 풀었다고, 인간보다 우월하다고 이야기할 수는 없다. 하지만 많은 사람이 그렇게 생각하는 데는 인간을 시험, 경기 등 경쟁 방식으로 우월을 판단하려는 조급함에 길들여져 있기 때문이다. 이로 인해 인간의 위대함을 살피기보다, 인간의 한계를 쉽게 규정짓는 위험을 감수하기 쉽다.

인간 지능과 인공지능의 다른 점

인간 지능과 인공지능은 전혀 다른 시스템이다. 서로 다른 시스템을 하나의 잣대로 우월을 가리는 것 자체가 적절치 않다. 그보다는 인간 지능과 인공지능의 다른 점이 무엇인지를 아는 것이 보다 중요해 보인다. 이에 대해 좀 더 자세히 살펴 보자.

첫째로 인공지능이 빅데이터로 활용하는 '언어와 문자' 표현은 인간의 체험적 산물이라는 사실이다.

인간은 35억 년의 진화 과정을 거친 '인간 나름의 치열한 생존 메커니즘'이다. 이러한 인간에게는 인간 이외에 그 누구도 모사할 수 없는 독특한 체험적 공감대가 있다. 인간끼리 나누는 '언어와 문자 표현'은 인간의 체험적 공감대를 바탕으로 사물의 극히 일부의 특징을 암호화한 표현이다. 일례를 들어 '물이 차갑다.' 또는 '물이 뜨겁다.'하는 '언어 또는 문자 표현'도 인간과 동일한 체험적 공감대가 있어야, 이들이 의미하는 암호를 해독하여 이해할 수 있다.

인공지능은 인간과 같은 체험적 공감대 자체가 없다. 따라서 인공지능 입장에서는 인간이 나눈 '언어와 문자' 표현과 이를 모은 빅데이터는 의미 없는 기호 또는 기호의 조합에 불과하다. 다만, 인공지능은 인간이 나눈 '언어와 문자' 표현들 간의 상관관계를 찾아낸다. 이들 상관관계를 교묘히 조합하여, 마치 체험적 공감대가 있는 인간과 같은 답변을 모사해 낸다.

과거부터 내려오는 이야기가 있다. 백문불여일견百聞不如一見이다. 사물에 대해

백 번 듣는 것이 한 번 보는 것보다 못하다는 뜻이다. 인공지능에게는 인간과 같은 체험적 공감대 자체가 없다. 이러한 인공지능이 인간이 나눈 '언어와 문자'로 구성된 빅데이터로 수억 번의 상관관계를 분석하더라도 이를 제대로 이해할 수 없다. 이는 인공지능이 갖고 있는 생태적 한계이다.

둘째로 인간 지능과 인공지능의 커다란 차이점은 정보 처리방식에 있다.

인간 두뇌에는 860억~1,000억 개의 신경세포neuron[28]가 있는 것으로 알려지고 있다. 이들 뉴런 하나가 250,000비트의 정보를 처리하는 능력이 있어, 인간의 뇌 전체로는 250만 기가바이트의 정보를 저장하고 처리할 수 있다고 보고 있다.[29] 거의 무한대에 가까운 정보처리 능력이다. 이들 하나 하나의 신경세포에 연결된 1,000~10,000개의 시냅스가 또 다른 신경세포들과 동시다발적으로 연결된다. 인간의 뇌에는 신경세포 간을 연결하는 최대 1,000조 개의 시냅스synapse가 있는 것으로 추정하고 있다.[30]

인간의 인지 회로인 신경세포 네트워크는 상호 병렬적 연결 구조로 동시다발적 정보 전달과 이들 정보를 상호 검증하는 능력이 있다. 마치 거래과정의 변조방지를 위해 만들어진 블록 체인blockchain 기술과 같이 서로 얽혀있는 모습이다. 시냅스로 연결된 신경세포 네트워크는 태어나서 생후 3년까지는 계속 늘어나며 복잡한 구조를 가진다. 이후 나이가 들면서 신경세포 네트워크는 최적화하는 가지치기synaptic pruning를 하며 보다 단순한 구조로 바뀐다. 이들 신경 네트워크 크기와 최적화 정도가 인간의 인지능력을 결정한다.[31] 과거 속담인

---

[28] "뇌 속 신경세포 860억개, 어떻게 세포 개수를 알아냈을까?" (매일경제, 송민령 기자, 2018.2.12, https://www.mk.co.kr/news/it/8190570)

[29] "당신의 마음이 작동하는 방식: 뉴런, 당신의 뇌의 구성 요소 및 모든 행동" (https://lifexchangesolutions.com/neurons/)

[30] "뇌의 기능의 비밀", 시냅스, (연세대 고재원 교수, https://www.ksmcb.or.kr/file/bio_2013/lectures/profile_04.pdf)

[31] "Why Ages 0-3 is the MOST Crucial Time of Brain Development | Embracing Motherhood" (https://embracing-motherhood.com/how-childrens-brains-are-wired-for-learning/)

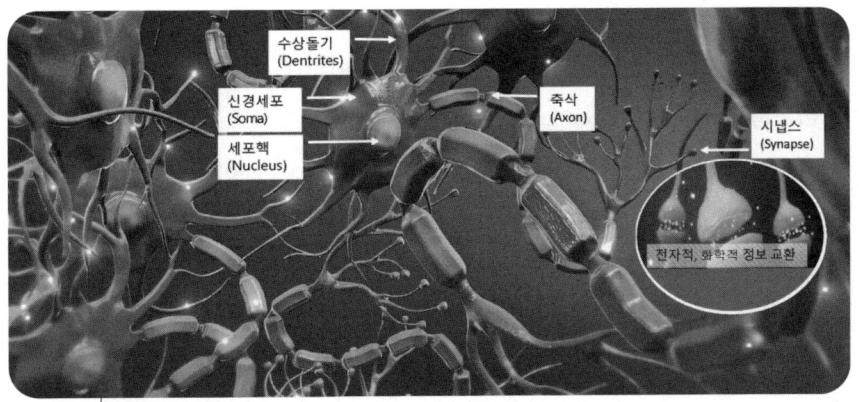

인간 두뇌의 신경세포neuron와 이들 신경세포를 연결하는 시냅스synapse의 모습을 그린 그림이다.

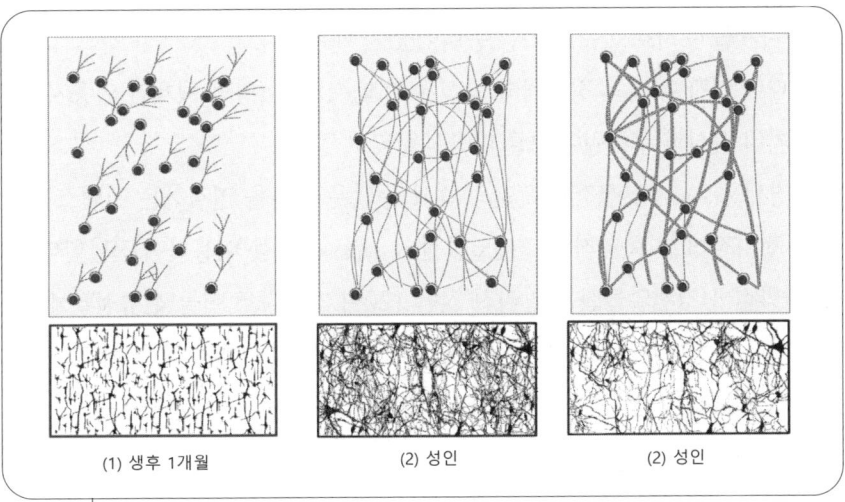

(1) 생후 1개월　　　(2) 성인　　　(2) 성인

시냅스로 연결된 신경세포 네트워크는 생후 3년까지는 극대화된다. 성년이 되면서 신경세포 네트워크는 최적화되며, 가지치기가 진행되며 보다 단순한 모습으로 바뀌어 간다.

'세 살 버릇 여든까지 간다.'와도 같은 일이 우리 뇌에서 벌어지고 있는 것이다. 이렇듯 인간은 상황, 학습, 경험에 따라 신경 네트워크 회로를 바꾸며 인지 능력을 극대화한다. '인간 나름의 치열한 생존 메커니즘'이 가진 변화무쌍한 인지 회로의 작동원리이다.

반면에 인공지능은 물리적으로 고정된 컴퓨터 회로 안에서 프로그램화된 알고리즘을 순차적으로 돌리는 폰 노이만 구조를 가진 컴퓨터를 통해 사물을 인지한다.[32] [33] 이점이 동시다발적인 인지구조를 갖고 있는 인간 지능과 인공지능이 다른 점이다. 인간 지능을 모사하기 위해 CPU와 메모리를 달리 배치하면서 GPU, PiM, TPU, NPU 등의 새로운 반도체 및 회로 기술이 개발되고 있다. 아예, 동시다발적으로 연결된 인간의 신경세포neuron 네트워크를 모사한 뉴로모픽Neuromorphic 반도체 기술 개발이 진행 중이다.[34] 하지만 인간 지능을 CPU와 메모리가 연결된 고정된 회로만으로 완벽히 재현한다는 것은 쉽지 않아 보인다. '나름의 치열한 생존 메커니즘'인 인간의 두뇌는 상황에 따라 자신의 지능 회로 자체를 수시로 바꾸어 가는 능력이 있기 때문이다.

셋째로 인간 두뇌의 정보처리 방식은 '0'과 '1'의 이진법 체계인 인공지능의 정보처리 방식과는 차원이 다른 다양성을 갖고 있다.

신경세포neuron와 신경세포 간의 정보 전달은 이들을 연결하는 시냅스 말단에서 전기적 또는 화학적 신경전달물질neurotransmitter을 이용하여 전달한다. 이 중 화학적 신경전달물질은 알려진 것만 120여 개이다.[35] 이들 신경전달물질은 시냅스에 존재하는 약 1,000~2,000여 종의 단백질로 만들어진다. 신경세포 말단의 시냅스에 있는 이들 단백질로 다른 신경세포의 시냅스를 통해 들어오는 신경전달물질의 정보를 읽어 들일 수 있다. 신경전달물질의 개수를 감안하면 최대 120진법의 정보전달 능력이 있다고 볼 수 있다. 또한 신경세포를 연결

---

32 폰 노이만 구조(Von Neumann Architecture) : 순차적인 연산기능을 가진 컴퓨터 구조로 메모리와 연산장치, 입출력 장치 등 전형적인 3단계 구조를 가진 전통적인 컴퓨터에 적용된 연산 기능
33 "좁지만 넓은 시냅스 틈의 비밀, 신경전달물질" (기초과학연구원, https://www.ibs.re.kr/cop/bbs/BBSMSTR_000000000901/selectBoardArticle.do?nttId=14089&pageIndex=1&mno=sitemap_02&searchCnd=&searchWrd=)
34 [테크 스토리] 왜 'AI 반도체'가 반도체의 미래라고 불릴까? (https://news.sktelecom.com/177133)
35 "Neurotransmitter" (http://en.wikipedia.org/wiki/Neurotransmitter)

하는 시냅스와 시냅스 사이에는 멤브레인membrane 이라는 막이 있다. 이 막을 통해 신경전달물질 농도에 따라 경계가 모호한 연속적인 아날로그analog 방식의 정보를 교환하고 있다. 이러한 정보 전달 방식은 '0'과 '1'과 같은 디지털 정보 전달 방식에 비해 거의 무한에 가까운 정보 전달 능력이 있다. 이들 경계가 모호한 아날로그 정보는 수백, 수천 개의 신경세포가 함께 공유하고 검증함으로써 디지털 정보에 버금가는 정확성을 갖는다. 마치 암호화폐 거래 정보를 모든 거래 당사자가 공유하는 블록체인 기술과 같은 정보 검증방식이다.

또한, 인간 유전체인 DNA는 인산, 디옥시리보스, 질소를 함유한 아데닌(A), 구아닌(G), 타이민(T), 사이토신(C)의 4가지 염기로 구성된다. 이 역시 4진법 체계이다. DNA 사슬에 배열된 30억 개의 염기 서열 중 일부(5%)만으로 2만 종류의 단백질을 만들어낸다.[36] 이 단백질을 이용해 신체를 구성하고, 유전체, 효

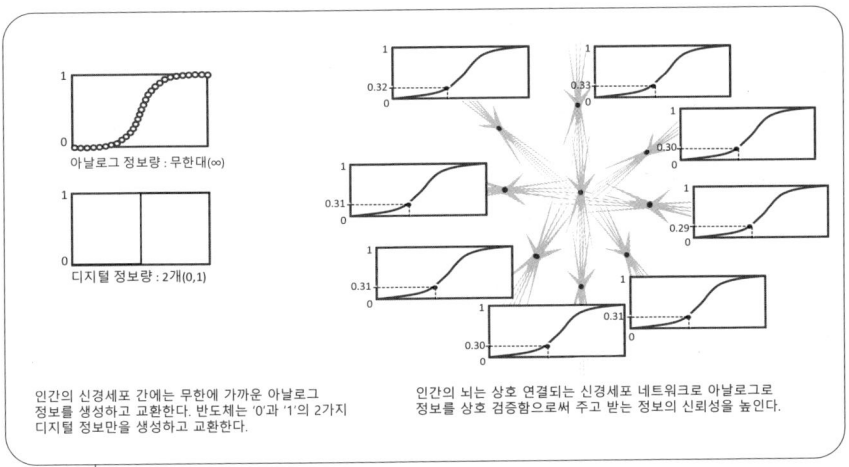

인간의 신경세포 간에는 무한에 가까운 아날로그 정보를 생성하고 교환한다. 반도체는 '0'과 '1'의 2가지 디지털 정보만을 생성하고 교환한다.

인간의 뇌는 상호 연결되는 신경세포 네트워크로 아날로그로 정보를 상호 검증함으로써 주고 받는 정보의 신뢰성을 높인다.

신경세포가 감각기관으로부터 받아들인 아날로그 정보는 동시다발적으로 연결된 여러 개의 신경세포가 함께 공유하고 검증함으로써 디지털 정보 수준으로 정확성을 높인다.

---

36 [김태형의 게놈이야기]인간 유전자 수 카운팅의 역사 (2017. 7. 17, http://m.biospectator.com/view/news_view.php?varAtcId=3587)

소, 호르몬, 항체는 물론, 대사에 필요한 에너지를 생성하며 신체를 유지하고 성장시키고 있다. 또한 인간은 이들 단백질을 이용하여 구성된 무한에 가까운 정보 전달체계를 통해 사물을 인식, 판단, 추론하고 있다.

반면에 인공지능은 '0'과 '1'이라는 이진법 체계로 구성된 디지털 정보를 알고리즘을 통해 분석하여 제한적으로 사물을 인식한다. 하지만 이러한 제한된 사물 인식 방식으로는 인간이 살아가는 복잡계에서 벌어지는 수많은 상황에 대응하기에는 한계가 있다. 다양한 색상의 세계를 경험하고, 판단하고, 추론하는 인간 지능을 '0'과 '1'의 흑백 세계에서 살아가는 인공지능과 비교한다는 것 자체가 무리이다.

넷째로 인공지능을 작동하게 하는 알고리즘은 인간 지능이 만든 수리적, 확률적 분석 모델을 기반으로 만들어진다.

인공지능은 이들 알고리즘과 연산 능력으로 인간의 '언어와 문자' 표현인 빅데이터를 상관관계를 분석하여 답을 만들어 낸다. 과거 데이터를 기반으로 미래를 예측하기 위해 사용한 회귀분석regression analysis 방식을 확장한 분석방식이다. 인공지능은 빅데이터를 토대로 다양한 회귀분석 알고리즘을 돌리고, 이들 회귀분석의 결과로 나온 상수constant를 다시금 변수화하는 피드 백feedback 과정을 거친다. 이 과정에서 인공지능은 수만 또는 수억 번의 연산으로 예측의 정확성을 높인다. 이점이 인공지능이 통상적인 회귀분석과 다른 점이다. 이렇듯 인공지능이 필수적으로 거쳐야 하는 반복되는 연산 과정을 기계 학습machine learning, 딥러닝deep-learning 등으로 부르고 있다.

이렇듯 인공지능은 인간이 만든 수리적, 확률적 모델을 기반으로 한 알고리즘으로 작동한다. 이들 수리적, 확률적 모델은 인간의 창의력으로 무한정 만들어낼 수 있다. 이것이 가능한 이유는 인간에게는 생존을 위한 치열한 생존 메커니즘과 이를 뒷받침하는 지성이란 정신능력이 있기 때문이다. 반면에 인공지능은 인간이 만든 알고리즘을 반복적으로 돌려 빅데이터를 분석하여 추론할 수 있다. 하지만 이를 넘어서는 인간과 같은 창의력을 기대하기 어렵다.

다섯째로 인간은 자신의 지성으로 얻은 통찰력과 예지력으로 사물을 인식하고 판단하고 추론한다.

반면에 인공지능은 과거에 축적된 빅데이터를 알고리즘으로 분석하여 사물을 인식하고 판단하고 추론한다. 인공지능이 갖는 또 하나의 생태적 한계이다. 인간의 지성은 새로운 지식과 경험을 토대로 진화한다. 따라서, 인간의 사물에 대한 대처 방식은 미래지향적이며, 인공지능의 대처방식은 과거지향적이다. 이렇듯 인간 지능과 인공지능의 대처방식은 극명하게 다르다. 따라서 인간 지능은 예측하기 어려운 미래 세계에서 그 빛을 발하고, 인공지능은 예측할 수 있는 현실 세계에서 빛을 발한다.

여섯째, 인공지능 작동 과정에서 수만에서 수억 번에 이르는 연산과정을 거친다. 이 과정에서 막대한 컴퓨터 용량과 상당량의 에너지가 들어가는 것이 불가피하다. 그 만큼 비효율적이다. 인간의 최소한의 하루 에너지 소비량은 1,800~3,000킬로칼로리kcal(7,600~12,600킬로주울kJ)이다.[37] 이를 전력량으로 환산하면 2.1~3.5킬로와트시kWh이다. 이중 우리 뇌가 하루에 사용하는 전력량은 총 전력량의 25% 정도인 525~875와트시Wh이다. 80세의 수명을 가진 인간의 뇌가 사용하는 총에너지는 15~26메가와트시MWh이다. 반면에 GPT-4를 학습시키는 데 사용된 에너지는 50기가와트시GWh가 넘는다.[38] 이는 인간 7천 3백만 명의 인간의 뇌가 하루 동안 가동하는 데 필요한 에너지양이다. 에너지 효율성 측면에서도 인공지능이 인간 지능보다 나은 대안이라고 이야기하기 어렵다.

이와 같이 인간 지능과 인공지능은 각기 다른 이야기로 동일한 잣대로 비교

---

37 "Energy Output" (https://www.fsps.muni.cz/emuni/data/reader/book-4/07.html)

38 "How to manage AI's energy demand — today, tomorrow and in the future" (2024. 4. 25, https://www.weforum.org/agenda/2024/04/how-to-manage-ais-energy-demand-today-tomorrow-and-in-the-future/)

하기 어렵다. 이 세상의 사물은 다양하고 변화무쌍하여 한 번도 동일한 조건의 상황이 존재하지 않는다. 변화무쌍한 세계 속에서 살아가야만 하는 인간에게는 통찰력과 창의력은 강력한 생존 수단이다. 이러한 의미에서 몇 가지 사례를 들어 인간 지능을 인공지능과 비교하는 것 자체가 무리다.

인공지능 전문가 대부분은 인공지능이 인간 지능을 뛰어넘을 수 없다는 사실을 잘 알고 있다. 그럼에도 인공지능이 인간 지능을 초월하는 특이점을 강조하는 이유는 공포 마케팅으로 덕을 보고자 하는 사람이 있기 때문이다. 이와 유사한 일들이 수 세기에 걸쳐 일어나고 있어 전혀 새롭지 않다. 미래 경쟁력 있는 인공지능은 이를 만드는 인간과 컴퓨터의 총체적 경쟁력으로부터 나올 것이다. 그리고 인공지능은 인간의 범주에 계속 머물게 될 것이다.

오픈에이아이OpenAI의 '챗지피티ChatGPT' 출시이후, 마이크로소프트의 '코파일럿Copilot', 구글의 '제미나이Gemini', 테슬라의 '그록Grok', '뤼튼테크놀로지스' 등 국내외에서 수십 종이 넘는 다양한 인공지능이 출시 또는 개발되고 있다. 이런 가운데 인공지능이 인간 지능을 뛰어넘는 특이점이 온 것만 같은 착각에 이를 맹신하는 분위기가 조성되고 있다. 하지만 이들 인공지능이 답하는 내용들은 과거 축적된 빅데이터를 고도화된 알고리즘으로 조합한 내용이다. 그렇지만 인공지능이 과거 제목과 키워드 중심의 검색에서 탈피하여, 구체적인 질문에 대해 답을 내어놓는다는 측면에서는 매우 진전된 과학적 성과이다. 하지만 이들 인공지능이 답을 찾는 방식, 역시 인간이 나눈 '언어와 문자' 표현으로 구성된 빅데이터를 좀 더 다양한 방식으로 상관관계를 찾아간다는 점 외에는 크게 달라진 게 없다. 그래픽 분야도 일반적으로 통용되던 다양한 그래픽 알고리즘을 고도화하여 인공지능에 내재화한 것에 불과하다.

이들 인공지능의 답변 여러 곳에서 허점을 발견할 수 있다. 그 이유가 있다. 첫 번째 이유로 인공지능에 활용되는 빅데이터 모두는 과거 경험치에 기반하고 있다는 점이다. 미래 예측과 과학적 추론이 필요한 질문에 대해서는 의미 있는 답변을 기대하기 어렵다. 두 번째 이유로 마케팅 차원에서 만들어진 인공지능의 한계 때문이다. 인공지능은 질문자 의도에 최우선 순위를 두고 반응한다. 그리고 빅데이터 내에 이에 연관성이 있는 내용을 찾아내어 답변한다. 답변에 오류가 생길 수밖에 없는 구조이다.

이를 두고 과학자 사이에서는 인공지능을 '뻔뻔한 거짓말쟁이'로 부르기도 한다. 이는 빅데이터와 수리적, 확률적 알고리즘으로 상관관계를 분석하여 답을 찾아가는 인공지능이 가진 태생적 한계이다. 아직 인공지능이 극복해야 할 과제가 많다는 것을 의미한다.

인간 지능을 뛰어넘을 인공지능이 나오려면 아주 오랜 시간이 걸려야 할 것으로 보인다. 아니 불가능할지도 모른다. 다양한 형태의 인공지능의 출현은 인간의 뇌를 모사하는 것이 얼마나 힘든지를 실증하는 사례다. 인간은 인공지능 역시 일반 재화와 같이 시장에서 선택하여 활용하게 될 것이다. 이때 가장 필요한 것은 살아 숨 쉬는 인간의 지성과 지혜이다.

인공지능으로 인한 인간의 위기는 자신의 '명석한 두뇌' 보다, 인공지능을 과도하게 의존하면서 겪게 될 가능성이 많다. 이를 극복하기 위해서는 인간 지능의 잠재력을 믿고 이를 깨우는 노력을 부단히 해야 할 것이다.

미래 컴퓨터 : 아날로그, 디지털, 양자 컴퓨터?

미시세계에서 작동하는 양자Quantum는 중첩Superposition, 얽힘Entanglement, 결맞음Coherence 등의 특성을 갖고 있다. 중첩은 하나의 양자가 여러 상태('0', '1')가 동시에 존재하는 현상이고, 얽힘은 두 개 이상의 양자가 서로 연결되어 하나의 양자 상태('0' 또는 '1')에 따라 다른 양자의 상태('1' 또는 '0')가 바로 결정되는 현상이다. 결맞음은 다수의 양자가 파동처럼 결이 맞아 강하게 얽히는 특성이다. 이들 양자 컴퓨터의 기본 단위는 기존 컴퓨터의 비트bit 개념과 유사한 양자 비트quantum bit이다. 이를 줄여 큐비트qubit라 부른다. 이들 양자의 특성을 이용하여 지금의 컴퓨터보다 수억 배 빠른 양자 컴퓨터 개발에 나서고 있다.

하지만 미시세계의 양자의 움직임은 조그마한 환경 변화에도 안정화 상태가 붕괴Decoherence되는 등 불안정하다. 마이크로소프트, IBM 등 양자 컴퓨터 개발 기업들은 양자의 움직임을 안정화시키기 위해 절대온도에 가까운 온도를 유지하고, 소음 등 주변 환경을 완벽히 차단하기 위한 장치와 시설 등에 많은 돈을 투자하고 있다. 이온 트랩 양자 컴퓨터 스타트 업인 아이온큐IonQ에서는 원자를 이온화시켜 이를 초고진공 상태에서 초전도 자석에 가두고, 이를 빛으로 제어하는 양자 컴퓨터를 개발하고 있다.

하지만 미시세계의 양자의 움직임의 불안정성과 이로 인한 오류, 이를 제어할 적절한 툴tool과 알고리즘 부족 등으로 양자 컴퓨터 개발에 회의적 시각도 존재하고 있다. 특히, 양자 움직임의 불안정성으로 인해 발생되는 오류가 연산 과정 누적되면 산출된 결과의 정확성은 거의 제로에 가깝게 된다. 이는 정확한 계산이 절대적인 컴퓨터 개발에 치명적인 요인이다. 따라서, 이들 문제를 해결하여 양자 컴퓨터를 개발하기까지는 상당한 시간이 소요될 것이다.

이러한 이유로 양자 컴퓨터의 실용화 시기에 대한 논의가 뜨겁다. 양자 컴퓨터 실용화에 20년이 걸린다는 엔비디아 최고 경영자인 젠슨 황Jensen Huang, 그리고 3~5년이면 가능하다는 마이크로소프트 최고경영자였던 빌 게이츠Bill Gates와 논쟁이 이어지고 있다. 이 논쟁을 두고 양자 컴퓨터 관련 기업의 주가의 등락이 이어지고 있다. 막대한 돈이 걸려있는 상황이니 이들의 이야기는 진실과 사기의 경계선을 오가고 있는 모양새이다. 학계도 이를 두고 흑백 논리의 논쟁이 진행되고 있다. 과연 누구의 말이 맞을까? 이에 대한 이야기를 하기 전에 과거의 컴퓨터 발전 역사를 살펴볼 필요가 있다.

인간이 최초로 발명한 컴퓨터는 물리량 그대로를 계산하는 아날로그 컴퓨터

[39]이다. 아날로그 정보는 디지털 정보에 비해 많은 양의 정보를 갖고 있지만 정보의 모호성으로 그 확장성이 제한되었다. 20세기 중반 아날로그 정보의 모호성을 극복하는 진공관을 이용한 애니악 등 디지털 컴퓨터가 나오면서 아날로그 컴퓨터는 사라지게 되었다. 이후 초소형의 반도체를 이용해 '0'과 '1'이라는 단순하고 정확한 디지털 정보 처리 방식으로 컴퓨터를 개발해 왔다. 이들 정보의 정확성으로 인해 계속되는 연산과정을 거치더라도 정확하고 일관성 있는 결과를 도출할 수 있었다. 이를 기반으로 대용량·초고속 중앙처리장치CPU와 메모리의 개발, 고효율의 회로 개발로 개인용 컴퓨터에서 슈퍼 컴퓨터에 이르는 빠른 컴퓨터를 만들 수 있게 되었다.

  양자 컴퓨터는 여태까지의 컴퓨터 개발 방식과는 결이 다른 컴퓨터이다. 양자 컴퓨터는 미시세계의 불안정한 양자의 움직임을 이용하여 계산하고자 하는 것이다. 디지털 컴퓨터는 기초가 튼튼한 디지털 정보를 이용해 초고층 빌딩을 쌓아가는 과정이라면, 불안정한 양자를 이용한 양자 컴퓨터 개발은 사상누각沙上樓閣으로 가는 순환론적 오류에 빠질 개연성이 상존한다. 이에 대한 귀결이 어찌 될지 장담하기 어렵다. 그렇다면 양자 컴퓨터 개발로 인해 신약 개발에 성공을 거두었다는 현장의 목소리는 어찌 해석해야 하나? 이는 디지털 방식의 순차적 추출 계산 방식과 자연 상태의 양자를 이용한 무작위 추출 방식에서 오는 차이에서 올지도 모른다. 이럴 경우 자연상태의 양자가 가진 편향성bias 문제부터 우선 고민해야 한다.

  나름의 생각이다. 양자 컴퓨터 개발을 위해 불안정한 양자의 움직임에 의존하기보다 안정화된 양자적 현상을 찾아내는 것이 중요할 것으로 보인다. 양자와 같은 미시세계는 입자 성분보다 파동 성분이 두드러지게 나타난다. 양자의

---

39 아날로그 컴퓨터는 전기적, 기계적, 또는 유체 역학적 양과 같은 물리적 현상을 수학적 원리에 따라 아날로그 신호로 표현하여 문제를 모델링하여 계산하는 컴퓨터 (https://en.wikipedia.org/wiki/Analog_computer)

파동적 성질이 안정되어, 외부로 드러나 표출된 것이 레이저 빛이나 특정 주파수를 가진 전자파이다. 아날로그 정보를 함유하고 있는 이들 빛이나 전자파로 미시세계 양자의 중첩, 얽힘, 결맞음 등의 특성을 재현할 수 있다. 이들 아날로그 정보를 보다 정교하게 측정하고, 이들 정보에 시차를 두어 컴퓨터 고유의 논리 구조를 만들 수 있다. 이러한 과정을 통해 양자 컴퓨터 개발과 실용화를 단축할 수 있을지 모른다. 이 과정에서 양자 컴퓨터 개발로 인해 디지털에서 아날로그 컴퓨터로의 회귀라는 컴퓨터 역사의 큰 획을 긋게 될지도 모른다. 이런 의미에서 미래 컴퓨터는 아날로그, 디지털, 양자 모두를 아우르는 하이브리드형의 컴퓨터로 발전할 가능성이 크다. 모든 가능성을 열고 이 문제를 바라볼 필요가 있다.

제3장 | 인간의 생존의지

인간은 나름의 치열한 생존 메커니즘이다. 이러한 인간에게는 본능적 생존의지와 지성적 생존의지가 있다.

생존욕구와 생존의지

인간은 '인간 나름의 치열한 생존 메커니즘'이다. 인간은 자신의 생존을 위해 어떠한 일도 마다하지 않는다. 인간에게는 생존은 절대선이기 때문이다. 생존이 절대선인 인간에게는 동전의 양면과도 같은 생존욕구와 생존의지가 동시에 존재한다. 이러한 인간은 삶의 목적이 있어 생존하는 것이 아니다. 오히려, 생존을 위해 삶의 목적을 만들어 낸다. 불편한 진실이다.

인간에게는 3가지 생존 욕구가 존재한다. 현재 상황을 '극복하여 생존하고자 하는 욕구', '생존을 유지하고자 하는 욕구', '생존을 확장하고자 하는 욕구'이다. 즉 '생존 극복 욕구', '생존 유지 욕구', '생존 확장 욕구'이다.

20세기 미국 심리학자인 매슬로 Abraham H. Maslow 교수는 인간의 기본 욕구를 5가지로 분류했다. 그가 이야기한 5가지의 욕구 중 생리와 안전 욕구는 '생존 극복 또는 유지 욕구', 사랑 및 소속감, 사회적 존중, 자기실현 욕구는 '생존 유지 또는 확장 욕구'로 다시 분류할 수 있다. 우리가 행복했던 순간을 다시금 떠올려보자. 그 순간들은 시험 합격, 장학금 수령, 복권 당첨, 구직, 승진, 임신 등등이다. 이들 모두 생존 욕구를 충족한 경우이다. 반대로 생존 욕구에 반하는 실직, 낙방, 부상 등의 사건을 접하면 불행을 느낀다. 이렇듯 인간의 '희로애락喜怒哀樂' 모두는 '인간 나름의 치열한 생존 메커니즘' 굴레에 있다.

인간은 태어나면서 우연하게 각기 다른 사회적 지위와 부를 가진 가정에서 태어난다. 인생 출발점이 부모의 사회적 지위와 부에 의해 결정되는 셈이다. 하지만 인간의 행복과 불행은 사회적 지위와 부의 높낮이가 아니라 사회적 지위와 부의 변동에서 생겨난다. 인간은 누구에게나 굴곡 있는 인생이 있다. 그 굴곡을 오르며 행복을 느끼고, 굴곡을 내려가며 불행을 느낀다. 인간 모두는 흙에서 태어나 흙으로 돌아가는 탄생과 죽음이란 막다른 오르막과 내리막 길이 있다.

이렇게 생각하면 인간의 물리적 행복 총량은 '0'으로 누구에게나 똑같다. 하늘이 인간에 내린 공정公正함이다. 행복과 불행은 항상 우리 곁에 존재한다. 그것을 어떻게 느낄지는 우리 마음에 달려있다. 따라서 개개인이 느끼는 정신적 행복 총량은 각기 다르다. 다가온 불행도 행복의 여정으로 생각하고 정진하면 행복 총량은 늘어난다. 하지만 누리는 행복도 언제 빼앗길지 모른다는 두려움으로 안달하면 행복 총량은 줄어든다. 이것이 우리네 인생이다.

인간의 생존욕구가 있으면 이를 실현시키려는 생존의지가 반드시 존재한다. 이는 동전의 양면과도 같다. 100여 년 전만 해도 절대군주와 권위적 종교가 지배한 〈권력의 시대〉였다. 이 시대에는 절대권력자의 욕망은 무제한으로 허용되었던 반면, 통치 대상인 일반 개인의 욕망은 드러낼 수 없도록 통제되었다. 당시 일반 개인에게 강요된 도덕과 윤리는 절대권력의 통치를 지원하는 수단이었던 것으로 보인다.

과거 절대권력 시대에 인간의 생존 의지를 조명한 두 명의 철학자가 있다. 쇼펜하우어Arthur Schopenhauer(1788~1860)와 니체Friedrich Wilhelm Nietzsche(1844~1900)이다. 쇼펜하우어는 인간의 욕망을 삶의 의지der Wille zum Leben로 보았다. 그는 인간의 욕망을 고통의 원천으로 보고, 그 고통에서 벗어나려면 욕망의 집착에서 벗어나야 한다고 했다. 쇼펜하우어는 인간의 욕망 그대로를 생존의지로 연결하여 행동하는 데는 소극적 입장을 취했다. 그렇지만 인간 생존 욕구를 철학의 중심으로 끌어 들였다는 점에서 커다란 의미가 있다.

반면에 니체는 '모든 생명체는 힘에의 의지'가 있다며, 인간의 생존의지에 관한 이야기를 꺼냈다. 그리고 현재를 극복하는 인간, 초인-위버멘쉬Übermensch를 바람직한 인간상으로 보았다. 그리고 인간의 '힘에의 의지Wille Zur Macht'로 생존의 고통을 극복하고 새로운 가치를 창조하여 자유로워질 것을 이야기했다. 인간의 '힘에의 의지'는 생존에 필요한 힘을 얻고자 하는 의지이며, 이는 생존의지의 범위 안에 있다. 니체는 인간의 생존의지를 새로운 가치 창조의 원동력으로 보았다. 인간의 '힘에의 의지'로 통해 '생존을 극복, 유지, 확장'해야 한다고 우회적으로 표현한 것으로 보인다. 두 철학자 모두 인간의 생존 욕구와 생존의지를 논했지만, 이를 어떻게 감당해야 할지는 사뭇 달랐다.

만물의 영장인 인간은 살아있는 동안 존재하며 다른 존재에 영향을 미치고 있다. 어찌 보면 우리가 사는 세상 역시 인류의 집단 생존의지의 산물이다. 인간의 생존의지가 어디로 향하고, 어떠한 미래를 그려갈지? 흥미 진진하다.

본능적 생존의지, 지성적 생존의지

인간에게는 결이 다른 두 가지 유형의 생존의지가 있다. 이는 '본능적 생존의지the instinct will to live'와 '지성적 생존의지the intelligent will to live'이다. 이는 인간의 기억, 상상, 감성, 감정, 이성, 지성, 지혜의 정신능력을 기반으로 만들어진 생존의지이다. 이 두 가지 생존의지 모두 '인간 나름의 치열한 생존 메커니즘'에 내재하고 있는 생존의지이다. 외부 환경변화에 즉각적인 반응이 필요한 경우에는 '본능적 생존의지'가, 새로운 인과관계를 따져 물을 여유가 있을 경우에는 '지성적 생존의지'가 작동한다.

'본능적 생존의지'는 흔히 이야기하는 생존본능이다. 이 역시, 두 가지로 나누어진다. 첫째는 사물에 대해 생존의 유불리를 즉각적으로 판단하여 반응하는 '감정적 생존의지'이다. 이는 과거 축적된 경험으로 생존의 유불리를 판단하여 나오는 감정의 결과물이다. 둘째는 인간에 이미 내재되었거나, 치명적인 경험,

반복적인 훈련으로 사물에 대해 즉각 반응하는 '반사적 생존의지'이다. 어린아이가 뜨거운 물에 손이 닿자마자 바로 손을 빼는 행동이나, 격투기 선수들이 상대방 공격을 반사적으로 피하고 공격하는 행동 등이 이에 해당한다.

'지성적 생존의지'는 인간의 이성과 지성의 정신능력으로 만드는 생존의지이다. 여기서 이야기하는 지성이란 새로운 객관적 사실과 지식을 토대로 이성을 반복적으로 작동시켜, 수많은 인과관계를 살피며 사물을 인식, 판단, 추론하는 정신능력이다. '지성적 생존의지'는 명석한 두뇌를 가진 인간만이 가진 생존의지이다.

이렇듯 인간은 두 가지 결이 다른 생존의지로 살아가고 있다. 주변 환경이 자신의 생존의지와 괴리되면, 그 간격을 메우는 자아에 대한 다양한 방어기제[40]가 작동한다. 지성적 생존의지는 자아의 방어기제에 의존하기 보다, 사물을 보다 객관적 사실과 지식에 근거하여 인식, 판단, 추론을 통해 살고자 하는 생존의지이다.

두 가지 생존의지가 서로 충돌하는 경우도 빈번히 발생한다. 하나의 예가 셰익스피어 비극인 〈로미오와 줄리엣〉이다. '남녀 사랑'이란 '본능적 생존의지'와 '가문의 반대'라는 '지성적 생존의지' 간에 갈등과 번민이 묘사된 작품이다. 이러한 갈등과 번민은 여전히 문학, 음악, 미술 등 예술작품의 소중한 모티브가 되고 있다. 두 가지 생존의지로 인해 인간은 갈등과 번민이 연속되는 한 편의 드라마와 같은 삶을 살아가고 있다.

인간이 매력을 느끼는 이유 역시 이들 생존의지 때문이다. 인간의 생존의지는 사람마다 태어나고 자라난 환경, 경험, 교육 정도, 처한 상황에 따라 각기

---

40 방어 기제(防禦機制, defence mechanism)는 받아들일 수 없는 잠재적 불안의 위험에서 자신을 자신을 보호하기 위해 실제적인 욕망을 무의식적으로 조절하거나 왜곡하면서 마음의 평정을 찾기 위해 사용하는 심리학적 메커니즘이다. 부정, 억압과 억제, 투사, 고착 혹은 병적 집착, 퇴행, 합리화, 승화, 치환 혹은 전이, 반동형성, 철회, 동일시 등 여러 가지 형태로 나타난다. (https://ko.wikipedia.org/wiki/방어_기제)

다르다. 사람마다 생존의지가 다른 만큼 사람마다 동일한 사물에 대해 매력을 느끼는 정도는 다르다. 이는 유무형의 매력이 시장에서 활발하게 거래되는 이유이기도 하다.

치열한 생존의지, 신神에 대한 믿음

인간에게는 강력한 생존의지가 존재한다. 그럼에도 생존이 절대선인 인간이 자신의 생존의지를 대신하여 신을 믿고 귀의하고자 하는 것은 어떤 이유일까?

인간이 신을 믿는 이유는 신에 충성하거나 종속되기 위한 것이 아니다. 인간이 신을 믿고자 하는 이유는 지성이 미치지 않는 미지의 세계에 자신의 생존의지가 미치도록 하게 하기 위함이다. 이를 위해 인간은 신을 의인화擬人化하고, 기도를 통해 끊임없이 자신의 생존의지를 신에게 전달하고자 한다. 이러한 종교활동을 통해 인간은 잠시나마 미지 세계에 대한 공포로부터 벗어날 수 있다. 인간이 신을 믿는 행위, 역시 '인간 나름의 치열한 생존 메커니즘'에서 발원한 생존의지가 작동한 때문이다.

제4장 지성의 여정

인간은 자신의 명석한 두뇌로 지성을 찾는 여정을 이어가고 있다. 지성이 영원에 가까운 생명을 줄 것이라는 믿음 때문이다.

명석한 두뇌

가장 오래된 현생인류 흔적은 아프리카 모로코 제벨 이루드Jebel Irhoud에서 발견된 30만 년 전의 화석이다. 이를 근거로 35만 년 전에 최초로 현생인류인 '호모 사피엔스 Homo sapiens'가 지구상에 나타난 것으로 추정하고 있다.[41] 현생인류는 대부분의 세월을 여느 생명체들과 같이 유전적 변이에만 의존하여 거친 자연환경에 적응하며 살아남았다. 영국 옥스퍼드대 길 맥빈 교수팀은 지난 10만 년 동안 인류에게 총 2억 5천만 번의 유전적 변이가 일어났다는 연구 결과를 사이언스지(2022.2.24)에 발표했다.[42]

유전적 변이에만 의존했던 현생인류는 지구에 출현한 이후 대부분의 기간을 끼니 때우기 급급한 동물과 같은 삶을 살았다. 인류가 지금과 같은 지적 능력을 확보하여 이러한 삶을 벗어나기까지는 많은 시간이 걸렸다. 그 이유는 지적 능력을 구현하는 하드웨어와 소프트웨어 모두를 갖추어야 했기 때문이다.

인간의 정신능력의 하드웨어는 두뇌에 해당한다. 현대 인류는 두뇌의 질량은

---

[41] "Happy 350,000th birthday: Study pushes back Homo sapiens origins" (2017. 9. 29, https://www.timeslive.co.za/news/sci-tech/2017-09-29-happy-350000th-birthday-study-pushes-back-homo-sapiens-origins/).

[42] "2696만 명 유전체 연결…역대 최대 규모의 '인류 가계도' 나왔다." (동아일보, 2022. 2. 28, https://www.donga.com/news/Economy/article/all/20220227/112068018/9)

약 1.4킬로그램, 부피는 1,300~1,500cc정도이다. 인류의 뇌의 크기는 계속 증가해 왔다. 인류 조상으로 알려진 사헬란트로푸스 차덴시스(700만~600만 년 전)의 뇌의 크기는 650~750cc, 오스트랄로피테쿠스 아파렌시스(400만~300만 년 전)와 아프리카누스(300만 년~240만 년 전)는 500cc, 호모 하빌리스(240만~160만 년 전)는 600~750cc, 호모 에렉투스(150만~20만 년 전)는 900~1,000cc였다. 독일의 네안데르탈인(20만~2만 8천 년 전)의 뇌의 크기는 1,440~1,600cc로 현생 인류와 비슷하였다. 이렇게 보면 현생 인류의 두뇌의 크기는 인류의 초기 조상보다 2~3배 커진 것이다. 하지만 3만 5천 년 전부터는 인류의 신체크기에 비해 뇌의 크기는 점차 줄어든 것으로 나타나고 있다. 그렇다고 인간의 두뇌의 발달이 정체되었다기 보다 질적인 변화가 인간의 두뇌에서 일어났다고 보는 것이 보다 합리적이다. 그 질적 변화는 인간의 두뇌의 신경세포의 밀도를 높이고, 이들 간의 결합을 보다 최적화하는 변화였을 것이다.

   하지만, 현생인류가 인간은 '명석한 두뇌'란 하드웨어를 갖추고도 오랜 시간 이를 활용하지 못한 이유는 무엇 때문일까? 이를 작동시킬 축적된 지식이 없었기 때문이다. 이는 슈퍼컴퓨터도 운영시스템Operating System과 응용프로그램 Application Software이 없으면, 고철 덩어리가 되는 거나 마찬가지 현상이다. '명석한 두뇌'를 활용하지 못하던 현생 인류는 여타 동물들과 같이 하루하루를 연명하기에 급급했다. 현생 인류의 무거운 두뇌는 오히려 살아가는데 거추장스럽기까지 했다. 현생인류가 명석한 두뇌를 활용하지 못하고 방황하던 시기, '현생인류의 방황시기'[43]는 지난 1만 년 전까지 이어졌다.

   현생인류에게 두 차례 문명의 특이점singularity을 불러온 지적 혁명이 일어났다. 이는 '성형이 용이한 도구 개발'과 '문자 발명'이다. 인간은 '성형이 용이한 도구 개발'로 명석한 두뇌를 깨웠고, '문자 발명'으로 명석한 두뇌를 본격적으로

---

43 현생인류의 방황 시기: wandering period of human being

활용하기 시작했다. 현생인류는 두 차례의 지적 혁명으로 만물의 영장에 이르는 찬란한 문명의 시대를 열었다.

고대 1차 지적 혁명: 토기

인류 문명은 언제부터 어떻게 시작되었나? 단순히 도구의 변화가 아닌, 인간의 지적 혁명에서 출발하였다고 보는 것이 합리적이다. 그렇다면, 인류를 문명의 길로 이끈 최초의 지적 혁명이 일어난 시기는 언제쯤이었을까?

인류가 돌을 도구로 사용하는 석기 시대the Age of Stone 시작은 340만 년 전이다. 이 시기는 빙하기氷河期인 플라이스토세Pleistocene 전후로 420만~210만 년 전까지 인류 조상hominin인 오스트랄로피테쿠스Australopithecus가 살던 시기이다.[44] 1974년 에티오피아 하다르Hadar에서 발견한 318만 년 전의 루시Lucy란 애칭으로 알려진 인류 조상의 화석이 오스트랄로피테쿠스 아파렌시스Australopithecus afarensis 화석이다. 당시 석기는 손을 자유자재로 사용하는 원숭이, 유인원, 인류 조상, 현생인류 등 모든 영장류가 사용했던 것으로 보인다. 인류가 살아온 기간 중 99.7%가 석기 시대였다. 그 오랜 기간의 석기 시대 동안 인간의 삶은 여느 동물과 같았다. 이를 보면 인류 문명은 석기 시대가 아니라, 석기 시대를 벗어나며 시작되었다고 이야기하는 것이 더욱 논리적이다. 어렵게 도래한 신석기 시대, 역시 현생인류가 돌이라는 재료로는 다양한 도구를 만들기 어렵다는 것을 자각하는 시대이기도 했다.

1만 년 전 석기 시대Stone Age의 끝 무렵인 신석기 시대에 인류 문명의 시작을 알리는 의미 있는 사건이 일어났다. 인류가 강한 열에너지로 미세입자인 점토

---

44 오스트랄로피테쿠스 아나멘시스(Australopithecus anamensis)는 420만~ 380만년, 오스트랄로피테쿠스 아파렌시스(Australopithecus afarensis)는 390만~290만년 전, 오스트랄로피테쿠스 아프리카누스(Australopithecus africanus)는 약 330만~ 210만년 전 기간에 생존했던 것으로 알려지고 있다. (https://en.wikipedia.org/wiki/Stone_Age, Australopithecus anamensis, (Australopithecus afarensis, Australopithecus africanus)

粘土의 물성을 바꾸어 '성형이 용이한 도구'인 토기를 만든 사건이다. 이는 열에너지로 물질의 물성을 바꾸는 인류 최초의 지적혁명의 산물이었다. 이를 계기로 인류는 과거 340만 년 동안 자연에서 채취한 돌과 나뭇가지 만을 도구로 사용한 원시적인 삶에서 벗어날 수 있었다.

인류는 토기 발명 이전에 점토 벽돌을 사용하기 시작했다. 초기 점토 벽돌은 신석기 시대였던 11000년 전(BC 9000년)의 팔레스타인 예리코의 레반트 주거지역에서 발견할 수 있다. 점토 벽돌을 현생인류의 주거지 조성에 활용한 것으로 보인다. 이는 점토를 벽돌 모양으로 빚어 햇볕에 말려 만든 것으로 추정하고 있다.

이로부터 2000년이 지난 8500년 전(BC 7500년) 터키의 아나톨리아 고원 차탈휘위크Çatalhüyük 지역에서 만들어진 토기土器가 발견되었다.[45] 토기 발명의 시작은 과거 주거지 아궁이 주변의 점토 벽돌이 열에 의해 단단하게 물성이 변하는 것을 보고 착안했을 가능성이 높다. 인류는 토기 발명으로 음식을 저장하고, 운반하고, 익혀 먹을 수 있게 되었다. 토기는 음식을 담는 항아리와 그릇은 물론, 옹관甕棺, 장식품 등에 광범위하게 활용되었다.

인류는 토기 발명을 계기로 자신의 '명석한 두뇌'를 깨우기 시작했다. 그리고 인류는 토기에 곡물을 저장할 수 있게 되면서 부의 축적이 가능한 농경사회의 길로 들어서게 되었다. 토기 발명은 인류가 문명사회로 들어서는 문을 여는 중요한 사건이었다.

토기는 자연이 만든 형상 그대로가 아닌, 인간의 노-하우로 형상을 만들어 낸 만든 최초의 공산품이었다. 이들 토기는 다양한 모양으로 다량 생산이 가능했다. 점토로 원하는 모양을 만들고, 불에 구워 도구를 생산하는 도구의 혁명이 일어난 것이다. 이들 토기는 물물교환을 촉진시켰고, 자연스레 시장경제의 바탕

---

[45] https://www.britannica.com/art/earthenware, https://www.sci.news/archaeology/catalhoyuk-diet-06517.html 등 참조

이 되었다. 흥미로운 점은 인류 문명의 시작에 사용되었던 토기 재료인 점토인 세라믹Ceramic이 인류 인류 문명의 정점을 찍는 최첨단 반도체 소재로 사용되고 있다는 사실이다.

신석기 시대의 빗살무늬 토기comb-patterned clayware는 500도의 온도에서 구워 만든 것으로 보인다. 이후 인류는 보다 강한 열로 더욱 강하고 품질 좋은 도기 제작에 나섰다. 가마 속 온도를 더욱 높이기 위해 밖으로 나가는 열을 차단하고, 열을 주입하는 둥근 아치형 가마를 만들었다. 도기를 굽는 가마는 핵융합을 위해 초전도 자석으로 플라스마를 가두고 열을 계속 주입하는 토카막 (러시아어: Токамак) 구조와 흡사했다.

점토를 빚은 형상 그대로를 유지하는 소성plastic 온도[46]는 토기clayware 섭씨 500~800도, 도기earthenware 섭씨 1060~1154도, 석기stoneware 섭씨 1140~1280도, 자기porcelain 섭씨 1220~1300도이다.[47] 반면에 금속이 고체에서 액체 로 변하는 액화 융점melting point은 황색 합금은 섭씨 905~932도, 청동 (구리와 주석의 합금)은 섭씨 913도, 구리는 섭씨 1084도, 주철은 섭씨 1127~1204도, 단철은 섭씨 1482~1593도이다.[48] 따라서 청동기와 철기 시대는 토기를 만들던 노-하우를 발전시켜 나가는 과정에서, 점토의 소성온도와 금속의 액화융점이 만나는 섭씨 1,000도 내외의 열을 얻게 되면서 시작되었다고 할 수 있다.

금속을 녹여내는 기술을 알게 되면서, 이들 액체를 형상의 틀에 넣어 다량의 금속도구를 만드는 금속 제련 기술이 발달되기 시작했다. 그러면서 도구 재료가 점토에서 금속으로 바뀌게 되었다. 이는 토기 발명 이후 2500년 정도가 지난, 6000~4000년 전(BC 4000년~BC 2000년)에 일어난 일이다. 토기를 만들어 낸 지적

---

46 물체가 외력을 받으면 변형하고 외력을 제거해도 원형으로 복귀하지 않고 변형이 남아 있는 성질 (https://terms.naver.com/entry.naver?docId=412272&cid=42327&categoryId=42327)

47 "What is Stoneware Pottery & Differences to Earthenware and Porcelain" https://thelittlepotcompany.co.uk/blogs/pottery/what-is-stoneware-pottery-differences-to-earthenware-and-porcelain

48 "Melting Points of Metals" (https://fractory.com/melting-point-of-metals-chart/)

혁명이 그대로 이어져 청동기 시대를 열었고, 지구에서 매장량이 가장 많은 철로 도구를 만들며 철기시대를 열었다. 강한 철을 이용해 조리, 사냥, 수확, 전투에 필요한 크고 작은 칼을 만들고, 견고한 철제 바퀴를 만들어 물자를 멀리까지 운반했다. 그리고 수백만 년 동안 지루하게 이어온 석기 시대는 종말을 고했다.

토기, 청동기, 철기 등 성형이 용이한 다양한 도구를 만들게 되면서 인류 문명이 본격적으로 시작되었다. 이를 계기로 이집트 피라미드, 스핑크스, 콜로세움 Colosseum 등 건축물과 고대 로마의 비아 아피아Via Appia 로 불리는 사통팔달의 도로 등 인프라가 구축되었다. 인간이 도구를 자유자재로 만들게 되면서, 유전적 변이에만 의존한 육체적인 한계를 극복했다. 어렵게 터득한 제련 노-하우는 도제徒弟 방식으로 명맥을 이어갔다. 이 때문에 인류 문명 발전은 한없이 더디게 진행되었다. 인류에게는 어렵사리 얻어낸 생존 노-하우를 기록, 전파, 축적할 문자가 절실히 필요하게 되었다.

고대 2차 지적 혁명: 문자

도구 재료가 점토에서 금속으로 바뀌는 시기를 전후하여 '문자 발명'이라는 또 하나의 지적 혁명이 일어났다. 문자 발명으로, 어렵게 얻은 생존 노-하우를 기록하고, 전파하고, 축적할 수 있게 되었다. 문자 발명이란 지적 혁명 이후 인류 문명의 발전 속도가 눈에 띄게 빨라졌다.

문자 발명 전부터 인류는 자신들이 어렵살이 발견한 생존의 노-하우를 그림으로 남기기 시작했다. 그 사례 중 하나가 동굴벽화이다. 최초 인류의 동굴벽화는 6만 4000년 전 네안데르탈인이 그린 것으로 추정되는 유럽 스페인 남부 및 서부 동굴 세 곳 내부에 그려진 구석기 시대 벽화이다.[49] 현생 인류가 그린 최초의 동굴벽화는 5만 1200년 전에 그린 것으로 추정되는 인도네시아 술라웨시

---

49 6만년전 스페인 동굴벽화 네안데르탈인이 그렸다.' (연합뉴스, 2018.02.23, https://www.yna.co.kr/view/AKR20180223053900017)

섬 레앙 카람푸앙 동굴에서 발견된 돼지 동굴 그림이다.[50] 우리에게 잘 알려진 프랑스 쇼베 동굴벽화는 대략 3만 년 전, 프랑스 라스코 동굴 벽화는 1만~2만 년 전, 알타미라 동굴벽화는 1만 1천 년 전 그려진 것으로 알려져 있다. 이들 그림은 동굴 벽화이외에도 건축물, 조각 등 조형물에도 그려졌다. 하지만 자초지종을 알 수 없는 이들 벽화나 그림만으로는 인간이 어렵사리 만든 생존 노-하우인 지식을 기록, 전달, 축적하는 데는 한계가 있었다.

이를 극복하기 위해 인류는 그림문자(회화문자), 상형문자, 설형문자(楔形文字, 쐐기문자), 표의문자, 표음문자 등을 만들어 냈다. 인류는 문자 발명으로 살아가며 어렵게 얻은 생존 노-하우를 보다 쉽게 전파하고 축적할 수 있게 되었다. 이들 축적된 지식은 인간의 '명석한 두뇌'를 본격 활용하게 되는 계기가 되었다. 문자 발명은 인류의 고대 제2차 지적 혁명의 산물이었다.

문자다운 문자가 만들어진 시기는 5500년 전(BC 3500년)이다. 청동기, 철기 등 금속도구가 사용되기 시작한 시기였다. 가장 오래된 문자는 메소포타미아 문명을 이끈 수메르Sumer인이 만든 쐐기 또는 설형문자cuneiform였다.[51] 점토판에 나뭇가지 또는 갈대 막대기로 형상을 만들어 표현한 문자이다. 문자가 쐐기로 쓰여진 모양이라는 이유로 한자로 설형문자라는 이름을 붙였다. 이는 신석기 시대 빗살무늬 토기의 표면 문양을 그릴 때 사용한 방식과 유사했다. 과거 토기 발명의 노-하우가 문자 발명이라는 또 다른 생존 노-하우를 탄생의 기반이 된 것이다. 이렇듯 인류는 생존 노-하우인 지식을 활용하고 축적하면서 한 발자국씩 앞으로 나갔다.

설형문자는 페르시아를 통해 인더스 문명 등 서아시아 문자로 발전했다. 이들 문자를 기반으로 발음과 뜻이 분리된 표음문자phonogram가 만들어졌다. 이

---

50 '세계에서 가장 오래된 동굴벽화?…'5만1200년' 전 그린 인도네시아 돼지' (경향신문, 2024.07.04 12 윤기은 기자, https://www.khan.co.kr/world/asia-australia/article/202407041236001)
51 "쐐기문자" (https://ko.wikipedia.org/wiki/쐐기_문자)

들 표음문자는 페니키아 상인을 거쳐 그리스, 로마, 유럽으로 이어지면서 오늘날의 알파벳 또는 변형된 알파벳으로 발전했다. 이들 알파벳을 사용하지 않는 지역은 상형문자 그대로를 사용했다. 기원전 3200년, 고대 이집트에서 최초로 성스러운 문자라는 의미의 히에로글리프hieroglyph라는 상형문자가 탄생했다. 이들 상형문자는 음성보충자phonological complement와 의미보충자determinative, 표음phonographic 자소와 형태소morphographic 자소가 혼합된 단어 문자 등 여러 가지 형태로 발전하였다. 이는 수메르인이 최초로 만든 설형문자와 비슷한 구조로 이들 간의 교류가 있었음을 의미한다.

(1) 빗살무늬 토기(신석기 시대)   (2) 쐐기(설형楔形) 문자(점토판, 부조)

빗살무늬 토기에 무늬를 그리는 방식과 점토판에 쐐기 문자를 표시하는 방식이 유사하다. 이는 문명이 축적의 산물이라는 것을 의미한다.

기원전 2000년에 시작된 동북아시아의 황하문명黃河文明은 메소포타미아(BC 3500년), 이집트(BC 3000년), 인더스 문명(BC 2500년)에 비해 500~1500년가량 늦게 발원했다. 황하문명을 이끌었던 최초의 문자는 허남성河南省 은허殷墟에서 발견된 갑골문자甲骨文字이다. 이들 갑골문자는 상형문자의 형태로 기원전 1200년에서 기원전 1050년 사이에 만들어진 것으로 추정된다. 상형문자인 갑골문자로부터 뜻을 간단하게 축약한 한자漢字라는 표의문자ideogram로 발전했다. 다른 문명에 비해 역사가 짧았던 만큼 문자 발달도 그만큼 늦어진 것으로 보인다.

문자 발명으로 인류는 자신의 생존 노-하우인 지식을 전달하고 축적할 수 있게 되었다. 이들 축적된 지식으로 인간의 '명석한 두뇌'를 본격적으로 활용할 수 있게 되었다. 문자 발명으로 지식이라는 '무형의 도구'를 인간의 명석한 두뇌 속으로 끌어들이는 고대 제2차 지적 혁명이 일어났다. 이로써 인류는 토기, 청동기, 철기 등 '유형의 도구'와 문자로 기록한 지식이란 '무형의 도구'를 모두 갖게 되었다.

그러면서 문명이 발전하기 시작했다. 특히 문자 발명 이후로 문명의 발전 속도는 매우 빨랐다. 이 때문에 문자 발명을 기준으로 선사시대와 역사시대로 구분했다. 수백만 년의 선사시대 보다 지난 5000여 년의 역사 시대의 인류 문명의 발전 속도가 훨씬 빨랐다. 인류는 문자로 지식을 축적하고, 축적된 지식으로 다시 지성을 깨워 또다른 지식을 만들어 냈다. 지식이 축적되면서 인류는 찬란한 문명의 길을 열었다. 이들 문명 발달로 인간은 다른 생명체들과 확연하게 구분되는 삶을 살기 시작했다. 이때부터 인간은 유전자에 의존한 신체적 진화보다, 축적된 지식을 기반으로 자신의 '명석한 두뇌'에 의존하는 삶을 살았다.

자아의 성숙

시선의 일치: 자아의 자각

자아는 자신의 생명을 주도하여 살아가는 독립적인 주체인 자신을 의미한다. 따라서 독립적으로 살아가는 모든 생명체에는 자아가 있다. 다만, 인간은 자신이 가진 '명석한 두뇌'로 자아를 인식하며 살고 있다는 점에서 다른 생명체와 다르다. 인류 문명도 인간의 자아인식과 그 성숙도에 따라 발전해 왔다.

인류는 거대 공동체를 만들면서 문명 발전에 속도가 붙기 시작했다. 이는 인간에게 독립된 주체로서 사회 공동체 안에서 자신의 역할을 인식하는 성숙된 자아인식self-awareness이 생겨났기 때문이다. 무엇이 계기가 되어 인류가 성숙된 자아인식을 갖게 되었을까?

사회 공동체에서 인간의 자아인식을 설명하는 이론으로 면경자아面鏡自我, Looking Glass Self 이론을 들 수 있다. 여기서 이야기하는 거울은 자신에 대한 주변 사람의 시선과 태도이다. 면경자아는 자신에 대한 다른 사람의 시선과 태도 의해 형성된 자아이며, 이는 사회적 상호작용의 맥락 속에서 자신을 인식하는 자아이다.[52] 자신을 왕, 귀족, 병사, 노예로 인식하는 것은 주변 사람들이 그렇게 대하기 때문이라는 것이다. 최근 소셜미디어의 발달로 인해 면경자아와 자신을 동기화하는 경향이 커지고 있다. 유명 아이돌 그룹 멤버가 팬들로부터 칭찬과 비난에 자신을 가누지 못하는 이유도 다른 사람의 시선을 자신의 본모습이라고 생각하기 때문이다.

고대 인류에게 자신에 대한 자신의 시선과 다른 사람이 자신을 바라보는 시선이 일치되는 되는 사건이 일어났다. 거울의 발명이다. 인류 최초의 금속 거울이 5,000만 년 전 이집트 제1왕조(B.C. 2920~2770) 시대의 분묘에서 발견되었다.[53] 이 시기는 인류 역사가 최초로 문자로 기록되고 거대 공동체가 탄생하는 시기와 일치한다. 거울 발명 이전에는 인간은 자신의 모습을 동굴 속 그림자나 물 위에 투영된 상像으로 만 볼 수 있었다. 자신을 객관적으로 바라볼 수 있는 이는 다른 사람과 신神뿐이었다. 거울의 발명으로 인간은 사회 공동체 속의 자아를 보다 명확하게 인식할 수 있게 되었다. 자아에 대한 보다 명확한 자각은 분업화되고 전문화된 거대 공동체 구성의 촉매가 되었다.

지금도 사람들은 하루에도 여러 차례 거울 앞에서 세수, 화장, 면도를 하거나 옷매무새를 고쳐 맨다. 거울 앞에 서는 이유는 다른 사람의 눈에 비추어질

---

52 "Looking-glass self" (https://en.wikipedia.org/wiki/Looking-glass_self)
53 "거울이라는 수수께끼‥그 신화 · 예술 · 과학"(이광 계명대학교 명예교수 https://koreascience.kr/article/JAKO200658763854357.pdf)

자신을 보고자 하는 것이다. 매 순간 다른 사람을 의식하는 이유는 사회 속에서 무언가 역할을 하며 살아야 하기 때문이다. 분업화된 거대 공동체 내에서는 인간의 절대선絶對善인 생존은 독립적이 아니라, 상호 의존으로 이루어 지기 때문이다. 이는 공동체 속에서 사는 인간이 걸머진 숙명과도 같았다. 인간은 자신의 존재를 진정으로 알고자, 마음 속에 거울을 만들어 명상하는 경우도 많았다. 그렇지만 명상만으로는 생존이 절대선인 인간은 자기의 진정한 모습을 찾기란 어려웠다.

내면의 자아: 자아의 성숙

인간의 내면에는 스스로를 반추하는 자아가 존재한다. 인간의 치열한 생존 메커니즘이 상상력으로 만든 내면의 자아들이다. 우리는 3인칭 사회에서 살고 있다. 우리가 살아가면서 상대해야 할 사람들의 우선순위이다. 3인칭 사회는 주관적인 나 'I', 직접적인 이해당사자인 너 'you', 간접적인 이해당사자인 그들 'them'이 있다. 인간의 내면에도 똑같이 3인칭의 자아가 존재한다. 행동하는 주관적 자아, 이를 객관적으로 바라보는 자아, 이들 자아를 관조하며 바라보는 자아이다. 이들 자아를 주관적 자아, 객관적인 자아, 사회규범적 자아로 구분할 수 있다. 이는 인간 내면에 자신을 비추어 보는 세 가지 거울인 셈이다. 이는 19세기 정신분석학의 창시자인 프로이트Sigismund Freud가 원초자아id, 자아ego, 초자아super-ego 의 3가지로 분류[54]한 것과 맥을 같이한다. 이들 자아의식은 프로이트가 이야기하듯 어린 시절에 모두 형성되는 것이 아니다. 이들 자아는 3인칭 사회의 다양한 시대적 상황을 경험하고, 지식을 습득하고, 자기 성찰을 통해 성숙해 간다는 점이 다르다.

---

54 원초자아(id)는 생물적 본능의 무의식적인 자아, 자아(ego)는 현실원리에 지배를 받는 외적 세계에 의해 수정된 자아, 초자아(super-ego)는 신생아 시절에 습득되는 사회의 가치와 관습이다. (https://think-sis.co.kr/26)

사회 속의 인간은 주관적 자아, 객관적인 자아, 사회 규범적 자아를 통해 자신의 행동이 자신과 사회적 규범에 부합되는지를 살핀다. 여기서 말하는 사회규범은 도덕, 상식, 법령, 종교 등등이다. 사회규범적 자아는 신과 소통하는 신성神性의 통로이기도 하다. 인간이 종교를 갖게 되는 이유도 인간의 내면에 사회규범적 자아가 존재하고 있기 때문이다. 일부 신앙심이 깊은 아폴로 우주선 비행사들은 우주비행을 마치고 지구로 돌아와 우주에도 신이 존재한다고 간증했다. 하지만 신이 우주에 있었던 것이 아니라 신성을 가진 인간이 우주에 있었다고 말하는 것이 더욱 설득력이 있다.

인간은 이들 세 가지 자아로 스스로에게 묻고 대화하며 삶의 균형을 찾는다. 이들 자아 역시, '인간 나름의 치열한 메커니즘'인 인간이 만들어낸 내면의 거울이며 목소리이다.

격한 감정으로 인해 주관적 자아가 강하게 드러나면, 객관적인 자아와 사회규범적 자아는 모습을 감춘다. 격한 감정을 가라앉혀야 또 다른 자아의 목소리를 들을 수 있다. 낮에는 주관적 자아가, 밤에는 객관적인 자아와 사회규범적 자아가 보다 뚜렷하게 나타나는 것도 이 때문이다. 이들 세 가지 자아 모두, '인간 나름의 치열한 생존 메커니즘'인 인간이 만들어 낸 정신적 산물이다. 이들 능력을 어디까지 활용할지는 각자의 몫이다. 진정한 자아는 이들 세 가지 자아를 독립적으로 모두 살피며 균형감을 찾는 자아이다.

고난의 행군

인간은 생존에 필요한 여러 가지 궁금증을 풀기 위해 지성을 깨워 지식을 찾는 여정에 올랐다. 일단 지성으로 새로운 지식을 찾으면, 이를 기반으로 또 다시 지성을 깨워 또 다른 지식을 찾아냈다. 지성으로 찾아낸 새로운 지식은 기존의 절대권력이 당연하게 생각해 온 고정관념과 충돌하는 경우도 종종 발생했다. 설령 지성으로 새로운 지식을 찾았다고 해도 절대권력의 막강한 힘에 눌려 이를 감히 주장하기 어려웠다. 절대권력이 새로운 지식이 자신의 권력의 근간을 흔들지도 모른다고 우려하여 이를 쉽게 용인하지 않기 때문이다. 이러한 상황에서 인간의 지성을 찾아 가는 여정이 순탄할 리 없었다. 이로 인해 수많은 지성인이 절대권력과의 예기치 않은 갈등으로 많은 고통과 희생을 치렀다. 과거 〈권력의 시대〉에는 인간의 지성을 찾아가는 길은 고난의 여정이었다.

하나의 대표적인 사례가 있다. 플라톤 철학의 산실인 아카데미아가 기원전 387년 설립된 지 916년 만인 529년에 폐쇄된 사건이다. 동로마 제국의 황제였던 유스티니아누스 1세가 아카데미아에서 가르치는 철학이 당시 기독교 교리와 맞지 않다는 이유로 아카데미아를 폐쇄한 것이다. 또 하나의 예가 지동설을 설파한 갈릴레이Galileo Galilei이다. 지동설을 주장하는 갈릴레이의 행동은 하느님이 중심인 종교적 권위에 도전하는 것으로 비추어졌다. 교황청과 반목한 갈릴레이는 3년의 금고형을 살기도 했다.

두 가지 사례 모두, 당시 절대권력이었던 왕권과 교권이 얼마나 얼마나 강압적이고 반 지성적이었는지를 깨닫게 하는 사건이다. 당시 종교에서 이야기하는 신神이란 인간이 만들어 낸 편견 덩어리였을지도 모른다. 이렇듯 과거 인간이 지성을 찾아가는 여정은 고독하고 험난했다.

인간은 객관적 사실과 지식을 기반으로 이성을 반복적으로 작동시켜 지성을 깨웠다. 그리고 또 다른 지식을 만들어 냈다. 그러면서 지동설, 만유인력, 상대성이론, 양자역학과 같은 과학적 사고의 틀을 구축하며, 미지 세계의 영역을 줄여 나갔다. 그러면서 인간은 신에 대한 의존을 줄이고, 지성에 보다 의존하는 삶을 살기 시작했다. 어찌보면 인간 스스로 신이 되기를 작정한 것이다. 이에 힘입어 지식의 확대 재생산이 지구촌 곳곳에서 진행되고 있다. 그리고 얼마 지나지 않아 인류는 지성의 힘으로 찬란한 문명을 일구고, 만물의 영장의 자리에 올랐다.

알렉산드리아 도서관

고대 인간 지성의 산물인 지식을 보존하려는 흔적들을 여기저기에서 볼 수 있다. 그 흔적 중의 하나가 고대 이집트 알렉산드리아 도서관이다. 알렉산드리아 도서관은 기원전 288년~기원전 48년 당시 대학이었던 무세이온Mouseion의 부속 도서관이다. 이 도서관에는 알렉산드리아 총독이었던 프톨레미 1세, 2세, 3세와 클레오파트라 여왕에 이르기까지 최대 100만 권에 이르는 장서가 있었다고 알려진다. 이들 장서는 기원전 48년 로마 카이사르의 이집트 공략 때 소실되었다는 이야기가 있으나 명확하지 않다.

이 도서관이 주목받는 이유는 고대 지성을 밝힌 다수의 학자가 나온 시기와 일치하기 때문이다. 지구 공전설을 주창한 아리스타르코스Aristarchos, 지구가 원형임을 밝혀내고 그 둘레를 산출한 에라토스테네스Eratosthenes, 세차 운동을 통해 태양년과 항성년을 계산한 히파르코스Hipparchos, 수학자이며 물리학자였던 아르키메데스Archimedes, 기하학 체계를 정립한 유클리드Euclid, 인간의 뇌실腦室, ventricle of brain이 지성의 산실이며, 운동신경과 감각신경이 뇌에서 기원한다는 사실을 알아낸 해부학자인 헤로필로스Herophilos[55] 등이 당대 알렉산드리아 학자들이다.[56]

이들 지식은 불변의 지식이 되어 수천 년을 이어가며 회자되고 있다. 이들 지식들이 모여있던 알렉산드리아 도서관은 추후 헬레니즘 문화를 여는 구심점이 되었다. 이들의 업적이 위대한 이유는 생각이 자유롭지 않던 무소불위無所不爲의 〈권력의 시대〉에 지성을 깨워 불변의 지식을 만들어 냈다는 점이다.

---

55 '뇌 연구의 역사 1: 기원전 고대 뇌 연구의 역사' (이상건, 서울대 의과대학, https://www.jepilia.org/upload/pdf/epilia-2019-00010.pdf)

56 '알렉산드리아 도서관' (https://ko.wikipedia.org/wiki/알렉산드리아_도서관)

지성 산실: 학문과 대학

인간의 지성을 찾아가는 고난의 행군은 계속되었다. 그럼에도 인간이 지성을 찾아 나서는 이유는 지성이 인간에게 영원한 생명을 줄 것이라는 기대감 때문이다. 인간의 객관성을 중시하는 지성에 대한 믿음은 인간의 정신세계를 지배해 온 주관적인 신으로부터 멀어지게 했다. 인간의 미지 세계에 대해 신에 의지하기보다, 지성을 깨워 미지 세계로부터 독립하기를 원했다. 이를 위해 지성의 산물인 학문을 만들고, 이를 가르치고 연구하는 대학을 만들기 시작했다.

절대권력 시대부터 학문에 대한 연구가 시작되었다. 절대권력은 공동체 사회 구성원으로 지켜야 하는 규범을 만들어 사회를 규율하며 통치하기를 원했다. 이들 규범이 발전되어 인간 도리인 도덕이 만들어졌다. 그리고 도덕이 학문적 체계를 갖추어 윤리학이 되었다. 그러나 이들 도덕과 윤리학은 절대권력의 주관적 틀에 머무는 경우가 많았다.

학문 탐구는 사물에 대한 주관적 시선을 객관적 시선으로 바꾸는 데 초점이 맞추어졌다. 고대 탈레스, 소크라테스, 아리스토텔레스, 피타고라스 등 수많은 학자가 철학자이기도 하고 과학자이기도 했다. 고대 학문은 자연현상을 관찰하여 자연의 섭리를 터득하고, 이를 인간과 사회에 연결 지어 생각했다. 이러한 이유로 학문의 시작은 자연과학과 철학으로부터 시작되었다고 볼 수 있다.

철학은 관찰과 논리, 과학은 관찰, 실험, 이론으로 사물을 객관적으로 바라보는 데 초점이 맞추어졌다. 이들 학문이 세분화되어 새로운 학문들이 잉태되었다. 그중 인류 문명 발전에 막대한 영향을 끼친 학문은 수학과 물리학이다. 이들 학문은 수리적으로 사물을 설명하는 결정론적 사고의 틀을 만들었다. 결정론적 사고의 틀은 여타 학문에도 지대한 영향을 미쳤다. 그리고 인류에게 객관성, 재현성, 일관성 있는 결과물을 산출할 수 있도록 했다. 이는 전문화되고 분업화된 거대 공동체 구축의 발판이 되었다.

1920년대 들어 결정론적 물리학에 새로운 분파가 생겼다. 양자역학[57]이다. 양자역학은 종전 물리학에서 금기시한 두 가지 사고를 과학으로 불러들였다. 이는 사물은 확률적으로 존재한다는 확률론적 사고와 관찰자로 인해 사물이 달리 작동한다는 주관적 사고였다. 과거 결정론적인 물리학에 확률적 사고와 주관적 사고가 도입된 것이다.

이에 대한 논의는 1927년과 1930년에 열린 솔베이 회의[58]에서 시작되었다. 보어의 상호보완성의 원리와 하이젠베르크의 불확정성 원리가 이들 논의의 모태가 된다.[59] 이들이 연구한 장소의 이름을 따서 '코펜하겐 해석'이라고 불렀다. 기존 결정론적 물리학의 틀을 깨는 파격적 시도였다. 이들 해석이 도화선이 되어 '보어-아인슈타인' 논쟁으로 이어졌다. 이 논쟁에서 아인슈타인은 '신은 주사위를 던지지 않는다.'는 말로 이들의 주장에 맞섰다. 양자역학을 주사위 놀이에 빗댄 것은 물리학에 확률을 도입한 이론에 대한 비판의 일단이었다. 아인슈타인의 이야기는 현상과 원리를 동일시하지 말라는 이야기였다. 아인슈타인은 현상에서 원리를 찾으려 하지 않고, 현상에 머물며 원리를 현상에 맞추려는 안일함을 우려한 것이었다.

하지만 미시세계에서는 기존 결정론적 물리학으로는 이해하기 어려운 물리현상이 여전히 존재했다. 안테나에서 발진된 전파는 일정한 거리far field를 지나면 일정한 파형을 그리며 이동한다. 하지만 안테나 끝단near field에서 발진되기

---

57 양자역학은 원자 주위를 도는 외곽 전자의 궤도간의 거리(Quantum)가 정수의 배수로 돌고있다는 현상을 파악하고, 그 이유를 규명하는 과정에서 정립된 학문이다. 양자 역학에 대해 정확히 밝혀진 것이 없지만(Richard Phillips Feynman), 이를 코펜하겐 학파는 이를 설명하는 과정에서 양자가 중첩되어 나타나고 중첩(Quantum superposition)과 양자가 상호 얽힘(Quantum entanglement) 이론을 도입하여 주관적 사고과 확률적 개념을 도입했다.

58 솔베이 회의(프랑스어: Conseils Solvay)는 1911년부터 3년 주기로 개최되는 회의이다. 물리학 분야에서 시작되어 현재까지 이어지고 있다. (출처: 위키백과 '솔베이 회의')

59 상호보완성의 원리(Complementarity Principle)는 하나의 사물을 관찰할 때는 두 개 이상의 사물 간에 상호 작용으로 이의 움직임을 정확하게 관찰할 수 없다는 것이다. 불확정성 원리(Principle of Uncertainty)는 사물을 확률적으로 관찰할 수 있다는 것이지 항시 그곳에 존재하는 것이 아니다. 라는 주장이다.

직전의 전자와 전파의 움직임은 불규칙하며 예측하기 어렵다. 이러한 미시세계를 설명하기 위해 결정론적 접근보다, 확률적 접근이 필요할지도 모른다.

아마도 미시세계는 인간이 결정론적으로 이해할 수 있을 정도로 성숙하지 않은 세계일지도 모른다. 양자역학이란 이름으로 물리학에 확률적 사고와 주관적 사고를 도입하여, 미지의 미시세계에 대한 실명을 시작했다. 그리고 모든 물질은 입자와 파동의 성질을 동시에 갖는다는 것을 입증해 보였다. 이렇듯 양자역학은 미시세계는 물론, 거시세계 설명에도 기여하고 있다.

이런 논쟁에도 불구하고 아인슈타인의 결정론적 과학 이론은 여전히 양자역학에서 활용되고 있다. 양자역학이 아인슈타인 이야기처럼 미지의 영역을 신의 영역으로 돌린 것일까? 아니면 결정론적 과학의 한계를 드러낸 것일까? 이에 대한 귀결을 놓고 논쟁이 끊이지 않았다. 이 과정에서 양자역학은 미시세계를 바라보는 인간의 시각을 바꾸어 놓았다. 어찌 되었든 양자역학의 출현은 인간에게 관측을 허용하지 않았던 미시세계에 대한 새로운 시각을 주었음은 물론, 풀어야 할 과제를 동시에 남겼다.

이와 별개로 인간과 인간이 모여 사는 사회를 연구하기 위해 인문학이 생겨났다. 우리 속담에 '열 길 물속은 알아도 한 길 사람 속은 모른다'라는 이야기가 있다. 주관적 입장에 머물 수 밖에 없는 치열한 생존 메커니즘인 인간 행태의 변화무쌍함을 둘러 표현한 속담이다. 인간과 인간 사회의 복잡성만큼이나, 인문학은 윤리학, 심리학, 문학, 사회학, 경제학, 통계학, 법학 등으로 다양하게 분화되었다.

하지만 인문학은 '나름의 치열한 생존 메커니즘'인 인간의 주관적 감정을 주체할 수 없어 객관성을 잃는 경우가 종종 생겨났다. 대표적인 것이 이념ideology이다. 이념은 인간의 생존 욕구를 기반으로 만들어진 것으로 이기적인 동시에 주관적 속성이 있다. 주관적 감정에 의존한 이념은 객관적 사실과 지식을 왜곡시키는 결과를 낳을 가능성이 크다. 이념 투쟁과 이로 인한 갈등으로 수많은 사람들이 속절없이 희생되는 일이 반복되어 온 것도 이 때문이다.

　이를 극복하기 위해서는 객관적 사실과 지식을 존중하는 인간의 지성이 필요할 것으로 보인다. 인문학도 과학과 같이 객관성을 확보하기 위해 수리 모형, 통계적 추론, 행태 분석, 사례 분석 등 과학적 방법론을 도입하기 시작했다. 이를 전문적으로 연구하기 위해 인문과학, 사회과학, 행태과학, 계량경제학 등의 새로운 학문분야가 생겨났다. 이렇듯 인문학도 과학과 같이 객관성을 확보하려는 노력이 계속되고 있다.

　지성을 찾는 학문을 연구하고 교육하기 위해 곳곳에 대학이 설립되었다. 대학을 지성의 산실이라고 부르는 이유도 이 때문이다. 지금 이 시각에도 인류는 끊임없이 지식을 습득하고, 사물을 관찰하며, 연구와 실험으로 새로운 지식을 생산하고 있다. 인간의 지속적인 지성 활동으로 지식은 확대 재생산되며 축적되어 가고 있다.

　앞으로 인류는 집단 지성을 활용하여 미래의 큰 그림을 그려 나갈 것이다. 그리고 인간은 '지성적 생존의지'로 살아가는 날이 많아질 것이다. 인간의 지성 활동이 활발해지면서, 미지의 세계인 신의 영역이 점차 줄어들고 있다. 인간의 지성이 신을 대신하는 구세주로의 역할을 하고 있는 셈이다. 수천 년을 이어온 종교도 인간의 '지성적 생존의지'에 맞추어, 유연하게 변화하지 않으면 과거 속으로 사라질 수 있다. 이를 두고 독일 철학자 니체는 '신은 죽었다.'고 말했다.

미래사회, 지성사회

　세계에서 가장 오래된 대학은 1088년에 설립된 이탈리아 볼로냐 대학교 Università di Bologna이다. 이 대학은 설립된 지 70년 후인 1158년에 신성 로마 제국의 프리드리히 1세가 공인한 최초의 대학이다. 이 대학 출신으로 신곡을 쓴 단테Dante, 교황 니콜라오 5세Nicolaus V, 종교개혁에 영향을 미친 에라스무스Desiderius Erasmus, 지동설을 주창한 코페르니쿠스Nicolaus Copernicus를 들 수 있다.

이로부터 1000년의 세월이 흘렀다. 현재 전 세계 대학 숫자는 24,724개로 인도 (5,349), 인도네시아(3,277), 미국(3,180), 중국(2,495), 브라질(1,264) 순이다.[60] 미국 교육통계에 따르면, 미국 학위 수여 미국 대학 숫자는 3,931개로 이중 4년제 대학은 2,637개에 달한다.[61] 지구촌 전체 대학 숫자의 16%에 해당하는 숫자이다.

지구촌 곳곳에 수많은 대학과 연구소들이 들어서고 있다. 미래 생존을 위해 지성을 찾는 경쟁이 일어나고 있는 것이다. 이는 지구촌 전체가 지성사회에 들어서고 있다는 시그널이다. 이들 지성사회가 어떠한 지식을 창출하고, 어떠한 미래를 만들어 갈지 초미의 관심사이다.

그렇다면, 지성인이란 누구를 일컬을까? 지성인은 어떤 문제에 직면하여 객관적인 사실과 지식을 찾고 이를 기반으로 이성으로 인과관계를 끊임없이 살펴 가며 새로운 지식을 찾아 나서는 사람이다. 이에 반해 반지성적인 객관적 사실과 지식과 외면하고, 본능적 생존의지에 의존하여 살아가는 사람이다. 이는 '정신승리'와 맥을 같이 한다.

영국의 경험주의 철학자 토마스 홉스Thomas Hobbes는 '감정은 이성의 주인'이라고 이야기했다. 이성은 감정의 노예라는 이야기이다. 하지만 진정한 지성인은 이와 결이 다른 사람이다. 진정한 지성인은 '지성과 이성이 감정의 주인'되는 사람, 감정을 자제하고 이성과 지성의 정신 활동을 기반으로 살아가는 용기 있는 사람이다.

이들 지성인이 사회를 주도하는 사회가 '지성 사회'이다. 이는 집단적 '지성적 생존의지'가 주도하는 사회이다. 고대 철학자 플라톤이 이상향으로 생각한 '철인 정치rule of philosophers'와 유사하다. 절대권력 시대를 살던 플라톤에게는 '철인 정치'는 한낱 이상향에 불과했다. 〈매력의 시대〉에 들어서면서, '지성 사회'

---

60 "2023년 7월 기준 국가별 전 세계 대학 수 추산" (https://www.statista.com/statistics/918403/number-of-universities-worldwide-by-country/)
61 "2020년과 2021년도 기준 미국 대학 숫자" (미국 교육통계, National Center for Education Statistics(NCES) (https://nces.ed.gov/fastfacts/display.asp?id=1122)

로 나가는 신호 중의 하나인 보편적 인권, 자유, 평등 개념이 확산되고 있다. 고대 플라톤의 '철인 정치'가 '지성 사회'란 모습으로 우리 곁으로 다가오고 있다.

지금 지구촌에는 학문과 연구를 통해 객관적 사실과 지식을 기반으로 지성을 깨워 그 힘으로 삶을 살아가고자 하는 사람들이 급격히 늘고 있다. 이러한 상황에서 지성인이 되기를 주저하면 자신의 미래를 포기하는 것이나 마찬가지이다.

제5장 | 마음을 사로잡는 매력

> 사람이 매력에 끌리는 이유는 그 사람의 생존의지가 작동한 때문이다. 동일한 매력도 사람마다 태어나고, 자라고, 처한 입장에 따라 이를 느끼는 강도와 종류는 다르다.

사전적 정의

매력의 사전적辭典的 정의는 '사람의 마음을 사로잡아 끌어들이는 힘'이다.[62] 사람이 느끼는 매력은 성적, 지적, 미적, 감성적, 신체적, 로맨틱, 교감 매력 등으로 다양하다. 사람이 매력에 끌리는 이유는 그 사람의 생존의지가 작동한 때문이다. 이들 생존의지는 사람마다 태어나고, 자라난 환경, 교육, 경험은 물론, 처한 입장에 따라 천차만별이다. 따라서, 사람마다 동일한 매력에 대해 느끼는 매력의 강도와 종류는 각기 다르다.

오늘도 수많은 매력적인 상품과 서비스가 시장에서 거래되고 있다. 시장에서 정작 거래되는 것은 유무형의 상품과 서비스가 아니라, 그 안에 숨겨진 매력이다. 이외에도 시장에서 거래되지 않는 정직, 성실, 의리, 충성 등과 같은 인간관계의 매력이 있다. 이들 매력 역시 인간 사회를 움직이는 데 없어서는 안될 매력이다. 인간관계의 매력은 인간 사회에서 신분과 처우로 거래된다. 이렇듯 매력은 경제와 사회를 움직이는 동기가 된다.

이 책에서의 매력은 상품, 서비스, 인간관계 등 사람의 마음을 사로잡아 끌어당기는 모든 것을 의미한다. 매력은 추상명사 attraction이기도 하지만, 경우에 따

---

[62] "매력" (나무위키, https://namu.wiki/w/매력).

라 이를 담는 그릇인 상품, 서비스, 인간 관계를 의미하는 보통명사attractiveness 로도 사용될 것이다. 거짓 매력도 사람의 마음을 끌어내는 힘이 있다. 예를 들면 사막의 신기루 같은 것이다. 사막의 신기루는 사막을 헤매는 사람의 마음을 유혹하지만, 종국적으로는 갈증 해소에 필요한 물과 같은 본질적인 매력이 없다. 거짓 매력은 사람을 현혹하는 매력으로 진정한 의미의 매력이 아니다. 따라서 거짓 매력은 이 책에서 논하는 매력의 범주에 속하지 않는다.

매력의 유형

매력의 실체를 알아야 매력을 효과적으로 만들고 관리할 수 있다. 매력의 대상인 사물의 종류는 수없이 많다. 또한, 동일한 사물에 대해 느끼는 매력의 정도도 사람마다 다르다. 이들 매력을 하나하나 열거해서는 매력의 실체에 접근하기 어렵다. 이를 드러내는 방법 중 하나는 매력을 유형별로 단순화시키는 일이다.

시장친화적 매력, 공감친화적 매력

매력은 상품, 서비스, 인간관계 등 다양한 형태로 나타난다. 이들 매력을 시장에서 거래되는 '시장 친화적 매력'과 시장에서 거래되지 않는 '공감 친화적 매력'으로 나눌 수 있다. '시장 친화적 매력'은 시장에서 거래되는 상품과 서비스에 내재된 매력이다. '시장 친화적 매력'의 가치는 개인의 주관적 가치가 시장에 모여 수요와 공급의 법칙에 따라 객관적인 가격으로 결정된다. 이들 매력은 일반 경제이론으로 설명이 가능하다.

인간관계의 매력은 달리 표현하면 '공감 친화적 매력'이다. 이는 신의, 의리, 충성 등과 같은 사회와 조직을 움직이는 데 필요한 매력이다. 이들 매력은 사회와 조직 내 역할과 성과배분의 기준이 된다. 이렇듯 '시장 친화적 매력'이나 '공감 친화적 매력' 모두 어떠한 형태로든 시장과 조직에서 보상받는다는 점에서 유사한 점이 있다.

변덕스러운 매력, 지속 가능한 매력

인간의 느끼는 매력 가치는 인간이 처한 상황에 따라 바뀐다. 그 예가 한때 잘 나가던 배우가 갑자기 인기를 잃게 된다든지, 결혼 전에는 사랑하던 부부가 얼마 지나지 않아 이혼하게 된다든지 하는 경우이다. 이는 보다 매력적인 배우나 이성이 나타나 사람의 마음을 흔들었기 때문이다. 이렇듯 인간이 처한 상황에 따라 수시로 가치가 변하는 매력이 '변덕스러운 매력'이다. 한편 '불변의 매력'이 있다. 인간의 보편적인 감성 또는 지성을 기반으로 만들어진 매력이다.

전자인 인간의 보편적인 감성으로 만들어진 매력은 고전 음악, 미술 등의 작품들이다. 이들 작품은 인간 내면에 깊숙히 자리 잡은 정서를 그대로 간직하여 드러냄으로써, '불변의 매력'의 가치를 지닌다. 모짜르트의 교향곡, 고흐의 해바라기 그림, 안토니 가우디Antoni Gaudi의 구엘 공원 등이 인간 감성을 그대로 담아내어 '불변의 매력'이 된 작품들이다.

후자인 지성을 토대로 만들어진 매력 역시 '불변의 매력'의 지위를 갖는다. 고대 피타고라스(기원전 570년)의 삼각형 삼면 길이 간의 상관관계,[63] 코페르니쿠스(1473~1543)의 태양중심설, 아이작 뉴턴(1643~1727)의 만유인력, 찰스 다윈(1809~1882)의 진화론, 아인슈타인(1879~1955)의 상대성이론 등이다. 이들 이론은 수천, 수백 년의 세월을 '불변의 매력'이 되어 지금까지 강단에서 회자되고 있다. 이들 이론은 주관적 감정에서 벗어나 객관적 사실과 지식을 기반으로 이성을 반복적으로 작동시켜 지성을 깨워 만든 매력들이다. 이들 '불변의 매력'은 오래오래 우리 곁을 지키고 있다. 지성을 깨워 만든 '불변의 매력'도 또 다른 지성을 깨워 만든 매력으로 인해 '불변의 매력'의 지위가 흔들리는 경우도 있다. '불

---

[63] 피타고라스의 정리: 직각삼각형에서 빗변 길이의 제곱은 다른 두 변의 길이 제곱의 합과 같다. 세 변의 길이가 a, b, c인 삼각형에서 a2 + b2 = c2이면 c가 빗변인 직각삼각형이다.

변의 매력'도 그 가치가 변할 수 있다는 의미에서 '지속 가능한 매력'이라고 표현하는 것이 좋을 듯하다.

가치 높은 매력, 가치 없는 매력

사람은 매력에 끌리고 매력을 만든다. 매력의 중심에는 항상 사람이 있다. 석가모니는 태어나면서 "천상천하 유아독존 天上天下唯我獨尊, 하늘 위와 하늘 아래에서 오직 내가 홀로 존귀하다."라고 외쳤다. 세상만사의 중심에는 사람이 있다는 이야기이다. 그러한 사람이 매력에 대한 가치를 결정한다.

사람이 매력에 끌리는 이유는 자신의 생존에 도움이 된다고 생각하기 때문이다. 하지만 사람의 생존에 도움이 된다고 무조건 매력 가치가 올라가는 것이 아니다. 매력이 가치를 지니려면 생존에 도움이 되는 '효용가치'와 이를 구하기 어려운 '희소가치'가 함께 존재해야 한다.

'물과 공기空氣'의 예를 들어보자. 물과 공기는 생존에 필요한 '효용가치'가 매우 높지만 '희소가치'가 적어 그다지 매력의 가치가 높지 않다. 반면에 물과 공기가 희박한 우주공간에서는 그 '희소가치'로 인해 '물과 공기'의 매력의 가치는 한없이 올라간다. 금, 다이아몬드, 진주 등도 낮은 '효용가치'에도 높은 '희소가치'로 인해 매우 높은 가격으로 시장에서 거래되고 있다. 최근 천연 다이아몬드와 화학적 구조가 같은 인공 다이아몬드가 생산되면서, 천연 다이아몬드의 가격이 폭락하고 있다. '희소가치'가 떨어졌기 때문이다. 이는 경제학의 일반 가치 이론과 부합된다.

제2부

권력과 매력

세상을 움직이는 두 가지 힘이 있다.
강압적인 권력과 유혹하는 매력이다.

제1장 | 세상을 움직이는 힘

> 생명이 살아 숨쉬는 생태계와 사람이 모여 사는 사회는 역동적으로 움직이고 있다. 생태계와 인간사회는 살아가는 방식은 다르지만 힘이 작동하는 방식은 같다.

생태계를 움직이는 힘은 권력과 매력이다. 생태계에 이들 두 가지 힘이 존재하는 이유는 생명체에 치열한 생존 메커니즘이 작동하기 때문이다.

권력은 강자가 약자를 힘으로 제압하는 강압적인 힘이다. 정글에서 사자가 사슴을 먹이감으로 삼을 때 사용하는 힘이다. 강한 힘을 가진 사자도 명을 다하면 다른 생명체 먹이감이 된다. 권력은 생태계의 먹이 그물망food web을 형성하는 힘이다.

매력은 상대방의 생존에 도움을 주는 유혹으로 움직이게 하는 힘이다. 봄이 되면 나비는 들판에 핀 꽃을 찾아 나선다. 꽃을 찾은 나비는 사뿐히 내려앉아 대롱으로 꿀을 빨아들인다. 그 사이에 꽃은 나비 몸에 자신의 수술을 묻힌다. 나비는 날아서 몸에 묻은 꽃의 수술을 암술에 전달한다. 이 수술과 암술이 교배하여 씨앗이 된다. 그 씨앗은 부드러운 흙을 만나 새롭게 꽃을 피운다. 매력은 생태계의 끌림 그물망attraction web을 형성하는 힘이다.

이렇듯 생태계는 약육강식의 권력이 만든 먹이 그물망food web과 상부상조의 매력이 만든 끌림 그물망attraction web이 상호작용하며 분주하게 돌아가고 있다.

인간 사회를 움직이는 힘, 역시 권력과 매력이다. 인간 사회에 이들 두 가지 힘이 존재하는 이유 역시, 인간 나름의 치열한 생존메커니즘이 작동하기 때문이다.

권력은 사람의 생존에 위협을 가해 강압적으로 따르게 하는 힘이다. 매력은 사람의 생존에 도움을 주어 스스로 따르게 하는 힘이다. 권력은 강압적이고 수직적인 힘의 구조라면, 매력은 상부상조하는 수평적인 힘의 구조이다.

이를 빗대는 '이솝 우화' 이야기가 있다. 나그네 옷을 벗기는 '바람'과 '해'에 대한 이야기이다. 옷을 벗도록 강제하는 '바람'은 권력이고, 스스로 옷을 벗게 하는 '해'는 매력이다. 나그네의 두 가지 상반된 행동 모두는 생존을 위한 몸짓이다.

권력은 정치를 통해, 매력은 시장을 통해 그 힘을 만들어 낸다. 따라서 권력의 힘은 하나의 국가, 조직 등 정치 체제 안에서 머물고, 매력의 힘은 시장이 있는 곳 어디에나 미친다.

이제 지구촌은 권력으로 얽혔던 〈권력의 시대〉에서, 매력으로 얽히는 〈매력의 시대〉로 나가고 있다. 이를 계기로 인간 사회는 매력을 매개로 상부상조하는 사회, 혁신하는 사회, 보편적 평등사회로 나가게 될 것이다. 매력을 만들고 느끼는 주체로써 우리 개개인이 해야 할 일이 많다.

인간은 지성을 깨워 만든 문명의 힘으로 만물의 영장의 지위를 얻었다. 이제 세상을 움직이려면 만물의 영장인 인간을 움직여야 한다. 세상만사, 인간 만사인 세상이다.

제2장 | 매력의 시대

지난 100년 전까지 지구촌을 주름잡던 절대권력이 쇠퇴하고 있다. 이 힘의 공백을 매력의 힘이 메우고 있다. 어찌하여 이런 일이 일어나게 되었을까?

징후들

〈권력의 시대〉가 저물고 〈매력의 시대〉가 다가오고 있다. 과거의 절대권력은 쇠퇴하고 있다. 그리고, 이 힘의 공백을 매력이란 힘이 채워 나가고 있다. 그러면서 매력을 만드는 개인, 기업의 역할이 점차 중요해지고 있다. 그 징후들이 여기저기서 나타나고 있다.

2021년 9월 20일 세계적인 인기몰이를 하는 K-POP 그룹인 BTS는 세계 최고의 권력자들이나 연설할 수 있는 UN 총회에서 젊은이들에게 메시지를 보냈다.[64] 그 메시지가 세계 청소년들에게 주는 반향은 매우 컸다. BTS의 높은 매력 가치로 인해 기획사인 하이브HYBE는 시가 총액 11조 원(2023년 6월 기준)인 굴지의 기업이 되었다.

2022년 5월 20일 한국을 방문한 바이든 미국 대통령의 첫 방문지는 대한민국 정부가 아닌 세계적인 반도체 기업인 삼성전자였다. 세계 최강의 권력을 가진 미국 대통령으로서는 독보적인 매력을 만드는 삼성전자가 우리 정부보

---

64 방탄소년단(BTS)은 2021년 9월 20일 UN 총회에서 세계 젊은이를 향해 의미 있는 메시지를 보냈다. "우리 미래 세대는 '로스트 제너레이션(잃어버린 세대)'이 아니라 '웰컴 제너레이션'이다. 변화에 겁먹기보다 '웰컴'이라고 말하며 앞으로 걸어 나가는 세대이다. 가능성과 희망을 믿고 있다면 예상 밖 상황에서도 길을 잃는 것이 아니라 더 새로운 길을 발견할 것이다." 미래를 사는 청소년에게 희망과 도전의 메시지이다.

다 매력적으로 보인 모양이다. 이는 매력의 힘이 점차 커지고 있다는 간접적인 징후들이다.

아직도 〈권력의 시대〉에 만들어진 제도, 문화, 관습들이 역사적 권위로 포장되어 미화되고 있다. 과거에 대한 미련 때문이다. 이제 〈매력의 시대〉에 걸맞은 개인의 보편적 자유, 인권, 평등을 바탕으로 한 새로운 제도, 문화, 관습을 만들고 정착시켜야 한다. 우리들이 〈매력의 시대〉를 살아가야 하기 때문이다.

어찌하여 〈권력의 시대〉에서 〈매력의 시대〉로 나아가게 되었을까? 이제 이에 대한 과정을 살펴보기로 하자.

권력의 탄생

인류 역사의 대부분을 차지했던 절대권력은 어떻게 생겨난 것일까? 이 역시 '나름의 치열한 생존 메커니즘'인 인간에 의해 만들어 진 것이다. 권력은 전쟁 공포에서 살아남기 위한 인간의 몸부림의 산물이었다.

고대 인류는 생존에 필요한 물자가 부족한 절대 빈곤 시대를 살았다. 인간은 생존에 필요한 물자를 구하기 위해 물불을 가리지 않고, 수렵, 채취, 경작, 유목, 약탈에 나섰다. 생존이 절대선絶對善인 인간 모습 그대로였다. 이들 중 약탈은 남이 공들여 만든 물자를 한 번에 쟁취하는 행위로 가장 효율적인 물자 확보 방법이었다. 자연스레 약탈이 절대 빈곤 상태에 놓여있던 인간의 생존 방식의 일부가 되었다. 청동기, 철기시대에 접어들어 강력한 무기가 만들어지면서 약탈의 횟수가 늘고, 그 규모가 커졌다. 이 약탈이 규모의 경제를 이루어 전쟁이 되었다. 전쟁에 이기면 모든 것을 얻었고, 전쟁에 지면 모든 것을 잃었다. 전쟁에 이겨야만 인간의 절대선絶對善인 생존을 담보할 수 있었다.

전쟁 공포에 직면한 인간은 전쟁을 이길 강력한 권력을 원했다. 이 때문에 지구촌 곳곳에서 많은 병사, 성, 영토를 가진 절대군주가 생겨났다. 사람들의 전쟁 공포와 생존 욕구가 결합하여 절대권력이란 괴물leviathan이 만들어진 것이다.

절대권력이 주민들에게 생존의 그늘을 제공하는 대신에 주민은 절대권력에 충성하며, 병역, 노역, 세금 납부라는 대가를 지불했다. 이를 들어 근세 철학자 토마스 홉스Thomas Hobbes는 '전쟁을 막아줄 거대한 괴물leviathan에게 자유와 권리를 양도하는 대신 생명과 재산의 안위를 보장받았다.'고 이야기를 했다.[65]

이들 절대권력에도 규모의 경제가 작용했다. 절대권력이 크고 강할수록, 전쟁에 이길 확률이 높았다. 크고 작은 전쟁이 계속되면서 족장, 영주, 왕, 황제로 권력의 크기가 끝 모르게 커졌다. 교통수단 발달로 절대권력의 영향력도 지구촌 전역으로 확대되었다. 그리고 지구촌을 양분하는 연대나 동맹의 강력한 권력이 만들어졌다. 사람들은 전쟁과 절대권력의 공포에서 한순간도 벗어날 수 없었다. 이들을 위로하는 사찰과 교회가 지구촌 곳곳에 들어섰다. 하지만 이들 사찰과 교회도 절대권력의 추악한 모습 그대로를 드러내곤 했다. 이리저리 권력에서 소외되어 떠돌던 사람들은 삶 자체가 고통이었다.

절대권력 하에서 사람들에 대한 처우는 충성도, 기여도에 따라 신분으로 정해졌다. 그리고 신분에 따른 획일적인 차별이 생겨났다. 이러한 상황에서 개인의 자유와 인권은 거론조차 어려웠다. 14세기 르네상스 시대에 들어와서야, 일부 예술가들이 예술이 가진 은유적 표현을 빌려 자신의 마음을 표현한 것이 전부였다. 대표적인 예가 교황 율리오 2세 시절인 1508년에서 1511년 동안 미켈란젤로가 시트티나 성당 천장에 그린 천지창조의 벽화이다. 미켈란젤로는 자기 마음의 일단을 천장화에 자연스럽게 그려 넣었다. 당시 예술가, 사상가들은 절대권력의 눈치를 보며, 자기 마음의 일단을 작품 속에 녹여 내며 스스로를 위안하는데 만족해야 했다.

절대권력은 자신의 권력 확장을 위해 또 다른 전쟁을 일으켰다. 이로 인해 사람들은 더욱 많은 전쟁에 시달려야 했다. 일단 전쟁이 벌어지면 승자나 패자 모

---

65 도대체 인간은 어떠한 존재인가? (이종철의 에세이 철학) (https://contents.premium. naver.com/leejongcheol/knowledge/contents/230725215104796jn)

두 살육, 부상, 약탈의 치명적인 상처를 입었다. 절대권력 크기가 커지면서 전쟁 규모 역시 커졌다. 첨단 무기가 개발되면서 사상자 수는 기하급수적으로 늘어났다. 20세기에 일어난 두 차례의 세계 대전은 사상자와 재산 피해가 천문학적 규모였다. 제1차 세계 대전 사망자는 1,000만 명, 제2차 세계대전 사망자는 5,000~7,000만 명에 이른다. 제2차 세계대전의 마지막 전쟁터가 된 일본 히로시마와 나가사키에 투하된 원자폭탄으로 하루에만 15만 명~24만 6천 명의 사망자가 발생했다.[66]

인류의 생존을 위해 시작했던 전쟁이 인류의 생존을 위협하는 지경에 이른 것이다. 이제 전쟁은 인류 공동의 공포이자, 동시에 공동의 적敵이 되어 버렸다. 사람들은 생존을 위해 택했던 절대권력과 이들이 벌이는 전쟁에 대한 회의懷疑를 갖기 시작했다. 사람들은 자신들을 옥죄어 온 절대권력과 그들이 벌리고 있는 전쟁을 대체할 그 무언가를 찾아 나섰다.

전쟁의 소멸

때와 장소를 가리지 않고 서로를 죽이는 치열했던 전쟁은 20세기 중반 이후 서서히 사라지기 시작했다. 그러면서 전쟁은 비례의 원칙에 입각한 국지전 양상으로 전개되었다. 이러한 일이 일어나게 된 것은 19세기 중반 이후 전쟁 종식을 위한 조건이 형성되어 왔기 때문이다. 이제 그 조건들에 대해 하나하나 살펴보기로 하자.

첫째 조건은 1870년~1930년대 일어난 제2차 산업혁명이다. 증기기관 발명으로 촉발된 산업혁명은 동력기관의 에너지를 석탄에서 석유와 전기로 대체했다. 그러면서 서방세계 중심으로 대량생산체제를 구축하기 시작했다. 이로 인해 생존에 필요한 물자를 어렵지 않게 구할 수 있게 되었다. 대량 생산시설 구축

---

66 "히로시마·나가사키 원자폭탄 투하" (https://ko.wikipedia.org/wiki/ 히로시마·나가사키_원자폭탄_투하)

에 돈을 투자한 자본가들은 막대한 이익을 거두었다. 이로 인해 생산시설에 대한 투자가 늘고, 대규모 공장이 세계 곳곳에 들어섰다. 덕분에 봇물 터지듯 물자가 쏟아져 나오기 시작했다. 급기야 물자 공급이 유효수요를 초과하는 경제 공황이 발생하기도 했다. 자연스레 물자 확보를 위해 목숨을 마다하지 않는 전쟁의 명분은 약화되어 갔다.

둘째 조건은 생존에 필요한 물자를 전쟁 대신 국가 간 교역交易을 통해 해결하자는 국제적 공감대의 형성이다. 제2차 세계 대전 종전 무렵인 1944년 7월, 미국을 중심으로 연합국 44개국이 모여 국가 간 교역 질서에 관해 중요한 사항을 합의했다. 국제통화체제를 조율하는 국제통화기금IMF, 개발도상국 재건·부흥을 돕는 국제부흥개발은행IBRD, 국제무역을 담당하는 국제무역기구ITO를 설립하기로 합의한 것이다.

이중 국제통화기금IMF, 국제부흥개발은행IBRD은 설립되고, 국제무역기구ITO는 미국 상원의 비준 부결로 무효가 되었다. 이로부터 3년이 지난, 1947년, '관세 및 무역에 관한 일반협정GATT[67]'이 체결되면서 국제무역기구ITO를 대체했다. 일련의 합의로 미국 달러는 기축통화의 역할을 담당하게 되었고, 글로벌 교역 질서의 일단이 마련되었다. 이로부터 반세기가 지난 1995년 1월 세계무역기구WTO가 설립되었다. GATT 체제를 대체하는 공정한 교역을 담보하는 국제적 교역 질서가 구축된 것이다. 이와 병행하여 양국 간 관세협정, 자유무역협정FTA 등 교역을 원활히 하는 조치가 줄을 이었다. 일련의 조치들은 교역으로 생존에 필요한 물자를 구할 수 있는 길을 크게 열었다. 교역이 확대되면서 지구촌 전체가 하나의 시장으로 묶이게 되었다. 그리고 서로가 만든 매력을 교환할 기회가 늘어났다.

셋째 조건은 1945년 평화 유지와 정치, 경제, 사회, 문화 등 모든 분야에서 국

---

67 GATT: General Agreement on Tariffs and Trade, 관세와 무역에 관한 일반협정

제협력 증진을 위한 유엔United Nation의 발족이다. 전쟁 억제를 위한 글로벌 동맹이 만들어진 것이다. 이제 생산성 폭발과 교역 확대로 전쟁의 당위성은 줄어들고, 전쟁하기도 어려운 시대로 접어들었다.

넷째 조건은 첨단 과학기술로 만든 원자폭탄, 수소폭탄 등 가공할 무기의 탄생이다. 이들 무기로 인해 전쟁의 승패는 인구, 영토, 병력 규모로 판가름 나지 않게 되었다. 강력한 군사력을 가진 국가도 일방적으로 상대 국가를 굴복시킬 수 없게 된 것이다. 일단 전쟁이 발발되면 전쟁 당사국 모두에게 복구하기 힘든 치명적인 피해를 입는 상황이 되었다. 아이러니하게 이들 가공할 무기들은 전쟁을 억제하는 역할을 톡톡히 했다.

제2차 세계대전 이후 자유민주주의와 공산주의 양대 진영은 전쟁 없이 군비 확장으로 자신의 세를 과시했다. 미국과 소련을 중심으로 벌어진 '냉전cold war 시대'이다. 이 기간 동안 미국과 소련을 중심으로 제3국에서 힘을 겨루는 '간 보기 전쟁'이 벌어졌다. 대표적인 '간 보기 전쟁'이 1950년과 1964년에 발발한 한국전쟁과 월남전쟁이다. 이들 '간 보기 전쟁'만으로 300만 명 내외의 사망자[68]가 발생하는 등 전쟁 당사국 모두에게 엄청난 인명과 재산 피해를 안겼다. 승자 없는 전쟁이었다.

이들 두 차례 전쟁 이후, 300만 명 규모의 사망자가 발생하는 대규모 전쟁은 한번도 일어나지 않았다. 그리고 전쟁은 비례 원칙proportional response에 입각한 국지전 양상으로 전개되었다. 그러면서 지구촌 전체에 깊이 드리워졌던 전쟁의 공포는 사라져 갔다. 이를 대체하는 국제 교역이 지구촌 생존방식으로 굳게 자리 잡았다. 이와 함께 전쟁의 공포를 빌미로 생겨난 절대권력도 쇠퇴의 길을 걸었다.

---

68 한국 전쟁의 양측 군인피해만도 281만 명에 달하였다.', "전쟁의 결과" (https://theme.archives.go.kr/next/625/warResult.do), '베트남전의 사망자는 1,291,425명~4,211,451명', "베트남 전쟁"(https://ko.wikipedia.org/wiki/베트남_전쟁).

자유와 인권

지난 100여 년 동안 지구촌을 주름잡던 절대권력이 사라지고 있는 이유는 무엇일까? 그 이유는 전쟁이 사라지며 이를 명분으로 생겨난 절대권력이 힘을 잃었기 때문이다. 이를 기회로 세계 곳곳에서 권력구조 재편 작업이 일어났다. 권력구조 재편의 핵심은 '국민이 나라의 주인'이 되는 데 초점이 맞추어졌다.

첫째 작업이 국민 개개인의 자유와 인권을 억압해 온 절대권력을 해체하는 작업이었다. 이들 작업의 일환으로 국가권력을 행정권, 입법권, 사법권 등 독립된 3개의 권력으로 나누어 상호 견제하도록 하였다. 그리고 보통, 평등, 직접, 비밀 투표를 통해 국가를 운영할 대통령, 국회의원, 지자체장, 지방의원 등을 선출했다. 국민은 헌법상 보장된 투표권으로 권력자의 인사권자 지위에 섰다. 그 결과 자신들의 천부적 권리인 자유와 인권을 찾을 수 있었다.

하지만 자유민주주의 권력구조를 유지하기란 만만치가 않았다. 일단 권력자가 선출되면 권력 유지와 확장을 위해 부단히 노력하기 때문이다. 이들은 자신의 권력을 확대, 연장하기 위해 협박, 조작, 거짓, 선동, 회유 등 수단과 방법을 가리지 않았다. 권력을 견제하지 못한 국민은 스스로 노예로 전락하는 사례도 종종 발생했다. 국민 개인의 자유와 인권을 보장받기 위해, 권력의 분산과 견제가 얼마나 중요한지를 일깨워 주는 사례가 되었다.

지금도 지구촌 곳곳에서 전쟁의 기운이 멈추지 않고 있다. 러시아가 우크라이나를 침공하고, 중국이 대만 침공을 시도하고, 북한이 원자폭탄과 미사일 개발로 세계를 위협하고 있다. 그들의 한결같은 공통점은 절대권력이 자신의 존재감을 알려, 이를 유지하고자 하는 시대착오적 행동이다. 이들 절대권력이 지구상에 존재할 날도 얼마 남지 않았다. 전쟁에 대한 미련을 접고 매력 만들기에 나서야, 그나마 쓰러져가는 나라를 살릴 수 있다. 거스를 수 없는 〈매력의 시대〉가 다가오고 있기 때문이다.

제3장 | 전쟁과 권력구조

> 고대부터 시작된 전쟁의 공포가 절대권력을 탄생시켰다. 미래 전쟁 양상을 알아야, 미래 권력구조의 향방을 알 수 있다. 미래 전쟁 양상은 어찌 될 것인가?

과거의 경험에 따르면 전쟁 양상과 권력구조 간에는 상관관계가 있다. 미래 권력 구조에 영향을 미칠 미래의 전쟁 양상은 어찌 될 것인가? 이를 알기 위해서는 우선 과거와 현재의 전쟁 양상을 살펴보고, 이를 확장하여 미래 전쟁 양상을 예측해 보는 것이 좋을 듯하다.

창검 전쟁

창검槍劍 전쟁 시대에는 인간의 육체적인 힘으로 전쟁을 치르던 시대이다. 이 시대는 고대에서 중세 초반까지 지속되었다. 이 시대에 동양과 서양은 가끔씩 치고받는 전쟁을 했다. 마케도니아의 알렉산더 대왕은 기원전 334년 페르시아 제국을 공격하여 10년 간의 전쟁 끝에 무너뜨리고, 기원전 326년에는 동양의 인도까지 진출했다. 동양의 몽골고원에서 발원한 칭기즈칸 군대는 1220년부터 20년 동안 자신의 전선을 다뉴브 강까지 확대하며 동유럽 여러 나라를 정복했다. 당시에는 전술, 병력 규모, 병사의 용맹함이 전쟁의 승패를 갈랐다.

지식 전쟁

이후 전쟁 양상은 창검 전쟁 시대에서 과학병기 전쟁 시대로 넘어갔다. 과학병기 전쟁 시대에 들어서면서 서방 국가들이 일방적으로 세계의 패권을 장악하는 일이 일어났다. 제1차 과학병기 시대는 14세기에 총과 대포가 발명되면서 시작되었다. 총과 대포는 팽창하는 열에너지를 운동에너지로 바꾸는 최초의 과학적인 무기였다. 누구나 총만 있으면 아무리 용맹한 장수나 병사도 물리칠 수 있게 되었다. 과학병기인 총과 대포 성능이 전쟁의 승패를 가른 시대이다. 서방 국가들은 총과 대포로 무장하고 대항해 시대를 열었다. 그리고 인도 대륙은 물론 동남아시아, 아프리카, 아메리카 대륙을 장악했다.

제2차 과학병기 시대는 18세기에 열에너지를 운동에너지로 바꾸는 동력기관이 발명되면서 시작되었다. 1705년에 증기기관에 이어, 1876년 가솔린 기관, 1898년 디젤기관이 연이어 발명되었다. 이들 동력기관은 전투기, 전차, 선박에 본격적으로 탑재되어 전장에 속속 투입되었다. 전쟁의 승패는 총, 대포 등 화력은 물론 전투기, 전차, 함정 등 기동력에 의해 좌우되었다.

제2차 과학병기 시대에 들어서면서, 서방 국가들은 마지막 보루였던 동북아시아인 중국(아편전쟁 1840년), 일본(개항 1853년)을 장악했다. 20세기에 들어 서방 국가들끼리 패권의 향방을 두고 2차례의 세계 대전(1차 1914~1918년, 2차 1939~1945년)을 일으켰다. 이들 전쟁에도 총과 대포, 함정, 전차, 전투기 등 첨단 과학병기가 총동원되었다. 이들 과학병기들은 지식 축적의 산물이었다. 다시 말하면 지식 축적 정도가 패권의 향방을 결정한 '지식 전쟁'이었다고 볼 수 있다.

시스템 전쟁

제2차 세계대전을 종결하게 한 무기는 다름 아닌 원자폭탄이었다. 원자폭탄 제조에는 강력한 리더십, 다양한 분야의 과학자, 실제 원자폭탄을 만들어 낼 제조 노-하우를 가진 기업과 이를 뒷받침할 전문화된 제조 인력이 반드시 필요했다. 제2차 세계대전 당시 독일이 미국보다 원자폭탄 관련 과학이론과 실험 분야에서는 앞선 것으로 알려졌다. 하지만, 실제 원자폭탄을 제조하려면 자연 우라늄 속에 포함된 미량(0.7%)의 우라늄-235(^{235}U)을 추출하여 대량으로 농축해야 했다. 당시로서는 연구실은 물론, 국가의 모든 역량을 동원해야 하는 거의 불가능에 가까운 기술이었다. 미국은 국가역량을 총체적으로 동원하는 시스템적 접근으로 우라늄-235(^{235}U)를 추출하여 대량으로 농축하는 기술을 확보할 수 있었다. 미국이 시스템적 접근으로 원자폭탄을 선제적으로 만들게 되면서 제2차 세계대전을 종식시킬 수 있었다.

미국이 선제적으로 원자폭탄을 만들 수 있었던 이유는 무엇일까? 그 이유는 원자폭탄 개발을 위한 시스템이 체계적으로 작동했기 때문이다. 이는 세 가지 정도로 요약할 수 있다. 첫째, 맨해튼 프로젝트Manhattan Project라는 이름 하에 강력한 리더십과 이를 뒷받침하는 일사불란한 조직의 지원이다. 둘째, 이들 구상을 구체화할 과학기술 인력의 동원 역량과 이들 아이디어를 상용화할 수 있는 공장 건설과 제조 인력의 동원 역량이다. 셋째, 듀폰, 웨스팅하우스 등 상용화에 익숙한 기업의 제조 노-하우가 있었기 때문이다.[69] 미래 전쟁에서 리더십, 인력동원 능력, 기업 역량이 얼마나 중요한지를 알게 하는 대목이다. 이렇듯, 현대 전쟁에서는 전쟁 수행을 위한 시스템 구축은 필수적이다. 매년 계속되는 한미연합훈련도 '시스템 전쟁'을 대비하기 위해 손발을 맞추는 작업의 일환이다.

최근 우리나라 방산 무기가 세계적인 관심 속에서 빠른 속도로 팔려 가고 있다. 그 이유는 정부의 강력한 리더십, 국방과학연구소를 비롯한 분야별 연구기관과 대학의 연구능력, 풍산, 현대로템, 한화, LIG 등 방산기업들의 무기제조 역량이 뒷받침되었기 때문이다. 특히 이들 방산기업 모두 자유민주주의와 시장경제를 바탕으로 성장한 기업으로 첨단 무기 개발과 상용화에 익숙한 기업들이다. 그런 의미에서 우리나라는 '시스템 전쟁'을 수행할 수 있는 몇 안 되는 나라 중 하나이다.

---

[69] 과학철학, [과학의 결정적 순간들] 1945년 독일 과학자들이 원폭 투하 소식을 들었을 때, 2022. 2. 16, 박민아, HORISON (https://horizon.kias.re.kr/20296/)

미래 전쟁: 무인 전쟁

미래의 전쟁 양상은 어떻게 전개될까? 이를 궁금하게 생각하는 이유는 미래 전쟁양상이 미래 권력구조에 영향을 미치기 때문이다.

미국, 러시아, 중국, 영국, 프랑스, 인도, 파키스탄 등은 핵폭탄 등 가공할 무기를 보유하고 있다. 하지만 정작 이들 가공할 무기들은 실제 전쟁에 사용하기 어려울 것으로 보인다. 인류 공멸로 이어질 수 있다는 공감대가 넓게 형성되어 있기 때문이다. 이들 무기를 사용하는 나라는 인류 공동의 적이 되는 위험을 감수해야 한다. 이 때문에 미래 전쟁 역시 과거와 같은 개량형 재래 무기를 이용한 국지전 양상이 될 가능성이 높다.

지금으로서는 전쟁을 일으킬 수 있는 나라는 미국, 영국, 프랑스 등 선진국과 러시아, 중국 등 공산주의 종주국들이다. 이들 나라의 청장년층을 보면 미래 전쟁 양상을 쉽게 가늠할 수 있다. 이들 나라의 대부분은 저출산 국가로 자녀 숫자는 1~2명 정도이다. 외동아들 또는 외동딸을 둔 가정도 흔하게 볼 수 있다. 공산주의 종주국인 러시아는 남성과 여성 비율은 86:100으로 심각한 여성 초과 국가이다. 러시아에게는 전쟁에 차출되는 남성은 매우 소중한 인적 자산이다. 또 하나의 공산주의 국가인 중국 역시 인구 증가를 억제하기 위해 강력한 산아제한 정책을 추진해 왔다. 1973년까지는 산아제한을 권고하고, 1982년에는 '1가구 1자녀' 정책을 법제화했다. 중국인 부모들 사이에 오가는 우스갯소리가 있다. "청나라 황제가 축출된 이후, 집안 마다 황제(외동아들)가 생겨났다."라는 이야기이다. 중국 청소년 하나하나가 집안에 황제 행세를 하는 '금쪽같은 내 새끼'인 것이다.

1998년에 개봉한 '라이언 일병 구하기 Saving Private Ryan'라는 영화가 있다. 제2차 세계대전 당시 전쟁에 차출된 라이언 가문의 4명의 형제에 관한 이야기이다. 전쟁에 차출된 4명의 형제 중 막내를 제외한 3명이 노르망디 상륙작전과 태평양 전쟁에서 전사한다. 이를 안타깝게 생각한 미국 국방성은 살아있는 막내,

'라이언 일병' 구출작전을 감행한다. 그리고 적과 교전 중인 전쟁터에서 극적으로 '라이언 일병'을 구출한다.

지금 전쟁을 일으킬 만한 나라의 청년 하나하나가 '라이언 일병'이다. 이들은 자유민주주의와 시장경제에 익숙한 젊은이들이다. 전쟁으로 청년 군인 하나가 사망하면 그 가족의 대가 끊기게 된다. 전쟁에 차출될 청년들은 물론 그들의 부모들은 전쟁에 대한 거부감이 매우 클 수밖에 없다. 이 상황에서 명분 없는 전쟁으로 자국 청년들이 희생되면 강력한 반전운동으로 정권 자체가 흔들릴 가능성이 있다. 이런 상황에서 대규모 전쟁을 벌인다는 것은 어느 나라나 부담이 크다. 이를 가름할 수 있는 최근 전쟁 사례가 있다.

2001년 9월 11일, 미국에서 이슬람 근본주의 세력인 '알카에다'[70]가 테러 사건을 일으켰다. 알카에다 테러범들은 항공기 4대를 납치해 뉴욕 맨해튼의 세계무역센터, 워싱턴 D.C에 소재한 국방부 펜타곤 등을 충돌시켜 막대한 인명피해를 냈다. 이 사건으로 인해 3천 명에 가까운 사망자와 6천여 명 이상의 부상자가 발생했다. 테러조직에 대한 보복에 나선 미군은 2001년 10월 아프가니스탄을 공격하여 탈레반 정권을 축출했다. 2003년 이라크와 전쟁을 시작하여 후세인 정권을 붕괴하고, 전쟁 3년 만인 2006년 사담 후세인을 처형했다. 그리고 2011년의 오사마 빈 라덴을 사살하면서 보복전쟁은 끝이 나게 되었다.

미국이 2001년과 2003년 아프가니스탄과 이라크 전에서 승리한 이유가 있다. 이는 미군 연합군의 사상자를 최소화했기 때문이다. 미군 연합군은 이들 나라에 진입하기 오래전부터 원거리에서 수천 발의 미사일로 적진을 초토화했다. 이들 미사일 공격은 전쟁 상대방의 전투력과 전투의지 무력화에 초점을 맞추어 진행되었다. 이 때문에 미군 연합군은 거의 사상자를 내지 않고 이들 나라에 입성할 수 있었다. 미군 전사자 숫자가 크지 않으니, 미국 내 반전 여론이 일어날

---

70 알카에다(al-Qaeda 또는 al-Qaida)는 사우디 아라비아 출신인 오사마 빈 라덴이 만든 극단적 무슬림에 의한 국제 무장 세력망이다.

여지를 주지 않았다. 아프가니스탄 전쟁에서는 미국 연합군 사망자는 3,500명으로 아프간군 사망자 6만 6천 명과 탈레반 사망자 5만 1천 명[71]의 33분의 1이다. 이라크 전쟁에서 미 연합군 사망자는 3,771명으로 적으로 분류된 이라크인과 이라크 군경 사망자 숫자인 3만 9,180명[72]의 10분의 1이다. 미군 연합군 사망자 중 상당수는 전쟁보다 이들 나라에 주둔하는 동안 산발적 테러로 희생된 숫자이다.

러시아와 우크라이나 전쟁은 양상이 다르게 전개되고 있다. 전쟁 초기에 러시아가 우크라이나를 쉽게 이길 수 있다고 생각했다. 그러나 2022년 본격적인 전쟁 발발 이후 4년 가까이 러시아와 우크라이나 전쟁은 국면 전환 없이 계속되어 왔다. 더구나, 러시아는 우크라이나의 자국 영토 침공에 당황하고 있는 모양새도 연출되었다. 양국 간에 치고받는 전쟁으로 수많은 사상자가 발생하고 있다. 이를 바라보는 전쟁 당사국 국민들이나 세계인의 시선이 곱지 않다. 본격 전쟁이 개시된 이후 4년이 다 돼가는 시점에서 양국 간 휴전 협정에 대한 논의가 진행 중이다. 이렇듯 러시아가 당초 생각하지 못했던 일들이 발생된 이유는 러시아 지도층이 과거 전쟁의 향수에서 벗어나지 못했기 때문이다.

미국 정보기관 추산(2024년 10월)에 따르면 2022년 2월 전쟁이 시작된 이후 전사자 숫자는 러시아 11만 5천 명, 우크라이나 5만 7천 명 등으로 양측의 사상자 숫자는 92만 명이 넘어 설 것으로 추정하고 있다.[73] 이들 러시아 전사자 숫자는 이라크 전쟁에서의 미군 사망자 숫자의 30배에 해당한다. 전쟁이 막바지에 이를수록 양측 피해는 더욱 늘어날 것이다.

러시아는 이 전쟁을 승리하더라도, 수많은 자국 청년 병사의 죽음과 부상으

---

71 "미군·동맹군 사망자 3천500명…숫자로 본 아프간 전쟁", (연합뉴스 인터넷판, 2021. 8. 17)
72 "이라크전 사망자 10만 명 중 6만 명이 민간인", (서울신문 인터넷판, 2010.10.24)
73 "3년째 접어든 우크라이나-러시아 전쟁… 군인 사망자 17만명, 하루 175명꼴"(동아일보(주간동아), 2024.10.26, https://www.donga.com/news/Inter/article/all/20241026/130298564/1)

로 인해 대내외적인 저항에 직면하게 될 것이다. 장기 집권 중인 푸틴의 미래도 불투명하게 될 것이다. 그 하나의 예가 바그너 그룹 수장인 프리고진이 모스크바 반격 때 도로로 뛰어나온 시민들의 환호였다. 강압적 권력으로 세상을 움직이기가 점차 어려워진다는 것을 암시한 사례이다.

　나토 국가인 미국과 유럽은 우크라이나에 수백억 불에 달하는 무기와 군사 정보를 지원하고 있다. 그러나 정작 우크라이나에 군인은 파병하지 않고 있다. 우크라이나가 미국과 유럽을 대신해 공산주의 맹주인 러시아와 싸우는 양상이다. 전쟁 사상자가 없으니 미국이나 유럽내 반전운동이 일어날 리가 없다. 이를 기반으로 러시아의 진 빼는 전쟁을 계속 이어가고 있다. 이는 과거 미국과 공산주의 국가 간에 벌어진 베트남 전쟁과 유사한 모양새다. 이번에는 미국이 러시아로 베트남이 우크라이나로 이름만 바뀐 전쟁이다. 전쟁 결말이 어떨지는 가늠되는 대목이다. 이겨도 이기지 못하는 전쟁이 될 것이다.

　미래 전쟁에서 승패는 전쟁으로 인한 자국민 인명피해 다과로 판가름 나게 될 것이다. 자국민의 인명 피해를 최소화해야 전쟁에 이길 수 있다는 이야기이다. 이런저런 이유로 미래 전쟁 화두는 무인 전쟁unmanned war이 될 것이다. 미래 전쟁도 첨단 탱크, 전투기, 미사일, 드론, 전자폭탄 등 무기와 이들 무기의 정밀 타격 능력이 중요하게 될 것이다. 하지만 미래 전쟁에서 더욱 중요한 것은 이들 무기를 가용할 병력을 대체할 인공지능 로봇병사의 경쟁력이다. 미래 전쟁은 과거와 같은 1대 1의 전쟁이 아니라, 1대 100, 1대 1,000, 1대 10,000의 전쟁이 될 것이다. 전쟁이 이러한 양상으로 흐르면 남성은 물론 여성과 노약자도 안전 지대에서 함께 전쟁에 참여할 수 있다.

　이제 미래 전쟁은 청장년층의 몫이 되고 있다. 이들은 전쟁보다 시장경제에 익숙한 세대이다. 이들 세대는 국가권력이 명분없이 자신들의 생존을 위협하는 전쟁을 일으키는 것을 용납하지 않을 것이다. 이 때문에 과거와 같이 많은 병력을 동원하는 대규모 전쟁은 쉽지 않아 보인다. 이러한 추세가 계속되면 얼마 남지 않은 절대권력도 사라질 것이다.

　미래 전쟁에서 승리할 수 있는 나라는 어떠한 나라일까? 전쟁 수행을 위한 3대 조건을 갖춘 나라이다. 첫째 조건은 첨단 무기를 만들어 낼 수 있는 첨단 과학기술을 보유한 나라이다. 따라서 미래 전쟁 준비는 창의적인 연구가 가능한 대학, 연구소에서 시작된다고 볼 수 있다. 이들 연구는 생각과 행동이 자유로운 자유민주주의 권력구조를 가진 나라에서 보다 효율적으로 이루어질 수 있다. 둘째 조건은 이들 과학기술을 단기간에 상용화할 수 있는 산업 생태계를 가진 나라이다. 과학기술 개발과 시장경제에 단련된 기업들이 많아야 한다는 이야기이다. 셋째로 다량의 정밀 첨단 무기를 보유하고, 장기전에 대응할 수 있는 능력을 갖춘 나라이다. 나라에 많은 부가 축적되어 있어야 한다는 이야기이다.

　미래 전쟁의 승패를 좌우하는 조건은 더 이상 인구의 규모, 나라의 면적이 아니다. 창의적 기술의 개발이 가능한 자유민주주의 권력구조, 첨단 기술개발 역량, 시장 경제에 익숙한 산업 생태계, 국가 부의 축적 정도가 전쟁의 승패를 좌우하게 될 것이다.

　우리나라는 북한, 중국, 러시아 등 공산주의 국가들과 국경을 맞대고 있다. 이런 위기감으로 많은 병력을 유지하면서도 첨단 과학기술 무기 개발에 많은 돈을 써왔다. 오랜 기간 자유민주주의 권력구조와 첨단 무기를 빠른 시일 내 상용화할 수 있는 시장경제에 단련된 탄탄한 산업 생태계가 있다. 그리고 세계 6위 교역 국가로 축적해 온 부가 있다. 이런 의미에서 우리나라는 전쟁 승리의 3가지 조건을 모두 갖춘 군사 강국이다.

　미래 전쟁의 우위를 갖는 나라들은 자유민주주의, 시장경제, 첨단과학 기술, 탄탄한 산업 생태계를 가진 나라들이다. 이들 나라 국민은 많은 희생을 감수해야 하는 전쟁보다 교역을 원한다. 더구나 국제사회는 현재 국경을 인정하고, 이를 유지하는 '현상유지의 원칙Uti possidetis'이 명문법과 관습법으로 보장하고 있다. 그 대표적인 명문법은 외교나 협상 이외에 무력행사로 국경변경을 침해할 수 없도록 명시한 UN 헌장(제2조 4항)이다. 이를 위반하는 나라는 국제사회로부터 고립되는 등 큰 부담을 안아야 한다.

이런 상황에서 인간이 자신의 생명을 위협하는 전쟁, 그것도 인류 공멸로 이어질 전쟁을 지지할 리 없다. 인류는 생존에 필요한 물자 확보를 위해 전쟁보다는 교역을 택하고자 할 것이다. 그리고 인류의 영토 확장을 위한 욕구 충족을 좁은 지구에서 찾으려 하기 보다, 광활한 우주에서 찾으려 할 것이다. 이미 국제사회가 그러한 기류로 흘러가고 있다.

지구촌 전체가 〈매력의 시대〉에 들어서면서, 국가 간에 상호 의존성이 강화되고 있다. 이로 인해 국지적인 전쟁만으로 지구촌 전체의 생존을 위협받는 상황이 발생한다. 러시아와 우크라이나 전쟁으로 인해 세계의 곡물, 가스, 전기료가 폭등한 것이 하나의 사례이다. 생존을 위협하는 공급망 붕괴를 막기 위해, 전쟁 종식을 위한 세계적 공감대가 형성될 것이다. 이와 함께 나라마다 곡물, 전력, 가스 등 필수 자원에 대해 복수의 공급망을 구축하는 노력이 활발히 전개될 것이다.

일부에서는 핵을 사용한 세계 전쟁으로 인류 종말이 올 것처럼 이야기하고 있다. 이는 자신의 이야기에 귀를 기울여 달라는 공포 마케팅의 하나로 귀결될 소지가 크다. 인류의 공동의 적敵이 된 전쟁은 종식될 수밖에 없다. 이와 동시에 전쟁 공포를 빌미로 생겨난 절대권력은 쇠퇴하게 될 것이다.

보이지 않는 전쟁

지금 지구촌에는 물리적 전쟁보다 더욱 강력한 보이지 않는 전쟁invisible war이 일어나고 있다. 이들 전쟁은 무역, 관세, 환율, 금리, 이념전쟁 등이다. 이들 보이지 않는 전쟁과 전통적인 전쟁이 결합하여 하이브리드 전쟁hybrid warfare이 일반화되고 있는 추세이다. 이들 전쟁을 조율하는 국제연합UN은 물론 국제무역기구WTO, 세계은행IBRD, 국제통화기금IMF등 국제기구는 물론, 각국의 교역,

외교, 정보기관들이 활발히 움직이고 있다. 하지만, 진정으로 보이지 않는 전쟁은 여기저기서 불고 있는 생존을 위해 가치 높은 매력을 만들어 내는 혁신 전쟁이다. 혁신하는 국민, 기업, 정부를 가진 나라는 끝까지 살아남을 것이다. 반면에 혁신하지 못하는 국민, 기업, 나라는 망하는 길을 걷게 될 것이다.

제3부

세상을 흔든 매력, 흔들 매력

인류는 새로운 매력을 만들어
새로운 세상을 열었다.
이 과정에서 인류는 더욱 많은
생존 기회를 얻었다.
인류의 매력 만들기 프로젝트는
앞으로도 계속될 것이다.

제1장 세상을 흔든 매력

> 인류가 '만물의 영장'이 된 이유는 무엇일까? 1만 년 전부터 시작된 두 차례의 지적 혁명을 계기로 인류 생존에 필요한 다양한 매력을 만들었기 때문이다.

인류는 '토기 발명'과 '문자 발명'이란 두 차례의 지적 혁명으로 다양한 형태의 도구를 만들고, 다양한 지식을 축적해 왔다. 이를 기반으로 인류는 끊임없이 혁신하며, 자신의 생존 기회를 넓히는 데 주력했다. 그 혁신들이 결실을 맺어 수많은 매력이 만들어졌다. 그리고 인류가 '만물의 영장'이 되는 새로운 세상이 열리게 되었다.

인류의 혁신 중에 가장 중요했던 혁신은 상형문자, 표의문자, 표음문자, 이모티콘[74], 영상, 인터넷으로 이어지는 '지식을 나누고 축적하는 혁신'이다. 이 혁신이 발판이 되어 석기, 토기, 청동기, 철기, 세라믹, 플라스마plasma로 이어지는 '재료 혁신', 물, 바람, 석탄, 석유, 핵분열, 핵융합으로 이어지는 '에너지 혁신', 인력거, 마차, 열차, 자동차, 선박, 비행기, 로켓, 우주선으로 이어지는 '교통 혁신'이 이어졌다. 혁신으로 매력이 만들어진 곳은 여지없이 세계 중심HUB이 되었다. 앞으로도 수많은 혁신으로 수많은 매력이 만들어질 것이다. 이들 매력은 인류의 미래를 이어가는 징검다리가 될 것이다. 과거 인류의 전환점이 된 매력 만들기의 역사 속으로 들어가 보자.

---

74 이모티콘은 감정 'emotion'과, 조각 'icon'의 합성어로 우리말로 그림말이라고 부른다. 감정이 담긴 얼굴 표정 모습을 문자로 표현하는 방식으로 현대판 상형문자다.

고대 매력 '클레오파트라'

매력 하면 떠오르는 여성이 있다. 이집트 파라오인 클레오파트라이다.

기원전 44년 카이사르 죽음 이후, 로마는 안토니우스, 레피두스, 옥타비아누스 3인의 삼두三頭 집정체제를 열었다. 안토니우스는 옥타비아누스 여동생 옥타비아와 결혼했다. 이 혼사로 로마의 3두 집정체제는 안정을 찾았다. 그러던 중 안토니우스는 클레오파트라의 매력에 빠져 클레오파트라와 결혼했. 이 결혼으로 안토니우스와 옥타비아누스 간의 사돈 관계는 깨지고, 두 사람의 관계는 적대적으로 바뀌었다.

기원전 31년 악티움Actium 해전에서 안토니우스와 클레오파트라 연합군은 옥타비아누스 해군에 대패했다. 이로써 이집트는 멸망하고, 로마는 공화정 시대를 마감하고 제국의 시대로 회귀했다. 이를 두고 근대 프랑스 석학인 파스칼(1623~1662)은 "클레오파트라의 코가 조금만 낮았더라면 로마와 세계 역사는 바뀌었을 것이다."라고 이야기했다. 클레오파트라의 매력이 이집트와 로마 역사를 바꾸는 도화선이 되었다는 이야기이다. 그러나 클레오파트라의 매력은 그녀의 미모보다 그녀가 가진 권력에서 나왔을 것이다. 그녀가 평범한 평민이었다면, 그녀의 미모조차 거론되지 않았을 것이다.

고대 로마 시대 검투사들은 콜로세움 경기장에서 생사를 넘나드는 결투를 벌였다. 로마의 원형극장인 콜로세움에는 목숨을 건 결투 장면을 보러 오는 로마 시민으로 항상 가득 찼다. 로마 시민들이 승리한 검투사에게 보낸 환호는 볼거리를 만들어 준 황제에 대한 환호로 바뀌었다. 검투사들은 매력을 만든 주인공이었음에도 불구하고, 어떠한 보상도 받지 못하고 삶과 죽음의 경계선을 떠돌았다. 로마 황제에게는 검투사들은 자신의 권력을 강화하기 위해, 로마 시민에게 볼거리를 제공하는 소모품에 불과했다. 〈권력의 시대〉에는 모든 매력이 무소불위無所不爲의 절대권력에 종속되어, 스스로 존재감을 드러내지 못했다.

지적 혁신, 문자

문자의 발명과 진화

세계 인구의 10분의 1에 불과한 유럽 중심의 서방국가가 지구촌 전체를 장악하는 일이 일어났다. 어찌하여 이런 일이 일어났을까?

이에 대한 궁금증은 서방 국가의 대항해 시대에서 찾아볼 수 있다. 이 당시 서방 국가들의 무기는 다른 지역의 무기에 비해 월등한 성능을 보였다. 이들 무기는 축적된 지식의 산물이었다. 전쟁의 승패는 외견상 그 치열함으로 승패가 난 것처럼 보이지만, 실상은 축적된 지식의 차이로 승패가 결정된 것이다.

문자 발명 이후, 인간의 생존 노-하우는 수백 세대를 거쳐 문자로 기록되고 축적되어 갔다. 이를 기록하는 문자의 편리성과 효율성이 지식 축적의 양과 질을 결정했다. 따라서, 문자 진화의 차이가 지식 축적의 차이로 이어졌다. 그리고 이들 지식 축적의 차이가 나라의 흥망성쇠를 결정짓게 되었다.

서방국가들이 사용한 알파벳은 그림문자, 상형문자, 설형문자를 거쳐 표음문자로 진화했다. 표음문자는 문자는 발음대로 적고, 그 의미는 사전事典에 담는 분업형 문자이다. 표현해야 할 사물의 숫자가 늘어도 문자 숫자는 증가하지 않고, 그 의미를 담는 사전만 두꺼워질 뿐이다. 표음문자인 알파벳 문자는 30개 내외에 불과하다. 알파벳은 그 단순함으로 권력자는 물론 평민, 노예도 쉽게 사용할 수 있게 되었다. 이로 인해 지식이 보편화되고 심화하는 과정을 거칠 수 있었다. 알파벳을 사용한 서방국가에서는 수많은 철학적 담론이 오가고, 과학적 사고와 합리주의 사고의 싹을 틔웠다.

서방 국가 간에는 계속되는 치고받는 전쟁으로 인구 이동이 많았다. 이집트, 알렉산드리아, 페르시아, 그리스, 마케도니아, 로마, 동로마, 영국, 프랑스, 스페인 등으로 권력 중심이 옮겨 갔다. 이에 더해 십자군 전쟁 등 교황이 주도한 구교와 신교 간의 종교전쟁이 수시로 일어났다. 권력을 두고 교황과 왕, 왕과 영주, 왕과 상인, 구교와 신교 간에 치열한 투쟁이 반복되었다. 수시로 일어나는 권력 투쟁에 승리하기 위해, 생존 노-하우인 지식을 문자로 기록하고, 전파하고, 축적하는 노력이 활발하게 이루어졌다.

잦은 전쟁과 권력 이동으로 인구 이동이 빈번하게 일어났다. 인구 이동으로 인해 흑사병 등 전염병으로 감염되어 죽는 사람이 늘어났다. 이를 어찌할지 모르는 기존 권력의 중심에 섰던 왕권, 교권의 권위가 땅에 떨어지기 시작했다. 이를 계기로 인간의 지성을 깨우는 르네상스 시대를 맞이했다. 그리고 인간의 지성을 깨워, 과학과 의학이 발달하기 시작했다. 서방 세계의 소용돌이 역사는 인간의 지성을 깨우는 인큐베이터와 같은 역할을 했다.

반면에 동양의 종주국이었던 중국의 문자는 상형문자를 변형하여 만든 표의문자인 한자漢字였다. 한자는 뜻에 맞는 형상을 입히어 문자를 만들고, 그 위에 발음을 입혀 만들어진 문자이다. 그러다 보니 한자는 복잡한 형상을 가질 수밖에 없었다. 어찌 보면 문자에 뜻을 집어넣어 별도의 사전이 필요 없는 형식적 완결성을 가진 문자를 만들고자 했던 것으로 보인다. 뜻마다 문자를 만든 한자漢字 숫자는 최대 5만여 자字에 이르렀다.

이들 한자는 그 숫자가 많고, 형상 또한 복잡하여 오랜 기간 별도의 교육을 받은 사람만이 사용할 수 있었다. 1949년 중화인민공화국 설립 당시 중국인의 문맹률은 80% 이상이었다. 그 이전에는 일부 지배계층을 제외한 대다수 평민이 문맹이었을 것이다. 당연히 알량한 지식마저 지배계층의 전유물이 되었다. 지배계층이 보기엔 평민의 높은 문맹률이 자신의 권력을 지키는데 도움이 된다고 생각했을 것이다. 하지만, 이로 인해 평민들은 지식 생산과 심화 과정에 참여할 수 없었다.

중국의 한자를 문자로 사용한 조선도 마찬가지였다. 양반 자제들은 어려운 한자를 배우기 위해 서당을 다녀야 했다. 그리고 천자문千字文 공부에 밤을 지새웠다. 한자 사용으로 지식을 기록, 축적, 전파하는 전 과정에 커다란 진입 장벽이 생긴 것이다. 이로 인해 얼마되지 않는 지식은 물론, 권력과 부富의 모두를 왕과 양반兩班이 독점했다. 조선시대에 사용한 한자漢字는 양반과 상놈을 명확히 구분 짓는 역할을 했다.

진시황(BC 221년)에서 시작하여 지금(2025년)까지의 2246년간의 중국 역사 중, 통일왕조 시대는 73%인 1640년 동안 계속되었다.[75] 중국 대륙 역사 대부분이 통일왕조 시대였다. 한자 사용으로 인한 중국 지배층과 피지배층 간의 지식 격차는 계층 간 신분 차이를 공고히 하는 결과를 낳았다. 오랜 기간 계속된 중국 통일왕조는 지식 생산과 축적을 독점하고 통제했다. 이로 인해 과거 중국 사회는 경쟁보다 복종하는 문화가 뿌리 깊게 자리 잡았다.

한자로 쓰여진 지식은 지배층의 기득권을 보장하는 범위에서만 허용되었다. 황제나 왕에 몸을 의탁한 당시 사상가들은 절대왕권의 눈치 보기에 급급했다. 그들은 절대왕권의 통치에 정당성을 부여하는 사상들을 여과없이 펼쳐냈다. 그 대표적인 예가 황제, 왕, 가장家長에 대한 충성과 존엄을 중시하는 인의예지仁義禮智를 강조한 유교 사상이다. 이런 상황에서 인간 개개인의 가치를 중시하는 인문학은 물론, 객관성을 중시한 과학, 수학, 물리학 등 다양한 지식을 생산하고 축적하는 일이 제대로 이루어질 리 없었다.

동서양 간의 지식의 격차는 종이와 인쇄술이 발명되면서 더욱 커졌다. 6세기 경 중국에서 만들어진 목판 인쇄술은 14세기에 들어오면서 유럽에 전파되었다. 그로부터 1세기가 지난 1440년경 유럽에서 구텐베르크Gutenberg가 금속활자 인쇄술을 발명했다. 이는 개별 금속활자를 인쇄판에 일일이 식자植字하여 조판한 후, 인쇄판에 잉크를 입혀 종이에 프레스로 압축하여 인쇄하는 방식의 인쇄술이다.

이로부터 8년 뒤인 1448년 구텐베르크는 자신의 고향에서 인쇄소를 열었다. 자신의 인쇄술로 1주일 만에 500권의 도서를 발행하기 시작했다. 당시 필사본

---

[75] "오피니언 차이나 인사이트: 유럽연합 두 배나 되는 중국이 분열하지 않는 이유는" (중앙일보 인터넷판, 2016.08.10. https://www.joongang.co.kr/article/20425575#home)

한 권을 만드는 데 2개월이 걸렸다. 이에 비하면 인쇄 속도는 4만 배나 빨랐다. 인쇄술의 발달로 왕과 귀족들은 물론, 평민들도 책자를 쉽게 구해 읽을 수 있게 되었다. 이로 인해 서구 국가에서 지식이 보편화되기 시작했고, 이는 보편적 자유, 인권, 평등사회에 이르는 밑바탕이 되었다.

구텐베르크 인쇄술로 빠르게 책을 인쇄할 수 있었던 이유는 30개 내외 알파벳과 금속활자 인쇄술이 환상적으로 결합했기 때문이었다. 우리나라에서도 고려시대인 1377년에 최초의 금속활자본인 직지심체요절直指心體要節이란 책자가 인쇄되었다. 당시 어렵게 만들어진 금속활자 인쇄술은 매우 제한적으로 활용되었다. 당시 5만 자에 달하는 한자를 금속활자로 만들어 조판하여 서책을 만들기란 어려웠기 때문이다. 따라서 당시 서책의 대부분은 나무를 깎아 문자를 새긴 목판 인쇄물 또는 필사본이었다. 이는 한자를 사용하는 중국도 마찬가지였다.

1829년 미국에서 최초의 타자기인 타이포그래퍼typographer가 발명되었다. 그리고 1868년에는 지금의 모습의 실용화된 타자기가 출시되었다.[76] 이 타자기를 모티브로 개인용 컴퓨터가 만들어졌다. 이 역시 30자 내외의 알파벳이란 문자를 사용했기 때문에 가능한 기술이었다. 또 하나의 인쇄 기술 발달은 서방국가들의 지식 축적과 전파 속도를 가속화하는 데 일조했다. 이때부터 서방 국가들의 지식 보급과 축적은 동양과 비교할 수 없을 정도로 빠르게 진행되었다. 이를 기반으로 지식을 탐구하고 가르치는 대학과 연구소가 우후죽순 설립되고, 다양한 학문분야가 새롭게 태동했다. 이렇듯 서방 국가들이 사용한 간편한 표음문자, 빠른 인쇄 속도는 다른 세계와의 지식 축적의 차이를 크게 벌렸다. 시간이 흐를수록 그 격차는 더욱 커졌다.

---

76 "타자기"(https://ko.wikipedia.org/wiki/타자기)

세계 패권의 향방

15세기에서 17세기에 걸쳐 대항해 시대가 전개되었다. 이들 대항해 시대 역시 구텐베르크 인쇄술로 인해 지식이 보편화되면서 일어난 일이다. 대항해 시대 서막을 알린 1492년 콜럼버스의 아메리카 대륙 발견은 구텐베르크 인쇄술이 나온 지 50여 년 만에 일이다. 그리고 대항해가 시작되고 200년도 되지 않아, 동양의 인도는 물론 아프리카, 아메리카 일대가 유럽의 식민지가 되었다. 이들 지역 원주민들은 영문도 모르고 전쟁다운 전쟁도 치루지 못한 채 서방국가에 복속되는 일이 일어났다. 이들 지역에서 원주민들이 사용했던 제대로 된 문자와 인쇄술은 찾아볼 수 없었다.

구텐베르크 인쇄술이 나오고 400년이 지난 시점에 대영제국은 월등한 성능의 총과 대포, 함선으로 1840년과 1856년 두 차례 아편전쟁에서 중국을 제압했다. 이때 대영제국이 사용한 무기는 지식 축적의 산물인 총과 대포, 함선이었다. 이후 서양이 동양을 점거하는 서세동점西勢東漸 시대가 고착화되었다. 그나마, 중국, 일본 등 동북아시아 국가들이 다른 지역보다 늦게 서방세계에 복속된 이유가 있다. 한자漢字라는 문자와 목판 인쇄술로 나름의 지식을 축적했기 때문이다. 세계 패권의 향방은 지식 축적 차이로, 지식 축적 차이는 '문자 진화'의 차이에서 비롯되었다. 어찌 보면 서방과 동양의 패권 전쟁은 '문자 진화'의 차이가 승패를 결정한 '문자 전쟁'이었던 셈이다.

라마르크의 부활

문자가 발명되면서 어렵살이 얻는 인간의 생존 노-하우는 수백 세대를 거쳐 문자로 기록되고 축적되어 갔다. 그리고 인간은 문자로 인해 자신의 유전자의 발전 속도를 추월하는 빠른 진화를 경험하게 되었다.

생물학자였던 라마르크는 생물이 살아있는 동안 환경에 적응한 결과로 획득한 형질(획득 형질)이 다음 세대에 유전되어 진화가 일어난다는 주장을 했다. 하지만 이후 그레고르 멘델Gregor Mendel이 유전의 분자적 특성을 밝힘으로써 살면서 획득한 형질은 형질은 유전되지 않는다는 것을 증명했다. 이로써 라마르크의 진화론은 진화론의 주류에서 물러났다. 하지만 라마르크의 진화론은 두 가지 점에서 다시 조명해 볼 필요가 있다.

첫번째는 인간은 문자 발명으로 살면서 획득한 형질(획득 형질)을 얻어내는 노-하우를 문자로 기록하여 다음 세대로 전달할 수 있게 되었다. 이는 인간 신체 내 유전적 진화를 뛰어넘는 또 다른 형태의 진화가 인간의 신체 외부에서 문자라는 무형의 도구를 통해 일어났음을 의미한다. 이러한 현상을 현대적 의미의 '라마르크의 부활'로 이야기 할 수 있다.

두번째는 생명체들의 치열한 생존의지가 진화과정에서 유전자에 담겨 다음 세대로 이어질 수 있다는 가능성이다. 생명체는 부모에게 각각 하나의 유전인자를 받아 자손들의 유전자를 만들어 낸다. 하지만, 이를 두고 과거 획득된 형질이 유전되지 않는다고 결론지었던 것은 다소 성급했다고 생각된다. 나름의 치열한 생존 메커니즘인 생명체가 어렵게 얻어낸 획득형질이 진화과정에서 소외되었다는 것은 논리적이지 않기 때문이다. 인간은 살아있는 동안 여러 차례 세포 갈이를 한다. 텔로미어는 염색체의 끝부분에 있는 염색 소립이다. 세포 복제과정에서 텔로미어telomere가 손상되고 텔로머레이스라는 역전사효소에 의해 보충된다. 인간은 살아가며 불완전 복제가 진행된다. 이로 인해 노화가 진행된다는 학설이 있다. 그러나 불완전 복제는 인간의 획득된 형질을 유전자에 담아내는 또 다른 기회였을지 모른다. 한 번쯤 연구해 볼 과제이다.

생산성 혁명, '동력기관'

18세기 후반 영국에서 일어난 산업혁명은 증기기관이라는 동력기관이 발명되면서 시작되었다. 영국 빅토리아 여왕 재위를 전후하여 일어난 일이다. 증기기관은 1705년 토머스 뉴커먼Thomas Newcomen이 최초로 발명하고, 1769년 제임스 와트James Watt가 이를 개량하여 효율을 높였다. 증기기관은 석탄을 태워 나오는 열에너지를 순환시켜 지속적인 운동에너지로 바꾸는 최초의 시도였다. 이후 석유에서 나오는 휘발유와 디젤로 동력기관의 연료를 바꾸면서 가솔린 기관과 디젤기관이 나오게 되었다. 이어서 전기 발명과 이를 에너지로 사용하는 전기 모터가 발명되면서 본격적인 대량생산 시대를 맞이하게 되었다. 이는 물자 생산에 필요했던 인간 노동을 기계로 대체하는 역사적인 사건이었다. 동력기관의 발명은 두 차례의 생산성 폭발explosion of productivity을 일으켰다.

첫 번째 생산성 폭발은 동력기관을 먼저 활용한 제조업에서 시작되었다. 동력기관의 출현은 물자 생산의 효율성과 생산성을 크게 높였다. 이에 따라 생존에 필요한 물자를 구하기 위한 전쟁의 필요성도 점차 사라져 갔다. 노동력 확보를 위해 노예를 찾아 나서는 일도 멈추게 되었다. 미국 남북전쟁의 명분의 하나인 흑인 노예 해방도 동력기관의 생산성 폭발에서 시작된 일이다. 이렇듯 동력기관 발명으로 인한 생산성 폭발은 '나름의 치열한 생존메커니즘'인 인간의 삶의 방식을 변화시켰다. 그리고 인간이 오랫동안 지속된 고된 노동에서 벗어나 인간답게 살 수 있는 단초를 마련했다.

고된 노동에서 해방된 인간은 활동의 폭을 다양하게 넓혔다. 인간의 활동이 다양해진 만큼, 이에 대응하는 다양한 일자리들이 생겨났다. 대량생산 제품을 소비자에게 유통, 판매, 마케팅 등 생산자와 소비자를 연결하는 수많은 일자리가 생겨났다. 자연스레 노동시간은 줄고, 소득과 소비는 늘어났다. 인류는 절대 빈곤의 악몽에서 서서히 깨어나기 시작했다.

제1차 산업혁명을 주도했던 영국은 가장 큰 힘과 넓은 영토를 가진 '해가 지지 않는 나라'가 되었다. 대영제국의 전성기였다. 산업혁명 시대의 중심에 있던 영국의 빅토리아 여왕은 1837부터 1901까지 63년간을 대영제국, 아일랜드 연합왕국과 인도의 군주君主로 군림했다. 이를 계기로 영국은 경제적으로는 자본주의, 정치적으로는 2대 정당제와 의회정치 기반의 공화정이라는 근대 국가의 초석을 쌓았다. 산업부흥으로 탄탄해진 영국 자본주의는 칼 마르크스[77]의 〈자본론〉의 소재가 되기도 했다.

두 번째 생산성 폭발은 대규모 도시를 탄생시킨 교통 혁신에서 비롯되었다. 증기기관을 탑재한 열차가 철길을 달리게 되면서 속도 혁명이 시작되었다. 이들 속도 혁명은 지구촌 전역에 걸쳐 〈거리의 종말 the death of distance〉 사건으로 이어졌다. 이로 인해 지구촌 곳곳에서는 대도시가 탄생했다. 대도시의 탄생은 산업의 분업화와 전문화를 촉진했다. 그리고 또 한 번의 생산성 폭발을 일으켰다. 교통 혁신으로 인력거를 끌고 선박에 노를 젓는 노예들은 물론, 마차를 끄는 말들도 고된 노동에서 벗어나게 되었다.

최초의 공공철도 탄생을 위한 대화

인류의 미래를 바꾼 공공철도의 탄생은 1814년 영국의 조그마한 마을에서 에드워드 피스Edward Pease와 조지 스티븐슨George Stephenson 간에 나눈 대화에서 시작된다. 19세기 대영제국의 빅토리아 여왕이 태어날 무렵이다.

영국에 에드워드 피스라는 양모¥毛 사업자가 있었다. 그는 양모 사업 외에도 여러 가지 사업구상을 했다. 그중 하나가 석탄 수송을 위해 웨스트 더햄West Durham 탄광에서 스톡턴Stockton 항구까지 '말이 끄는 철길' 구상이다. 1821년 그는 자신의 구상을 실현하기 위해 동료 사업가들과 함께 스톡턴~달링턴 철도회사를 세웠다.

이 구상 실현을 위해 에드워드 피스는 철도 기관차를 발명한 스티븐슨을 만났다. 그는 스티븐슨에게 자신의 '말이 끄는 철길'에 대한 자신의 비즈니스 구상을 말했다. 그 자리에서 스티븐슨은 '말이 끄는 철길'보다 '기관차가 끄는 철도'를 제안했다.

스티븐슨은 에드워드 피스에게 이렇게 설명했다. "통상적인 도로에서는 10톤 무게의 짐을 운반하기 위해서 10필의 말이 필요합니다. 철길을 놓으면 한 필의 말로 10톤 무게의 짐을 운반할 수 있습니다." 그는 말을 계속 이어갔다. "현재 킬링워드Killingworth에는 블뤼

---

77 칼 마르크스(Karl Heinrich Marx, 1818. 5. 5.~1883. 3. 14.)는 독일의 사상가이자 경제학자로, 엥겔스와 함께 〈독일 이데올로기〉에서 유물사관을 정립하였고 〈공산당 선언〉을 발표했다. 그의 대표적인 저서 〈자본론〉은 '사회주의의 바이블'로 평가된다.

허Blücher라는 증기기관차가 운행되고 있습니다. 이 증기기관차 한 대가 말 50필의 몫을 하고 있습니다."라며 말을 마쳤다.[78]

증기기관차와 철길을 이용하면 열차 하나로 말 50필에 해당하는 무게의 화물을 수송할 수 있다는 이야기였다. 이는 고대사회에 200명의 노예와 맞먹는 노동력이다. 철도를 이용하면 수송 생산성이 수백 배로 늘어난다는 이야기였다.

스티븐슨의 이야기는 에드워드 피스의 마음을 흔들었다. 두 사람의 짧은 대화는 세계 최초의 공공철도 건설로 이어졌다.

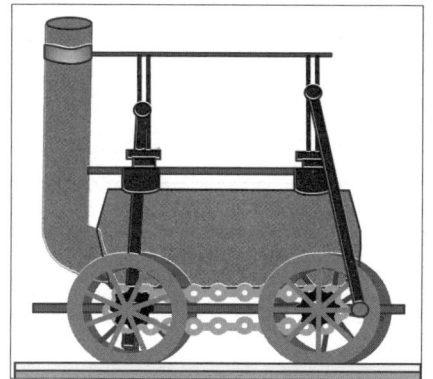 

좌측 그림은 스티븐슨이 만든 브뤼허 증기기관차의 모습이다. 우측 그림은 프랑스 뮐루즈 기차 박물관에 전시된 초기 증기 기관차의 모습이다.

1825년 9월 27일 영국 스톡턴과 달링턴 간 40킬로미터(27마일)의 철도선로가 완공되었다. 이 선로를 로코모션Locomotion 증기기관차가 36량의 화차와 객차를 끌고 최대 시속 23킬로미터(15마일)로 달렸다. 이 열차는 450명의 승객을 한 번에 실어 날랐다. 여객과 화물을 실어 나르는 세계 최초의 공공 철도가 탄생한 것이다. 1838년에는 런던과 외곽 도시를 연결하는 철도가, 그리고 1863년에는 런던 지하철이 최초로 개통되었다.

철도라는 매력적인 교통수단은 세계 방방곡곡으로 퍼져 나갔다. 영국의 조그

---

78 "Stockton and Darlington Railway"(https://spartacus-educational.com/RAstockton.htm)

마한 마을에서 시작된 40킬로미터의 철도는 200년이 지난 지금, 137만 킬로미터, 지구 둘레(4만 킬로미터)를 35바퀴를 도는 연장을 가진 중요한 교통수단이 되었다.

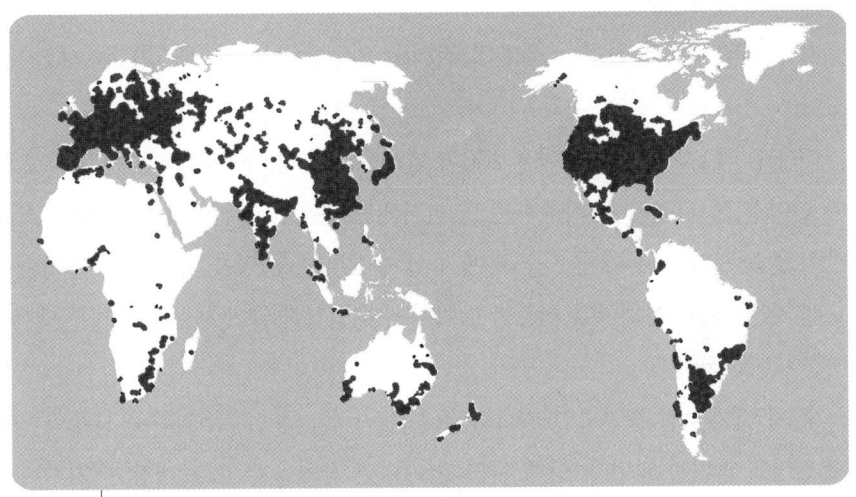

영국에서 시작된 철도는 지구촌 전역으로 뻗어나갔다. 이 그림은 현재 지구촌 전역으로 파급된 철도 노선의 밀도를 표현한 그림이다.

철도가 나오기 이전에는 세계 중심지인 영국의 런던, 프랑스 파리 인구가 100만 명을 넘지 않았다. 지구촌 곳곳에 철도망이 구축되면서 100만 명 이상의 대도시들이 나타나기 시작했다. 대도시의 탄생으로 노동력 확보는 물론, 분업화와 전문화된 대량 생산체계를 구축할 수 있게 되었다. 교통수단의 발달로 원자재 조달, 상품 생산, 상품 소비 등 전 과정에 걸친 생산성 폭발이 일어났다.

대량수송이 가능한 철도, 선박, 항공기들이 잇달아 개발되었고, 이에 맞추어 대규모 항만과 공항이 세계 곳곳에 들어섰다. 수에즈(1869년)와 파나마(1914년) 운하 개통으로 바닷길이 줄어들었다. 대량수송이 가능한 인적, 물적 운송체계가 구축된 것이다. 바야흐로 〈거리의 종말〉시대가 도래한 것이다. 그러면서 인류의 활동 범위가 지역과 국가를 넘어 지구촌 전역으로 확대되었다. 그리고 지구촌 전역에 걸쳐 전문화와 분업화를 촉진시켰다. 이는 또 하나의 생산성 폭발로 이어졌다.

새로운 공간, 달

미국은 언제부터 진정한 세계의 리더로 인정받았을까? 계기가 된 사건이 있다.

1760년 제1차 산업혁명 이후 200여 년, 1945년 제2차 세계대전 종전 후 20여 년이 지난 시점이다. 지구촌은 또 하나의 매력적인 사건에 접하게 된다. 인간의 달 탐사다. 인류에게 지구 밖에서 살 수 있다는 희망을 갖게 한 사건이다. 오랜 기간 계수나무와 옥토끼로만 이야기되던 인간과 달이 새로운 관계를 맺은 사건이기도 하다.

제2차 세계대전 승전국인 미국과 소련은 각각 자유민주주의와 공산주의 양대 진영의 리더가 되었다. 양대 진영 간 커다란 장벽을 두고 '강대강' 대치가 이루어졌다. 서로 힘의 우위를 점하고자 군사력을 꾸준히 늘려갔다. 서로간 대화 없이 전쟁 준비에 열을 올리는 냉전cold war 시대가 지속되었다. 제2차 세계대전은 미국 참전으로 연합군의 승리로 끝나게 되었다. 그럼에도 불구하고 냉전 기간 동안 영국, 프랑스 등 유럽 서방 국가들은 미국이 자신들의 리더라는 사실을 쉽사리 인정하려 하지 않았다. 미국이 한때 이민자로 이루어진 영국의 식민지였다는 이유이다.

미국은 1969년 7월 16일 달 탐사를 위한 아폴로 11호를 발사했다. 7월 20일 20시 17분 아폴로 착륙선은 '고요의 바다'라고 불리는 달 표면에 안착했다. 그리고 6시간 후인 1969년 7월 21일 오전 2시 56분 15초(UTC) 아폴로 11호 선장인 닐 암스트롱Neil Alden Armstrong [79]과 착륙선 선장인 올드린Edwin Eugene Aldrin

---

[79] 닐 암스트롱(Neil Armstrong, 1930년~2012년)은 미국의 군인, 항공우주공학자로서 인류 최초로 달에 착륙한 아폴로 11호의 우주 비행사이자 선장이다.

이 달 표면에 첫발을 디뎠다. 그는 자신의 발자국을 일컬어 "한 인간에게는 작은 한 걸음이지만 인류에게는 위대한 도약이다."라는 메시지를 남겼다. 영국 여왕인 엘리자베스 2세와 남편 필립 공은 '인간의 달 탐사'라는 역사적 장면을 보기 위해 새벽잠을 깨웠다. 그리고 흑백 TV를 켰다. 이들 부부는 아폴로 11호 선장인 닐 암스트롱이 달 표면에 발을 딛는 장면을 보며 흥분을 감추지 못했다. 이 장면을 함께 지켜본 사람만 해도 세계 곳곳에서 6억 명에 이르렀다. 영국이 '해가 지지 않는 나라'라는 호칭을 얻은 지 200년 남짓 지난 시점이다. 아폴로 11호의 유인 달 탐사는 인류가 지구 밖 우주에서 생존할 수 있는 가능성을 실증한 매력적인 사건이었다. 그리고 3년에 걸쳐 아폴로 17호(1972.12.7 05:33, UTC)까지 실패한 아폴로 13호를 제외하고 총 6차례의 유인 달 착륙이 이루어졌다.

이때부터 인류는 광활한 우주를 미래 인류의 생존 공간으로 인식하기 시작했다. 지구로 돌아온 우주인들은 영국을 비롯한 세계 여러 나라를 돌아다니며 대대적인 환대를 받았다. 미국이 세계의 리더라는 사실을 지구촌 곳곳에 각인시키기 충분한 사건이었다. 그리고는 지구촌 힘의 중심축이 급격하게 미국으로 옮겨갔다. 매력의 힘이 강력하다는 것을 여지없이 보여준 사건이다.

제2장 | 세상을 흔들 매력

> 미래 인류는 어떠한 매력 만들기에 몰입할까? 인류의 호기심을 지속적으로 자극하고, 어렵지만 실현 가능하고, 쉽사리 정복되지 않는 그 무엇을 만들기에 몰입할 것이다.

거대한 도전: BIG-STEP

인간에게는 생존 극복, 생존 유지, 생존 확장의 욕구가 있다. 인간이 삶의 목표를 갖게 되면, 생존의지가 강화되어 생존에 도움이 된다. 이는 인간의 생존욕구와도 부합된다. 따라서, 인간은 살아가면서 끊임없이 삶의 목표를 만든다. 삶의 목표가 있어 사는 것이 아니라, 살기 위해 삶의 목표를 만든다. 불편한 진실이다.

여태까지 그래 왔듯이 인류의 삶의 목표가 인류의 미래가 될 것이다. 인류의 삶의 목표 역시, 생존욕구를 충족하는 방향에서 만들어질 것이다. 과연, 인류는 어떠한 삶의 목표를 가져야 생존에 도움이 된다고 생각할까? 아마도 호기심을 지속해서 자극하고, 어렵지만 실현 가능하고, 쉽사리 정복되지 않는 그 무엇이 될 것이다. 이들 조건에 가장 부합되는 인류의 삶의 목표는 '무한한 우주'에서 찾게 될 것이다. 이미 인류는 이에 대해 많은 일을 벌이고 있다. 그리고 먼 미래 이 거대한 우주는 태양계 조그마한 행성인 지구에서 탄생된 생명체들로 가득차게 될 것이다. 그 이유는 인류라는 생명체의 지적 진화 속도가 우주의 진화 속도보다 빠르게 진행되고 있기 때문이다. 인류는 불장난으로 종말을 맞이하는 것이 아니라, 그 불장난으로 우주를 자유롭게 돌아다니며 생명을 확산하는 일에 매진할 것이다.

과연, 신이 존재한다면 인간을 만든 의도는 무엇일까? 그리고 인간에게만 특별한 지적 능력을 준 이유는 무엇일까? 추론이다. 이는 인간을 통해 지구에서 35억 년 동안 어렵게 발원한 생명을 우주로 내보내려고 하기 위함이 아닐까? 이를 통해 무미건조한 우주에 생명을 불어넣어, 신의 능력이 그곳까지 미치게 하기 위함이 아닐까? 이러한 신의 뜻을 이루기 위해, 우리 인류는 착실한 행보를 하고 있을지도 모른다.

제2차 대항해 시대

15세기 중반에 대항해 시대the Age of Discovery가 시작되었다. 서유럽 국가들이 선박을 이용해 전 세계로 영향력을 넓히는 시대이다. 이를 가능하게 한 것은 강력한 국가지원, 조선술과 항해술의 발달, 초기 자본주의 형성 때문이다. 이 시기에 지구를 관통하는 4대 항로가 개척되었다. 콜럼버스Christopher Columbus가 개척한 유럽~아메리카 항로(1492년), 바스코 다 가마Vasco da Gama가 개척한 아프리카 남단 경유 인도항로(1497~1498년), 마젤란Ferdinand Magellan이 개척한 세계일주 항로(1519~1522년)이다. 이로부터 500여 년이 지났다. 아직도 대항해 시대를 주도했던 서방 세계의 경제, 사회, 문화, 제도가 지구촌을 풍미하고 있다.

대항해 시대가 있은 지 500여 년이 지난 지금, 과거 500년 전 상황이 재연되고 있다. 인류는 광활한 우주를 대상으로 제2차 대항해the 2nd age of discovery를 준비하고 있다. 우주 개척은 향후 500년 동안 인류의 가장 도전적인 삶의 목표로 자리 잡게 될 것이다. 그 출발은 태양계 세 번째 행성인 지구에서 시작될 것이다.

여태까지, 우주는 몇 안 되는 우주인이나 갈 수 있는 머나먼 공간으로 인식되었다. 하지만 공상과학 영화에서나 볼 수 있는 우주 탐험 시대가 생각보다 빨리 다가오고 있다. 그렇게 생각하는 이유는 다음과 같다.

첫째, 인류는 지속적으로 우주를 관찰해 오고 있다는 사실이다. 1610년 갈릴레이는 36배율 망원경을 통해 달과 태양은 물론, 목성 주위를 도는 이오, 유로파, 칼리스토, 가니메데 등 4개의 위성을 발견했다. 그때부터 인류는 고배율 망원경, 허블 망원경, 전파 망원경 등을 이용하여 우주를 끊임없이 관측하고 있다. 인간의 우주에 대한 호기심은 여기서 머물지 않았다. 1959년 소련의 루나 1호 달 탐사선이 발사된 이후, 70년 가까이 80개 정도의 우주 탐사선이 태양계 행성, 위성, 혜성에 접근하며 관찰해 왔다. 특히 인간의 최초의 우주 정착지로 꼽고 있는 화성에는 50여 차례의 탐사 시도가 있었다. 그중 20여 차례나 화성 궤도 진입 또는 착륙에 성공했다. 현재에도 큐리오시티Curiosity, 퍼서비어런스Perseverance, 주룽祝融 등 화성 탐사선이 화성 표면을 생생하게 찍어 지구로 전송하고 있다. 이렇듯 태양계 전체가 인간에게 멀지 않은 친숙한 공간이 되어가고 있다.

둘째, 우주개척에 필요한 핵심 기술들이 동시다발적으로 개발되고 있다는 사실이다. 이들 기술은 로켓 재활용 기술, 장기간 엔진 가속 기술, 소형원자로 기술, 광합성 기술, 초전도 자기장 기술, 바이오 기술, 방사선 차폐 기술, 인공지능 로봇 기술 등이다. 이들 기술은 우주여행 시간을 단축하고, 인간이 우주공간에 정착하는데 요긴하게 활용될 기술들이다.

셋째, 일상적인 세계여행으로 지구촌 곳곳은 더 이상 은둔의 매력을 잃어가고 있다는 사실이다. 그리고 지구의 미래도 자원 고갈, 환경오염, 혜성 충돌 등 불투명하다. 우주물리학자 스티븐 호킹Stephen William Hawking(1942~2018) 교수는 죽기 전에 "'인류의 종말'이 온다. 200년내 지구 떠나라."라는 충고를 했다. 행성 충돌. 인공지능AI, 기후변화, 핵전쟁, 변종 바이러스, 인구폭발 등을 지구의 잠재적 위협으로 보았기 때문이다.[80] 인간의 무한한 욕구를 충족시키기 위해서는 무한한 우주로 나갈 수밖에 없다. 인류의 우주로 향한 열정은 점차 강해지고 있다.

---

80 호킹 죽음 전 예언 "AI로 인류 종말 온다, 200년내 지구 떠나라." (중앙일보 인터넷판, 최준호 기자, 2018.3.19, https://www.joongang.co.kr/article/22455351#home)

넷째, 제2차 세계대전 이후 전쟁 없는 시장경제 시대가 지속되면서 민간 부문에 막대한 자본이 축적되어 왔다. 이들 축적된 자금들이 수익성이 있는 새로운 투자처를 찾아 나서고 있다. 사업성만 있으면 언제라도 필요한 자금을 끌어 들일 수 있는 여건이다. 민간 우주기업이 사업성을 갖춘 비즈니스 모델을 만들며 이들 자금을 끌어들이기 시작했다. 500년 전 대항해 비즈니스에 자본이 집중된 것과 같은 일이 지금의 우주산업에서 또다시 일어나고 있다.

우주 비즈니스

과거 우주사업은 뚜렷한 수입이 없이 막대한 돈만 들어가는 사업이었다. 이 때문에 우주사업은 국민 세금으로 막대한 자금을 동원할 수 있는 국가만이 할 수 있는 사업이었다. 우주사업에 선두주자였던 미국도 정부기관인 연방항공우주국NASA에서 우주사업을 독점하게 되었다. 우주 개발로 들어가는 돈도 천문학적으로 늘어 국가 예산으로 감당하기 어려워졌다. 국가 주도의 우주사업은 한계에 부딪혀 오도 가도 못하는 상황이 되었다.

이런 상황에서 우주사업을 주도하는 민간 기업들이 생겨났다. 이들 민간 기업은 우주사업에 생산성을 높여 자신만의 비즈니스 모델을 만들어 가고 있다. 그리고 이들 비즈니스에 매료되어 투자하려는 사람들이 늘어나고 있다. 이제 민간 기업이 우주로 가는 길을 활짝 열어 갈 것이다.

우주 사업에 나름 적극 참여하고 있는 기업은 2002년에 테슬라 CEO가 설립한 엘론 머스크Elon Musk의 스페이스 엑스SpaceX와 2000년에 설립된 아마존 CEO인 제프 베이조스Jeff Bezos의 블루 오리진Blue Origin사 등이다. 이들 기업들은 국가 주도의 우주 사업의 틀을 깨는 비즈니스 모델을 만들며, 선순환 구조의 우주 사업을 추진 중이다. 그 중 괄목할 만한 성과를 내는 기업은 스페이스 엑스이다.

스페이스 엑스는 우주 사업의 비즈니스 모델로 유상 적재 중량 단위당 로켓 발사 비용을 줄이는 기술 개발을 시작했다. 대표적인 경우가 한 개의 로켓 본체와 부품을 여러 번 사용하는 로켓 재활용 기술, 유상 적재 중량을 키우는 대형 로켓 기술 개발 등이다.

2024년 4월 12일 상업용 화물 적재 중량payload weight 22.8톤인 팰콘 9 Falcon-9 로켓이 저궤도 인터넷 위성 스타링크 위성 23기를 싣고 날아올랐다. 이 로켓의 1단계 로켓이 20번째 재활용 기록을 세웠다. 그리고 재활용 로켓의 사용 목표횟수를 40회로 늘렸다.[81] 지금까지 스페이스 엑스가 쏘아 올린 로켓 발사 회수는 403회(2024년 12월 4일 기준)로 그 중 83%인 333회가 1단 로켓을 재활용한 로켓 발사였다. 이들 로켓으로 거의 이틀 만에 하나꼴로 로켓을 발사하여, 매년 2,000개 이상의 위성을 지구 궤도에 올리고 있다. 이러한 비용 절감 노력으로 스페이스엑스 중량당 로켓 발사 금액을 경쟁사의 5분의 1이상 수준으로 낮출 수 있었다.[82]

이와 별개로 대용량 우주선으로 우주 개척이 가능한 스타십Starship 프로젝트를 추진하고 있다. 개발 중인 스타십은 완전 재활용이 가능한 우주선으로 높이 121미터에 폭 9미터로 최대 탑재용량이 150톤이다.[83] 스페이스 엑스는 재활용 로켓과 대용량 우주선 개발로 우주 사업의 생산성을 높이는 노력을 지속하고 있다.

스페이스 엑스의 첫째 비즈니스 모델은 지구 저궤도에 소형 인공위성을 올려 지구촌 전역에 기가 인터넷망을 구축하는 스타링크Starlink 사업이다. 일단 인공위성 12,000기를 지구 위성 궤도에 쏘아 올리고, 이를 42,000개까지 확장한다는 야심 찬 목표를 갖고 있다.[84] 2025년 1월말 현재 6,994개의 스타링크 위성이 지구

---

81 스페이스엑스, 로켓 1개 20번 발사 '재사용' 신기록(한겨레, 2024. 4.17, 곽노필 기자, https://www.hani.co.kr/arti/science/future/1136752.html
82 "팰컨 9" (https://namu.wiki/w/팰컨%209)
83 https://www.spacex.com/vehicles/starship/
84 [Starlink] 스타링크 트레인을 관측하는 방법 (https://starwalk.space/ko/news/spacex-starlink-

궤도를 돌고 돌고 있고, 그중 99.4%인 6,957개의 위성이 정상 작동하고 있다.[85]

이렇게 되면 도시는 물론 통신 사각 지역인 광활한 바다, 사막 및 산간 오지, 아프리카, 중앙아시아 등에서도 통신이 가능해진다. 저궤도 인공위성이 구축한 스타링크망을 통해 인터넷 통신 서비스가 유료로 제공되고 있다. 이들 사용료는 고정형one location, 이동형one the go, 항공형aviation 등 인터넷 사용방식과 통신 속도에 따라 일반, 특별서비스 등으로 차별화하여 판매하고 있다. 2024년 12월 현재 스타링크 사용자는 460만 명을 넘어섰다. 지난 1년 동안 2배 가깝게 사용자가 늘어난 것이다.

이들 사업 이외에도 기존 GPS보다 6배나 정밀한 새로운 GPS 위치정보 시스템을 구축 중이다. 이러한 GPS 위치정보의 정밀도 향상은 자동차, 선박, 항공기, 철도 산업은 물론 생활 전반에 획기적인 변화를 불러오게 된다. 스타링크 사업 시장 규모는 향후 천문학적 금액으로 늘어날 수 있다.

우주여행 자체를 비즈니스 모델로 만드는 노력도 가시화되고 있다. 2021년 9월 18일 민간인 4명을 태운 스페이스 엑스 우주선이 3일간의 우주비행을 마치고 플로리다 인근 대서양에 안착했다. 아폴로 11호가 달에 착륙한 지 50년이란 세월이 흐른 시점이다.

이와 함께 본격적으로 인간을 우주로 보내는 스타십starship 프로젝트가 한창 진행 중이다. 이를 계기로 달을 개발하고, 화성에 인간을 보내는 일이 구체화 될 것이다. 이렇듯 스페이스 엑스는 우주 사업의 비즈니스 모델을 새롭게 만들어 가고 있다.

---

satellites-night-sky-visibility-guide)
85 'Starlink satellites: Facts, tracking and impact on astronomy' (https://www.space.com/spacex-starlink-satellites.html)

성큼 다가온 우주시대

언제쯤 인류가 화성에 갈 수 있을까? 언제쯤 인류가 우주를 자유자재로 여행할 수 있을까? 그리 멀지 않았다. 최소 30년에서 최대 100년 내 일어날 일이다. 이에 앞서 화성인을 뜻하는 〈마션 Martian〉이란 화성 탐사 영화가 개봉되어, 우리 가슴을 설레게 했다. 이제 화성 여행은 영화가 아닌 현실로 다가오고 있다.

> 화성인을 의미하는 〈마션Martian〉 영화 줄거리(2015년 10월 개봉)
>
> 이 영화는 화성 폭풍으로 인해 사고를 당한 마크 와트니(매튜 데이먼Matthew Damon 역)가 화성에 혼자 남게 되면서 이야기가 시작된다. 주인공인 마크 와트니는 자신을 구출하러 올 때까지 화성에 살아남기 위해 감자를 심기로 마음을 먹는다. 화성에 온실을 만들고 온실 속에서 화성의 흙을 깔아 물과 거름을 뿌리어 감자를 키운다. 물은 화성 상승선MAV의 로켓 연료인 하이드로진과 이리듐 촉매를 이용하여 만들어 낸다. 그리고 보관 중이던 인으로 거름을 만든다. 이렇게 키운 감자로 자신의 생명을 연장해, 후속 우주선에 의해 화성에서 구출된다. 과학 소재를 이용한 화성에서의 테라포밍terra forming의 감동적 장면은 이 영화에 매력을 더했다.

2020년 7월은 2년 2개월을 주기로 지구와 화성 간의 최단거리인 54.6백만 킬로미터 거리에 들어오는 시기이다. 2020년 7월, 3개의 화성탐사선이 우주로 발사되었다. 아랍에미레이트UAE의 아말, 중국의 텐원1호, 미국의 퍼시비어런스호이다. 특히, 2014년 화성 탐사계획을 발표한 지, 6년 만에 화성탐사선을 쏘아 올린 아랍에미레이트의 약진은 괄목할 만하다. 이는 인간의 화성탐사가 인류 전체의 관심사가 되고 있다는 것을 알리는 상징적인 사건이다.

지구와 화성 간 거리는 최단 54.6백만 킬로미터, 최고 401백만 킬로미터, 평균 225백만 킬로미터이다. 여태까지 화성탐사선이 지구에서 화성에 도착하는 데 걸린 시간은 128~333일 사이이다. 지금까지 가장 빠른 우주선인 미연방항공국NASA의 뉴-호라이즌New Horizon 탐사선 속도는 최대 시속 5만 8천킬로미터이다. 이들 속도로 지구에서 화성까지 최단거리로 비행해도 39일이 걸린다.[86] 유인 우주선으로 지구와 화성에 오갈 경우 편도 200일, 왕복 400일이 넘게 걸릴 것으로 예상하고 있다. 이렇듯 장기간 우주 여행을 할 경우, 우주인들이 살아갈 물과 식량 등 엄청난 양의 화물을 함께 실어 날라야 한다. 우주인 역시 오랜 우주여행 시간을 체력적으로 견뎌내기 어려울 것이다. 이러한 이유로 인해 인간의 화성여행은 요원한 이야기로 들리어 왔다. 이를 극복하기 위한 대책이 없이는 인간의 화성 탐사는 불가능할 것으로 보인다.

인간이 일주일 만에 화성에 도착하는 방법은 없을까? 오히려 이런 목표를 설정하고 이에 맞추어 기술을 개발하는 것이 올바른 접근법이 될 것이다. 이러한 기술개발이 가능할까? 이에 대한 궁금증을 풀기 위해 물리학적 설명이 필요할 것으로 보인다. 한번 속도를 올린 우주선은 관성慣性으로 같은 속도로 계속 날아간다. 우주 공간에서 우주선을 가속하면 얼마든지 속도를 올릴 수 있다. 우주 공간에서는 저항이 제로에 가깝기 때문이다. 하지만 가속을 위한 고체나 액체연료 로켓 엔진의 최대 분사 시간이 10분 내외이다. 한정된 우주선에 엔진을 오랫동안 가동할 연료와 이를 태울 산소를 무한정 싣고 가기가 어렵기 때문이다. 이렇듯 짧은 시간의 엔진 분사로는 우주선을 원하는 속도까지 끌어 올리기에는 한계가 있다.

이를 극복하기 위해 크고 작은 연구들이 전세계적으로 진행되고 있다. 작은 무게만으로 엔진 분사 시간을 늘이는 이온ion 추진방식, 원자 폭발 추진방식 등 50여 가지 방안이 활용, 연구, 검토되고 있다.[87] 이들 중 이온 추진방식은 이미 실용화되어 무인 우주 탐사선에 장착되어 태양계를 여기저기 떠돌고 있

---

86 화성까지 얼마나 걸릴까 (한국항공우주연구원, e-정책정보센터, https://www.kari.re.kr›cmm›fms›FileDown)
87 https://en.wikipedia.org/wiki/Comparison_of_orbital_rocket_engines

다. 하지만 이온 추진방식은 그 추력이 매우 작아, 유인우주선을 가속하기 위한 추력으로 활용하기에는 한계가 있다. 이를 극복하기 위한 연구개발이 진행되고 있다.

하나의 연구가 '자기장을 이용한 고열 플라스마 분사 추진방식', 이름하여 VASIMR Variable Specific Impulse Magnetoplasma 추진 방식[88]이다. 이 추진 방식은 ① 아르곤Argon 또는 제논Xenon과 같은 중성 가스를 10~50메가헤르츠MHz의 전자기 에너지를 이용하여 이온화된 플라스마를 추출하고, ② 이들 플라스마를 초전도 자기장을 활용하여 용기에 가두고, ③ 이온화된 플라스마의 전자 주파수와 같은 공명 주파수로 섭씨 1백만 도까지 가열하여 분사하는 방식이다. 이들 기술은 핵융합 발전을 위해 핵융합nuclear fusion에 소요되는 1억도의 온도를 얻기 위해 사용하는 기술이기도 하다. 플라스마를 발생하는 아르곤, 제논 등은 작은 질량만으로 우주선을 오랜 기간 가속할 수 있는 장점을 가진 추진체이다. 실제, 10여 년 전 이온 엔진 연료인 제논 870킬로그램으로 기존 로켓엔진 연료 10톤 이상에 해당하는 추진력을 얻을 수 있다는 시험 결과가 있다.[89]

이 엔진 기술개발을 맡은 애드 아스트라Ad Astra사는 1998년에 최초 엔진을 시험한 이후, 2010년부터 본격적으로 기술개발을 시작했다. 2021년 7월 12일부터 3일간 실시한 테스트에서 80킬로와트kW 출력으로 88시간 동안 엔진을 성공적으로 작동시켰다. 그리고 더욱 높은 출력과 작동시간을 늘리는 엔진 개발을 진행하고 있다. 개발 중인 엔진의 최고속도는 초속 56킬로미터(시속 20만 킬로미터)로 화성까지 편도 39일이면 도착할 수 있는 속도이다.[90] 이외에도 우주선 가속을 위한 50여 개의 아이디어들이 시험 및 검증 절차를 밟고 있다.

어찌 되었든 우주선이 빠른 속도를 내려면 고출력으로 오랜 시간 가속할 수

---

88 https://en.wikipedia.org/wiki/Variable_Specific_Impulse_Magnetoplasma_Rocket
89 "이온 엔진" (https://namu.wiki/w/이온%20엔진)
90 상기 출처와 동일

있는 엄청난 양의 에너지가 필요하다. 지금으로서는 공간이 제한된 우주선에서 이러한 조건을 충족하는 연료는 에너지 밀도가 높은 핵연료뿐이다. 우주선에 소형 원자로를 장착하여, 그 에너지로 우주선을 가속하는 방안이 최선의 방법으로 보인다. 이는 핵잠수함을 개발하는 것과 같은 논리이다. 이러한 우주선 추진 방식이 긍정적인 이유는 절대온도에 근접한 우주 공간(영하 273도)에서는 초전도 자석 현상 구현과 소형 원자로 가동을 위한 별도 냉각 장치가 필요하지 않기 때문이다.

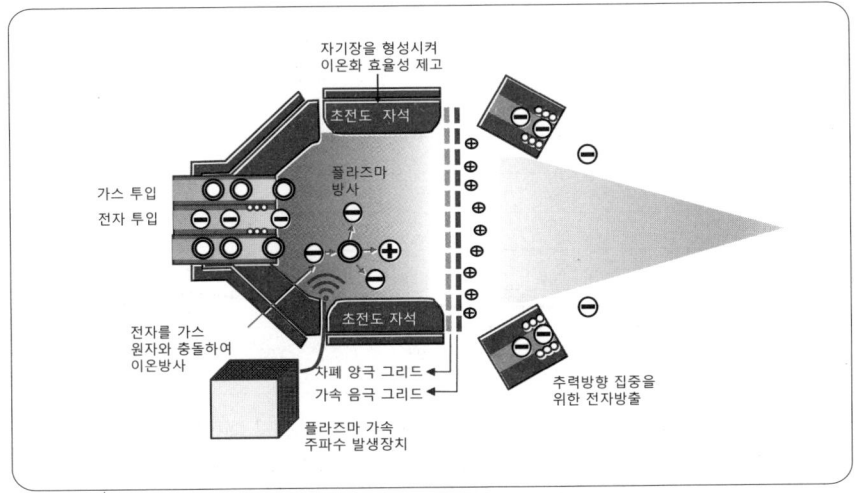

우주선을 오랜 시간 가속하기 위한 추진 엔진의 개념도다. 아르곤, 제논 가스를 주입하여 이온화된 플라즈마를 추출하고 이를 가두어 동기화된 주파수를 방사하여 고온으로 만든 후, 이를 빠른 속도로 배출하여 추진력을 얻는 방식이다.

계산상으로는 100톤 무게의 우주선 속도를 시속 100만 킬로미터까지 올리면 지구에서 화성까지 일주일이면 도착한다. 이 경우 지구와 화성을 왕복할 경우 필요한 에너지는 우라늄 기준으로 186킬로그램[91] 정도이다. 이는 연간 세계 에

---

91 100톤 우주선을 시속 1백만 킬로미터까지 올리려면 $3.858 \times 10_{15}$ 줄(Joule), 1,071,700MWh 운동 에너지가 필요하다. 우라늄 46.5kg(우라늄 1kg = 23,000MWh)에 해당하는 핵분열 에너지이다. 지구와

3부 세상을 흔든 매력, 흔들 매력 **125**

너지 사용량의 4만 분의 1에 해당되는 양이다. 시속 100만 킬로미터는 광속의 1,100분의 1로 이론적으로 가능한 속도이다. 우주선 속도를 시속 100만킬로미터에서 시속 50만 킬로미터로 반으로 낮추면, 한 달이면 지구와 화성을 오갈 수 있다. 이때 필요한 에너지는 우라늄 47킬로그램 정도이다. 이는 연간 지구 에너지 사용량의 16만 분의 1[92]이다. 아울러 유인 우주선과 화물 우주선을 분리하여 속도를 달리할 경우, 소요되는 에너지양을 대폭 줄일 수 있다.

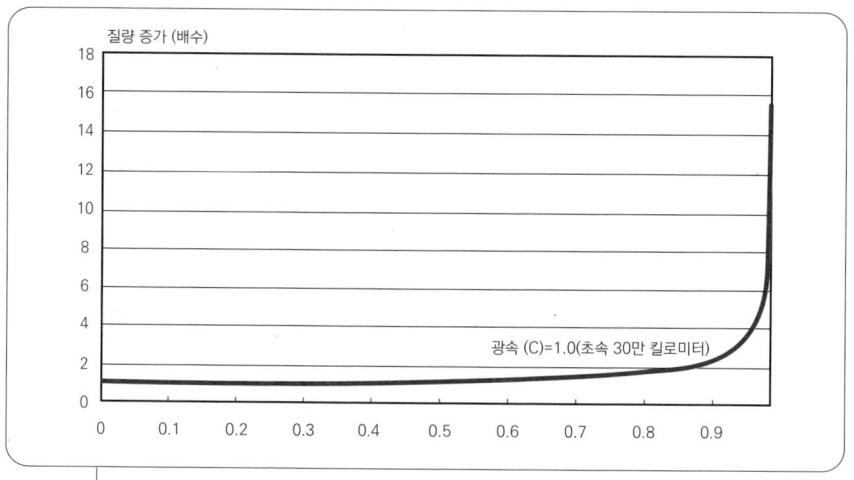

우주선이 초속 30만 킬로미터의 광속에 근접할 때 질량 증가가 급속하게 일어난다. 하지만, 우주선이 시속 100만 킬로미터(초속 277킬로미터)의 속도로 날아갈 때 늘어나는 질량 증가의 정도는 미미하다.

우주선 자체의 추력을 올리는 방법 외에도 우주선의 속도를 올리는 방법이 있다. 인접한 행성의 중력과 공전과 자전 속도를 이용해 '중력 도움Gravity assist' 또는 '스윙 바이Swing-by' 항법으로 우주선을 가속시키는 방법이다. 여태까지

화성 왕복 시 가감속을 감안하면 이보다 4배인 우라늄 186kg이 필요하다.

92 지구의 연간 에너지 사용량은 2022년 기준으로 대략 14,500Mtoe 정도이다. 이는 전력으로 환산하면 168,635,000,0000MWh(1toe= 11.63MWh)이다. 지구와 화성을 시속 100만 킬로미터로 왕복하거나, 시속 50만 킬로 미터로 왕복하는데 필요한 에너지는 지구의 연간 에너지 사용량의 약 4만분의 1 또는 16만분의 1이다.

우주 탐사선의 일시적인 최고속도는 시속 26만 6천 킬로미터이다. 이는 2016년 7월 미연방우주국NASA에서 목성 탐사를 위해 보낸 주노Juno 우주탐사선이 목성 궤도로 진입하면서 기록한 최고속도이다. 주노 우주 탐사선이 이 속도를 달성한 데는 지구의 318배에 달하는 목성 중력의 도움을 받았기 때문이다. 이 속도로 지구에서 화성을 비행할 경우에도 편도 15일~40일, 왕복 30~80일이 걸린다.

지구 공전주기는 365.26일(1년), 화성은 686.96일(1.9년), 목성은 4333.29(12년)이다. 지구 기준으로 화성(1.2AU)과 목성(5.2AU)이 일직선으로 나열되었을 때 목성 중력은 화성 중력보다 10배가량 크다. 지구, 목성, 화성이 일자로 정렬하게 되면 화성과 목성의 중력을 이용하여 우주선을 가속할 수 있다. 이와 함께 태양계를 돌고 있는 행성들의 공전속도를 이용하여 우주 여행시간을 단축할 수 있다. 일례를 들어 지구 공전속도는 시간당 107,226킬로미터이고, 달의 공전속도는 시간당 3,680킬로미터에 달한다. 이들 행성의 공전속도를 잘 활용한다면 우주선의 속도를 최대로 끌어 올릴 수 있다. 지구의 공전은 야구 투수의 팔, 달의 공전은 야구 투수의 손목처럼 활용하여, 우주선의 속도를 더욱 높이자는 이야기이다.

또 하나의 방법은 달과 화성에 우주기지를 만드는 방법이다. 지구에서 로켓을 발사할 경우, 지구 중력을 벗어나는 데 거의 대부분의 에너지를 사용한다. 따라서, 지구 중력의 6분의 1인 달과 3분의 1인 화성에서 로켓을 발사한다면 매우 작은 에너지로 우주공간을 넘나들 수 있다. 이를 현실화하기 위해서는 상당량의 에너지를 달 또는 화성에서 조달해야 하는 문제가 있다. 하지만 과학기술이 발달되면서 이 문제 역시 쉽게 풀 수 있을 것이다.

얼마 지나지 않아 우주선을 오랫동안 가속할 수 있는 여러 가지 기술들이 개발될 것이다. 이에 더해 다양한 '중력 도움Gravity assist' 또는 '스윙 바이 Swing-by' 항법기술 역시 최적화하는 기법들이 개발될 것이다. 그러면서 인류는 태양계 전반으로 우주여행이 가능하게 될 것이다.

태양계에는 화성을 비롯한 8개 행성, 그 주변에는 크고 작은 240개의 위성과 수많은 혜성들이 돌고 있다. 이들 중에 생명의 원천인 물이 존재하는 행성과 위성이 다수 있을 것으로 보고 있다. 특히, 인간이 중력을 버틸 수 있는 태양계 행성과 위성은 수성, 금성, 화성, 지구 등 행성 이외에도 지구 위성인 달, 목성 위성인 가니메데Ganymede와 유로파Europa, 토성 위성인 타이탄Titan 등이 있다. 이들 행성과 위성은 시간당 백만 킬로미터의 속도로 한 달 이내 도착할 수 있는 거리이다. 콜롬버스가 아메리카 대륙을 발견하는데 걸린 기간 70일(실제 항해는 40일)의 2분의 1수준이다.

이렇듯 인간의 우주개척에 대해 장황하게 설명하는 이유는 인류에게 제2차 대항해 시대가 빠르게 다가오고 있다는 것을 알리기 위한 것이다. 이들 대항해 시대는 500여 년 전에 시작된 제1차 대항해 시대와 같이 자본주의와 시장경제를 기반으로 민간 기업이 담당할 것이다. 그리고 향후 500년 간 인류는 우주개척에 몰입할 것이다. 그리고 상당수의 국가들은 과거와 같이 민간기업의 우주개척에 힘을 보탤 것이다.

우주 개척을 위한 행보

인류가 우주 개척과 정착을 위해 무엇을 해야 하나? 할 일이 많다. 이에 대한 힌트를 주는 영화가 있다. 2009년에 개봉된 〈아바타〉와 2022년에 개봉된 〈아바타: 물의 길〉라는 제목의 영화이다. 이 영화는 시리즈 물로 2025, 2029, 2031년에 후속 편 개봉을 앞두고 있다. 그만큼 우주 개척에 대한 세간의 관심과 이를 충족시키기 위해 할 말이 많다는 것을 시사한다.

행성을 개척하는 〈아바타Avatar〉 영화의 줄거리

아바타는 인간의 분신 또는 하늘에서 내려온 자란 의미의 산스크리트 언어이다. 2150년대, 인류에게 귀중한 자원 언옵테늄unobtanium 채취를 위해 외계행성인 폴리페무스

Polyphemus 행성의 위성인 판도라를 개발하려 한다. 이 위성은 거대 암석이 공중에 부유하고, 커다란 나무들이 밀림을 이루고 있는 신비로운 행성이다. 인간의 분신인 〈아바타〉가 판도라 위성의 원주민인 나비족과 교류를 한다는 인간적 정서가 담긴 내용의 이야기로 흥행에 성공한 대작이다.

이는 공상과학영화로 지구와 유사한 생명체를 가진 판도라라는 행성이 있다는 것을 전제하고 있다. 하지만 현재의 기술로 인류가 도달할 수 있는 거리에 지구와 유사한 행성이나 위성은 찾아보기 어렵다. 이러한 상황에서 인간이 다른 행성 또는 위성으로 이주하기 전에 준비할 일이 많다. 어떤 일들을 해야 할까?

첫째로 생명체가 살 수 있는 기초적인 생태계를 인간이 살아갈 행성이나 위성에 사전적으로 조성하는 일이다. 생명체 기원이 지구 밖 우주에서 유입됐다는 판스페르미아panspermia 가설을 검증하기 위한 의미 있는 연구가 있다. 일본 동경대 야마기시 아키히코 박사가 이끄는 탄포포Tanpopo 연구팀이 국제학술지 '미생물학 프런티어스(2020년 8월 26일)'에 발표한 연구이다. 이 연구에서 우주정거장과 같이 암석의 보호를 받는 상태에서 박테리아는 0.5밀리미터 두께의 막으로 15년에서 45년까지 생존할 수 있을 것으로 예측했다. 이는 소행성 또는 혜성 충돌로 태양계 행성 사이에서 유기체의 자연적인 교환이 가능하다는 리토판스페르미아lithopanspermia 가설을 검증하기 위한 연구이다. 추가적인 연구에서 지름 1밀리미터 박테리아 덩어리는 암석의 도움이 없이도 우주에서 8년까지 생존할 수 있을 것으로 보았다. 이를 매스판스페르미아massapanspermia로 불렀다.[93]

리토판스페르미아 또는 매스판스페르미아가 사실이던 아니던 상관없다. 역

---

93 "Bacteria could survive the travel from Earth to Mars, and vice versa, when forming aggregates" (https://www.frontiersin.org/news/2020/08/26/bacteria-could-survive-the-travel-from-earth-to-mars-and-vice-versa-when-forming-aggregates/), "박테리아 1mm 크기로 뭉치면 지구-화성 여행도 가능하다." (연합뉴스 2020. 8. 26, https://www.dongascience.com/news.php?idx=39305)

으로 이 개념을 다른 행성 또는 위성에 생태계 조성을 위한 아이디어로 활용하면 된다. 무인 우주선을 활용하여, 지구상 초기 생명체인 박테리아나 단세포 생물 덩어리를 다른 행성과 위성 표면에 정착시키는 시도이다. 이들 행성과 위성에 이들 생명체를 기반으로 토양과 환경에 맞는 종을 번식시켜 생태계를 조성하는 것이다. 이를 성공할 경우, 생태계 초기의 모습을 태양계 행성과 위싱에서 재현할 수 있다.

둘째로 이들 행성과 위성에 생태계 조성을 위해 패러다임을 전환하는 기술개발이다. 그 하나의 기술이 유전자 프린터 기술이다. 이들 기술은 유전자 가위, 인공 배양, 반도체 공정 등을 융합하여 만들어질 것이다. 유전자를 구성하는 염색체는 하나의 코딩과도 같이 일정한 형태로 배열되어 있다. 유전자 프린터 기술이 개발되면 생명체의 유전자 정보 코딩 데이터와 유기재료로 유전자를 복제할 수 있게 된다. 그리고 이들 유전자를 유기물질에서 배양과정을 거쳐 초기 생명체를 만들어 낼 수 있다. 이 기술을 발전시키면, 외딴 행성과 위성에서 다양한 생명체의 코딩 정보와 유기물질만으로 생명체가 살아 숨 쉬는 생태계를 조성할 수 있다. 그 가능성을 보여 준 하나의 예가 화이자, 모더나가 개발한 코로나19 바이러스 백신이다. 이 백신은 인체에 유전 정보$_{mRNA}$만으로 인체내 단백질을 합성하여, 코로나19 바이러스의 빨판을 모사해 냈다. 이들 기술이 현실화 될 경우, 지구에서 35억 년의 진화를 거쳐 만들어진 생명체를 태양계 내 다른 행성과 위성에서 빠르게 재현할 수 있다.

셋째로 거대 우주 구조물 제조 및 조립 기술개발이다. 인간의 지구 이외의 주된 거주공간은 태양계 행성 또는 위성이 아닌 넓은 우주공간이 될 가능성이 크다. 태양계 행성과 위성은 크기, 질량, 자전, 공전, 태양과의 거리 등이 지구와 모두 다르다. 당연히 지구와 전혀 다른 중력, 온도, 기후, 자기장, 방사선 등으로 인해 인간이 버티며 살기 어려울 것이다. 따라서 인간은 이들 행성과 위성보다는 온도, 기후, 중력, 자기장, 방사선 등을 비교적 안정적으로 관리할 수 있는 우주 공간을 주된 거주 공간으로 삼을 가능성이 높다. 우주 공간에서 인간이 살면서 행성과 위성을 오가며 자원을 공급받는 시나리오가 보다 현실적인 대안이 될 수 있다. 이를 현실화하기 위한 우주 모함, 우주 정거장 등 거대한 우주 도시를 축조하는 기술 개발이 필요할 것이다.

넷째로 행성과 위성에서 작업할 인공지능형 로봇 기술개발이다. 인간이 행성이나 위성에서 정착하려면 주거지 조성, 자원 및 에너지 확보, 농산물 경작 등 많은 작업이 필요하게 된다. 이들 작업 중 대부분을 인공지능형 로봇이 담당해야 할 것이다. 이들 로봇이 쉴 새 없이 작업한다면 행성과 위성에서 인간이 정착할 수 있는 기반 시설을 빠르게 조성할 수 있다. 이미 인공지능을 탑재한 다양한 로봇들이 만들어지고 있으니, 이들 기술개발은 그리 걱정하지 않아도 될 듯하다.

이제 100년 안에 우주는 인류의 일상 속으로 들어오게 될 것이다. 그리고 앞으로 500년의 기간을 우주 개척이란 매력 만들기에 몰두할 것이다. 미래 우주 공간은 우리 인류의 최대 시장이며, 매력 충만한 놀이터가 될 것이다. 우주 개척을 위한 우리의 행보를 점검해 볼 때이다.

우주적 세계관

인간은 지구에서 일어나는 물리적 현상이 모든 우주에도 똑같이 나타날 것이라는 확신으로 세상을 바라보고 있다. 이는 인류가 여태까지 살아 온 지구 중심적 세계관이다. 인류의 우주 개척이 본격화되면, 인류는 지구 중심에서 우주 중심으로 세상을 바라보는 우주적 세계관을 갖게 될 것이다. 아울러 인류는 지구상 만물의 영장이 아닌, 우주 개척의 주역으로 나름의 철학과 노-하우를 갖게 될 것이다. 그리고 인류는 또 한번의 페르니쿠스적 사고 전환을 경험하게 될 것이다. 우주적 세계관으로 우리 스스로를 다시 바라보면, 우리가 평소 얼마나 소소한 문제들로 고민했는지 알게 될 것이다. 아직 인류에게 남겨진 과제는 하늘의 별들의 숫자 만큼이나 많다. 이들 과제에 대해 고민하고 답을 찾아가는 인간만이 우주 속에 영원하게 존재하게 될 것이다.

> ### 우주를 하나로 엮는 암흑물질과 암흑에너지

아이작 뉴톤Isaac Newton을 포함한 고전 물리학자들은 우주에는 에테르aether로 가득 차 있다는 주장을 했다. 이후 과학자들은 우주는 진공상태로 아무것도 발견되지 않았다는 이유로 이들 주장은 폐기되었다. 우주가 탄생한 이래, 138억 년동안 우주는 팽창하고 있다. 그 팽창하는 우주 속에 7×10^{22}개의 중력이 큰 별들이 핵융합과 핵분열 등 폭발을 일으키고 있다. 이들 별중에 하나인 태양의 핵융합 과정에서 생성된 플라즈마가 초당 수백톤에 해당하는 태양풍을 생성하고 있다. 이러한 핵융합과 핵분열 등 폭발과정에서 플라즈마외에도 수많은 초미세 입자가 생성되고 있다. 하지만 이들 초미세 입자들은 너무나 작아 우리가 관측할 수 없어 존재하지 않는 것으로 알고 있다. 이에 경종을 울리는 하나의 연구 사례가 있다.

1930년 물리학자 볼프강 파울리는 방사능 물질의 베타붕괴 전후 질량과 에너지의 총합이 보존되지 않는 현상을 발견했다. 이를 이상하게 여긴 볼프강 파울리는 측정되지 않은 그 무엇인가가 있다는 가정아래 이를 유령입자ghost particle로 불렀다. 1946년, 미국 물리학자 프레더릭 라이너스는 실험을 통해 초미세 입자인 중성미자의 흔적을 찾아냈다. 그는 그 공로로 1995년 노벨물리학상을 탔다. 중성미자는 전자보다 100만 배 작은 초미세 질량[94]을 가진 입자로 전자, 뮤온, 타우 중성미자 등이 있는 것으로 알려져 있다. 중성미자는 다른 물질들과 상호반응을 일으키지 않고 그대로 통과하는 파동의 성질을 갖고 있다. 지금 이 순간에도 수백억 개의 중성미자가 우리 몸과 지구를 관통하고 있다. 이런 관점에서 우주공간은 하나로 연결되어 있다고 보는 것이 타당할 것이다.

인간이 몸을 통과하는 중성미자에 여러 신호를 실어 보낼 수 있다면 사람과 사람 간의 직접 통신도 가능할 것이다. 과거 우연과 망상으로만 생각되었던 텔레파시, 염력, 장풍 등과 같은 초자연적 현상의 존재를 규명할 날이 올 것이다. 과거 관측이 되지 않던 중성미자가 거대한 장비를 통해 관측되었던 만큼, 또 다른 형태의 초미세입자를 발견할 수 있을

---

[94] "'유령입자' 중성미자 최대 질량은 0.8전자볼트…범위 더 좁혔다." '1전자볼트는 약 10구(1033)분의 1.782그램이다. 10구는 1경(1016)에 1경을 곱하고도 10을 더 곱한 큰 수다. 그 역수라는 점에서 상상을 초월하게 질량이 작다는 결론이다.' (동아사이언스, 2022.02.15, https://m.dongascience.com/news.php?idx=52399)

것이다. 이미 그런 조짐이 나타나고 있다.

1954년 설립된 유럽입자물리연구소CERN는 물론, 세계 각처의 입자물리연구소에서 미세입자 가속을 통해 페르미온(물질구성 입자)과 보손(힘의 매개입자) 등 수십 종의 새로운 초미세입자를 발견하고 있다. 이렇게 보면 우주는 우리가 관측하지 못한 물질로 가득 들어차 있다고 보는 것이 보다 합리적이다. 우주와 우주 밖의 차이는 무엇일까? 나름의 추론이다. 초미세입자로 채워져 있는 곳이 우주이고, 이 초미세입자가 없는 곳은 우주 밖일 것이다. 우주의 움직임을 규명하기 위해 암흑물질과 암흑에너지를 찾는 작업이 지구촌 곳곳에서 일고 있다. 우리나라에서도 기초과학연구원IBS, Institute for Basic Science에서 정선지역 지하 1,000미터의 폐광 갱도에서 우주 비밀을 밝혀 낼 암흑물질과 에너지를 발견하기 위한 연구가 진행 중이다.

이들의 초미세 입자들은 우주상의 미세하나마 퍼져있는 복사에너지를 운동에너지로 삼아 파동의 형태로 진동을 하며 자리를 지키고 있을 것이다. 공간 역시 이들 초미세 입자의 농도와 상관이 있을 것이다. 질량이 큰 행성 주변에 초미세 입자의 농도를 알아낼 수 있다면, 물리학자들이 중력gravity에 의해 공간이 휘는 현상, 초끈이론superstring theory도 어렵지 않게 설명할 수 있다.

초미세 입자인 암흑물질과 암흑에너지의 규명은 수백 년을 끌어온 물리학적인 난제를 해결하는 출발점이 될 것이다. 이 과정에서 고전물리학과 현대물리학의 종합판이 완성될지도 모른다. 그리고 우주로 나가는 인간에게 꼭 필요한 새로운 지식을 제공할 것이다.

제4부

매력 시장, 수요와 공급

개인의 주관적인 매력의 가치는
시장에서 수요공급의 원칙에 따라
객관적인 가격으로 결정된다.
시장에서 거래가 성사되면 매력 소비자나
생산자 모두 나름의 잉여가치를 얻는다.

제1장 | 매력 시장

> 개인의 매력에 대한 주관적 가치는 '효용가치'와 '희소가치'로 결정된다. 시장은 이들 매력에 대한 주관적 가치를 수요와 공급원칙에 따라 객관적 가치인 가격을 만들어 낸다.

시장의 역할

가치 창출

시장은 무엇 때문에 존재하는가? 첫 번째 존재 이유는 가치 창출이다.

인간이 물건을 소유하게 되면서 이를 교환하는 거래가 생겨났다. 초기 거래는 신석기 시대부터 시작된 물물교환이었다. 거래를 전문으로 하는 상인과 다수의 유무형의 매력을 가치로 환산할 수 있는 화폐가 생겨나면서, 불특정 다수가 동시 다발적으로 거래할 수 있는 시장이 생겨났다.

개인의 유무형의 매력에 대한 주관적 가치는 개인마다 각기 다르다. 매력은 시장에서 거래를 통해 객관적인 가치를 의미하는 가격이 결정된다. 매력에 대한 개인의 주관적 가치를 객관적인 가치인 가격으로 바꾸어 주는 곳이 시장이다. 일단, 시장에서 거래가 성사되면 거래에 참여한 모두에게 생산자 잉여와 소비자 잉여가 생긴다. 이러한 잉여를 얻기 위해 매력을 생산하고 소비하는 사람의 숫자는 늘어나고, 이에 상응하여 시장의 규모도 점차 커진다.

시장 거래만으로 어떻게 가치가 창출될 수 있을까? 그 이유는 사람마다 동일한 매력에 대한 주관적 가치가 다르기 때문이다. 일례를 들어 하나의 사과가 있다고 가정하자. 시장에서 거래되는 사과의 가격이 700원으로 형성되었다고 가정하자. 이 경우 사과의 객관적 가치는 700원이다. 특정 소비자의 사과에 대한 주관적 가치는 효용가치와 희소가치를 반영하여 1,000원이라고 가정하자. 그 소비자가 이 사과를 시장에서 700원에 사게 되면 300원의 잉여가치를 얻게 된다. 이를 소비자 잉여라고 말한다. 사과를 경작하는 특정 농민 입장에서는 사과에 대한 주관적 가치는 경작 비용과 이윤이다. 이 농민의 사과에 대한 주관적 가치가 500원이라고 가정하자. 그 농민은 시장에서 700원에 사과를 팔게 되면 200원 만큼의 잉여가치를 얻는다. 이를 생산자 잉여라고 한다.

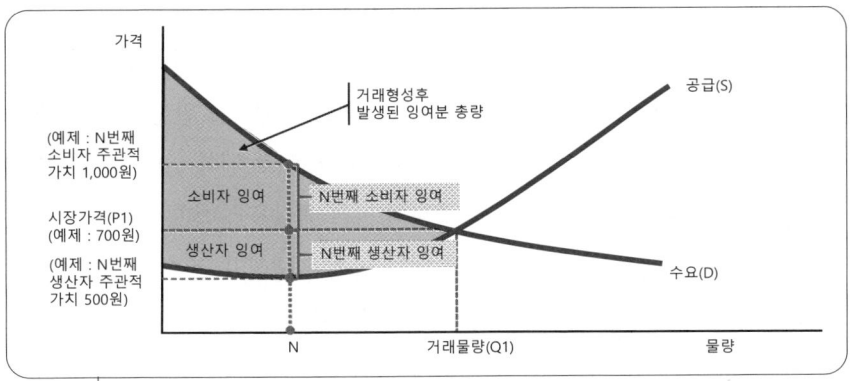

매력에 대한 수요와 공급이 만나는 지점에서 가격이 결정된다. 시장을 통해 매력이 거래되면 소비자 잉여와 생산자 잉여가 발생하게 된다.

시장이란 소비자와 생산자에게 잉여 가치를 만들어 낼 기회를 주는 집단 지성의 산물이다. 시장에서 가격이 형성되는 과정을 경제학 아버지인 애덤 스미스는 '보이지 않는 손'이라 불렀다. 국가간 교역이 일어나게 되는 이유를 19세기 영국 경제학자 데이비드 리카도David Ricardo는 비교우위론Comparative Advantage으로 설명했다. 국제 교역이 광범위하게 이루어지는 이유 역시, 비교우위로 매력이 거래되는 과정에서 발생되는 잉여가치 때문이다. 국제 교역이 확산되면서, 지구촌 전역이 전문화되고 분업화된 효율적인 산업구조를 갖게 되었다.

매력도 마찬가지이다. 유무형의 매력이 시장에서 거래되면 소비자 잉여와 생산자 잉여가 동시에 발생한다. 이들 잉여가치는 경제 활동에 참여하는 사람들에게 주는 인센티브이다. 상품과 같이 움직일 수 있는 매력은 장소를 이동하여 거래함으로써 잉여가치를 창출한다. 이집트 피라미드, 중국의 만리장성 등 움직일 수 없는 매력은 사람이 이동하여 잉여가치를 만들어 낸다. 매력은 사람과 물자를 이동시키는, 즉 세상을 움직이는 '보이지 않는 힘'이다.

확대 재생산

시장의 또 다른 존재 이유는 확대 재생산이다. 시장은 생산자와 소비자, 생산자와 생산자, 소비자와 소비자 간에 경쟁을 유도하는 유무형의 공간이다. 이러한 경쟁은 생산자에게 보다 싸고 효율적인 방법으로 매력을 만들어 줄 것을 독려하고, 소비자에게 보다 합리적 구매를 유도한다. 이로 인해 소비자는 보다 저렴하게 매력을 구입할 수 있고, 동시에 보다 많은 매력을 구매할 여력을 갖는다. 이를 통해 거래가 늘어나고, 또다시 소비자 잉여와 생산자 잉여라는 가치가 창출된다. 이 과정에서 생산과 소비의 확대 재생산이 일어난다.

시장의 확대

지구촌 전반으로 시장이 확대되고 있다. 2023년 세계 교역 규모는 26조 7,684억 불로 30년 전에 비해 30배가량 늘었다.[95] 시장의 확대 속도는 점차 빨라지고 있다. 국가 간 교역으로 교역 당사국의 국민과 기업은 막대한 양의 생산자 잉여가치와 소비자 잉여가치를 얻을 수 있다. 따라서 국가마다 교역 규모를 늘리기 위해 안간힘이다. 앞으로도 국제 교역 물량은 지속적으로 늘어날 것이다. 그렇게 예측하는 데는 나름의 이유가 있다.

첫째는 전쟁 억제를 위한 국제사회의 지속적인 노력이다. 전쟁이 사라지면서 인류는 생존에 필요한 물자를 국제 교역으로 얻을 수 밖에 없게 되었다. 교역이

---

[95] 세계 국가 간 수출입 규모는 1993년 9,079억 불로 시작해서 30년이 지난 2022년 26조7,684억 불로 30배가량 늘어났다. (https://stat.kita.net/stat/world/trade/CtrToCtrImpExpList.screen)

확대되기 위해서는 교역 당사자 간 공정한 무역질서가 유지되어야 한다. 이를 위해 세계무역기구WTO, 국제통화기금IMF, 세계은행IBRD 등의 국제기구가 활동 중이다. 세계 교역량이 꾸준히 늘고 있다는 사실은 이들 국제기구가 나름의 역할을 하고 있다는 의미이다. 앞으로 국제 교역 과정에서 공정성과 유동성을 확보할 수 있도록, 이들 국제기구의 역할을 강화할 필요가 있다.

둘째로 달러, 유로, 엔화 등 기축통화의 신뢰성이다. 이들 기축통화를 기준으로 각국 화폐의 환율이 산정되어 국제 교역이 이루어지고 있다. 아울러 신용카드, 채권, 증권, 회원권, 상품권, 가상 화폐, NFT[96]등 화폐와 유사한 유동성을 가진 무형의 거래 수단이 나오면서 전 세계적으로 유동성 규모가 늘고 있다. 이는 매력에 대한 유효수요를 늘리는 효과가 있다.

셋째로 유무형 매력을 이동시키는 통신과 교통 인프라의 확대이다. 정보통신기술은 지난 20년 동안 CDMA, LTE, 5G로 갈아타면서 통신 속도가 수십 배 빨라졌다. 이런 추세라면 10년 내 지금보다 10배 이상 빠른 통신기술도 가능할 것이다. 이와 별개로 인공위성으로 사각지대 없는 글로벌 인터넷망이 구축되고 있다. 정보통신 기술의 획기적인 발달로 무형의 매력을 지구촌 전역에서 실시간으로 거래할 수 있는 기회가 늘어나고 있다.

또한 유형의 매력을 빠르게 이동시킬 공항, 항만, 철도 등 물자 공급망이 촘촘히 들어서고 있다. 파나마 운하 확장, 중국 고속철도망 확충, 북극항로 개척 등 국제 공급망의 정비도 꾸준히 진행되고 있다. 아울러 인구 밀집지역을 중심으로 일일 배송시스템이 구축되고 있다. 빠르고 편리한 물자 공급망이 지구촌 전역에 걸쳐 형성되어 가고 있다. 이들 통신기술 발달과 대량 교통물류망 확대로 유무형의 매력을 시장에서 보다 쉽게 거래할 수 있는 기회가 늘고 있다.

넷째로 미래 기업들이 혁신을 통해 가치 높은 매력을 지속적으로 만들어 내

---

96 NFT: Non-fungible token, 대체 불가능 토큰이란 뜻으로 블록체인 기술을 이용해서 디지털 자산의 소유주를 증명하는 가상의 토큰(token)이다. (출처: 나무위키)

고 있다는 사실이다. 이들 매력의 거래로 인해 천문학적인 소비자 잉여와 생산자 잉여가 새롭게 발생하고 있다. 미래 기업이 만든 매력은 새롭게 수요를 창출하며 시장과 국제 교역에 활력을 불어넣고 있다.

다섯째로 매력 생산의 규모 경제도 양상이 달라질 것이다. 틈새시장의 매력도 수요 증가로 규모 경제로 생산이 가능하게 될 것이다. 규모 경제로 만들어졌던 기존의 매력은 품질 고도화와 가격 하락을 동반하는 초규모 경제로 생산 될 것이다. 이러한 선순환 과정을 거치며 더욱 많은 사람들이 보다 많은 매력을 만들고 즐기게 될 것이다.

시장의 분화

시장이 확대되면서 생기는 또 하나의 현상이 있다. 하나의 시장이 여러 개로 나누어지는 시장 분화market segmentation이다. 이는 소비자의 취향이 다양해지고, 이에 맞추어 다양한 매력을 공급하면서 나타난 현상이다. 이와 비슷한 예는 우리 주변에서 어렵지 않게 찾아볼 수 있다. 동일한 좌석의 항공권에 구매시기, 구매 조건을 붙여 다양한 요금의 항공권이 출시되는 경우이다. 다양한 조건의 소프트웨어 팩키지를 학생용, 가정용, 개인 사용자용, 비즈니스용 등으로 가격을 달리하여 파는 경우도 이에 해당한다. 소비자는 자신의 처지에 맞게 매력을 구할 수 있어 좋고, 기업 역시 자신들이 만든 매력을 다양하게 팔아 매출을 늘릴 수 있어 좋다.

다양한 취향

소비자의 다양한 취향에 맞는 차별화된 매력에 대한 수요가 늘고 있다. 이는 소비자의 소득이 늘고 매력을 즐길 여유시간이 늘어나며 나타난 현상이다. 소비자는 표준화된 매력보다 자신만의 독특한 매력을 찾기 시작했다. 그중 하나가 피트니스, 수영, 골프, 과외, 결혼식 등에서 맞춤형으로 진행되고 있는 소비자에 특화된 일대일 서비스이다. 이러한 유형의 서비스는 점차 늘어나게 될 것이다. 이러한 추세에 맞추어 매력의 생산도 대량 생산 방식에서 벗어나, 소규모 경제 생산 방식으로 전환하기 시작했다. 예스나우, 스태틱 등 인공지능 기반으로 사진만으로 옷 치수를 재는 앱이 출시되고 있다.[97] 이제까지 대량 생산 방식에서 사용되던 표준 치수가 다품종 소규모 생산 방식의 소비자 맞춤형 치수로 변하고 있다. 소비자 취향에 맞춘 매력도 신발, 의복, 주택, 교육, 의료 등 사회 모든 분야로 확대되어 갈 것이다. 이 과정에서 더욱 많은 일자리가 창출될 것이다.

강소기업

시장은 특정 매력에 대한 생산자의 다과에 따라, 완전경쟁시장, 과점시장, 독점시장으로 나뉜다. 완전경쟁시장은 불특정 다수의 생산자와 수요자가 거래하는 시장이다. 이들 시장에서는 수요와 공급이 만나는 점에서 상품가격과 거래량이 결정된다. 과점시장과 독점시장은 소수의 생산자와 다수의 수요자가 거래하는 시장이다. 이러한 시장에서는 생산자는 공급량을 조절하여, 자신의 상품을 높은 가격에 팔 수 있다. 이들 시장에서는 생산자가 가격을 높이기 위해 공급을 줄이더라도 다른 생산자가 공급할 수 없기 때문이다. 이를 통해 생산자는 독점이윤, 과점이윤 등 상당한 이윤을 확보할 수 있다. 이들 이윤을 낼 수 있는 기업 대부분은 대기업이다.

시장 분화는 소비자 취향과 상황에 맞추어 다양한 매력을 만들어 내는 과정에서 생겨난다. 강소기업이란 자신이 만든 독특한 매력으로 소비자의 다양한 취향을 만족시킬 수 있는 기업이다. 시장 분화로 규모가 작은 강소기업도 소비자 취향에 맞춘 매력을 독점적으로 공급하게 되면 적정수준 이상의 이윤을 얻을 수 있다. 이들 강소기업이 거래하는 시장을 경쟁적 독점시장 monopolistic

---

[97] 예스나우, 옷 치수 10초만에 알아내는 AI 솔루션 개발(어패럴 뉴스, https://www.apparelnews.co.kr/news/news_view/?idx=182816)

competition market이라 부른다.

▶ 공급자 경쟁에 따른 시장 분류

	완전경쟁시장 Perfect competition	경쟁적 독점시장 Monopolistic competition	과점시장 Oligopoly	독점시장 Monopoly
공급자	아주 많음	다수	소수	하나
상품 유형	동질	독특	동질 또는 차별화	독특
가격장악력	없음	조금	좋음	아주 좋음
시장 진입	매우 용이	다소 용이	어려움	불가능
예시	농업, 제조업	서비스 산업	항공산업	전력, 철도 등 공공산업

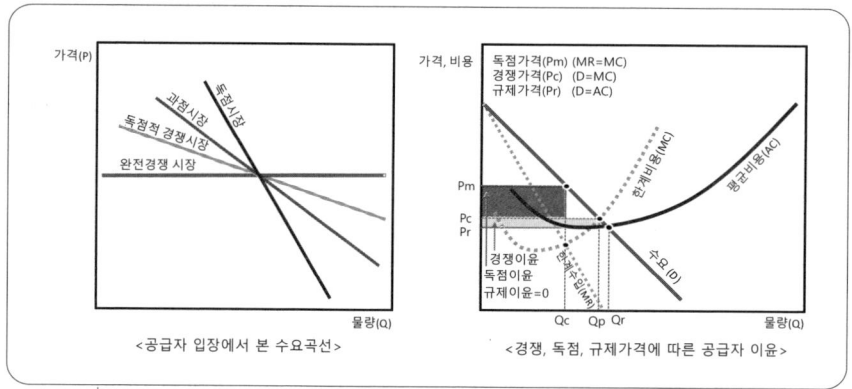

<공급자 입장에서 본 수요곡선>　　<경쟁, 독점, 규제가격에 따른 공급자 이윤>

좌측 그림은 시장 형태별 매력의 생산자가 접하는 수요 곡선이다. 우측 그림은 시장 형태별 매력에 대한 가격, 물량, 이윤이 결정되는 과정을 나타낸 도표이다.

과거, 카페는 커피 한잔에 대화하기 좋은 장소 정도로만 여겨졌다. 그런 카페가 커피 외에도 브런치, 케이크, 빵 등 다양한 맛, 그리고 대화는 물론, 독서, 명상, 전망 등 다양한 분위기의 카페로 변신하고 있다. 이들 카페는 오갈 데 없는 사람들을 유혹하여, 자신들의 카페로 발길을 돌리도록 하고 있다. 이는 커피만을 팔던 카페가 다양하게 시장 분화를 한 경우이다. 이들 카페는 겉으로 보기에는 하나의 카페처럼 보이지만, 이를 이용하는 사람들에게는 또 다른 카페이다.

사람들은 이들 카페를 찾아 먼 길 드라이브는 물론, 커피 한 잔에 1만 원을 넘나드는 가격도 마다하지 않고 몰려든다. 이렇듯 자신만의 고유한 맛과 분위기로 자신만의 고객을 갖고 있는 카페는 하나의 강소기업이다. 이러한 유형의 강소기업은 카페 외에도 식당, 병원, 미용실, 광고회사, 여행사, 컨설팅 기업, 법무법인 등 무수히 많다. 이들 기업은 규모와 상관없이 자신만 매력으로 나름의 독점적 이윤을 챙길 수 있는 우월적 지위에 있다. 이들 강소기업이 접하는 시장이 경쟁적 독점시장이다.

시장의 진화

플랫폼 형태의 시장이 여기저기서 나타나고 있다. 과거의 전통적인 시장이 플랫폼을 통해 진화하고 있는 모습이다. 이는 우리 사회가 초연결 사회로 발전하면서 일어난 일이다. 시장이 진화되면서 매력의 생산자 또는 소비자의 선택 폭이 넓어지고 있다. 그리고 지구촌 전역에서 거래가 활성화되고 있다.

초연결 사회

정보통신기술 발달로 온 인류가 동시다발적으로 연결되는 초연결 사회가 도래하고 있다.

1984년 14.4Kbps의 통신 속도로 음성 이동통신이 시작되었다. 그로부터 40년의 세월이 흘러, 지금의 통신 속도는 1Gbps에 달한다. 지난 40년 동안 통신 속도가 10만 배가 빨라진 것이다. 또한 3차원 공간을 수십 개로 나누어, 동일 주파수 대역에서 통신 속도와 용량을 수십 배로 늘리는 기술이 개발되고 있다.

이들 초고속 통신망과 연결된 수많은 플랫폼들로 인해, 인류 모두가 동시다발적으로 정보를 공유할 수 있게 되었다. 이를 초연결 사회라고 한다. 인간의 뇌에는 하나의 신경 세포가 수백 수천개의 다른 신경세포와 상호 연결되어 동시다발적으로 정보를 공유, 검증, 인식하고 있다. 초연결 사회는 마치 이러한 인간의 뇌를 모사한 것과 같은 모습이다. 이를 기반으로 인류는 메타버스, 가상현실, 증강현실 등 또 다른 가상의 공간을 갖게 되었다. 이들 가상의 공간을 활용하여, 다양한 플랫폼 시장이 출현하고 있다. 시장의 진화이다. 시장의 진화로 인해, 시장의 확대와 분화 역시 가속화되고 있다.

지상 안테나로 인터넷이 가능한 지역은 지구촌 전체 면적의 20% 내외이다. 나머지 80%의 지역은 인터넷 사각지대이다. 이 사각지대를 없애기 위해 스페이스 엑스의 스타링크 프로젝트가 진행되고 있다. 이 프로젝트의 일환으로 일환으로 6,994개의 인공위성(2025년 1월 현재)이 지구 주위를 돌고 있다. 그리고 이 숫자는 20년 내 50,000기에 이를 것이다. 지구촌에 통신 사각지대가 줄어들면, 사람이 살지 않던 지역이 또 다른 형태의 삶의 공간으로 탈바꿈할 것이다.

플랫폼 거래

정보통신기술 발달로 실시간으로 매력을 사고파는 플랫폼이 속속 생겨나고 있다. 이로 인해 불특정 다수가 동시다발적으로 거래하는 시장이 만들어지고 있다. 플랫폼에 연결된 사람들이 많으면 많을수록, 매력을 거래할 수 있는 기회가 늘어난다. 플랫폼 시장 규모가 커지면, 사소한 매력도 규모 있게 거래할 수 있게 된다. 덕분에 우리들의 사소한 일상, 역시 수익성 있는 매력 소재가 될 수 있다.

세계 각처에서 수백만 명의 유튜버 등 크리에이터 Creator 들이 매력적인 영상을 만들어 온라인에 올리고 있다. 유튜브 플랫폼에는 분당 500시간 분량의 새로운 콘텐츠가 업로드 되고 있다.[98] 유튜브 이외의 넷플릭스, 디즈니 채널, TED도 상황은 마찬가지이다. 급증하는 매력 수요에 맞추어, 플랫폼을 통한 매력 공급도 늘고 있다.

---

[98] "2021 대한민국 파워 유튜버 100" (월간중앙, 신윤애 기자, https://jmagazine.joins.com/forbes/view/334491)

제2장 | 매력 수요와 공급

〈매력의 시대〉에 들면서 매력 수요와 공급이 동시에 늘고 있다. 매력을 사고 파는 일이 인류의 생존방식으로 자리 잡아가고 있는 모양새이다.

매력 수요

유명 관광지, 영화관, 공연장, 경기장 등 즐길 거리가 있는 곳에는 여지없이 사람들이 몰리고 있다.[99] 매력에 대한 수요가 확연히 늘고 있다는 증거이다. 이런 추세는 앞으로도 계속될 것이다. 나름 이유가 있다.

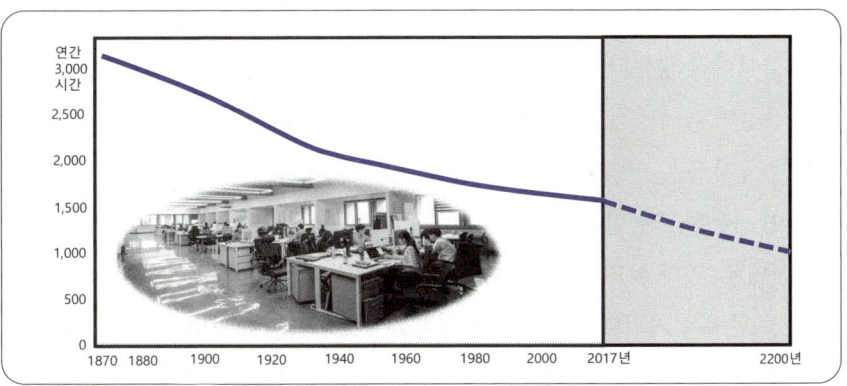

지난 수세기 동안 선진국 1인당 근로시간은 줄어들어 왔다. 이 추세는 앞으로 계속될 것이다.[100]

---

99 세계 관광객: 2000년 13.3 → 2020년 24억명 (+10억 7천만명), 골프 인구: 2016년 6,100 → 2021년 6,660 만명(+560만명), 영화관람객: 2004년 69만명→2019년 2억2천 6백만명(+1억 5천7백만명)

100 OurWorld in data의 7개 선진국의 1870-2017년 기간 중의 근로 시간의 변동을 참고하여 가상으로 재구성한 그림임

첫째로 18세기 산업혁명 이후 수백 년 동안 이어지는 근로 시간의 감소 추세를 들 수 있다. 제4차 산업혁명 이후 인공지능과 로봇으로 무장한 자동화된 무인 생산이 확대되고 있다. 이 추세를 이어가면 인간의 근로 시간은 제로에 수렴하게 될 것이다. 그 많은 남는 시간을 매력을 즐기는 데 할애하게 될 것이다.

둘째로 총소득 중 근로소득보다 사업, 재산, 투자 소득 등 융합 소득 비중의 증가 추세를 들 수 있다. 이는 장기간의 노동보다 지성적인 선택이 보다 높은 소득을 일굴 수 있는 시대가 되었음을 의미한다. 늘어나는 융합 소득은 매력의 유효수요를 증가시킬 것이다.

셋째로 자유민주주의 권력구조 확산으로 인해 자유와 인권을 보장받는 사람들이 늘어나고 있다는 사실이다. 이들은 자신이 누리는 자유만큼, 다양한 매력을 즐기고자 할 것이다. 이로 인해 매력에 대한 수요는 더욱 증가할 것이다.

넷째로 소득, 증여, 상속 재산에 대한 누진세제의 확대를 들 수 있다. 이러한 세제 하에서는 일정한 소득수준 이상이 되면, 일을 더한 만큼 실질 소득(가처분 소득)은 늘어나지 않는다. 이런 상황이 되면 필요이상 일하기보다 여가를 즐기려는 사람들이 늘어나게 된다. 또한, 재력있는 부모들은 자신의 부를 과도하게 자녀에게 증여 또는 상속하여 많은 세금을 내기 보다, 자신의 여생을 즐기는데 보다 많이 사용하고자 할 것이다.

다섯째로 '일과 삶의 균형'을 찾는 MZ 세대의 출현이다. 이들은 비교적 풍족한 성장 과정을 거치며 자유분방한 성향을 갖고 있는 세대이다. 이들은 디지털 문화에 익숙하고, 탈권위주의적이며, 삶과 일의 균형을 원하는 세대이다. 이들 세대가 사회를 주도하면서, 매력에 대한 수요가 빠르게 증가하고 있다.

여섯째로 재택근무의 빠른 확산이다. 재택근무는 기업의 입장에서는 인재를 지역 구분없이 폭넓게 구할 수 있고, 사무 공간의 유지 및 관리비용을 줄일 수 있다. 직원의 입장에서는 출퇴근, 세면, 화장 등 일하기 위한 부팅Booting 시간을 줄일 수 있다. 이렇듯 재택근무는 기업이나 직원들 모두 나름의 이득이 있는 근무 형태이다. 특히, 코로나19 사태 이후 재택근무를 채택하는 기업들이 늘어나고 있다. 재택근무가 늘면, 일하는 데 필요한 부팅 시간이 줄고, 매력을 즐기는 시간이 늘어나게 된다.

일곱째로 연금 수급자인 무노동 유소비 계층의 증가를 들 수 있다. 공적연금, 사적연금 등 연금 규모가 급속도로 커지고 있다. 2024년 말 현재, 국민연금 적립금 규모는 1,185조 원으로 20년 전인 2003년 117조 원보다 10배 이상 늘었다. 그리고 2040년에는 그 적립금 규모가 1,755조 원으로 50% 가량 늘어날 것으로 예상하고 있다.[101] 국민연금 이외에 공무원연금, 군인연금, 사학연금, 사적연금 등도 사정이 마찬가지이다. 은퇴 이후 생활안정을 위한 연금 규모의 증가 추세는 우리나라는 물론, 모든 선진국에서 일고 있는 현상이다. 연금 수급자 숫자가 늘어나는 만큼, 매력의 적극 수요계층이 폭넓게 형성되고 있다. 이는 매력의 유효수요를 크게 늘리는 효과가 있다.

매력 공급

제1차 산업혁명 이후, 여러 종류의 동력기관이 발명되면서 소품종 대량생산 시대를 맞이했다. 규모 경제에 의한 생산방식 때문이다. 그로부터 200년의 세월이 흘렀다. 이제, 다양한 사람들의 취향에 맞춘 다품종 소량생산 시대가 도래하고 있다. 이를 가능하게 하는 이유가 있다.

첫째가 새로운 생산방식의 출현이다. 인공지능, 자동화, 로봇, 3D 프린팅 기술은 물론, 다양한 제품 생산 공정[102]이 개발되어 생산의 유연성을 높이고 있다. 생산자는 이들 기술과 공정을 이용하여, 소수의 상품도 규모의 경제로 생산할 수 있게 되었다.

---

101 "국민연금 기금적립금 현황" (보건복지부, https://www.mohw.go.kr/menu.es?mid=a10714030200)
102 생산방식은 한 사람이 모든 생산과정을 끝내는 Cell 방식, 가치를 중심으로 생산 흐름의 군살을 빼는 Lean 방식, 상호 협력체계로 생산하는 U방식 등으로 다양하다.

하나의 예이다. 아디다스 운영 신발공장인 '스마트 팩토리'는 인공지능 기반의 제조공정을 도입했다. 수요자가 원하는 디자인과 소재의 신발을 주문하면 3주 안에 생산해서 제공하고 있다. 이러한 서비스가 가능하게 된 데는 새로운 생산 방식의 출현으로 소비자 맞춤형 상품 공급이 보다 용이해졌기 때문이다.

둘째로 시장 규모 확대이다. 시장 규모가 커지면 소수의 상품도 규모 경제로 생산이 가능하게 하는 유효수요를 확보할 수 있다. 일례를 들면, 10,000명의 시장에서 수요가 1개에 불과한 상품이 있다고 가정하자. 만약, 이 시장이 1억 명의 시장으로 커지면, 이들 상품의 수요는 1만 개로 늘어난다. 지난 30년간 국제교역 시장규모는 30배가량 커졌다. 앞으로도 시장의 규모는 계속 커질 것이다. 그리고 규모 경제로 생산할 수 있는 상품의 가짓수 역시, 크게 늘어나게 될 것이다.

셋째로 인터넷 서비스 확대와 물류 시스템 고도화로 매력의 홍보 및 마케팅 비용은 물론, 유통과 관리비용도 대폭 줄어들었다. 소수의 매력도 그 형태에 따라 규모의 경제로 생산할 수 있는 범위가 늘어난 것이다.

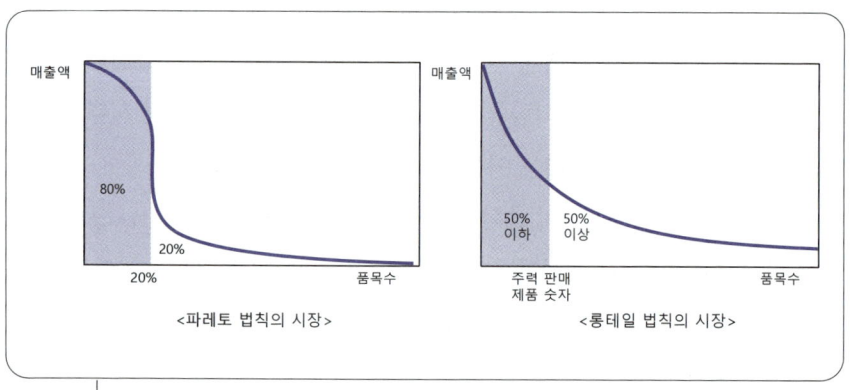

좌측 그림은 주력 상품이 매출의 대부분을 차지하는 파레토 원칙의 시장의 모습이다. 우측 그림은 소비자 취향에 맞는 다양한 소수의 상품이 공급되면서, 틈새시장의 규모가 커지는 롱-테일 원칙의 시장의 모습이다.

이와 함께 시장에도 특이한 변화가 생기기 시작했다. 상품 가짓수와 매출액 간의 관계를 나타내는 두 개의 상반된 시장이 있다. 파레토 법칙의 시장과 롱-테일 법칙의 시장이다. 파레토 법칙의 시장은 매출액 상위 20% 품목이 매출액의 80%를 차지한다는 법칙의 시장이다. 이에 반해 롱-테일 법칙의 시장은 수많은 소수의 상품의 매출액이 매출 순위 상위 상품의 매출액을 뛰어넘는다는 법칙의 시장이다. 아마존에서 천만 명의 판매자가 취급하는 상품 가짓수는 3억 개가 넘는다.[103] 다양한 소비자 욕구에 맞추어 규모의 경제로 생산할 수 있는 상품의 가짓수가 늘면서 나타난 현상이다. 파레토 법칙의 시장에서 롱-테일long tail 법칙의 시장으로 이동하고 있음을 암시하는 사례이다. 이는 미래 시장에서 강소기업의 역할이 보다 중요해진다는 것을 의미한다.

소비자들은 자신의 취향에 맞는 상품과 서비스를 원하고 있다. 소비자의 니즈에 맞추려면 다양한 용도, 디자인, 소재, 크기를 가진 맞춤형 상품을 공급할 수 있어야 한다. 미래 기업의 경쟁력은 소비자 취향에 맞춘 다품종 상품을 얼마나 빠르고 저렴하게 공급할 수 있는가에 달려있다.

103　[실밸레이디] 아마존 매출, 5년 후엔 한국 GDP 넘어서게 될 거라 보는 이유는? (조선일보 인터넷판, 이기하 프라이머사제파트너스 대표, 2021.05.31) (https://www.chosun.com/economy/tech_it)

제5부

매력을
만드는 기술

매력을 만드는 것은 생각보다 쉽지 않다.
내 마음 같지 않은 다른 사람의 마음에
들어야 하기 때문이다.
나름의 '매력을 만드는 기술'이 필요하다.

제1장 | 매력 비즈니스

> 매력 비즈니스는 상품과 같은 유형의 매력을 만드는 '고정자산 중심형 비즈니스' 영화와 같은 무형의 매력을 만드는 '무형자산 중심형 비즈니스' 등 두 개의 형태가 있다.

개인이나, 국가나, 기업이 성장하려면, 가치 높은 매력을 만들어 내야 한다. 가치 높은 매력을 만들어 내는 기업은 미래 기업이되고, 그렇지 못한 기업은 시장에서 퇴출된다. 매력을 만드는 비즈니스는 '고정자산 중심형 비즈니스'와 '무형자산 중심형 비즈니스' 등 두 개의 형태로 나눌 수 있다. '고정자산 중심형 비즈니스'는 유형의 매력을 생산하고 판매하기 위해 원재료 구매, 생산, 보관, 판매, 배송 등 복잡한 과정을 거치고, 이들 업무를 수행할 막대한 고정자산이 필요한 비즈니스이다. 이로 인해 '고정자산 중심형 비즈니스'는 진입장벽이 상대적으로 높다. 일단 가치 높은 매력이 만들게 되면, 상당 기간 그 매력의 가치를 유지할 수 있다.

'무형자산 중심형 비즈니스'는 영화, 드라마, 음악, 게임 등 사람이 중심이 되어 매력을 만들어 내는 비즈니스이다. 무형의 매력에 대한 소비는 전람회, 공연장, 영화관, 케이블TV, 유튜브, 넷플릭스 등을 통해 동시다발적으로 이루어진다. 이들 비즈니스는 상대적으로 진입장벽이 낮은 반면, 비즈니스의 승패는 단기간에 결정된다. '고정자산 중심형 비즈니스'는 낮은 위험과 낮은 보상이, '무형자산 중심형 비즈니스'는 높은 위험과 높은 보상이 따르는 게 일반적이다.

정보통신기술 발달로 '무형자산 중심형 비즈니스'가 급격히 성장하고 있다.

무형자산 거래 플랫폼이 다양화되면서 콘텐츠 제작과 동시에 소비할 수 있는 시장의 규모가 커졌기 때문이다. '무형자산 중심형 비즈니스'의 대표적인 것은 영화 비즈니스이다. 2022년 12월 개봉된 〈아바타: 물의 길, Avatar: The Way of Water〉는 제작비는 4억 6천만 불이다. 반면에, 흥행수입은 제작비의 5배인 23억 2천만 불에 이른다.

2021년 9월 넷플릭스에서 방영된 한국 드라마 〈오징어 게임, SQUID GAME〉은 방영 시작 후 28일 동안 1억 4,200만 가구가 시청했다. 시청 시간도 16억 5천만 시간에 이른다. 넷플릭스 주식의 시가 총액은 〈오징어 게임〉 공개 후 3주 만에 약 24조 4,343억 원(+7.87%)이 증가했다.[104] 이와 반해 막대한 손실을 본 영화도 수두룩하다. 2021년 개봉된 〈정글 크루즈, Jungle Cruise〉 영화는 제작비는 2억 4천만 불인데 반해 흥행수입은 1억 1천 4백만 불에 그쳤다. 그 손실액이 1억 2천만 불에 이른다. 최근 할리우드 100대 영화의 제작비와 흥행수입 간의 상관관계는 절반 이하이다.[105] 제작비가 많이 들었다고, 흥행수입이 반드시 늘어나는 것이 아니라는 이야기이다. 이렇듯 영화 비즈니스는 높은 위험, 높은 보상이 따르는 대표적 비즈니스이다. '무형자산 중심형 비즈니스'는 대박과 쪽박 사이를 오가고 있다. 그러나 '무형자산 중심형 비즈니스'가 '유형자산 중심형 비즈니스'에 비해 빠르게 성장하고 있는 점은 눈 여겨 볼 만하다.

---

104 '오징어 게임' 덕분에 넷플릭스 대박 쳤다…3주 만에 시총 24조 껑충 [이슈픽] (서울신문, 강주리 기자, 2021년 10월 10일) (https://www.seoul.co.kr/news/newsView.php?id=20211010500022

105 "Movie Budgets" (The Numbers, https://www.the-numbers.com/movie/budgets/all)의 100대 제작비 기준으로 제작비와 흥행수입 간의 상관관계는 0.493임

제2장 | 매력의 조건

> 매력이 갖추어야 할 조건을 알아야 가치 높은 매력을 만들어 낼 수 있다. 이를 위해 매력 소비자의 현재와 미래 니즈를 알아내는 것이 중요하다.

매력 소비자의 마음에 드는 매력이 가치 높은 매력이다. 이들 매력을 만들기 위해서는 우선 매력 소비자의 현재와 미래 니즈를 알아야 한다. 좀 더 자세히 이야기 해보자.

첫째, 매력 소비자의 니즈needs를 알아내는 방법이다. 소비자의 니즈는 현재와 미래로 나누어 볼 수 있다. 소비자의 현재 니즈는 소비자 불만사항을, 소비자의 미래 니즈는 소비자 희망사항을 파악하여 알아낼 수 있다. 소비자 니즈를 알기 위해 개별 면담, 설문조사 등 다양한 방법이 동원되고 있다. 현재의 소비자 니즈는 지금의 매력을 개선함으로써, 미래 소비자 니즈는 기술 개발 등을 통해 지금과는 전혀 다른 매력을 만들어 냄으로써 이들 니즈를 충족시킬 수 있다.

둘째, 소비자 눈높이에서 매력의 조건을 찾아내는 방법이다. 유형의 매력은 백화점, 쇼핑센터, 카페, 박물관, 관광지 등 사람들이 모이는 공간에서 접할 수 있다. 무형의 매력은 주로 유튜브, 넷플릭스, OTT 등 인터넷 공간에서 접할 수 있다.

매력 소비자들과 유무형의 매력을 함께 느끼며, 이들이 무엇 때문에 매력에 끌리는지 알아내야 한다. 그 무엇이 매력이 갖추어야 할 조건이다.

프로야구의 예를 들어 보자. 경기마다 팬들이 열광하는 이유는 무엇일까? 그 이유는 공평한 기회, 적은 신체적 접촉, 승부 뒤집을 의외의 가능성, 선수와 관객의 다양한 연령층, 애향심과 연계한 지역연고의 야구팀, 과거 기록에 의한 승부예측 등등이 될 것이다. 거꾸로 보면, 이들 조건은 프로야구 경기를 가치 높은 매력으로 만드는 조건들이다.

이들 조건은 야구는 물론, 축구, 농구, 핸드볼, 스키, 수영 등 여타 스포츠 경기를 매력적으로 만들기 위한 조건이 될 수 있다. 매력의 조건을 찾는 습관을 반복하면 가치 높은 매력이 갖추어야 할 일반 조건을 알 수 있다. 이들 일반 조건을 새로운 매력을 만들기 위한 체크리스트로 활용할 수 있다.

셋째, 매력을 가치 높게 유지하기 위해서는 매력 소비자의 주변 상황과 처지를 수시로 모니터링하는 것이 중요하다. 매력 소비자의 주변 상황과 처지에 따라 동일한 매력에 대해 느끼는 매력의 강도는 달라지기 때문이다. 매력 소비자의 주변 상황과 처지에 맞게 매력을 업그레이드하게 되면 높은 매력의 가치를 유지할 수 있다.

제3장 | 매력 만들기

> 인간이 혁신하는 이유는 높은 가치의 매력을 만들어, 그 힘으로 생존하기 위해서다. 인간에게는 생존의지가 있고, 이에 상응한 혁신 본능이 있다. 이를 드러내어 매력을 만드는 혁신은 즐거운 일이다.

우리가 매일매일 혁신에 목매는 이유는 무엇일까? 높은 가치의 힘 있는 매력을 만들어, 그 힘으로 생존하기 위해서이다. 힘 있는 매력에는 여지없이 참신, 경이, 의외 등 반전의 수식어가 붙는다. 상相이 바뀌는 패러다임적 변화를 수반하는 매력의 힘 때문이다. 혁신 강도가 크면 클수록 높은 가치를 가진 힘 있는 매력을 만들어질 가능성이 크다.

돌이켜 보면 우리네 인생은 굽이굽이 역경의 연속이다. 이를 극복하고 하루하루를 살 수 있는 이유는 숙명宿命이며, 내성內性인 혁신 본능으로 가치 높은 매력을 만들어 냈기 때문이다. 이를 드러내어 매력을 만드는 혁신은 즐거운 일이다.

매력의 디자인

힘 있는 매력을 만드는 첫 단계는 매력의 가치를 높일 수 있도록 매력을 디자인하는 일이다. 어떠한 매력을 만들 것인가? 누구를 위한 매력을 만들 것인가? 어떻게 매력을 만들 것인가? 매력의 가치를 어떻게 올릴 수 있을까? 등등의 질문에 대한 답을 구하는 과정이 매력의 디자인이다.

어떠한 매력을 만들 것인가?

물론, 매력 소비자가 원하는 가치 높은 매력을 만들어야 한다. 그렇다면, 매력 소비자들은 어떠한 매력을 원하고 있을까? 그리고 원하게 될까? 첫 번째 질문이 소비자의 현재 니즈에 대한 이야기이고, 두 번째 질문이 소비자들의 미래 니즈에 대한 이야기이다.

첫째로 매력 소비자의 현재 니즈는 그들이 가진 불편 또는 불만사항을 파악하여 알아낼 수 있다. 이를 위한 다양한 방법들이 동원되고 있다.

하나의 예이다. 국내 유명 가전 업체에서는 주부主婦 평가단을 운영하여 기존 가전 제품에 대한 불편이나 불만사항을 파악하고 있다. 그리고 이들의 의견을 반영하여 새로운 상품을 만들어 판매하고 있다. 이들 상품은 날개를 단듯 팔려 나가고 있다. 또 하나의 예이다. 과거 음식물을 담는 플라스틱 용기food container는 밀폐 정도가 약해, 용기 뚜껑 사이로 음식물이 새어 나와 주변을 더럽히고 악취를 발산했다. 락앤락lock and lock이란 기업이 밀폐 성능을 높인 음식물 보관 용기를 개발하여 소비자의 현재 니즈를 충족시켰다. 그리고 용기 시장의 점유율을 단번에 높였다. 이들 기업이 성공한 이유는 소비자들의 현재 니즈를 알고, 이에 맞추어 매력적인 상품을 만들어 냈기 때문이다.

둘째로 소비자의 미래 니즈를 알고 이를 충족시키는 일이다. 소비자의 미래 니즈는 현재로서는 실현 불가능한 니즈이다. 이들 니즈를 충족시키려면, 미래에 대한 통찰력, 혁신 의지, 그리고 과학기술 등 전문 분야의 능력이 뒷받침되어야 한다.

하나의 예를 들어보자. 얼마 전만 해도 장거리를 달리는 전기 자동차는 불가능해 보였다. 배터리의 용량 한계 때문이었다. 그래서 인류는 1885년 최초로 내연기관 자동차를 만든 이후, 2012년 전기 자동차인 테슬라S 모델이 양산되기까지 127년간 내연기관 자동차만을 의존하고 살아왔다. 당시 전기 자동차는 소비자의 미래 니즈로만 남아 있었다. 과학기술 개발로 배터리가 기술적 한계용량을 극복하면서, 전기 자동차는 상용화 길을 걸었다. 이제 전기 자동차는 소비자의 미래 니즈에서 현재 니즈로 바뀌었다.

이제, 전기 자동차 소비자들의 마음 속에는 유선 충전 시 충전 플러그를 꼽고 뺄 때 수반되는 불편함, 감전 위험, 스파크로 인한 화재 발생 위험, 마모로 인한 충전효율 저하 등 충전 방식의 문제를 해결하기 바라는 미래 니즈가 생겨나고 있다. 이들의 미래 니즈를 충족시키기 위해 여러 기업에서 무선 충전 기술을 활발하게 개발하고 있다.

소비자의 불편 또는 불만사항을 해소하는 현재 니즈를 충족하는 매력은 바로바로 만들 수 있다. 반면에 미래 니즈를 충족하는 매력은 오랜 기간의 기술개발과 이를 상용화하는 노력이 수반되어야 한다. 그러나 미래 니즈를 충족하는 가치 높은 매력은 선점 또는 독점으로 그 가치가 무한대이다.

누구를 위해 매력을 만드나?

매력 소비 그룹을 세분하면, 매력을 보다 효율적으로 만들 수 있다. 매력 소비 그룹은 취향 별로 나이, 소득, 직업, 취미 등을 기준으로 나눌 수 있다. 나이 기준으로 유아, 청소년, 청장년, 노약자 등으로, 소득 기준으로 고소득자, 중간소득자, 저소득자 등으로, 직업 기준으로 전문직, 직장인, 프리랜서 등으로, 취미 기준으로 수영, 골프, 사이클, 음악, 미술 등으로 매력 소비 그룹을 나눌 수 있다. 이를 나누는 이유는 매력 소비자들의 처지에 따라 매력을 소비하는 성향이 비슷하기 때문이다. 이들 매력 소비 그룹이 구체화하면, 이들을 겨냥해 맞춤형 매력을 만들 수 있다. 그만큼 매력을 만드는 생산성이 올라가게 된다.

어떻게 매력을 만들 것인가?

매력을 만들기 위해서는 나름의 전문화된 능력이 필요하다. 그 전문분야로는 총괄기획, 자금조달, 과학기술, 제조, 디자인, 영상 등 여러 분야가 있다. 매력 만들기에 대한 구상이 마무리되면, 이들 전문 분야를 어떻게 조합하여 매력을 만들지를 정해야 한다.

어떻게 매력 가치를 높일 것인가?

매력의 가치를 올리는 일은 무엇보다 중요하다. 그래야 선순환 구조의 매력 비즈니스가 가능해지기 때문이다. 매력 가치는 효용가치와 희소가치로 나눌 수 있다. 소득이 올라가면서 매력의 가치는 효용가치보다 희소가치가 더욱 중요하게 된다. 매력의 희소가치를 높이기 위해서는 품질 고도화, 시장 선점, 철저한 사후 관리 등의 전략이 필요하다. 이외에도 매력의 가치를 올리는 방법은 여러 가지가 있다. 이에 대해서는 다음 장에서 별도로 상세히 이야기하는 게 나을 듯하다.

빠른 혁신

혁신은 매력을 만들어내는 원동력이다. 높은 가치의 매력은 회귀본능이 있는 현재를 이겨내며 만들어진다. 우주선이 지구 중력에서 벗어나려면 초속 11.2킬로미터 이상의 속도로 날라야 한다. 패러다임 변화를 수반하는 높은 가치의 매력은 항상 빠른 혁신으로부터 만들어진다.

우리 사회 전반의 변화 속도는 매우 빠르다. 맥킨지 컨설팅 연구결과에 따르면, 미국 S&P500 기업의 평균 수명은 61년(1958년)에서 20년(2023년)으로 3분의 1수준으로 줄었다.[106] 2021년 12월 한국무역협회 국제무역통상연구원에서는 기업의 평균수명이 61년(1958년)에서 12년(2027년)으로 대폭 줄게 될 것이라는 연구 결과를 발표했다.[107] 2013년 9월 영국 옥스퍼드대에서는 향후 20년 내 47% 직업과 직종이 변화한다고 예측했다.

정부의 경우는 더욱 심각하다. 우리나라 대통령 임기는 5년, 지방자치단체장과 국회의원 임기는 4년이다. 그리고 정부의 장관과 차관의 재임 기간은 많아야

---

106 "[이슈 프리즘] 귀사의 기대수명은 얼마입니까" (한국경제 2023.4.20, 이심기 기자, https://www.hankyung.com/article/2023042024781)
107 기업 벤처링 경향과 시사점(한국무역협회 국제무역통상연구원, 2021. 12. 2.)

2년 남짓이다. 정부의 정책을 담당하는 실장, 국장, 과장, 사무관 등 정책입안자의 보직 기간은 1년 남짓이다. 이렇듯 나라의 주요 의사결정권자 재임 기간은 매우 짧다. 자주 교체되는 인적 네트워크는 혁신에 큰 장애요인이다.

급변하는 현대 사회에서는 빠른 혁신만이 힘 있는 매력을 만들어 낼 수 있다. 과거 경험으로는 빠른 혁신은 반드시 매력이란 결실을 만들어 냈다. 반면에 주저하던 혁신은 하나같이 매력을 만들어 내지 못하고 실패한 과거가 되었다. 매력을 만들지 못하는 기업과 국가는 사라지게 될 것이다. 반면에 매력을 만들어 내는 기업과 국가는 죽다가도 살아날 것이다.

빠른 혁신은 준비, 구상, 이행 등 순차적인 단계를 밟아 진행된다. 준비단계에서는 혁신 대상을 정하고, 이와 관련된 지식을 습득하고, 메커니즘을 이해하는 단계이다. 구상단계는 구체적인 혁신 아이디어를 만들고, 추진 조직을 정비하고, 현장, 업계, 이해관계자의 의견을 청취하고, 혁신에 대한 공감대를 형성하는 단계이다. 이행단계는 빠른 의사결정, 수시 점검을 통해 그때그때 나타나는 문제점을 빠르게 해결하며 가시적인 성과를 내는 단계이다.

열정과 인내

어느 시스템이나 이를 유지하는 회귀본능을 갖고 있다. 새로운 매력을 만들려면 회귀본능이 있는 현재를 이겨내야 한다. 이를 위해서는 강력한 혁신 에너지가 필요하다. 열정과 인내는 혁신을 성공시킬 수 있는 강력한 에너지이다. 우리 주변에서 보는 아름다운 시詩나 소설 한편, 흥미진진한 영화와 드라마, 재미있는 게임 하나하나가 이를 만든 이들의 열정과 인내로 만들어진 작품들이다.

물의 상相이 바뀌면 수증기가 된다. 물이 끓으면 섭씨 100도 1기압에서 수증기로 바뀐다. 수증기가 되면 그 부피가 대략 1,680배 늘어난다. 3차원 공간상에서는 12배가량이다. 이 팽창의 강력한 힘이 증기기관을 돌려 공장을 가동하고, 열차를 움직인다. 1밀리리터의 물은 100도에서 100칼로리의 열량을 갖는다.

그러나 섭씨 100도의 물이 수증기(액체 → 기체)로 상相을 변화시키려면 539칼로리의 추가 열량이 필요하다. 섭씨 100도의 물이 가진 열량의 5배 이상 많은 열량이다. 그만큼 상相이 바뀌는 변화를 이루는 데는 많은 양의 에너지가 필요하다는 이야기이다. 높은 가치의 매력을 만들어내기 위해서는 빠른 혁신과 함께 이를 일관성 있게 끌고 나갈 열정과 인내가 반드시 필요하다.

제4장 | 매력 가치 올리기

> 매력 가치는 내재된 효용가치와 희소가치에 의해 결정된다. 이들 매력에 내재된 가치를 올리는 방법은 여러 가지이다.

힘 있는 매력은 가치가 높은 매력이다. 매력의 가치를 올려야 매력을 만드는 비용을 회수하고, 또 다른 매력을 만들어 낼 수 있다. 그래야 선순환 구조의 매력 비즈니스가 가능해진다. 어떻게 매력의 가치를 올릴 수 있을까? 그 방법과 사례를 들어 이야기해 보자.

판과 틀

매력의 가치를 최대로 높이는 방법은 기존의 판과 틀을 깨는 매력do something unique을 만들어 내는 것이다. 그렇게 만들어진 매력은 최초, 최고의 매력으로 그 가치는 절정에 달한다. 지동설을 주장한 코페르니쿠스, 아인슈타인의 상대성 원리, 아메리카 대륙을 발견한 콜럼버스, 최초로 달에 발자국을 남긴 닐 암스트롱이 만든 매력은 항상 우리 곁을 맴돌고 있다. 그 이유는 판과 틀을 깨는 혁신으로 가치 높은 매력을 만들었기 때문이다. 이들 매력의 가치는 무한대에 가깝다. 이에 대한 사례를 들어보자.

판을 키운 사례

1896년에 그리스 아테네에서 제1회 올림픽Olympic Games이 열렸다. 이후 올림픽은 판을 계속 키워 갔다. 올림픽 종목 수는 1896년 9개, 2000년 28개,

2024년(프랑스 파리) 37개 종목으로 늘었다. 금메달 개수도 1896년 43개, 2000년 298개, 2024년 323개로 늘었다.

하계 올림픽 대회의 시청자는 35억 명, 동계 올림픽은 20억 명 수준이다. 전 세계 인구의 절반 정도가 하계 올림픽을 시청했다는 이야기이다. 올림픽 중계권료도 1948년 런던올림픽 3천만 불, 1988년 서울 올림픽 2억 8천 7백만 불, 아테네 올림픽 15억 불, 2018년 리우 올림픽 29억 불[108]로 가파르게 올라가고 있다. 민간 스폰서 지원금도 1993년이후 3년간 2억 7천만 불에서 20년이 지난 2013년 이후 3년간 10억 불을 넘어서고 있다. 올림픽의 매력의 가치가 그만큼 올라갔다는 증거이다. 이는 올림픽 대회 참가 종목 수와 메달 숫자를 늘리는 등 올림픽 판을 키워, 매력의 가치를 올린 사례이다.

국제축구연맹FIFA가 주관하는 월드컵 축구대회는 성인은 물론 U-17, U-20, U-23 등 연령대별 월드컵 대회를 만들어 판을 키우고 있다. 국제빙상연맹ISU은 동계 올림픽 이외에도 세계 선수권 대회, 월드컵 빙상대회 등 대회 수와 경기종목 수를 늘리며 판을 키우고 있다. 이로 인해, 이들 스포츠에 대한 매력의 가치는 지속적으로 올라가고 있다. 매력의 가치를 올리면 이에 돈을 대는 투자자는 언제든지 나타난다. 비즈니스가 되기 때문이다.

판돈을 키운 사례

판돈을 키워upping the ante 매력의 가치를 높이는 방식은 카지노, 복권, 경마, 프로복싱 등 베팅 사업에서 통용되는 방식이다. 그 예를 들어보자.

미국 복권 역사상 최고 금액의 당첨자는 2022년 11월 8일에 파워볼Powerball 로또에서 나왔다. 당시 1등 당첨자에게는 29년에 걸쳐 20억 4천만 불(한화 2조 8

---

108 Will the Summer Olympics be a boon or bust for mass gatherings? (Jun 25, 2021, World Economic Forum) (eforum.org/agenda/2021/06/will-the-summer-olympics-be-a-boon-or-bust-for-mass-gatherings/)

천 193억 원)이 지급되었다. 현재 가치로 9억 9천 760만 불(한화 1조 3천 787억 원)이다. 40주 동안 1등 당첨자가 없어 누적된 1등 당첨 금액이다. 복권의 당첨금 평균 기댓값이 복권금액의 48% 정도이다. 복권 한 장에 2달러니 한 장당 기대값은 96센트 정도이다. 복권 당첨금액이 크면 클수록 복권의 매력 가치가 올라간다. 판돈을 올려 복권의 매력이 커지면, 더욱 많은 사람들이 복권을 사게 되어 복권 매출액이 올라가기 마련이다. 결국, 판돈이 올라 이익을 보는 사람은 복권을 산 사람이 아니라, 판돈을 키워 높은 가치의 매력을 만들어 낸 복권 발행회사다.

골프대회도 비슷한 사례가 있다. 2022년 6월 사우디아라비아 국부펀드가 지원하는 LIV[109] 골프대회 사례이다. LIV 골프는 선수 48명이 컷오프 없이 3라운드 54홀 경기하는 대회다. LIV 골프 상금 액수는 2023년 14개 대회에 4억 5천만 불이다. 한 대회당 상금 액수는 대략 3,200만 불이다. 미국 프로골프협회PGA 투어 2022~23년 시즌의 대회는 47개에 총상금액은 6억 1,770만 불이었다. 한 대회당 대략 1,300만 불이다. 골프 대회당 상금액수는 LIV 골프대회가 PGA투어에 비해 3배에 달한다. 골프 경기 일정도 4일에서 3일로 단축하고, 경기 시간도 11시간에서 5시간으로 대폭 줄여 경기 집중도를 높였다. 매 경기 거액의 상금을 받기 위해 선수들이 보여주는 신기神技에 가까운 샷은 이를 보는 갤러리와 TV 시청자를 흥분의 도가니로 몰아 놓기에 충분했다.

이들이 막대한 돈을 투자하는 이유는 간단하다. 세계 최고의 정상급 선수들이 펼치는 골프대회의 매력 가치를 알기 때문이다. PGA 투어는 LIV 골프대회 참가 선수들에게 자신이 운영하는 PGA 골프대회 참가 자격 박탈이라는 강수를 두었다. LIV 골프대회의 인기에 PGA 골프대회의 인기가 흔들린다고 판단한 모양이다. 그럼에도 브룩스 켑카, 브라이슨 디섐보 등 유명한 선수들이 속속 LIV 대회에 합류했다. LIV골프대회는 판돈을 키우고 경기 시간을 단축하여, 선수들

---

109 "LIV"라는 이름은 로마 숫자 54, 파 72 코스의 모든 홀에서 버디를 했을 때의 점수, LIV 이벤트에서 플레이할 홀의 수를 나타낸다. (출처: 위키백과)

의 경기에 대한 집중도를 높여 흥행에 성공한 사례이다.

골프를 즐기는 사람의 숫자는 7천만 명(한국 600만 명)에 달한다. 정상급 골프대회를 즐기는 갤러리와 시청자는 이보다 10배 이상이다. 이들의 관심으로 벌어들이는 돈은 이들 상금 액수의 수십 배가 될 것이다. 2023년 LIV 골프대회와 PGA 골프대회는 통합관리를 선언했다. 소유는 사우디 국부펀드가 맡고, 운영은 PGA 투어에서 맡는 통합방식이다. 하지만 새롭게 창출된 LIV 골프의 매력을 PGA 투어가 제대로 관리할지는 미지수이다.

비즈니스 기본은 매력의 가치를 알고 만들어 낼 줄 아는 데서 시작된다. 앞서 이야기한 사례들은 판돈을 올림으로써 기존의 매력을 보다 더 매력적으로 만들어 성공한 사례들이다. 판돈을 올려 매력의 가치를 올리는 방법은 비즈니스의 여러 분야에서 활용되고 있다.

틀을 깬 사례

전통적인 격투기는 복싱, 레슬링, 태권도, 유도, 주짓수 정도가 전부였다. UFC[110] 대회가 나오면서 격투기 시장의 양상은 달라진다. UFC는 미국 종합격투기 단체로 1993년 주짓수로 유명한 호리온 그레이시와 아트 데이비가 창립했다. 기존 격투기의 틀을 깨고 주짓수, 복싱, 무에타이, 레슬링을 모두 아우르는 종합격투기로 발전시켰다. 대회 때마다 선수들의 월등한 기량과 박진감 넘친 경기로 관중을 열광시키고 있다.

UFC 발족 초기에는 어려움이 많았다. 하지만 매력의 가치를 아는 독지가들의 지원으로 UFC 경기를 이어갈 수가 있었다. 이후 유료 TV 채널 PPV이 튼튼한 재정적 기반이 되었다. 이제 UFC 경기는 다른 격투기 경기를 제치고 세계 최고

---

110 UFC(Ultimate Fighting Championship)는 미국의 종합격투기 단체다. 1993년 주짓수로 유명한 호리온 그레이시와 아트 데이비가 창립했다. 2000년대 후반이후 지금까지 브라질리언 주짓수, 복싱, 무에타이, 레슬링을 모두 아우르는 세계 최고의 MMA 단체로 군림하고 있다.

의 격투기 대회로 성장하고 있다.

또 하나의 예는 테슬라 이야기이다. 테슬라는 장거리 주행이 가능한 자율주행 전기 자동차를 양산하고 있다. 과거 불가능하다고 생각한 배터리 저장 용량을 획기적으로 늘리며 생겨난 비즈니스이다. 그리고 빅데이터와 인공지능기술을 접목하여 자율주행 전기 자동차 시대를 연 것이다. 자동차는 내연기관을 가져야 하고, 인간이 운전해야 한다는 기존 사고의 틀을 깬 것이다. 테슬라가 만들어낸 전기 자율주행 자동차의 매력 가치는 테슬라 주가로 옮겨 갔다. 테슬라 주가는 2010년 15.66불에서 2020년 8월 28일 액면분할 이전까지 100배 정도가 오른 1,400불 선을 오갔다. 2025년 9월 기준 테슬라 주가 총액은 1조 2천억 불(한화 1,680조 원)로 미국 1년 예산의 5분의 1, 우리나라 1년 예산의 2배 이상이다.

테슬라 창업자인 일론 머스크는 스페이스 엑스를 설립하여 기존 우주 개척 방식의 틀을 깨는 시도를 하고 있다. 상장도 되지 않은 스페이스 엑스의 기업가치는 2천 100억 불(한화 291조 원, 2024년 6월 기준)에 달한다. 세계 60위권의 기업 가치다.[111] 많은 투자자들이 일론 머스크가 만들어가는 우주 사업이란 매력에 투자하고 있다. 그 이유는 인류의 생존 방식의 틀을 깨는 또 하나의 혁신이기 때문이다. 그런 의미에서 일론 머스크의 매력 만들기 프로젝트는 매우 성공적이다.

트렌드

트렌드trend, 우리말로 하면 유행이다. 유행에 맞추어 매력을 만들면, 그 매력의 가치는 올라간다. 매력도 타이밍이 중요하다는 이야기이다. 유행이 바뀌면 이전의 매력 가치는 떨어지기 마련이다. 새로운 유행에 따라 매력을 업그레이드하면 또다시 매력의 가치를 올릴 수 있다.

---

111 스페이스X, 기업가치 230조 원 돌파...세계 60위권(SPACERADAR, 박시수 기자, 2023.12.13)
https://www.spaceradar.co.kr/news/articleView.html?idxno=2759

타이밍

매력도 타이밍timing을 맞추어야 가치가 높다. '물 들어올 때 노를 저어라.'라는 이야기이다. 연중 가족과 함께하는 여유로운 시간이 있다. 우리나라의 경우 여름 휴가철, 공휴일, 설날과 추석 연휴 등이다. 미국의 경우는 연말 연휴, 메모리얼 데이, 부활절, 독립기념일, 추수감사절 등이다. 이 시기에는 여지없이 블록버스터 영화가 경쟁적으로 개봉된다. 이 시기에 개봉되는 영화의 흥행 확률이 높기 때문이다.

2019년부터 3년 간 코로나19 바이러스가 유행했다. 세계 유수의 제약회사들이 코로나19 백신을 먼저 만들기 위해 동분서주했다. 화이자와 모더나에서 여태까지의 백신과는 전혀 다른 방식의 mRNA 백신을 만들어 냈다. 유전자 정보만으로 우리 몸의 단백질로 코로나19 항원의 발판을 모사하여, 항체를 형성하게 하는 새로운 형태의 백신 제조 기술이다. 이 기술로 코로나19 항원이 직접 신체 유입되지 않고도 면역력을 얻게 되어 백신주사의 부작용을 대폭 낮출 수가 있었다. 이들 제약회사는 비교적 안전한 코로나19 백신을 적기에 개발하여 상용화함으로써 천문학적인 돈을 끌어 모았다.

2022년 화이자 제약회사의 코로나19 백신 매출액은 567억 3,900만 불로 화이자 전체 매출액 1,003억 불의 57%를 차지했다.[112] mRNA 백신을 만든 카탈린 카리코 독일 바이오앤테크 부사장과 드루 와이스먼 펜실베이니아 의대 교수는 2023년도 노벨 생리의학상을 받았다.[113] 그리고 3년이 지났다. 사람들은 코로나19의 공포에서 벗어나 마스크를 벗어 던졌다. 사람들은 더 이상 코로나19 바이러스 백신을 절실하게 찾지 않는다. 백신 개발이 늦은 제약회사들은 개발비조차 회수하기 어렵게 되었다. 화이자 역시, 코로나 19 팬데믹 직후 인

---

112 "화이자, 작년 매출 123조원 신기록…코로나의약품 70조원" (정새임 기자, 2023. 2. 1, https://www.dailypharm.com/Users/News/NewsView.html?ID=296574

113 "노벨생리의학상에 커리코·와이즈만…mRNA 백신 개발 공로" (메디칼타임즈, 이인복 기자, 2023.10.3, https://www.medicaltimes.com/Main/News/NewsView.html?ID=1155614)

2023년 매출액이 585억 불로 42%나 감소했다.[114] 유행에 맞추어 만들어진 매력의 가치는 높고, 그렇지 못한 매력은 매몰비용이 되는 전형적 사례이다. 매력의 가치 형성에 타이밍이 중요한 이유이다.

코로나19 바이러스 유행 기간 중 격리의 일상으로부터 벗어나려는 사람들로 인해 골프장 이용객 숫자가 대폭 늘었다. 골프장 이용객 수는 코로나19 발생 이전인 2018년 3,794만 명에서 2022년에 5,058만 명으로 33%나 증가했다. 그러면서 골프장 이용료와 캐디피는 한없이 올라갔다. 코로나19 바이러스 유행으로 골프장의 매력 가치가 올라간 것이다. 그로부터 코로나 팬데믹이 끝난 2023년에는 골프장 이용객이 감소 추세로 돌아섰다.[115]

코로나19가 종료되자 이번에는 관광산업이 활력을 찾았다. 해외여행지마다 인산인해를 이루고 있다. 그리고 골프장은 다소 한산한 분위기다. 여행사들은 넘쳐나는 여행객들로 즐거운 비명을 지르고 있다. 이렇듯 유행은 매력의 가치를 올리기도 하고, 내리기도 한다. 이러한 유행에 맞추어 매력을 만들 줄 알아야 비즈니스를 성공시킬 수 있다.

리메이크, 업그레이드

리메이크remake 또는 업그레이드upgrade는 과거 흥행했던 매력을 시대적 상황과 배경에 맞게 다시 만들어 내는 작업이다. 전작의 매력과 연결해 후속 매력의 가치를 올리는 방법이다. 매력에 대한 리메이크와 업그레이드는 대부분은 전작인 매력이 흥행하고 난 뒤에 나온다. 따라서 전작 매력이 흥행했던 이유를 철저히 분석하여, 리메이크 또는 업그레이드를 해야 후속 매력의 가치를 높일 수 있다.

---

114 [카드뉴스] 화이자, 코로나19 끝나니 2023년 매출 반토막…올해 소폭 증가 전망" (바이오타임즈, 신서경 기자, https://www.biotimes.co.kr/news/articleView.html?idxno=13853)

115 [분석] 지난해 골프 286만 라운드 감소" (Jtb golf, 남희영 기자, 2024. 4. 4, https://mobile.jtbcgolf.joins.com/news/news_view.asp?idx=44982)

전작의 매력과 리메이크와 업그레이드한 매력 사이에는 시차가 존재한다. 그 시차를 최대로 이용하여 매력의 가치를 높인 사례가 있다. K-POP이 한창이었던 시기에 흥행에 성공한 7080가요이다. 7080가요는 시간적, 경제적으로 여유가 생긴 50~60대가 경험한 청소년 시절의 매력을 리메이크 또는 업그레이드하여 가치를 높인 사례이다.

승수효과

하나의 이상의 매력이 융합되는 융복합 매력을 만들게 되면, 그 가치는 기하급수적으로 올라갈 수 있다. 이는 융복합 매력이 만들어 내는 가치의 승수효과 synergy effect 때문이다. 이 융복합 매력의 승수효과를 이용해 매력의 가치를 올릴 수 있다.

융복합 매력, 복합장르

융복합 매력은 여러 가지 종류의 매력을 혼합blending하여 새로운 매력을 만들어내는 작업이다. 이는 마치 칵테일과 같은 매력을 만들어 내는 일이다.

유명한 스타벅스 이야기이다. 커피의 맛과 매장 분위기의 매력을 융·복합하여 성공한 사례이다. 원래 스타벅스는 시애틀에 고급 커피 원두와 장비를 판매하는 조그마한 프랜차이즈 소매점이었다. 1985년 스타벅스의 마케팅 책임자였던 하워드 하워드 슐츠Howard Schultz가 스타벅스를 인수했다. 그는 스타벅스에 단순한 커피 맛에서 벗어나 복합적인 매력을 가미하기 시작했다. 그는 스타벅스라는 브랜드 아래 효율적인 매장 관리, 균일하고 다양한 커피 품질, 세련된 매장 디자인, 초록색 세이렌[116] 로고 등 여러 가지 포인트가 될 만한 매력 요소들을 집어넣었다. 커피 맛과 이에 맞는 매장 분위기는 스타벅스만의 매력 가치를

---

116 세이렌(The Sirens)은 그리스 신화에 나오는, 아름다운 인간 여성의 얼굴에 독수리의 몸을 가진 전설의 동물이다. (https://ko.wikipedia.org/wiki/세이렌)

드러냈다. 이러한 융복합 매력에 힘입어 스타벅스 매장 수는 3만 8천여 개(2023년 기준)로 늘어났다. 스타벅스는 커피 맛과 매장 분위기를 모두 합쳐 융복합 매력을 만들어 성공한 사례이다. 우리나라에서도 다양한 종류의 커피와 마실 거리, 빵과 스낵snack, 독특한 조경과 전망, 인테리어를 품은 카페가 속속 들어서고 있다. 이들 카페는 사람들의 입에 오르내리며 손님이 넘쳐나고 있다. 융복합 매력의 승수효과로 인해 매력의 가치가 높아졌기 때문이다.

영화에서도 이와 비슷한 사례가 있다. 액션, 범죄, SF, 코미디, 로맨스, 스릴러, 공포, 전쟁, 뮤지컬 등 다양한 장르의 영화가 있다. 폭력, 공포 등 단일 장르의 영화보다 코미디, 액션, 로맨스 등이 복합된 복합장르complex genre를 가진 영화가 흥행에 성공하는 예가 많다. 이들 영화 속에는 다양한 계층의 관객들의 취향에 맞는 매력적인 요소가 포함되어 있기 때문이다.

후광효과

후광효과의 대표적인 경우가 인물과 작품의 후광효과halo effect[117]이다. 호감 있는 인물과 작품을 연계하여, 매력의 가치를 올리는 방법이다.

첫째로 인물 후광효과에 대한 이야기이다. 사람은 살면서 자신의 이름에 자신의 인생 역정을 담는다. 우리 주변에 귀감이 되는 인생 역정을 가진 호감 가는 인물이 있다. 이들 인물과 매력을 동기화하면, 그 매력의 가치는 상승한다.

'타이틀 리스트 Titleist'는 골프황제 타이거 우즈의 후광효과로 성공한 골프 용품 기업이다. '타이틀 리스트'의 성공으로 골프 산업의 중심축이 일본에서 미국으로 옮겨갔다. 영화도 비슷한 현상이 있다. 줄리아 로버츠, 브루스 윌리스, 톰 행크스 등 유명 배우가 출연하는 영화는 항상 흥행에 성공하고 있다. 이들 배우

---

117 후광효과(Halo effect)란 일반적으로 어떤 사물이나 사람에 대해 평가를 할 때 그 일부의 긍정적, 부정적 특성에 주목해 전체적인 평가에 영향을 주어 대상에 대한 비객관적 판단을 하게 되는 인간의 심리적 특성을 말한다.

가 과거 출연한 영화에서 만들어진 호감 가는 이미지가 새로운 영화에 후광효과로 작용되었기 때문이다. 우리나라에서 2000년대 이영애 배우가 주인공이었던 '대장금'이란 드라마가 크게 흥행한 적이 있다. 이후 이영애 배우가 출연한 GS건설의 '자이 아파트', LG생활건강 '더 히스토리 오브 후' 등 광고가 속속 나왔다. 이들 광고는 이영애 배우의 후광효과로 나름의 성공을 거두었다.

둘째로 작품의 후광효과에 대한 이야기이다. 이는 흥행에 성공한 전작에 후속 작품을 연결해 매력의 가치를 올리는 방법이다. 제조업의 경우, 삼성의 갤럭시폰과 애플의 아이폰 시리즈, 현대자동차의 소나타, 제네시스 승용차 시리즈 등이 이에 해당한다. 영화 경우는 스타워즈 시리즈 물이 대표적이다. 시리즈 물이 지속적으로 흥행하는 이유는 흥행했던 전작의 후광효과 때문이다. 제작사 입장에서는 하나의 매력을 시리즈 물로 만들면 규모의 경제를 달성하기가 쉽다. 흥행한 작품의 노-하우와 제작 인프라를 그대로 사용하여 제작 비용을 낮추고, 흥행 당시의 고객을 다음 작품으로 이전시킬 수 있기 때문이다. 작품 후광효과는 전작의 매력을 후속 매력의 미끼로 활용하는 마케팅 기법이다.

포트폴리오, 브랜딩

상호 관계가 있거나 유사성이 있는 매력을 포트폴리오portfolio 방식[118]으로 일관성 있게 관리하면 포트폴리오 전체의 매력 가치를 일시에 높일 수 있다. 더구나, 포트폴리오 전체의 매력을 하나의 브랜드로 묶어 관리하면 마케팅과 고객 관리 비용을 줄일 수 있다.

크리스찬 디올Christian Dior은 세계적인 명품 제조 기업이다. 이 기업의 총수인 베르나르 장 에티엔 아르노Bernard Jean Étienne Arnault는 세계 1위의 부호이다. 이 기업은 크리스찬 디올Christian Dior 브랜드로 핸드백, 화장품, 의류, 신발, 잡

---

118 포트폴리오는 주식, 채권, 부동산 등 다양한 투자조합으로 투자 리스크를 줄이고 적정 투자 수익을 확보하는 방법이다.

화 등 다양한 상품의 포트폴리오를 구성하여 판매하고 있다.

다양한 상품을 하나의 브랜드로 통합 관리branding하게 되면, 판매, 마케팅은 물론 애프터 서비스, 고객관리 등 사후관리를 일관성 있게 할 수 있다. 이 과정에서 상품 단위당 관리 비용을 줄이고, 브랜드 이미지를 이용하여 새로운 비즈니스 영역에 쉽게 진출할 수 있다.

하나의 브랜드에 속한 상품 가치는 동일 브랜드의 다른 상품 가치와 상호 작용을 한다. 브랜드에 속한 하나의 상품에 대한 신뢰 저하가 브랜드 내 전체 상품의 가치에 영향을 미친다는 점에서 리스크 또한 크다. 이 리스크를 줄이기 위해서는 포트폴리오를 구성하는 모든 상품에 대한 수준 높고 일관성 있는 제조, 판매, 마케팅, 애프터 서비스, 고객 관리가 가능한 브랜드 관리시스템을 갖추어야 한다. 그렇지 못하면 브랜드에 속한 모든 상품 가치는 일시에 무너져 버릴 수 있다.

클러스터링

매력을 클러스터링 하는 방법에는 ① 가치, ② 활용, ③ 기술, ④ 브랜드 중심으로 매력의 가짓 수를 확대하는 방법이 있다.

첫째로 가치 중심value oriented으로 클러스터링 하는 방법이다. 일례를 들어, 지구온난화 방지를 위해 탄소중립이라는 가치를 기준으로 매력을 확대하는 방식이다. 탄소중립을 위한 절전형 전기밥솥, TV, 냉장고, 세탁기 등 가전제품은 물론 밀폐형 창틀, 단열재 등 건설자재로 매력의 가짓 수를 확장해 나가는 방식이다.

둘째로 활동 중심activity oriented으로 클러스터링 하는 방법이다. 이는 특정 계층의 소비자 활동을 중심으로 매력의 가짓 수를 확대하는 방식이다. 자전거 동호인을 기준으로 이들이 필요한 자전거, 헬멧, 페달, 부품 등의 매력을 만들어 내는 것이다. 주말 골퍼들을 기준으로 이들이 필요한 골프 신발, 모자, 클럽, 가방 등으로 매력의 가짓 수를 확대하는 방법이다.

셋째로 기술 중심technology oriented으로 클러스터링 하는 방법이다. 이는 특정한 기술 중심으로 매력의 가짓 수를 확대하는 방식이다. 예를 들어보자. 자동화 기술은 여태까지 제조업 공장에서만 주로 사용되었다. 이들 기술을 제조업은 물론, 농수산 및 서비스 산업에까지 확대하여 매력을 만들어 내는 방식이다. 이들 기술을 활용하여 밥, 김밥, 김치, 식물 공장 등 새로운 방식으로 매력을 만들어 낼 수 있다.

원소스 멀티유즈

원소스 멀티유즈one source, multi-use는 하나의 매력을 여러 가지 형태의 매력으로 만들어 다양한 시장에 노출하여 규모의 경제를 실현하는 비즈니스 기법이다. 일례를 들어, 유명 소설을 만화, 영화, 음반, 게임, 캐릭터, 관광 자원 등으로 또다른 형태의 매력을 만드는 경우이다. 설사 하나의 매력이 수익성 확보에 실패하더라도, 이를 기반으로 다른 형태의 매력을 만들어 수익성을 확보하고자 하는 전략이다.

동맹, 연합, 제휴

하나의 기업이 아닌 여러 기업이 만든 매력을 하나로 패키징packaging 하여 매력의 가치를 올리는 마케팅 기법이다. 이들 기법은 기업과 기업 간의 동맹alliance, 연합association, 제휴cooperation 등을 통해 이루어진다. 이는 글로벌 서비스가 절대적인 항공사, 선박회사, 호텔 비즈니스에서 흔히 사용하는 마케팅 방법이다. 스카이팀, 스타얼라이언스 등 항공사 동맹을 통해 여러 항공사의 항공권을 패키징 하여 하나의 항공권과 같이 파는 방식이 이에 해당한다. 이러한 과정을 통해 이들 기업이 만들어 낸 매력은 규모의 경제를 달성할 수 있게 된다.

시장 노출

매력의 가치는 이를 느끼는 사람들에 의해 결정된다. 매력은 시장에 많이 노출market exposure되면 될수록 그 가치는 올라간다. 매력의 본질을 드러낸 직관적 디자인과 이를 논리적으로 설명하는 스토리가 있으면, 보다 효과적으로 매력을 시장에 노출할 수 있다. 디자인은 인간의 감성에, 스토리는 인간의 이성에 매력의 본질적 가치를 호소하는 마케팅 기법이다.

디자인

디자인design은 매력의 내재적 가치를 밖으로 드러내는 작업이다. 이를 통해 매력을 시장에 보다 효과적으로 노출할 수 있다. 인간은 외관만으로 감추어진 매력을 알아내는 본능이 있다. 포도, 앵두, 사과 등 과일 모습만 보면 사람들의 침샘이 돈다. 유선형 디자인만 보아도 빠르다는 느낌이 들고, 녹색의 디자인만 보아도 환경친화적이라는 느낌이 든다. 이러한 인간 감성 본능에 맞추어 매력을 외관을 디자인하면 매력의 가치를 올리는 데 크게 기여할 수 있다.

디자인을 적극 활용하여 매력의 가치를 높인 사례가 있다. 현대차그룹의 기아차는 독일 BMW와 벤츠의 디자이너 출신의 카림 하비브Karim Habib를 영입하고, 현대차도 람보르기니와 알파 로메오에서 디자인 개발 경험이 있는 필리포 페리니Filippo Perini를 영입하여 차량 디자인을 맡겼다. 이들은 현대차와 기아차의 우수한 차량 성능에 걸맞게, 세련된 모습의 차량 외모를 만들어 냈다. 이로 인해 현대차와 기아차는 벤츠, BMW, 렉서스, 포르쉐, 람보르기니 등 최상급의 브랜드들과 어깨를 견줄 수 있게 되었다. 이에 힘입은 현대자동차는 12년 만에 글로벌 완성차 판매업계 순위 5위에서 3위로 도약했다. 현대차 그룹이 갈고닦은 자동차 제조 기술을 외부로 세련되게 표출하여, 매력의 가치를 크게 올렸기 때문이다. 디자인 경영이 비즈니스에서 얼마나 중요한지를 일깨워 준 사례이다.

철도기술연구원 원장 시절에 '디자인실', 인천시 경제부시장 시절은 '디자인 인천', 코레일 사장 시절에는 '디자인 센터'를 만들어 디자인 중심 경영을 추진한 이유도 이에 대한 중요성을 깊이 인식했기 때문이다.

스토리

인간 누구나 자기만의 순탄치 않은 인생 여정이 있다. 인생 하나하나가 장대한 스토리story이다. 스토리는 매력의 내재적 가치를 논리적으로 구성하여, 인간의 이성에 호소하는 방법이다. 따라서 스토리는 인간의 논리에 부합되는 구성의 완결성을 가져야 한다. 이는 스토리가 문제 제기(서론), 문제 해명(본론), 결론 형태로 인간의 이성에 호소할 수 있도록 논리적으로 구성되어야 한다는 이야기이다. 영화, 드라마, 논문, 소설 등도 마찬가지이다. 구성의 완결성이 높은 스토리를 가진 영화는 적은 제작비에도 흥행하는 사례는 종종 볼 수 있다. 스토리는 인간의 이성적 논리 구조를 파고들어 매력의 내재적 가치를 설득하는 마케팅 마케팅 기법의 하나이다.

TV 쇼핑 채널의 쇼-호스트showhost가 상품을 소개할 때 사용하는 기법은 '설득'과 '압박'이다. 이들은 자신이 팔고 있는 매력이 소비자에게 어떠한 이득이 있는지를 알리는 데 집중하고 있다. 인간의 이성에 호소하는 방식이다. 방송 시간이 끝날 무렵이 되면 압박으로 시청자를 설득하기도 한다. 이번 방송이 끝나면 매력의 가격이 정상가로 환원된다든지, 방송 마감까지 10분 남았다든지 등등이다. 이는 매력의 희소가치를 올리는 마케팅 기법이다. 이 '설득'과 '압박'도 크게 보면 매력을 팔기 위한 '설득'의 범주에 속한다.

동시 다발적인 설득을 통해 매력의 가치를 높이는 경우도 있다. 꿀벌이 만드는 프로폴리스[119] 마케팅 사례이다. 한 TV 채널에서 프로폴리스의 뛰어난 천연

---

119 프로폴리스는 꿀벌이 나무의 싹이나 수액에서 수집하는 수지질의 혼합물이다. 프로폴리스는 꿀벌이 벌집 사이를 메우는 데 사용하는 물질로 살균성, 항산화성, 항염 작용, 항종양 등 항생기능이 있다.

항생 기능에 대한 설명이 진행되는 동안 또 다른 TV 채널에서는 프로폴리스를 판매하는 방송이 진행된다. 이는 다각적인 설득으로 매력의 가치를 올리기 위한 전략이다.

이렇듯 스토리로 매력의 내재적 가치를 잘 설득하면, 매력의 가치는 올라가게 된다.

나누어 팔기

동일한 매력도 소비자 처지에 맞추어 조건으로 나누거나, 시기별로 나누어 팔면 매력의 총체적인 가치를 높일 수 있다. 이는 항공권, 열차 승차권, 호텔 객실과 같이 조건을 달리하여 나누어 팔거나, 영화, 드라마와 같이 상영시기와 창구를 달리하며 나누어 파는 방법이다. 이는 동일한 매력을 인위적으로 시장을 분리하여, 그 시장에 특성에 맞게 나누어 매력을 팔기 위한 전략이다. 이를 통해 매력에 대한 총체적 가치를 올리고, 매력 생산의 규모 경제를 달성할 수 있다.

조건별로 나누어 팔기 : 수익관리시스템

시장은 하나로 보이지만 실제로는 소비자 숫자만큼 존재한다. 같은 상품도 소비자 특성별로 여러 개의 상품을 만들어 팔면 매출 수익을 극대화할 수 있다. 이는 수익관리시스템을 이용한 마케팅 기법이다.

이 마케팅 기법이 본격적으로 사용되기 시작한 것은 1970년대 미국 항공산업에 대해 신규 항공사의 진입과 퇴출, 항공권 가격 규제가 풀리면서부터다. 이들 규제 완화로 인해 항공사 간 경쟁이 치열해졌다. 이러한 경쟁 환경에서 항공사들은 살아남기 위해 마케팅 기법의 하나인 수익관리시스템을 도입하기 시작했다. 이러한 마케팅 기법은 항공산업은 물론, 이와 유사한 산업인 호텔, 리조트 등 관광산업 등에서도 활용되고 있다.

수익관리시스템의 이해를 돕기 위해 항공사의 항공권 판매의 경우를 예를 들어 보자. 비즈니스 승객은 항공권 가격이 높더라도 이용 제한이 없는 항공권을 구매하는 성향이 있다. 반면에 레저 승객은 이용 제한이 있더라도 저렴한 항공권을 구매하기를 원한다. 이러한 승객 특성을 감안하여 항공사에서는 동일한 항공권 좌석에 다양한 조건을 붙여 다양한 가격으로 판매하고 있다. 그 조건들은 마일리지 부여 정도, 예약 취소 조건, 주말 이용 여부, 환불 수수료 차등화 등이다. 항공사들은 과거 예약 및 판매실적 자료를 통계 분석하여, 매출이 극대화될 수 있도록 항공권 조건별로 예약 인원을 사전 할당하여 판매하고 있다. 이것이 수익관리시스템의 작동 메커니즘이다. 이에 대한 실무적 이해를 돕기 위해 구체적인 사례를 들어 이야기하는 것이 좋을 듯하다.

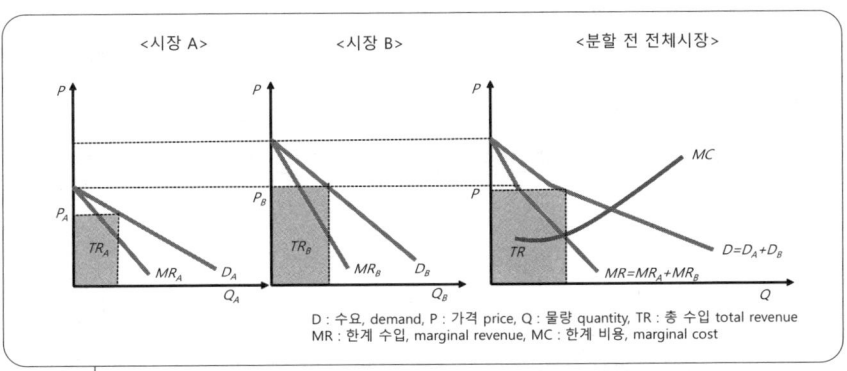

가격차별화 이론적 근거. 시장을 분할하여 가격탄력성이 낮은 시장(B)은 높은 가격(P_B)을, 가격탄력성이 높은 시장(A)은 낮은 가격(P_A)을 받으면, 시장을 분할하기 전(TR)보다 더 많은 수입($TR_A + TR_B$)을 올릴 수 있다.

항공권을 판매할 때 3가지 리스크risk가 있다. 첫째는 항공권을 너무 싸게 팔아 항공권이 항공기 출발 한참 전에 매진되는 경우이다. 둘째는 항공권을 너무 비싸게 팔아 항공기가 빈 좌석으로 운행하는 경우이다. 셋째는 항공권을 매진했으나 항공기 출발 시에 막상 승객이 나타나지 않고 추후 환불하는 경우이다. 이를 노쇼no-show라고 한다. 세 가지 경우 모두 마케팅에 실패한 경우이다. 통계적 방법으로 이러한 실패 사례를 줄이는 것이 수익관리시스템이 해야 할 일이다.

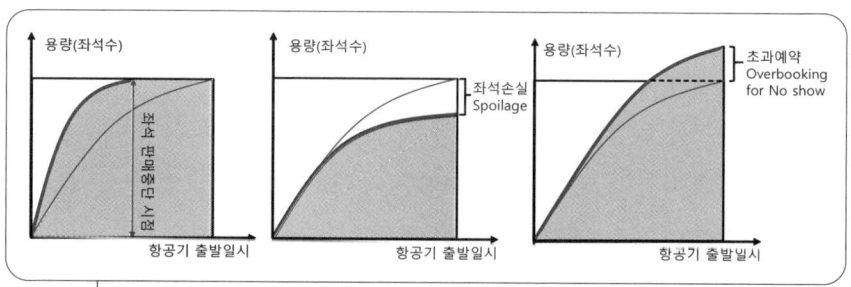

항공권 예매에 3가지 리스크를 나타내는 그림이다. 이 리스크를 최소화하기 위해 통계적 분석을 통한 체계적인 수익관리시스템이 필요하다.

　수익관리시스템에서는 수익성이 있는 상품에 물량을 우선 할당하기 위해 네스팅Nesting 기법을 사용한다. 네스팅 기법을 이용해 요금 등급별로 좌석을 할당하는 세 가지 방식이 있다. 요금 등급별로 독립적으로 좌석을 할당하는 방식Distinct Control, 한 울타리 내 요금 등급별로 단계적으로 좌석을 할당하는 방식Serial Nesting, 한 울타리 내 요금 등급별로 병렬적으로 좌석을 할당하는 방식Parallel Nesting 등이다.

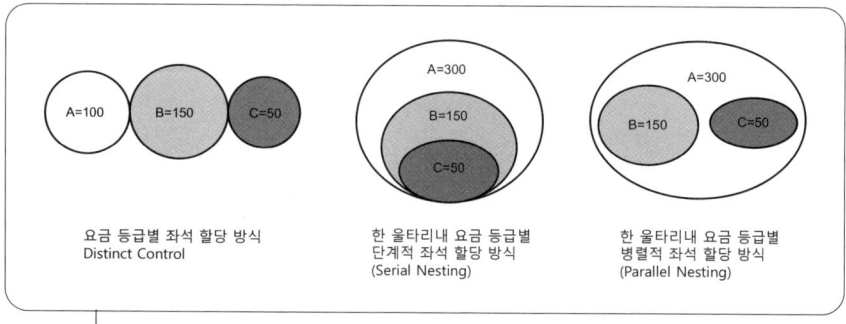

수익성 있는 항공권 물량을 우선 할당하는 네스팅Nesting 기법의 예이다.

　코레일의 수익관리시스템에 의한 열차 좌석 판매는 앞서 예를 든 항공기 좌석 판매 사례보다 복잡하다. 하나의 열차에 승객들이 도중에 타고 내리는 역이 여러 곳이기 때문이다. 예를 들어 한 승객이 서울에서 승차하여 대전에서 하차 한다면, 그 좌석은 대전~부산 간 승객에만 판매가 가능하므로 좌석 가치가 감소한다. 최악의 경우 수백 명이 먼저 단거리 구간의 좌석을 우선 예매하게 되면 서울~부산을 이용하는 장거리 고객은 아예 표를 구할 수 없게 된다.

이러한 상황을 방지하기 위해 네스팅이라는 좌석 배정 기법을 사용한다. 구간별 수요를 예측하여, 좌석의 일정 부분을 장거리 승객에게 우선 배정하고, 단거리 승객에게는 좌석을 제한하여 판매하는 방식이다. 간선철도 특성상, 장거리 승객이 열차를 보다 많이 이용할 수 있게 하기 위해서이다.

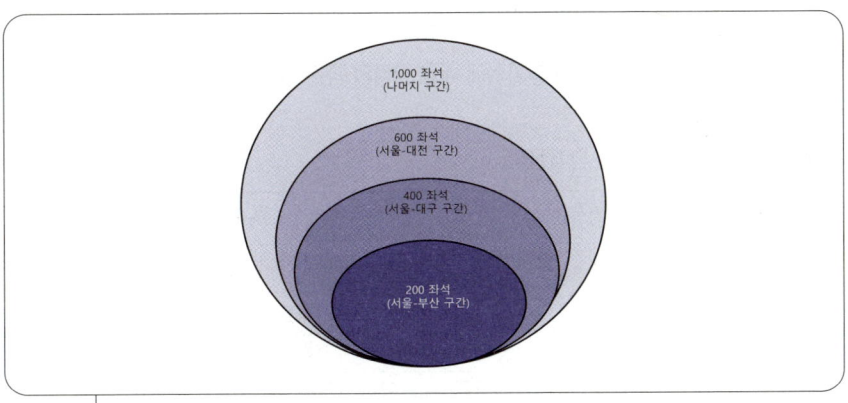

서울~부산까지 운행하는 고속 열차 경우 서울~부산, 서울~동대구 등 장거리 구간에 승차권을 우선 할당하는 네스팅 기법의 적용 사례이다.

이제 수익관리시스템의 실무적 활용에 보탬이 되도록 적용 사례를 들어 설명하겠다.

항공권 판매와 관련한 수익관리시스템 적용 사례

① 같은 상품에 여러 가지 조건을 붙여서 여러 가지 가격대 항공권을 만든다. 일례를 들면 동일한 항공권 좌석이라도 최소 사전 예약 일자, 마일리지 부여 비율, 환불 여부, 예약 변경 수수료 차등화, 주말 이용 가능 여부 등의 조건을 붙여 다양한 항공권을 발행하고, 항공권 등급별로 가격을 달리 매기어 파는 것이다. 조건 별로 달리 가격을 매긴 등급별 항공권은 각기 다른 항공권이나 마찬가지로 취급한다.

▶ 항공권 가격등급별 구매조건(예시)

가격 등급	가격	항공권 구매 조건				
		사전예약	마일리지 부여비율	환불여부	예약변경 수수료	주말이용 가능여부
A	50만원	해당 없음	100%	가능	0%	가능
B	40만원	10일전	50%	가능	10%	가능
C	30만원	20일전	0%	불가능	100%	불가능

② 과거 매출 기록을 토대로 등급별 항공권 평균 판매량과 이에 대한 표준편차를 구한다. 이를 이용해 모집단의 정규확률분포를 추정한다.

- 1단계 : 총 200개의 등급별 항공권에 대한 각각의 과거 일별 판매량을 집계한다.

▶ 과거의 가격대별 일일 판매실적

일차별 판매 실적	항공권 종류			판매 좌석 총수	일차별 판매 실적	항공권 종류			판매 좌석 총수
	50만원	40만원	30만원			50만원	40만원	30만원	
1(일차)	40	60	72	172	16(일차)	46	60	52	158
2	34	80	68	182	17	48	72	60	180
3	36	70	66	172	18	46	70	62	178
4	44	50	64	158	19	34	52	66	152
5	48	36	62	146	20	40	84	68	192
6	38	90	72	200	21	38	44	74	156
7	40	64	84	188	22	40	36	70	146
8	42	44	58	144	23	34	68	90	192
9	44	58	64	166	24	36	66	54	156
10	38	68	76	182	25	46	96	56	198
11	36	76	80	192	26	42	32	68	142
12	40	62	76	178	27	40	52	72	164
13	38	44	72	154	28	40	84	66	190
14	44	48	60	152	29	36	76	74	186
15	36	58	52	146	30	34	64	58	156

- 2단계: 등급별 항공권 판매실적으로 등급별 항공권 평균 판매량과 표준편차를 산출한다.

▶ 평균 판매 매수와 표준편차

가격 등급	가격	항공권 종류	
		평균판매 매수(μ)	표준편차(σ)
A	50만 원	39.93	4.28
B	40만 원	62.13	16.35
C	30만 원	67.20	9.15

③ 등급별 항공권의 평균판매 매수와 표준편차를 이용하여 모집단 정규확률분포를 구하고, 이를 이용하여 등급별 마지막 순번의 항공권(한계 상품Marginal Product)이 팔릴 확률을 추정한다.

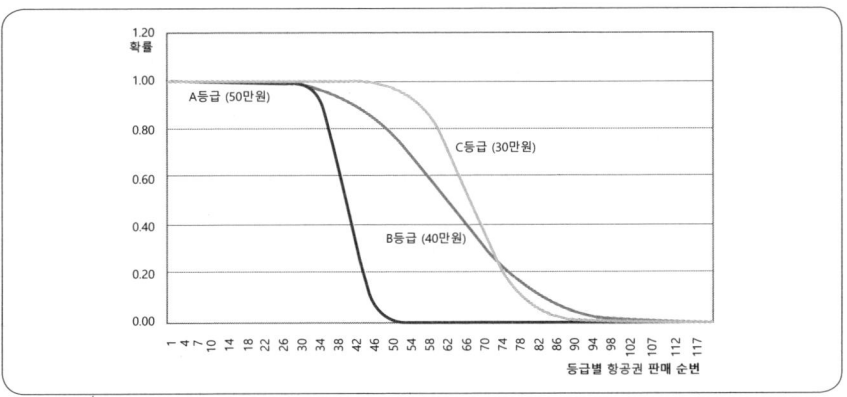

과거 항공권 등급별 판매 실적으로 산출한 평균값과 표준편차를 이용하여 마지막 순번의 항공권(한계 상품Marginal Product)이 팔릴 확률을 추정한 그래프다.

④ 한계 상품이 팔릴 확률에 조건별 항공권 가격을 곱하여, 당해 항공권의 기댓값을 계산한다. 항공권 총량을 한계 항공권 가격의 기댓값이 높은 순으로 순차적으로 배분하면 최대 매출 수입을 올릴 수 있다.

- 200개의 좌석을 가진 항공기의 항공권을 판매할 경우, 한계 항공권의 기댓값이 큰 순서로 A등급 항공권 45매, B등급 항공권 80매, C등급 항공권 75매로 할당하여 판매하면 매출액이 최대가 된다. 이 경우 A등급 45번째 항공권, B등급 80번째 항공권, C등급 75번째 항공권의 기댓값은 비슷하거나 동일하게 된다.

▶ 한계 상품이 팔릴 확률 및 기댓값

좌석 판매 순번	A(50만원) 확률	A(50만원) 기댓값	B(40만원) 확률	B(40만원) 기댓값	C(30만원) 확률	C(30만원) 기댓값
1	1.00	50.0	1.00	40.0	1.00	30.0
2	1.00	50.0	1.00	40.0	1.00	30.0
-------------- 중간 생략 --------------						
43	0.24	11.8	0.88	35.2	1.00	29.9
44	0.17	8.6	0.87	34.7	0.99	29.8
45	0.12	5.9	0.85	34.1	0.99	29.8
46	0.08	3.9	0.84	33.5	0.99	29.7
-------------- 중간 생략 --------------						
74	0.00	0.00	0.23	9.4	0.23	6.9
75	0.00	0.00	0.22	8.6	0.20	5.9
76	0.00	0.00	0.20	7.9	0.17	5.0
78	0.00	0.00	0.17	6.6	0.12	3.6
79	0.00	0.00	0.15	6.0	0.10	3.0
80	0.00	0.00	0.14	5.5	0.08	2.4

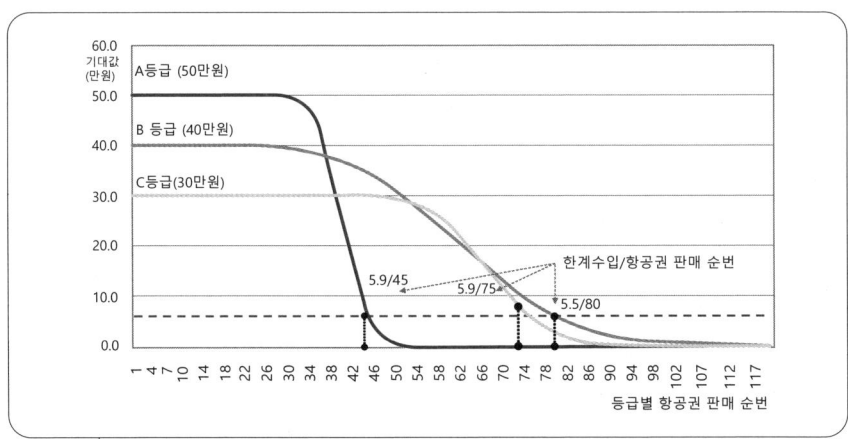

마지막 항공권(한계 상품Marginal Product)이 팔릴 확률에 항공권 가격을 곱해, 한계 항공권의 기댓값을 그린 그래프이다.

시기별로 나누어 팔기 : 홀드-백

동일한 매력을 여러 시장에 순차적으로 나누어 파는 방식이 홀드-백hold back 이다. 영화 산업에서 이야기하는 홀드-백은 제작된 영화가 영화관에서 처음 상영된 이후, IPTV 등 플랫폼을 통해 유통되기까지의 유예기간을 말한다.[120] 영상을 배포선과 배포 시기를 달리하며, 시차를 두고 영화관, 케이블, 공중파 TV, 넷플릭스와 같은 OTT[121] 등으로 순환하여 상영하는 방식이다. 이는 창구 효과 window effect를 이용해 매력을 창구를 달리하며 순차적으로 판매하는 전략이다. 이를 통해 매력 생산의 규모 경제를 실현할 수 있다.

매력과 사람의 이동

국가, 지역, 도시 등 장소에 따라, 자연, 인구, 경제, 사회, 문화, 산업, 권력 구조 등 사람들이 살아가는 환경이 다르다. 따라서 동일한 매력도 장소에 따라 그 가치를 달리 평가받는다. 매력은 낮은 가치로 평가받는 장소에서 높은 가치로 평가받는 장소로 이동한다. 이는 매력의 가치를 올려 돈을 벌려는 인간의 욕구 때문이다. 경제학에서 국제 교역이 일어나는 이유를 설명한 '비교우위론'과 맥을 같이 한다.

매력과 사람이 이동하는 방식에는 매력의 순간 이동, 물리적 장소 이동, 매력으로의 사람의 이동 등 3가지 방식이 있다. 무형의 매력은 초고속 인터넷 통신망을 통해 지구촌 곳곳으로 순간 이동한다. 움직일 수 있는 유형의 매력은 열차, 자동차, 선박, 항공기에 실려 물리적으로 장소를 이동한다. 그리고, 고대 건축물, 도시와 같이 움직이기 어려운 유형의 매력은 사람들이 직접 매력이 있는 장

---

[120] '존윅4와 슬램덩크…'홀드백'의 의미는? [IT클로즈업]' (디지털데일리, 2023.6. 21 강소현 기자, http://m.ddaily.co.kr/page/view/2023062018060691108)

[121] OTT: 어원은 'Over The Top'으로 '셋톱박스 너머'라는 뜻이다. 셋톱 박스라는 하나의 플랫폼에만 종속되지 않고 PC, 스마트폰, 태블릿 컴퓨터, 콘솔 게임기, 스마트 TV 등 다수의 플랫폼으로 서비스한다. (자료: 나무위키)

소로 이동한다.

  이는 장소에 따라 유무형의 매력의 가치가 다르기 때문에 일어나는 현상이다. 매력은 세상을 움직이는 힘이다.

제6부

매력과 기업

시장이 있고 조직과 자금을 동원할 수 있는
기업이 매력을 가장 잘 만들어 낼 수 있다.
가치 높은 매력을 만드는 미래 기업이 되려면
반드시 갖추어야 할 조건이 있다.

제1장 | 산업 생태계의 진화

> 계속되는 지적 혁명으로 산업 생태계가 진화하고 있다. 이로 인해, 기업의 비즈니스 모델이 바뀌고 있다. 이를 알고 대처해야 미래 기업의 자리를 차지할 수 있다.

또 하나의 산업혁명

통상적으로 비즈니스 유형은 1차 산업(농림수산업), 2차 산업(제조업), 3차 산업(서비스업) 등 3가지 유형으로 나눈다. 이는 매력이 만들어지는 과정을 특성별로 분류한 것이다. 1차 산업은 기후, 토질, 해양 등 자연 의존형 산업으로 광범위한 지역을 관리해야 하는 산업이다. 2차 산업은 원자재를 들여와 공장과 같은 제한된 공간에서 복잡한 제조 공정이 필요한 산업이다. 3차 산업은 사람들에게 직접적인 서비스를 제공하는 섬세한 손길이 필요한 산업이다.

과학기술 발달 단계에 따라 여러 차례 산업 혁명이 일어났다. 증기기관 발명과 석탄 에너지로 시작된 제1차 산업혁명(1760년~1830년대), 석유와 전기에너지로 대량생산체제를 구축한 제2차 산업혁명(1870년~1930년대), 컴퓨터와 정보통신 기술을 기반으로 하는 제3차 산업혁명(1930년대~20세기 후반), 인공지능, 로봇, 빅데이터, 사물인터넷으로 대변되는 제4차 산업혁명(21세기 이후) 등이다.

그간의 산업혁명은 주로 2차 산업인 제조업 위주로 일어났다. 제4차 산업혁명이 시작되면서, 2차 산업인 제조업의 전유물이던 자동화 공정이 모든 산업분야로 확산되고 있다. 그러면서 모든 산업이 하나의 산업으로 모이는 '산업의 통합' 현상이 나타나고 있다. 동시에 원자재 조달, 제품 생산, 유통, 마케팅, 소비 과정이 하나로 묶이는 '프로세스의 통합'이 진행 중이다. 이들 '산업의 통합'과

'프로세스의 통합'은 여태까지와는 결이 다른, 또 하나의 산업혁명이다.

하나로 통합되는 산업

제4차 산업혁명 화두인 사물인터넷, 인공지능, 로봇을 이용하여 2차 산업인 제조업의 전유물이던 자동화 공정이 1차 산업인 농업, 3차 산업인 물류, 서비스업 등에 빠르게 도입되고 있다. 이들 산업은 지역적으로 범위가 넓어 관리가 어렵거나, 인간의 섬세한 손길이 필요한 산업 분야이다. 이해를 돕기 위해, 농장, 음식점, 병원 등에서 도입한 자동화 공정 사례를 들어 보기로 하겠다.

제1차 산업인 농업에 자동화 공정이 도입된 사례이다. 미국 캘리포니아주 샌프란시스코 인근 나파 밸리Napa Valley지역은 양질의 포도주 생산지로 알려져 있다. 포도가 자라기 좋은 강수량, 냉한 기온, 적절한 일조량이 있기 때문이다. 나파 밸리에서 시작된 포도 농장이 로스앤젤레스 인근의 사막지역까지 확대되고 있다. 이러한 일이 가능했던 이유는 대형 스프링클러를 이용하여 물, 비료, 농약을 살포하고 대형 트랙터를 이용해 포도를 수확할 수 있게 되었기 때문이다. 마치 포도 생산공장과도 같은 모습이다. 포도 이외에도 스마트 팜smart farm사업으로 다양한 농산물 공장이 도시 인근 또는 사막 등 세계 곳곳에 들어서고 있다.

3차 산업인 음식점도 마찬가지이다. 일본에서 시작된 회전초밥집Rotating sushi[122]은 제조업에서 사용하는 컨베이어 벨트를 음식점에 도입한 경우이다. 음식을 만드는 주방 자체를 아예 자동화 공장으로 옮긴 음식공장이 늘고 있다. 그 대표적인 음식공장이 밥 공장, 김밥 공장, 반 가공 음식 공장이다. 밥

---

[122] 일본인 시라이시 요시아키(白石義明)가 아사히 맥주 공장의 컨베이어 벨트에서 착안하여 만든 음식점이다. 회전 초밥집에는 요리사 중심으로 둥그렇게 컨베이어 벨트가 돌아간다. 요리사가 만든 초밥 접시를 컨베이어 벨트에 올려놓으면 주변에 둘러 앉은 고객들이 자신이 원하는 초밥을 가져다 먹는 방식이다. 고객들은 식사 후 가격을 표시한 색깔 별 빈 접시 숫자를 세어 음식값을 계산한다.

공장은 인스턴트 밥인 햇반이 나오면서 생긴 음식공장이다. 김밥 공장은 전국 편의점에 김밥을 대량 공급하기 위해 생긴 음식공장이다. 일반 음식점도 마찬가지이다. 주방에 사람이 몇 안 되는 데도 메뉴가 다양한 식당이 있다. 음식공장에서 만들어진 반 가공 음식을 덥히기만 하면, 쉽게 음식을 만들 수 있기 때문이다. 식당 주방의 전부 또는 일부가 자동화된 음식공장으로 옮겨간 것과 마찬가지이다. 이는 제조업과 마찬가지로 자동화 공정과 규모 경제를 이용해 조리비용을 절감하기 위한 것이다.

카페도 마찬가지이다. 유명 카페에는 고가의 로스팅 장비를 이용해 맛있는 커피를 만들고 있다. 아예 커피 주문, 로스팅, 커피 제공 등 전 과정이 자동화된 무인 카페가 속속 들어서고 있다. 일반 음식점에도 음식 주문은 소비자가 직접 무인 단말기Kiosk에서, 주방에서 손님 테이블까지 음식 배달은 로봇이 담당하는 음식점이 늘고 있다. 무인 단말기 주문 방식은 식당 종업원이 해 온 주문 접수 업무를 소비자가 프로슈머[123]가 되어 일하도록 하는 방식이다. 로봇에 의한 음식 배달은 식당 직원이 해 온 일을 자동화 공정으로 대체하는 방식이다. 대형 병원들도 무인 단말기, 라벨링, 자동화 진단기기, 자동 예약과 결재 등 자동화 공정을 도입하여 환자 관리하고 있다. 과거 일대일 대면 환자 진료 방식에서, 환자를 컨베이어 벨트에 올려놓고 진료하는 방식으로 바뀌고 있는 것이다.

농장, 음식점, 병원 등에 자동화 공정이 도입되면서, 이들 산업의 생산성과 수익성 모두 개선되고 있다. 이들 자동화 공정은 종국적으론 3차 산업의 하나인 인공지능형 소프트웨어로 작동되며 이들의 경쟁력이 산업의 승패를 좌우하고 있다. 이런 관점에 보면 모든 산업이 1차, 2차, 3차 구분없이 하나의 산업으

---

123 프로슈머(prosumer)는 생산자(producer)와 소비자(consumer)를 합성어로 '생산적 소비자'다. 소비자가 소비는 물론 생산자 몫인 구매정보입력, 제품개발, 유통과정에 직접 참여하는 현상이다. 이를 통해 생산자는 비용을 줄이고 소비자는 원하는 방식으로 물품을 구매할 수 있다.

로 통합되는 '산업의 통합'이 진행되고 있다. 이들 '산업의 통합'은 산업의 생산성을 높임은 물론, 산업 간 경계를 허물어 보다 다양한 매력을 만들 수 있는 가능성을 높이고 있다.

생산, 공급, 소비 프로세스 통합과 혁신

15세기에서 17세기에 걸친 대항해 시대에 유럽인들은 그들의 식민지에 종교, 언어, 문화, 경제, 교육 제도를 이식시켰다. 이는 패권 국가와 식민지를 하나의 통합된 프로세스로 묶는 작업이었다. 이제, 과거 절대권력의 국가들이 하던 일을 이제 미래 기업이 나서서 하고 있다.

미국의 대표적인 항공기 제작 기업 보잉사의 예이다. 항공기에는 30만 개의 부품이 들어간다. 이 많은 부품들을 자신들의 공장에서 모두 만들기는 어렵다. 대부분의 부품들은 전 세계에 흩어진 부품 제조 공장에서 공급받는다. 시애틀에 소재한 보잉사 공장에서는 세계 각처에서 조달된 부품들을 조립하여 항공기 완제품을 만드는 일에 집중하고 있다. 계약기간 내 항공기를 인도하려면 하나하나의 부품조달이 제때제때 이루어져야 한다. 특정 국가에 정변, 재난, 전쟁 발발로 일부 부품 수급에 문제가 생겨도, 항공기 제작공정 전체에 차질이 생긴다. 이를 방지하기 위해 지역별 담당자를 두어 전 세계에 흩어진 공장 가동 상황, 부품 공급망은 물론, 그 나라의 정치, 경제 등에 대해 모니터링하며 급변하는 사태에 대처하고 있다. 이렇듯 보잉사는 원자재 조달, 제조, 보관, 배송, 판매, 홍보 등 전 과정을 하나의 프로세스로 묶어 관리하고 있다. 이는 여타 대형 항공기, 선박, 자동차 제작사에서도 일어나고 있는 일이다.

세계적인 물류 유통망을 가지고 있는 아마존에서는 FBA Fulfillment By Amazon 방식의 종합 유통 서비스를 개발하여 입점 업체에 제공하고 있다. 입점 업체를 대신해 상품 구매, 보관, 배송, 고객 지원 등의 업무를 일괄적으로 처리하는 서비스다. 이 서비스를 제공하기 위해, 아마존은 작업 단계별 글로벌 모니터링 네트워크를 구축하고 있다. 이들 네트워크를 통해 전 세계에 흩어진 구성원들에게 작업 지시가 내려간다. 네트워크 상에 위치한 구성원들은 이들 작업 지시에 따라 일사불란하게 업무를 처리한다. 이는 또 하나의 '프로세스의 통합' 사례이다.

지구촌 곳곳에서 매력에 대한 생산, 마케팅, 판매, 배송은 물론 소비과정 관리와 피드백까지 하나로 엮이는 '프로세스의 통합'과 이를 최적화하는 '프로세스의 혁신'이 동시에 진행되고 있다. 이들 '프로세스의 통합과 혁신'은 하나의 기업, 국가에 머물지 않고 지구촌 전반으로 확대되고 있다. 따라서 '프로세스의 통합과 혁신'을 위해서는 국가별로 상이한 이념, 종교, 정치, 경제, 문화, 인프라의 차이를 극복해야 한다. 미래 기업이 되려면 세계 여러 나라의 정치, 경제, 사회, 문화적 배경을 이해하고, 이들과 가치를 공유하며 '프로세스의 통합'과 '프로세스의 혁신'을 이루어 낼 수 있어야 한다.

제2장 | 생산요소

> 과거 생산요소로써 노동, 토지, 자본을 꼽았다. 과학 기술이 발전되면서 유형의 생산요소보다, 무형의 생산요소가 더욱 중요하게 되었다.

생산요소는 매력을 만들기 위해 없어서는 안 될 요소이다. 전통적으로 매력을 만드는 3대 생산요소로 노동labor, 토지land, 자본capital을 이야기했다. 이에 지식Knowledge을 더해 4대 생산요소로 부르기도 한다. 이들 생산요소들은 더 이상 구하기 어려운 '희소가치'가 없어 생산요소로서의 지위를 지키기 어렵게 되었다.

인간의 노동은 인공지능, 로봇, 자동화 공정이 출현하면서 생산요소로서 지위가 흔들리고 있다. 토지는 대량 고속교통수단 발달, 초고층 건물, 사물인터넷 등으로 공간 확보가 거의 무한대이다. 자본은 화폐, 연금, 펀드, 가상화폐, 신용카드 등 화폐와 유사한 거래 수단의 출현으로 그 유동성 역시 무한대이다. 수익성 있는 비즈니스만 만들어 내면 이에 필요한 자금은 얼마든지 구할 수 있다. 지식도 빅데이터와 인공지능 발달로 인해 누구든 쉽게 얻어 낼 수 있다.

그렇다면 유무형의 매력을 만드는 데 꼭 필요한 생산요소는 무엇일까? 미래 생산요소로 '지성intelligence', '입지location', '에너지energy', '혁신innovation'등 4대 생산요소를 들었다. 그 이유는 이렇다.

생산요소로서의 인간의 '지성'은 새로운 지식 창출할 수 있는 정신능력이다. 이들 지식은 쓸모 있는 '효용가치'와 구하기 어려운 '희소가치'가 모두 존재한다. 특히, 인간의 지성은 인공지능을 만들고, 업그레이드하고, 유지하고, 관리할 때 반드시 필요한 생산요소이다. 인간의 지성이 인간의 노동을 대체하며, 미래 중요한 생산요소로 자리 매김할 것이다.

생산요소로서 '입지'는 지리적 위치를 나타내는 생산요소로서 생산, 유통, 소비 등 경제활동이 활발하게 일어나는 땅을 말한다. 이들 입지는 활발한 경제활동이라는 '효용가치'가 있고, 물리적 거리로 인해 구하기 어려운 '희소가치'가 존재한다. 경제활동 유형에 따라 3가지 종류의 입지가 있다. 첫째, 공급 중심형 supply oriented 입지다. 이는 매력을 경쟁력 있게 만들어 낼 수 있는 자원, 노동력, 인프라를 갖추고, 교육, 연구 등 지적 활동이 왕성한 지역이다. 둘째, 공급망 중심형 supply chain oriented 입지다. 유무형의 매력을 원활히 유통하고 중개할 수 있는 지역이다. 이들 지역은 무형의 매력을 유통할 수 있는 통신망, 유형의 매력을 유통할 수 있는 공항, 항만, 도로, 철도 등의 물자 공급망을 갖춘 지역이다. 셋째, 수요 중심형 demand oriented 입지다. 매력이 활발히 소비되는 지역으로 자원이 풍부하거나 비즈니스가 활발하여 소득과 구매력이 높은 지역이다. 이들 중 한 가지 이상의 조건을 갖추어야 생산요소인 입지라고 할 수 있다.

생산요소로서 '에너지'에 대한 이야기이다. 미래에는 인공지능, 사물인터넷, 로봇, 빅데이터, 전기 자동차 이용이 확대될 것이다. 이들 장비와 시설을 가동하기 위해서는 막대한 양의 전력 사용이 불가피하다. 국제에너지기구 International Energy Agency, IEA의 예측에 따르면, 빅데이터를 관리하는 데이터센터 에너지 소비량이 2022년 약 460테라와트시TWh에서 2026년 두배가 늘어난 1,000테라와트시TWh에 이를 것으로 추정하고 있다.[124] 인공지능에 필요한 반도체 제조도 마찬가지 상황이다. 최근 조성되는 용인 반도체 산업단지가 본격 가동되는 2050년에는 40기가와트시의 전력이 필요하게 된다. 이는 지금의 수도권 전기

124　"전 세계 데이터센터 에너지 소비량…2년 내 1,000테라와트시 육박" (Elizabeth Montalbano, Network World, 2024.1.2) (https://www.itworld.co.kr/news/322823#csidx2fadd7e607ebc7cabc5d1a95b742d30

수요의 25%에 해당하는 전력량이다.[125] 이에 더해 일상 생활에 전기 자동차는 물론, 고속열차, 광역급행전철 등 고속교통수단의 이용이 확대되고 있다. 이로 인해 더욱 많은 전력이 필요하게 될 것이다. 핵융합 발전을 위한 국가 간 연대가 구축되고 있는 것도 미래 에너지의 중요성을 알기 때문이다. 다양한 솔루션으로 미래 에너지를 확보하는 나라가 미래를 주도하게 될 것이다.

생산요소로서 '혁신'에 대한 이야기이다. 이에 대한 이야기는 제5부 제3장 '매력을 만드는 방법'에서 상세하게 이야기 했다. 매력은 혁신을 통해 만들어진다. 혁신이 매력의 생산요소라는 데는 의심의 여지가 없다.

과거 우리나라에는 전통적인 생산요소인 노동, 토지, 자본, 지식 모두 취약했다. 이로 인해 조선시대, 일제 강점기, 6·25전쟁을 거치면서 절대 빈곤의 나락으로 빠져들었다. 그런 대한민국이 1945년 광복 이후 80년 만에 세계 교역 6위권의 나라가 되었다. 이는 지성, 입지, 에너지, 혁신 등 매력의 4대 생산요소를 모두 갖추면서 시작된 일이다.

---

[125] "반도체 공장, 땅만 있다고 못 지어요"…전기·물, 얼마나 쓰길래?[김민지의 칩만사!] (헤럴드경제, 2023.07.16, https://biz.heraldcorp.com/view.php?ud=20230714000693)

제3장 | 기업의 역할

기업은 인간에게 매력을 공급하는 공급망 관리자Supply Chain Manager이며, 동시에 매력을 만들어 인류 미래의 향방을 결정할 게임 체인저Game Changer 이다.

기업 목표, 이윤극대화?

'승자독식The winner takes it all.'은 1980년 스웨덴 4인조 보컬 그룹인 아바 ABBA가 부른 팝송 제목이다. 그 가사 내용은 '승리한 자가 모든 것을 갖는다.'이다. '승자독식' 사회를 정서적으로 비판하는 슬픈 운율의 노래이다. 경제학에서는 경제이론 전개를 위해 기업의 목표로 '이윤 극대화'를 들고 있다. 이를 이유로 기업을 '승자독식'의 원흉으로 본다. 기업에 대한 부정적인 이미지가 우리 뇌리를 떠나지 않는 이유이다.

과연, 기업의 목표가 '이윤 극대화'이고, 그런 기업이 '승자독식'의 원흉일까? 그렇다면, 대부분의 나라나 지역에서 기업을 유치 못해 안달하는 이유는 무엇일까? 이렇듯 기업에 대한 서로 모순된 시각이 존재하는 이유는 과연 무엇일까? 이제 이 문제를 공론의 장으로 끌어 낼 때가 되었다.

기업은 '인간 나름의 치열한 생존 메커니즘'인 인간이 만들어 낸 집단지성the wisdom of crowds의 산물이다. 기업이 존재하는 이유는 인간의 생존에 필요한 유무형의 매력인 상품과 서비스를 어느 누구보다 효율적으로 만들어 공급하기 때문이다. 즉, 기업이 존재하는 이유는 인간의 이익과 부합되기 때문이라는 이야기이다. 만약에 기업이 승자독식의 원흉이라면, 자유민주주의 권력구조 하에서 살아남기 어려웠을 것이다. 그러나, 기업은 자유민주주의 권력구조 하에서 보다 왕성하게 활동하고 있다.

그렇다면, 경제학에서 이야기하는 기업 목표인 '이윤 극대화'는 어떻게 설명해야 할까? 이는 경제학자들이 경제이론 전개를 위한 가설에 불과하다. 기업은 '이윤 극대화'를 위해 발버둥 칠 뿐, 이를 실현하는 경우는 거의 볼 수 없다. 인간의 집단지성의 또 다른 산물인 '시장'이 기업을 경쟁을 시켜 '이윤 극대화'를 달성하게 놔두지 않기 때문이다. 이를 통계를 빌어 이야기해 보자. 지난 28년간(1994년~2022년) 우리나라 기업의 매출액 대비 매출원가는 93.6%로 매출액 대비 영업이익률은 평균 6.4%에 불과하다.[126] 이는 대부분의 기업이 생존에 필요한 최소한의 이윤만 남기고 있다는 이야기이다.

미래 기업 중 일부는 독점기업이 되어 상당한 이윤을 내는 경우가 있다. 이는 미래 기업이 만들어 낸 독보적 매력에 대한 일시적 보상소득이다. 이들 보상소득이 커지면 또 다른 경쟁자들이 '시장'에 유입되고, 시장은 다시 레드 오션red ocean으로 변한다. 기업이 가치 높은 매력을 지속해서 만들지 못하면, '시장'은 더 이상 높은 보상 소득을 허용하지 않는다. '시장'에서 작동하는 '보이지 않는 손' 때문이다. '시장'은 기업에게 이윤을 주기보다 이윤을 미끼로 더욱 많은 일을 시킨다. 즉 '시장'은 기업끼리 경쟁을 유도하여, 싸고 좋은 매력을 소비자에게 공급하도록 한다. 경쟁과정에서 혁신하는 기업은 살아남고, 그렇지 못하는 기업은 사라진다. 기업들에게는 '이윤 극대화'는 이루기 어려운 희망고문인 셈이다.

이렇듯 기업을 '이윤 극대화'만을 추구하는 이기적인 존재로 규정하는 것은 무리가 있다. 이제라도, 기업의 본질적인 역할이 무엇인지를 심각히 고민해야 한다. 기업이 인류 사회에 제대로 기여할 수 있도록 하기 위해서이다.

오히려 '승자독식'은 기업과 시장이 없는 곳에서 일어난다. 시장을 통제하고 무소불위無所不爲의 권력을 행사해 온 절대권력이야 말로 '승자독식'의 원흉이

---

126 ISTANCE 산업통계시스템 (https://www.istans.or.kr/kor/tblInfo/TblInfoList.html?vw_cd=MT_DTITLE)

다. 예로부터 "사촌이 땅 사면 배 아프다"라는 속담이 있다. 배 아프지 않으려면 누구나 똑같은 소득과 부를 누려야 한다. 하나의 국가에서 소득과 부를 균등하게 강제 배분하려면 전지전능한 절대권력이 있어야 한다. 이러한 절대권력이 존재하는 나라가 공산주의 국가이다. 이들 공산주의 국가에서는 모든 생산수단은 국가 소유다. 이들 국가의 통치권자가 국민의 목숨 줄을 잡고 있는 셈이다. 이들 국가 국민들은 과거의 절대권력 시대와 흡사한 '노예의 삶'을 살고 있다. 이와 유사한 이야기는 독일 경제학자인 프리드리히 하이에크가 1944년에 출간한 〈노예의 길 The Road to Serfdom〉[127] 에서도 회자되고 있다.

절대권력의 공산주의 국가에서는 애덤 스미스의 '보이지 않는 손'인 시장이 작동하지 않는다. 그리고 시장 거래로부터 생기는 소비자 잉여와 생산자 잉여, 그리고 확대 재생산이 일어나지 않는다. 결과적으로 상대빈곤을 피하기 위해 절대빈곤을 택하는 모순에 빠진다. 대부분의 공산주의 국가 주민의 생활이 절대 빈곤에 수렴하는 것도 그 때문이다. 매력을 만드는 기업은 '시장'에서 경쟁을 통해 소비자 이익에 부합되게 작동한다. 마찬가지로 국가 권력은 '자유민주주의 체제'하에서 권력기관 간 견제와 균형이라는 경쟁을 통해 국민 이익에 부합되게 작동한다.

기업 활동이 많고 시장 거래가 활발한 곳에는 넘쳐나는 잉여가치와 확대 재생산으로 인해 활력이 넘치고, 막대한 자산이 축적된다. 대표적인 예가 뉴욕, 도쿄, 서울, 싱가포르 도심에 광활하게 펼쳐진 마천루이다. 이들 장소에 자본과 사람들이 몰려들고 있다. 매력을 만들어 낼 기업과 시장이 있고, 분업화, 전문화된 경제 시스템이 구축되어 있기 때문이다.

---

127 빈곤층 해소를 위한 국가 주도 경기부양책 → 인플레이션 → 이를 막기위해 가격상한제 → 공급부족으로 배급제 시행 → 물자생산에 정부 개입과 기업 통제 → 경제 비효율 → 사회적 반발 → 이를 무마하기 위해 선전, 선동, 날조 → 반대파 숙청 → 독재국가 탄생

복합 등가형 사회

우리 사회는 국가, 국민, 기업이 서로 물고 물리며 힘의 균형을 이루는 수평적인 '복합 등가형 사회'로 나가고 있다. 이는 칼 마르크스가 이야기한 지배계층인 자본가, 피지배계층인 노동자의 이분법적 사회와는 결이 다른 사회이다. '복합 등가형 사회'가 된 이유는 자유민주주 권력구조 확산으로 인한 '권력의 분산'과 초규모 시장 경제로 인한 '기업 소유의 분산' 때문이다.

자유민주주의 권력구조를 가진 국가의 '권력의 분산'에 대한 설명이다. 이들 국가의 국민 개인은 권력자를 선출하는 지배자인 동시에, 이들이 만든 법률로 규제받는 피지배자 지위를 갖는다. 또한 다수의 국민은 기업 근로자인 동시에, 기업의 주인인 채권과 주식을 보유한 자본가, 기업의 왕인 소비자 지위를 동시에 갖는다. 개인, 기업, 국가 간에 물고 물리는 관계를 가진 '복합 등가형 사회'의 모습이다.

'기업 소유의 분산'과 설명이다. 세계 상장사 주식 시가 총액은 지난 30년 동안 1992년 10.8조 불에서 2022년 93.7조 불로 9배 이상 늘었다.[128] 이는 지구촌이 하나의 시장으로 묶이며 발생한 초규모 경제 economies of giant scale 시스템 때문이다. 이러한 상황에서 하나의 비즈니스를 성공시키기 위해서는 거액의 자금 조달이 불가피하다. 이들 거대 자금은 특정 자본가는 물론, 개인, 펀드, 기관 등 다양한 자금원으로부터 조달할 수밖에 없다.

우리나라 주식거래 활동계좌 수는 6천 479만 개이다.[129] 국민 1인당 하나 이상의 주식거래 활동계좌를 갖고 있는 셈이다. 국민 대다수가 주식 또는 펀드 등으로 기업을 소유하고 있다는 이야기이다. 이러한 '기업 소유의 분산'이 지구촌

---

[128] "주식시장" (kosis 국가통계포털, https://kosis.kr/statHtml/statHtml.do?orgId=101&tblId=DT_2AQ504&vw_cd=&list_id=&seqNo=&lang_mode=ko&language=kor&obj_var_id=&itm_id=&conn_path=

[129] 돌아온 개미, 주식거래 활동계좌 석 달 새 107만개 급증 (연합인포맥스, https://news.einfomax.co.kr, 2023.4)

전역에서 폭넓게 일어나고 있다.

우리나라 최대 기업인 삼성전자 주주 숫자는 504만명(2025년 6월 기준)에 이른다. 삼성전자의 최대 주주인 국민연금공단의 지분은 7.6%이며, 반면에 삼성그룹 이재용 회장 지분은 1.65%정도에 불과하다. 삼성전자는 이미 국가와 국민, 외국인이 주인인 셈이다. 이러한 상황에서 삼성전자는 특정 자본가는 물론, 개인, 펀드, 기관의 모두의 이익에 부합되도록 운영될 수밖에 없다. 그럼에도 이재용 회장이 삼성전자 경영을 총괄하는 이유는 주주들의 이익에 부합되기 때문이다. 이러한 '기업 소유의 분산'은 우리 사회가 서로 물고 물리는 '복합 등가형 사회'가 되어 간다는 하나의 신호이다.

미래 기업 역할

미래 기업이란 가치 높은 유무형의 매력을 지속적으로 만들어 내는 기업이다. '복합 등가형 사회'가 되면서 이들 미래 기업의 역할이 더욱 중요해지고 있다. 미래 기업은 자신들이 만든 매력을 시장에 시장에 팔아, 이익을 창출하고, 일자리를 만들고, 세금 납부로 국고를 채우는 역할을 한다. 미래 국가는 기술 개발, 규제 완화, 세제 및 금융, 자금 지원으로 미래 기업의 성장을 지원하는 국가이다. 이는 국가는 물론, 국민, 기업 모두의 이익에 부합되는 일이다. 이를 두고 특혜를 운운하는 것은 바람직하지 않다. 미래 기업 활동이 활발해지면, 일자리는 물론, 개인, 기업, 국가의 부富가 동시에 늘어나기 때문이다. 그렇다면, 진정으로 미래 기업이 우리 인류에게 어떠한 의미가 있을까? 이에 대한 이야기이다.

공급사슬관리자

기업과 시장은 인류 생존을 위해 인간이 만든 집단지성의 산물이다. 미래 기업은 인간 생존에 도움을 주는 매력을 만들어 시장에 공급하는 중요한 역할을 한다. 이러한 관점에서 미래 기업은 소비자, 근로자, 부품과 자원 공급자의 이해관계를 조정하며, 가치 높은 매력을 만들어 시장에 공급하는 공급사슬관리자 Supply Chain Manager로 볼 수 있다. 그리고 미래 기업이 거두는 이윤은 공급사슬 관리자로 역할을 제대로 수행한 성공 보수이다.

게임 체인저

〈권력의 시대〉에는 절대권력자만을 위한 매력들이 만들어졌다. 〈매력의 시대〉를 주도하는 자유민주주의 권력구조 하에서는 국민 개인을 위한 매력이 만들어지고 있다. 그리고, 개인, 기업, 국가 모두 매력 만들기에 동참하고 있다. 하지만 대부분의 매력은 기업이 주도하여 만들고 있다. 매력을 효율적으로 만들 조직이 있고, 만들어진 매력을 거래할 시장을 갖고 있기 때문이다. 자연스레 국가는 매력을 만드는 기업을 지원하는 역할로 전환하고 있다.

새로운 매력이 만들어지면 새로운 세상이 열린다. 그 예가 애플의 아이폰, 엔비디아의 인공지능 기술, 테슬라의 전기 자율자동차, 스페이스 엑스의 우주 개척 사업 등등이다. 이렇듯 미래 기업은 인류에게 새로운 세상을 열어 주는 게임 체인저Game Changer 역할을 하고 있다. 지구촌 전역에서 연금, 기금, 예금, 주식, 선물, 펀드 등 다양한 금융상품이 새롭게 만들어지며 막대한 규모의 자금이 가치 높은 매력을 만드는 미래 기업으로 흘러 들어가고 있다. 미래 기업이 인류의 삶을 바꾸는 게임 체인저의 역할을 강화되는 모양새이다. 그러면서 세상을 움직이는 힘의 중심축軸이 자연스레 국가에서 미래 기업으로 옮겨가고 있다.

제4장 | 미래 기업의 조건

가치 높은 매력을 만드는 미래 기업이 인류의 미래를 결정하게 될 것이다. 미래 기업이 되기 위해서는 반드시 갖추어야 할 조건이 있다.

떠오르는 기업과 저무는 기업이 있다. 떠오르는 기업은 혁신으로 가치 높은 매력을 만들어 내는 기업이다. 저무는 기업은 혁신하지 못해 매력을 만들 수 없는 기업이다. 미래 기업이 만든 매력의 크기는 혁신의 크기에서 나온다. 그 혁신의 크기가 미래 기업의 크기가 된다.

미래 기업이 되기 위한 조건이 있다. 이들 조건은 ① 혁신적 리더십, ② 혁신 인재와 조직, ③ 동시다발적인 의사결정, ④ 탄력적인 비즈니스, ⑤ 자기만의 비즈니스 플랫폼 ⑥ 경쟁력 있는 파트너, ⑦ 실시간, 직거래 비즈니스, ⑧ 인공지능 등 과학기술에 기반을 둔 비즈니스 역량 등이다.

혁신적 리더십

최고경영자 역량이 기업의 미래 가치이다.[130] 최고경영자는 기업을 통솔하며, 기업내 의사결정을 총괄하는 사람이다. 설사 직원들이 혁신 아이디어와 역량이 있더라도, 최고경영자가 이를 수용할 역량이 없으면 사장되어 버린다. 최고경영자의 혁신적 리더십은 미래 기업의 크기를 결정하는 매우 중요한 덕목이다.

마이크로소프트의 빌 게이츠, 아마존의 제프 베이조스, 애플의 스티브 잡스,

---

[130] 일본 교세라 창립자이자 명예회장인 이나모리 가즈오는 '회사는 사장의 그릇만큼 성장한다.'고 했다. 이는 기업의 성장에 최고 경영자가 가진 역량의 중요성을 강조한 이야기이다.

테슬라의 일론 머스크 등은 미래 기업을 대표하는 최고경영자이다. 이들 미래 기업의 성공담의 대부분이 이들에 대한 이야기이다. 최고경영자의 역량이 기업의 가치로 그대로 이어지기 때문이다. 이들의 공통점은 남다른 상상력과 통찰력, 열정, 인내로 가치 높은 매력을 만들어 냈다는 점이다. 혁신적인 리더가 갖추어야 할 역량은 과연 무엇일까? 이를 과거 경험과 생각을 토대로 이야기해 보자.

첫째, 선택과 집중을 하는 역량이다. 미래에 대한 통찰력과 일의 선후 맥락脈絡을 알아야 선택과 집중이 가능하다. 일의 맥락을 안다는 것은 일의 내용, 방법, 절차 등 일이 진행되는 메커니즘을 아는 것이다. 이들 메커니즘을 알아야 기업의 사활이 걸린 수많은 의사결정에 가르마를 탈 수 있다. 앞서 이야기한 최고경영자들은 밑바닥부터 일을 시작하여, 기업 내외부에 일이 돌아가는 메커니즘을 알고 있는 사람들이다. 따라서 그들은 수시로 일어나는 일들에 대해 그때그때 가르마를 탈 수 있는 역량을 갖고 있다.

둘째, 생각의 가치를 중요시하는 역량이다. 혁신적인 리더는 인공지능보다, 우수한 인간 지능을 활용할 줄 아는 사람이다. 평상시 독서, 토론, 논의, 대화, 경청敬聽을 통해 다른 사람의 지성을 접하기를 즐기며, 그 속에 숨어있을 또 다른 나의 생각을 찾아 나서는 지혜를 가진 사람이다.

셋째, 소통과 설득의 역량이다. 논리에 기반을 두어야 하는 소통과 설득은 합리적인 기업문화를 조성하는 원동력이다. 소통과 설득이 반복되면, 직원들이 매력을 만들기 위해 무엇을 해야 할지를 스스로 깨닫게 된다. 이로 인해, 기업 전체의 혁신 역량을 극대화하고, 직원 행동 하나하나에 불필요한 감독 기능을 줄일 수 있다.

넷째, 열정과 인내의 역량이다. 혁신이란 회귀본능을 가진 시스템의 패러다임을 바꾸는 것이다. 혁신적 리더는 혁신을 추진하는 과정에서 시스템 회귀본능으로 인해 수많은 저항을 받게 된다. 이들 저항을 극복하기 위해서는 엄청난 양의 혁신 에너지가 필요하다. 혁신적인 리더의 열정과 인내는 혁신 성공을 위한 중요한 에너지이다.

의사결정

미래 기업의 가치는 의사결정decision making, 즉 선택choice에서 나온다. 기업은 여러 요소로 구성된 하나의 시스템이다. 미래 기업이 생존하려면 개별 구성요소별로 그때그때 필요한 의사결정을 해야 한다. 위기가 닥쳐도 의사결정을 내리지 못하는 국가, 기업, 사람들이 있다. 이는 시한부 인생을 살고 있는 것이나 마찬가지이다.

어떠한 상황이 발생하면 의사결정은 필수이다. 어떠한 상황에 접하여 아무것도 하지 않는 것do-nothing과 아무것도 하지 않는 의사결정do-nothing decision은 천양지차이다. 아무것도 하지 않는 의사결정도 그 과정에서 비즈니스 기회와 위험 요소를 동시에 점검할 수 있기 때문이다. 상황에 닥쳐도 의사결정을 하지 못하는 기업, 인공지능에 숨어 자신이 내려야 할 의사결정을 피하는 기업, 모두 이미 사망선고를 받은 기업이나 마찬가지이다.

의사결정에도 두 가지 방식이 있다. 순차적serial 의사결정과 병렬적parallel 의사결정 방식이다. 전자는 하나의 일이 끝난 후 다음 일에 대한 의사결정을 하는 방식이고, 후자는 관련된 의사결정을 한데 엮어 동시에 의사결정을 하는 방식이다. 수직적 의사결정 구조를 가진 기업은 순차적인 의사결정 방식에, 수평적인 의사결정 구조를 가진 기업은 병렬적 의사결정 방식에 익숙하다. 동시다발적인 의사결정은 병렬적 의사결정방식을 하는 기업에서 더욱 수월하게 이루어질 수 있다.

동시다발적인 의사결정을 위해, 최고경영자가 해야 할 일이 있다.

첫째, 직원들이 스스로 의사결정과정에 참여하도록 동기를 유발하는 일이다. 직원 하나하나가 의사결정 주체라는 사실을 인식시키고, 자신의 생각을 스스럼없이 이야기할 수 있는 직장 분위기를 조성해야 한다. 이 과정에서 중간 의사결정자에 의해 차단된 혁신적인 아이디어가 노출될 수 있다. 직원들은 의사결정에 참여하는 과정에서 소속감, 책임감, 주인의식을 갖게 된다. 이를 통해 직장 내 혁신에 대한 공감대를 넓힐 수 있다.

둘째, 동시다발적인 의사결정 시스템을 구축하는 일이다. 이를 위해 사내 통신망, 이메일, SNS 등 다양한 방식의 의사결정 시스템을 구축할 필요가 있다. 동시다발적인 의사결정을 통해 비즈니스를 선점하고, 자산의 회전율을 높여 경쟁력을 강화할 기회를 갖는다.

셋째로 의사결정을 필터링하는 일이다. 중요한 의사결정이 직원 하나의 잘못된 판단으로 이루어지면, 기업에 회복하지 못할 상처를 입힐 수 있다. 이를 방지하기 위해 기업 내 집단지성을 이용하여 의사결정을 필터링 할 수 있는 시스템 구축이 필요하다. 의사결정 필터링 또한 동시다발적으로 이루어져야 한다. 사장과 간부들이 주축이 되어 분야별로 의사결정 검증 위원회를 구성하는 것도 하나의 방법이다. 위원회 개최 전에 의사결정의 내용 및 이유에 대해 위원들에게 공람하여 의견을 구하면 보다 빠른 의사결정에 도움이 된다. 이들 위원회가 모바일 기기를 이용해 시간과 장소에 구애받지 않고 실시간으로 이루어지면 보다 효과적이다. 이러한 의사결정 필터링 과정은 직원 개개인의 의사결정을 제약하기 보다, 이를 격려하는 과정이 될 수 있도록 정교하게 설계되어야 한다. 직원의 개개인의 의사결정은 기업의 미래를 밝히는 소중한 자산이기 때문이다.

넷째, 최고경영자를 대신하여 의사결정을 할 인재를 양성하는 일이다. 기업의 모든 의사결정을 최고경영자 혼자 할 수 없다. 최고경영자는 자신을 대신하여 의사결정을 할 수 있는 직원을 가급적 많이 양성해야 한다. 그래야 기업 운영에 필요한 동시다발적인 의사결정이 가능하다. 그러려면 많은 직원을 의사결정 과정에 참여시켜 평소 의사결정 역량을 키워야 한다. 이 과정에서 최고경영자는 개개 직원의 의사결정 역량을 평가할 기회를 갖는다.

직원에 대한 의사결정 역량평가 결과, 의사결정 능력을 갖춘 직원에게는 과감하게 의사결정 권한을 부여해야 한다. 이렇게 되면 하나의 회사에 수십, 수백 명의 작은little CEO를 두는 것과 같다. 최고 경영자는 이들 의사결정을 엮어 시너지 효과를 내는 전략적 의사결정에 집중할 수 있어, 기업 내부와 외부에 대응 능력을 무한대로 키울 수 있다. 경영학에서는 사업별 권한과 책임을 일원화하는 방식의 조직을 사업부제事業部制라 한다.

조직 관리

조직 생산성

20% 원인에서 80% 결과가 나온다는 파레토 법칙이 있다. 이는 인구의 20%가 80%의 부를 소유한다는 데서 나온 20대 80 법칙이다. 조직에도 이와 유사한 현상이 있다. 소수 직원이 만들어 낸 성과가 조직 성과의 대부분을 차지하는 경우가 비일비재하다. 부서별로 성과를 내는 소수 직원을 한데 모아 하나의 부서를 꾸리더라도, 그중 소수의 직원이 부서 성과의 대부분을 차지한다. 이런 현상이 일어나는 이유는 무엇 때문일까?

이는 일관된 조직의 목표 때문이다. 일단 조직의 목표가 설정되면 이를 가장 효율적으로 달성할 수 있는 직원이 앞장서게 된다. 나머지 직원들은 조직의 목표로부터 멀어지며, 방관자 입장으로 바뀌게 된다. 그러면서 조직의 생산성은 급격히 떨어진다. 이들 방관자를 최소화할 방법이 있을까?

조직 리더의 적정 관할 범위span of control는 4명 정도이다. 조직을 3~4명 내외의 소규모 조직small team으로 세분화하고, 이들 조직별로 세분화된 목표를 부여한다. 그렇게 되면 보다 많은 직원들이 목표에 노출되어, 이에 집중함으로써 조직 생산성은 올라간다. 그리고 기업 조직은 상호 의존형 조직에서, 목표 지향적 자립형 조직으로 탈바꿈한다.

차량 제작사의 차량 부품 구매부서의 조직 관리 방식의 예를 들어보자. 하나는 모든 차량 부품을 하나의 거대 조직에서 하나의 기준에 따라 일괄 구매하는 방법이 있다. 또 하나는 주요 부품별로 소규모 책임 조직을 구성하여 구매하는 방법이 있다. 전자의 조직은 조직 전체가 부품의 공정한 구매 절차에 집중하는 반면, 후자의 조직은 특정 부품에 대한 성능분석, 기술개발 가능성, 미래 가격 변동성 등을 고려하여 부품을 구매하고자 할 것이다. 작지만 목표가 명확한 소규모 책임 조직은 본질적 업무에 집중할 수 있다는 장점이 있다.

코레일 사장으로 재직할 당시이다. 당시 100여 개의 혁신과제를 정하고, 과제별로 책임자와 소규모 조직을 구성했다. 이들 조직과 과제별로 단계별 데드라인을 정하여, 정기적으로 토론하고 단계별 상황에 맞추어 빠르게 의사결정을 내렸다. 그러자 코레일 업무 생산성이 빠르게 올라갔다. 그리고 하루가 멀다 하고 가치 높은 매력들을 만들어 냈다. 이에 고무된 직원들은 주저함이 없이 또 다른 매력을 만드는 혁신 과제를 찾아나섰다.

혁신 조직

혁신으로 가치 높은 매력을 만들게 되면 기업의 미래 가치를 올릴 수 있다. 이들 혁신 과정에서 얻어지는 노-하우는 기업의 소중한 자산이 된다. 이들 노-하우로 지속해서 매력을 만들어 내면 미래 기업의 자리를 지킬 수 있다.

혁신을 지속하려면 혁신 과정에서 발생하는 노-하우에 대한 체계적 관리가 필요하다. 이를 위해 최고 경영자가 직접 주도하는 혁신 전담 조직innovation team은 필수적이다. 그렇지만 혁신 전담 조직을 별도로 운영하는 기업은 찾아보기 힘들다. 기획실 또는 비선조직에서 이를 전담하는 경우가 대부분이다. 이들 조직은 일상적인 문제 해결에 급급하여 미래를 위한 혁신에 신경을 쓸 겨를이 없다. 기업내 혁신보다 관리 업무가 대부분을 차지하게 되는 것은 한순간이다. 기업 내부에는 도전보다 안주를 원하는 직원들이 많다. 기업의 미래를 가름할 혁신이 우선순위에서 밀리는 것은 순간이다. 기업 내 혁신을 일상화하려면 최고경영자 직속으로 별도의 혁신 전담 조직이 반드시 필요하다.

코레일 사장 시절에 전략기획실, 철도기술연구원 원장 시절 전략연구실 등 혁신 전담 조직을 두었다. 이들 조직 덕분에 실제로 많은 혁신이 이루어졌고, 그 결과 많은 매력이 만들어졌다.

탄력적인 비즈니스

기업을 둘러싼 여러 가지 환경이 수시로 변하고 있다. 이에 대해 즉각적으로 대응하지 않으면 기업이 살아남기 어렵다. 탄력적으로 비즈니스를 하는 방법은 크게 보면 두 가지이다. 그 중 하나는 기업 내부 구조를 탄력적으로 만드는 방법이고, 또 다른 하나는 수시로 변동되는 상황에 맞도록 지속가능한 매력을 만들어 내는 방법이다.

첫째, 기업 내부 구조를 탄력적으로 만드는 방법의 예이다. 기업 운영에 들어가는 비용은 고정비와 변동비로 나눌 수 있다. 고정비는 매출액과 그리 상관없이 발생하는 건물, 구조물, 토지 등 고정자산 유지비용, 관리 직원 인건비, 부채 이자 등이다. 고정비 규모가 크면 클수록 재무 레버리지financial leverage가 커지게 되어, 경기하강 등 조그마한 상황 변화에도 돌이킬 수 없는 재무 리스크가 발생한다. 많은 돈이 고정자산에 묶여 있고, 이를 관리하는 비용이 많으면 상황 변화에 탄력적인 대응을 할 수 없다. 그만큼 기업의 경영 리스크가 커진다.

이를 극복하는 하나의 방법은 건물, 공장 등 고정자산을 유동화하여 경영의 유연성을 확대하는 방법이다. 건물, 공장 등 고정자산을 직접 소유하기 보다, 장기 임대로 돌려 사용하게 되면 자금의 회전율을 높이고 관리비 등 고정비를 대폭 줄일 수 있다. 고정자산을 직접 소유하는 경우에도 고정자산의 일부를 임대하거나, 이들 고정자산을 증권화하여 사고팔게 되면 자금 확보 등 경영의 유연성이 그만큼 커지게 된다.

둘째, 하드웨어에 소프트웨어를 결합시켜 유연하고 역동적인 매력을 만들어 내는 방법이다. 과거 소프트웨어 중심의 비즈니스가 풍미했던 시절이 있었다.

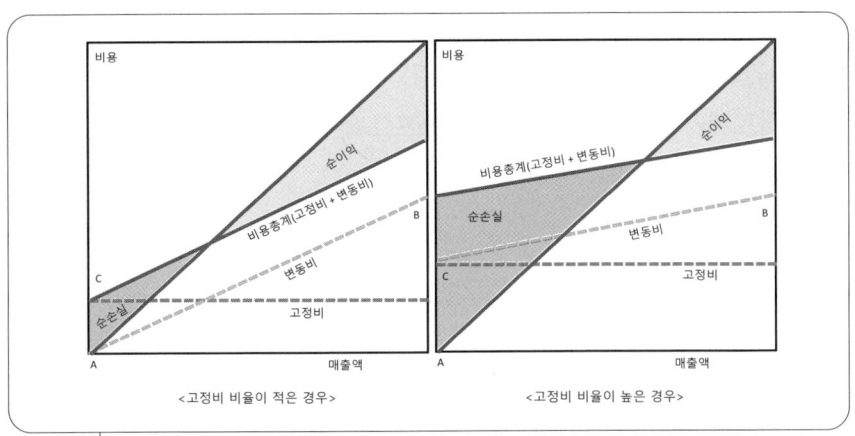

<고정비 비율이 적은 경우>   <고정비 비율이 높은 경우>

고정비와 변동비 다과로 인한 재무 레버리지를 보여주는 도표이다. 좌측 그림은 고정비 비율이 낮으면 경기 변화에 따른 수익과 손실의 진폭(사업 리스크)이 작고, 우측 그림은 고정비 비율이 높으면 경기 변동에 따라 수익과 손실의 진폭(사업 리스크)가 크다는 것을 보여주는 도표이다.

이들 비즈니스는 진입장벽이 낮아 얼마 지나지 않아 치열한 경쟁의 레드오션red ocean 속으로 빨려 들어갔다. 이로부터 수십 년이 지났다.

소프트웨어의 최종 목적지는 하드웨어이다. 사람이 물리적인 하드웨어 공간에서 살고 있기 때문이다. 얼마 전부터 하드웨어에 소프트웨어를 접목시키며 다양한 비즈니스를 선보이는 기업들이 나타나고 있다. 하드웨어를 소프트하게 만들어, 유연하고 역동적인 비즈니스를 하고자 하는 기업들이다. 이들 기업이 미래 기업의 자리를 차지하고 있다.

그 대표적인 예가 자율 주행 전기 자동차의 테슬라, 우주 사업에 뛰어든 스페이스 엑스, 유통·물류·제조를 융합한 아마존과 알리바바와 같은 기업들이다. 이들 기업은 하드웨어에 소프트웨어를 장착하여 탄력적인 비즈니스 모델을 구축한 기업들이다.

'배달의 민족'은 음식점과 배달이란 하드웨어에 소프트웨어를 접목시켜 만든 탄력적인 비즈니스 모델이다. '배달의 민족'은 그 비즈니스 가치를 인정받아

독일 딜리버리히어로(DH)에 4조 8천억 원이라는 높은 가격에 팔렸다. '쿠팡잇츠', '여기요'가 이를 바짝 따라오고 있다. 이외에도 카카오 모빌리티, 쿠팡, 타다 등 하드웨어의 교통과 물류산업을 소프트웨어로 유연하게 엮어내는 기업들이 속속 생겨나고 있다.

플랫폼 비즈니스

플랫폼 비즈니스란 불특정 다수의 생산자와 소비자가 하나의 디지털 플랫폼에서 만나 자유롭게 거래하는 비즈니스이다. 이러한 형태의 비즈니스는 아마존, 알리바바, 구글, 유튜브, 넷플릭스, 네이버, 카카오톡 등 우리 주변에서 흔히 볼 수 있다. 이들 플랫폼 비즈니스가 성행할 수 있는 이유는 정보통신기술 발전과 모바일 기기의 빠른 보급 때문이다. 플랫폼 비즈니스는 가상 공간을 이용하여 스마트폰 앱app을 통해 24시간 실시간으로 운용이 가능한 비즈니스이다. 이 때문에 플랫폼 비즈니스는 미래 기업의 일반적인 비즈니스 형태가 되어가고 있다.

어떻게 하면 성공하는 플랫폼 비즈니스를 만들 수 있을까? 이를 위해 몇 가지 해야 할 일이 있다.

첫째, 비즈니스 성공에 필요한 구상, 전략, 전술을 담은 비즈니스 모델을 설계하는 일이다. 이들 비즈니스 모델에는 부품조달, 기술개발, 제조공정, 재고관리, 가격결정, 판매, 유통, 물류, 마케팅, 환불과 반품, 애프터서비스 등 비즈니스 구성요소에 대한 세부 전략과 전술이 기술되어야 한다. 그리고 이들 비즈니스 구성요소 간의 시너지 효과를 극대화하는 연계 방안이 기술되어야 한다. 비즈니스 모델을 구성하는 하나하나의 요소가 경쟁력이 있고, 동시에 비즈니스 모델 전체로 완결성이 있어야 한다는 것이다.

둘째, 비즈니스 플랫폼의 유연성을 확보하는 일이다. 플랫폼은 비즈니스 시장 상황에 맞게 실시간으로 비즈니스 전술과 전략을 담아낼 수 있도록 설계되어야 한다. 그래야 홈그라운드에서 비즈니스를 하는 것과 같은 효과를 발휘할 수 있다. 이를 위해서는 우수한 플랫폼 전문가, 정교한 비즈니스 모델, 이를 뒷받침할 강력한 컴퓨팅 파워, 인공지능 알고리즘, 스마트폰 앱app 등이 뒷받침되어야 한다.

  셋째, 플랫폼 비즈니스 유형을 명확히 정의하고 구축하는 일이다. 플랫폼비즈니스 유형은 '거래 중개형', '공급 사슬형', '자산 관리용' 플랫폼 비즈니스 등으로 나눌 수 있다. '거래 중개형' 플랫폼 비즈니스의 예는 아마존, 유튜브, 쿠팡, 당근마켓, 배달의 민족 등이다. 이들의 특징은 불특정 다수인 생산자와 소비자를 연결하여 가치를 창출하는 형태의 플랫폼이다. '공급 사슬형' 플랫폼 비즈니스의 예는 삼성전자, 테슬라, 넷플릭스 오리지널Netflix original 등이다. 플랫폼 관리자가 직접 가치 높은 매력을 만들고, 유통, 공급, 고객관리 등 전 과정에 걸쳐 가치를 창출하는 형태의 플랫폼이다. '자산 관리용' 플랫폼은 기업 내 인적·물적 자원을 최적화하기 위해 만들어진 형태의 플랫폼이다. 이들 플랫폼 예는 EAMenterprise asset management 또는 ERPenterprise resource planning로 알려진 '전사적 자원관리'이다. 인공지능형 알고리즘을 부각하는 의미에서 '지능형 전사적 자원관리'로 부르기도 한다. 이들 플랫폼은 내부 업무의 프로세스 최적화에 초점이 맞추어져 외부에 노출되지 않는 경우가 대부분이다.

  이들 플랫폼 비즈니스 구분은 이해를 돕기 위해 나눈 것뿐이다. 이들 구분을 넘나드는 플랫폼 비즈니스가 나오고 있다. 공급 사슬형 플랫폼 비즈니스에 거래 중개형 플랫폼 비즈니스를 결합하는 경우가 있다. 그리고 반대의 경우도 발생하고 있다. 그 이유는 수시로 바뀌는 비즈니스 환경에 즉각적으로 대응하기 위해서이다. 그렇다면 플랫폼 비즈니스를 성공시키는 일반적인 조건은 무엇일까?

가치 창출

플랫폼 비즈니스는 가치 창출에 초점을 맞추어 설계되어야 한다. 플랫폼 비즈니스인 '알리바바'의 예를 들어보자. 세계 공장으로 성장한 중국인들은 많은 돈을 벌어들였다. 중국인들은 이렇게 벌어들인 돈을 쓸 곳을 찾기 시작했다. 그 돈을 갖고 외국 제품을 구하려면 높은 관세장벽, 복잡한 환전절차, 배송기간 장기화 등으로 어려움이 있었다. 알리바바는 중국인에게 첨단 정보통신 기술을 활용하여, 해외 직구, 간편결제 서비스 등으로 외국 제품 구입을 용이하게 하는 새로운 가치를 창출했다.

이익공유

플랫폼 비즈니스에는 많은 참여자가 있다. 이들 참여자 사이에 공정한 이익 공유가 될 수 있도록 플랫폼이 설계되어야 한다. 참여자들이 플랫폼 내에서 자신들의 성공을 위해서 열심히 활동하도록 하기 위해서다. 그렇게 되면 플랫폼 비즈니스 참여자가 늘고, 그 여세를 몰아 인접 분야로 사업확장이 가능해진다.

예를 들면 유튜브 광고 수입은 광고 영상이 붙은 영상을 올린 유튜버에게 55%를 배당한다. 영상 노출로 인한 협찬 수익PPL 은 100%, 실시간 방송 후원금 수익(슈퍼챗)은 70%가 유튜버 몫이다.[131] 일반적인 매체 수입에 2~3배에 해당하는 금액이다. 공정한 수익 배분 원칙 하나로 유튜버 숫자와 이들이 만든 영상들이 하루가 다르게 늘어나고 있다. '재주는 곰이 부리고 돈은 되놈이 번다.'는 속담이 있다. 과거 이야기이다. 이제는 '재주 있는 사람이 돈 버는 시대'가 오고 있다.

알리바바 이야기로 돌아가 보자. 알리바바 성공 이면에는 중국의 고위권력층, 13억 명의 중국인, 서방세계 간의 이익 공유가 있었던 것으로 보인다. 중국

---

[131] '월 1000만 원은 거뜬히 번다고? 유튜버는 어떻게 돈을 버나?' (https://www.junsungki.com/magazine/post-detail.do?id=2434&group=TRIP)

고위 권력층에게는 상당량의 주식 보유하게 함으로써 부의 창출을 돕고, 중국인들에게는 구하기 어려웠던 외국 제품을 쉽게 구입할 수 있도록 하고, 서방 세계에는 자신들이 만든 상품을 중국으로 쉽게 유입할 수 있는 길을 터주었다. '알리바바'가 성공한 플랫폼 비즈니스로 성장할 수 있었던 이유는 '가치 창출'과 '이익 공유' 때문이다. 이들 가치 창출로 알리바바는 미국 증시에서 막대한 자금을 조달할 수 있었다.

이익 공유에 실패한 사례: '타다'

이익 공유에 실패한 플랫폼 비즈니스는 성사되기 어렵다. 그 대표적인 플랫폼 비즈니스가 '타다'이다. '타다'는 면허제인 택시 시장에 등록제인 렌터카로 우회적으로 진입하겠다는 플랫폼 비즈니스였다. 태생부터 참여자 간 이익공유에 실패한 플랫폼 비즈니스였다. 택시와 렌터카 시장은 이미 명확히 구분되어 수십 년 동안 운영되어 왔다. 이는 형식적인 법 이전에 오래 전부터 관습법이 되어버린 제도이다. 국회에서 '타다 금지'를 명확히 한 조항을 법규에 넣어 개정한 이유도 '타다'의 변칙 운영이 공정성을 훼손했다는 판단 때문이었다. 이 플랫폼 비즈니스의 희생양은 사회적 약자인 택시 기사들이었다. 그들은 개인택시 면허를 받기 위해 상당기간을 택시회사에서 근무하며 순번을 기다리며 고생한 사람들이다. 이들 중에는 생계를 위해 개인택시 면허를 수천만 원을 주고 사들인 사람들도 있다. '타다' 서비스가 시작되면서, 이로 인해 생계를 위협받는 택시 기사들의 계속된 분신 자살이 이어졌다.

'타다'는 면허제인 택시 시장을 등록제인 렌터카로 진입하는 무임승차형 플랫폼 비즈니스였다. 결국 검찰의 기소, 국회 '타다 금지법' 제정 등으로 '타다' 서비스는 중단되고 말았다. 이후 2023년 6월 대법원에서 '타다' 측에 무죄를 확정하며 면죄부를 주었다. '타다' 측은 이를 기소한 검찰과 '타다 금지법'을 만든 국회를 비난하고 나섰다.

그러나, 만약 '타다 금지법'이 통과되지 않았다면 어떠한 일이 일어났을까? 개인택시 기사들의 연이은 자살은 피할 수 없었을 것이다. 그로 인한 사회적 혼란은 최고조에 달했을 것이다. 이러한 사회적 혼란을 막기 위해 법적 해석을 명확히 한 '타다 금지법'은 불가피했던 측면이 있다. 오히려 '타다 금지법'이 만들어져, 법원이 보다 자유롭게 무죄를 선고한 것이 아닐까 하는 생각이 든다.

'타다' 플랫폼 비즈니스의 실패는 참여자 간의 이익공유 실패에서 비롯되었다고 볼 수 있다. 이는 택시 업종의 생태계를 제대로 파악하지 못해 일어난 일이다. 현재 택시 문제는 대중교통과 자가용이 부족했던 시절 택시의 공급이 많아져 생긴 문제이다. 공급 과다 문제를 우선 풀어야 이익 공유에 따른 플랫폼 비즈니스가 성립될 수 있다. '타다' 플랫폼 비즈니스는 택시 서비스 공급을 무한정 늘리게 되어, 이에 종사하는 수많은 택시 기사가 최저 소득의 한계 직종으로 내몰리게 된다. '타나 서비스'로 일시석인 택시 수요사 욕구는 충족시킬 수 있었을지는 모르나, 이는 택시 서비스 공급 과다로 이어져 한계 직종 근로자를 숫자를 늘리게 되고, 이로 인해 택시 서비스 악화로 이어졌을 것이다. 더구나 '타다' 서비스로 인한 기존 택시 기사들의 사활을 건 저항 또한 우리 사회가 감당하기 어려웠을 것이다.

이를 고려하여 만들어진 제도가 2010년에 도입된 '택시 가맹사업 제도'이다. 택시의 소유와 경영을 분리해 택시 서비스를 고도화하기 위해 만든 제도이다. 이 제도는 택시를 그간의 단순 승객 수송에 벗어나 부가가치가 높은 통역, 경비, 안내, 업무지원 등 다양한 분야로 사업을 확장할 수 있는 여지를 두었다. 택시 공급과잉 문제와 서비스 개선 문제를 동시에 해결한다는 취지였다. 이 제도를 기반으로 카카오 택시, 마카롱 택시, 아이엠 택시, 반반택시 등 플랫폼 비즈니스가 속속 생겨났다. 이들 기업의 성공 여부는 택시를 활용하여 어떻게 하면 가치 높은 부가서비스를 만들어 내는가에 달려있다. '택시가맹사업' 규제 일부를 완화한다면 보다 유능한 가맹사업자들이 택시 사업에 뛰어들 수 있다. 이를 통해 택시 서비스 영역이 넓어지면, 택시 역시 부가가치가 높은 비즈니스로 바뀌게 될 것이다.

플랫폼 개방성

플랫폼에서 활동하는 공급자와 수요자의 수가 많을수록 거래가 활발하게 이루어질 가능성이 높다. 플랫폼의 개방성은 플랫폼 비즈니스 성패를 결정하는 중요한 요소다. 플랫폼 접근성을 낮추기 위해 광고를 이용한 무상이용, 일정 기간 무료 회원, 등급별 회원제도를 채택하기도 한다. 회원제를 운영하더라도 회비를 넘어서는 할인제도, 회원의 날 등으로 보상하는 방안을 사용하기도 한다. 이렇듯 보다 많은 사람들이 플랫폼에 참여하도록 플랫폼 개방성을 높여야 한다. 플랫폼에 참여하는 사람이 많아지면 플랫폼 비즈니스의 수익성을 일시에 높일 수 있기 때문이다.

플랫폼 전문성

플랫폼 구축은 사내 경영 전문가들과 외부 전문기관의 소프트웨어 프로그래머의 합작으로 이루어진다. 이들 사이에 상호 업무에 대한 이해도가 낮아 비즈니스 플랫폼은 형식적으로 만들어지는 경우가 다반사이다. 이렇게 만들어진 플랫폼 비즈니스는 성공 확률이 매우 낮다. 플랫폼 비즈니스를 가동하는 핵심 알고리즘에 대해 기업 내 직원들이 이해하고 있는 경우는 거의 없다. 그러다 보니 시장상황이 바뀌어 마케팅 전략을 조금만 수정하려고 해도, 그때마다 외부 전문기관에 의존해야 하는 번거로움이 있다. 이런 상황에서 플랫폼을 통해 기업의 경영 전략과 전술을 그때그때 담아내기란 매우 어렵다. 이 때문에 실제 기업 운영은 플랫폼과 상관없이 최고경영자의 통찰력에 의존하게 되는 경우가 비일비재하다.

어느 다른 기관도 기업의 비즈니스를 대신해 주지 않는다. 플랫폼 비즈니스는 기업 가치 창출을 위한 필수적인 비즈니스 형태이다. 플랫폼 비즈니스를 제대로 작동시키려면 이를 이해하는 최고경영자와 이를 자유자재로 활용할 수 있는 내부 전문가 확보는 필수적이다. 비즈니스 플랫폼 구축 단계부터 기업 내부에 전문가를 확보하여, 비즈니스 상황에 맞게 플랫폼 내에서 비즈니스 전술과 전략을 구사할 수 있도록 있도록 해야 한다. 그래야 플랫폼 구축 이후 비즈니스 전략과 전술을 비즈니스 플랫폼에 실시간으로 담아낼 수 있다.

코레일 사장 시절 비즈니스 플랫폼을 구축한 적이 있다. 대표적인 비즈니스 플랫폼이 '코레일 톡+', '레일플러스 카드' 등이다. 이들 비즈니스 플랫폼 구축을 위해 'IT 경영실'을 만들고 프로그래머, 통계 전문가를 채용하는 등 전문 인재 확보에 주력했다. 그리고 자체 전문인력의 도움을 받아, 비즈니스 플랫폼을 통해 시장 상황에 맞는 열차 투입, 승차권 할인, 마케팅 전략을 실시간으로 구사해 나갔다. 자연스레 코레일 사장실이 플랫폼 비즈니스 전략실war room로 바뀌게 되었다.

'만사형통형' 플랫폼과 '플랫폼 클라우드'

인공지능 기술이 발달하면서, 인간보다 기계를 신뢰하는 사회적 분위기가 조성되고 있다. 아예 인간을 필요로 하지 않는 '만사형통형' 플랫폼을 구축하려는 시도들이 이어지고 있다. '만사형통' 플랫폼은 비즈니스 전부를 하나의 비즈니스 플랫폼에 담고자 하는 의도에서 만들어진다. 그렇지만 이는 환상이며 잘못된 생각이다.

이러한 시도는 기업 내부에 플랫폼 전문가가 없을 때 종종 일어난다. 이런 경우 비즈니스 플랫폼은 제 기능을 할 수 없다. 결국 기업은 많은 돈을 쓰고도 운영이 어려운 비즈니스 플랫폼을 구축하게 된다. 아는 만큼 보인다. 직원들이 직접 플랫폼을 만들겠다는 의지는 물론, 그에 상응하는 전문성이 있어야 성공하는 비즈니스 플랫폼을 만들 수 있다.

인천공항 개항 당시의 예이다. 이때도 모든 업무를 전산화하는 '만사형통형' 플랫폼 구축을 시도한 적이 있다. 하지만 인천공항 개항을 앞두고 운영 전산시스템이 수시로 다운되는 등 불안정한 상황이 이어졌다. 인천공항공사 내 이에 정통한 전문가가 없으니 무엇이 문제인지조차 몰랐다. 이 때문에 인천공항의 개항 일정을 맞추기 어려운 상황에 놓였다. 이 문제는 플랫폼을 상업시설 관리와 항공기 운항 관련 시설(항공기, 승객, 수하물 처리 시설 등)을 나누면서 해결되었다. 성격이 다른 플랫폼을 '만사형통형' 플랫폼 구축을 위해 무리하게 하나로 통합하면서 혼란이 야기되었던 하나의 사례이다. 상업시설 플랫폼은 상업적 비즈니스 영역이고, 항공기·승객·수하물처리 플랫폼은 여객과 화물 흐름, 안전과 신뢰의 영역이다. 하나의 플랫폼으로 통합하기 어려운 분야를 하나로 통합하면서 플랫폼 내에서 비즈니스 우선순위가 엉켜 버린 것이다.

그렇다고 '만사형통형' 비즈니스 플랫폼이 불가능한 것이 아니다. 업무 성격에 따라 분산하여 플랫폼을 만들어 안정화시킨 후, 이를 상호 연동하여 '만사형통형' 플랫폼을 구축할 수 있다. 이를 확장하면 불특정 다수의 플랫폼이 서로의 연계성을 강화하여 운떼를 형성하는 플랫폼 클라우드platform clould도 구축할 수 있다. 이렇게 하면 플랫폼 크기를 무한대로 키울 수 있고, 무리한 플랫폼 구축에 따른 위험성도 감소할 수 있다. 조만간 수십, 수백 개의 비즈니스 플랫폼이 운떼를 이루어 운무雲舞하는 장관을 보게 되는 날이 올 것이다.

좋은 비즈니스 파트너

미래 기업이 되려면 경쟁력 있는 비즈니스 모델은 물론, 이를 뒷받침할 기술력과 순발력이 있어야 한다. 이 모든 일을 미래 기업 하나가 모두 해내기 어렵다. 성공하는 미래 기업 곁에는 항상 많은 좋은 비즈니스 파트너가 있다. 좋은 비즈니스 파트너의 도움을 받아 세계 시장을 일시에 석권한 사례가 있다. 삼성바이오로직스와 삼성전자 이야기이다.

삼성바이오로직스는 일찌감치 인천 송도에 자리를 잡았다. 인천 송도는 인천 경제자유구역으로 규제 완화, 세제 감면 등의 인센티브가 있었기 때문이다. 삼성바이오로직스는 설립(2011. 4월)된 지 10년 만에 세계 바이오 업계 1위의 자리에 올랐다. 이렇게 되기까지는 삼성바이오로직스의 기술력과 경쟁력 있는 사업 파트너의 순발력이 큰 도움이 되었다.

삼성바이오로직스는 인천 송도 24만 4천 제곱미터 부지에 3개의 공장을 건설했다. 공장과 생산시설 설치에 걸린 기간은 1공장(3만 리터 CDMO 및 바이오시밀러 생산능력)은 2년, 2공장(15만 4천 리터) 2년 7개월, 3공장(18만 리터) 2년 11개월이다. 생산능력 1만 리터 당, 공장과 생산시설 설치에 걸린 기간은 1공장 8개월, 2공장 2개월, 3공장 1.9개월로 급격히 줄어들었다. 평소 5년 넘게 걸리는 공장과 생산시설 설치를 2~3년 만에 모두 끝낸 것이다.

이로 인해 삼성바이오로직스는 3개 공장에 36만 리터의 생산능력을 확보했다. 그리고, 의약품 위탁생산 분야(CMO)의 세계 1위 기업이 되어, 그 주식시가 총액이 74조 원(2025년 9월 기준)에 달하고 있다. 2023년 24만 리터 규모의 4공장이 가동되면서 총생산 규모는 60만 4천 리터에 이르고 있다. 삼성바이오로직스의 초격차超格差 전략이 결실을 본 것이다.

삼성바이오로직스의 빠른 성장에는 신속하게 공장과 생산설비를 지을 수 있는 역량을 가진 건설 업체와 설비장치 업체 등 좋은 파트너가 있었다. 아울러 빠르게 공장 건립이 가능하도록, 경제자유구역으로 규제 완화를 해준 정부 역시 좋은 파트너였다. 이렇듯 좋은 비즈니스 파트너는 미래 기업의 성장에 없어서는 안될 존재이다.

삼성전자에도 유사한 사례가 있다. 반도체 기술개발 주기가 빨라지고 있다. 기술 개발에서 완제품까지 걸리는 시간을 단축할 경우, 시장 선점으로 발생하는 이익은 천문학적 규모이다. 반도체 기업으로서는 빠른 공장 건설과 제조시설 설치는 사활이 걸려있는 문제이다. 삼성전자는 제품 생산 시간을 단축하기 위해, 기술 개발 단계부터 설계 변경을 전제로 공장을 짓기 시작한다. 공장 건립 과정에서 기술 개발이 진척되면, 그에 따른 설계 변경은 필수 과정이 되었다. 이는 설계 변경에 들어가는 돈보다 시장 선점으로 얻는 이익이 훨씬 크기 때문이다.

반도체 제작에는 초정밀 복합공정은 필수이다. 반도체 공장에는 많은 배관 시설과 거미줄 같은 배선이 들어간다. 한 치의 오차라도 있으면, 유독가스 누출 등 위험을 감수해야 한다. 다행히, 우리나라에는 난이도 높은 반도체 공장을 빠르고 완벽하게 지어낼 기술과 인력을 갖춘 업체들이 많다. 그 예가 한양 ENG, KC ENC, 서강 ENC 등의 업체이다.

삼성전자가 견고히 자리를 유지하며 성장하는 이유는 경쟁력 있는 파트너 기업들이 이를 탄탄하게 뒷받침하고 있기 때문이다. 2022년 9월 삼성전자는 평택 캠퍼스 부지에 제4공장을 착공했다. 이 공장은 선박 조선 기술을 도입하여 21개월 만에 완공한다는 계획이다. 이러한 계획이 가능하게 된 것 역시 경쟁력 있는 건설 및 장치 업체 등 좋은 사업 파트너가 있었기 때문이다.

이러한 경쟁력 있는 파트너를 가진 기업이 미래 기업의 자리를 차지하게 된다. 다른 나라들이 바이오나 반도체 기술이 없어 이들 공장을 못 짓는 것이 아니다. 이들 제품을 제조할 공장 건설과 생산장비를 경쟁력 있게 설치할 전문 업체가 그리 많지 않기 때문이다. 우리나라가 보유한 첨단 기술력을 가진 건설 및 장치 업체 덕분에, 바이오나 반도체 산업은 다른 나라가 함부로 넘보지 못하는 산업으로 성장할 수 있었다.

삼성전자, 삼성바이오로직스, SK하이닉스 등 미래 기업들은 자신들의 업체들과 '갑을甲乙 관계'를 넘어서 소중한 사업 동반자로서의 긴밀한 협력관계를 유지해야 한다. 미래 기업들은 협력업체와 수시로 의견을 교환하며 그때그때 발생되는 애로사항을 함께 풀어나가야 한다. 그래야 성장을 지속할 수 있고, 미래 기업의 지위를 계속 유지할 수 있다. 국가 역시, 대기업은 물론 경쟁력있는 기술과 인력을 보유하고 있는 이들 협력업체에 관심과 지원을 아끼지 말아야 한다.

이들 두 개의 미래 기업 사례가 시사하는 바가 크다. 산업 중에 중요하지 않은 산업은 없다는 이야기이다. 산업 생태계는 산업과 산업이 서로를 도우며 시너지를 내며 살아가는 거대한 생태계의 하나이다. 하나의 산업이 몰락하면 다른 산업에도 부정적 영향을 미쳐 산업 생태계 전체가 무너져 버릴 수 있다. 미래 기업을 뒷받침하고 있는 산업 생태계 전반에 관심과 지원을 아끼지 말아야 하는 이유이다.

건설업과 장치업을 '삽질 산업'이라고 비아냥거리는 사람들이 있다. 이는 건설 현장을 오가는 작업자와 자재만을 보며 이야기하는 것이다. 눈에 보이지 않는 노-하우로 대규모 프로젝트를 완성하는 경쟁력을 제대로 보지 못하고 하는 소리이다.

이 세상에는 사양산업이란 없다. 사양산업도 빅데이터, 인공지능, 사물인터넷, 로봇, 신소재 등으로 재무장하면 새로운 성장 산업이 될 수 있다.

하나의 사례이다. 최근 농심 계열사인 ㈜율촌화학은 알루미늄 라면 봉지를 만들던 기술로 2차 전지를 감싸는 알루미늄 파우치를 개발했다. 이 알뮤늄 파우치로 10억 불(1.4조 원) 규모의 생산계약을 체결했다. 이로 인해 이 회사 주가는 5년 전에 비해 최고 4배까지 뛰었다.[132] 이렇듯 사양산업이 성장산업이 되어 돌아오면, 미래 기업이 성장할 수 있는 산업생태계 형성에 도움이 된다. 산업 생태계

---

132 라면봉지 만든 율촌화학 2차 전지 소재 기업 대변신(CNEWS, 박준환 기자, 2024.6.17, https://www.thecommoditiesnews.com/news/articleView.html?idxno=7695)

를 구성하는 기업 하나하나에 관심을 가져야 하는 이유이다.

많은 미래 기업들이 좋은 파트너를 보유하여 세계적인 메이커로써 명성을 유지하고 있다. 아마존, 유튜브 역시 불특정 다수의 경쟁력 있는 수많은 마케팅 전문가와 유튜버를 확보하고 있다. 이들 기업은 경쟁력 있는 파트너를 확보하기 위해, 파트너들에게 새로운 수익모델을 제시하고, 교육훈련 등을 실시하고 있다. 미래 기업을 성장시키는 좋은 파트너들은 협력회사 외에도 소비자, 정부, 국회, 법원, 시민단체 등 매우 광범위하다. 보다 많은 미래 기업이 나오려면, 이를 뒷받침할 좋은 파트너들이 많아야 한다.

실시간 직거래 비즈니스

실시간 비즈니스

미래 기업은 소비자의 현재와 미래 욕구에 민첩하게 대응하는 역량을 가져야 한다. 이를 뒷받침하기 위해서는 실시간 비즈니스Real Time Business 시스템 구축은 필수이다. 실시간 비즈니스의 원조는 1990년대 선보인 판매시점 정보관리 시스템POS/POP[133]이다. 이 시스템은 소비자가 상품을 구매하는 순간 구매기록이 실시간으로 고스란히 중앙 컴퓨터 서버에 기록된다. 서버로 전송된 데이터는 판매자와 생산자 모두에게 제공된다.

이들 정보는 판매자 또는 생산자 상품의 적정 재고량 유지, 상품 주문과 생산 시기 결정 등 경영에 필요한 의사결정을 돕는다. 이 시스템 도입으로 생산자들은 상품이 팔린 시점에 원재료 구입, 부품 조달 등 생산 계획을 수립할 수 있고, 판매자는 이들 정보로 상품 주문 시기를 조절하며 적정한 재고 수준을 유지할 수 있다. 그러나 이 시스템은 당시 낙후된 정보통신 기술, 규제 등으로 제한된 분야에만 적용될 수밖에 없었다.

---

133 POS: point of sale, POP: point of purchase의 약자다.

최근 정보통신 및 인공지능 기술 발달, 스마트폰 보급으로 실시간 비즈니스가 빠르게 확산되고 있다. 실시간 비즈니스는 단순 제조, 생산, 물류를 넘어, 마케팅, 고객 모니터링, 사후 서비스 평가 등 모든 비즈니스 분야로 확대되고 있다. 기업들은 인공지능 기술을 활용하여 고객과 실시간으로 소통하며, 상품 가격, 판매 조건, 주문 상황, 배송 시기 및 경로, 구매 및 반품 결정, 사용 후기 등 모든 과정을 관리하고 있다.

실시간 비즈니스의 대표적 사례가 음식 배달 서비스이다. 음식은 쉽게 상하거나 식는다. 배달의 민족, 요기요, 쿠팡잇츠 등 음식 배달 업체들은 음식을 주문하면, 실시간으로 음식 조리, 배달 과정을 일일이 알려주며, 30~40분 정도면 음식을 집 앞까지 배달한다. 실시간 비즈니스는 인터넷망과 접속된 노트북, 스마트폰 등 모바일 기기에 탑재한 앱app을 장착하거나 업그레이드하면서 그때그때 이루어진다. 이러한 기술 덕분에 기업은 상황에 맞는 비즈니스 전략을 그때그때 구사할 수 있다.

테슬라는 자신들이 만든 전기 자동차들과 수시로 정보를 주고받으며 차량 운행에 관련된 빅데이터를 모으고 있다. 이들 빅데이터를 분석하여 차량의 자율주행 성능과 배터리 성능 등을 향상할 수 있는 방안을 찾는다. 이들 방안이 마련되면, 전세계 통신망을 통해 실시간으로 차량에 탑재된 장비의 소프트웨어를 업그레이드하는 실시간 비즈니스를 구현한다. 이런 방법으로 세계 각처에 돌아다니는 테슬라 전기 자동차 운행 효율을 한 번에 높인다. 이러한 테슬라의 실시간 차량 업그레이드 서비스에 고객들은 열광하고 있다. 그러면서, 테슬라 주가는 고공행진을 하고 있다.

전기 자동차에는 첨단기계 장치들이 공통으로 가지고 있는 메모리, 제어회로, 에너지 저장 장치, 동력 장치 등을 갖고 있다. 이들 장치를 무선통신망에 의한 실시간 소프트웨어를 업그레이드하여 제어할 수 있다. 기능 보강을 위한 하드웨어도 세계 물류망을 통해 공급받아 DIY[134]으로 쉽게 업그레이드 할 수 있다. 이렇게 되면 전기 자동차는 지금의 단순 수송기능에서 벗어나 가사, 로봇, 집하, 배송, 가공 등 멀티플레이어 역할을 할 수 있다. 머지 않은 미래에 소프트웨어는 물론 하드웨어까지 실시간으로 업그레이드하는 비즈니스가 광범위하게 확산될 것이다.

미래 기업이 되려면 실시간 비즈니스에서 한발 더 나아가 잠재하는 미래 수요를 예측하고 대비하는, 미래 수요 반응형 비즈니스로 도약해야 한다. 이를 뒷받침하기 위해 인공지능으로 빅데이터를 분석하여 미래 소비 패턴을 예측하려는 시도가 여기저기서 일어나고 있다. 미래 소비 패턴에 맞는 매력 생산, 보관, 운송, 마케팅 등을 선제적으로 하기 위해서이다. 현존하는 수요가 아닌, 미래 존재할 수요에 맞추어 매력을 만들고 이를 독점적으로 공급하고자 하는 것이다. 이는 외견상으로는 마치 공급이 수요를 창출하는 것처럼 비추어질 소지가 있다.

2017년 알리바바 사례이다. 광군제 당일, 차이냐오 지역 물류센터에서 8억 6,000만 건을 주문을 받았다. 도시 별로 택배 물량을 예측하여, 미리 도시 인접 무인 물류창고를 배송하여 소비자에게 빠르게 배송했다. 알리바바 이외에도 미국 타겟, 아마존, 넷플릭스 등도 빅데이터를 이용해 소비자의 소비 특성을 사전에 파악하여, 이에 맞추어 상품 디자인, 제조, 판매, 배송시스템을 구축하고 있다. 소비자가 원하는 시기에 원하는 상품과 서비스를 제공하여 시장을 선점하고자 하는 시도이다. 미래를 알고 대응하는 기업만이 미래에 생존할 수 있다.

다이렉트 비즈니스

소비자 욕구 충족을 위해 소비자가 원하는 상품을 적정한 가격에 빠르게 공급해야 한다. 그 방안의 하나가 거래 중간 단계를 없애고 생산자와 소비자가 직

---

134 DIY(Do it yourself)는 전문 업자 또는 전문업체에 맡기지 않고 스스로 직접 조립하여 완제품을 만들고 수리하는 개념을 말한다.

거래하는 방안이다. 과거에는 생산자 공장에서 창고, 판매점, 운송회사, 소비자까지 여러 단계를 거쳐 상품이 공급되었다. 이제, 상품이 생산자 공장에서 바로 소비자의 주소지로 운송되는 다이렉트 비즈니스Direct Business를 구축하려는 시도가 이어지고 있다.

전통 경영학에서는 제품 유통을 상적 유통Commercial Distribution과 물적 유통Physical Distribution으로 구분했다. 상적 유통은 상품을 소비자에게 넘기는 마케팅, 판매 계약, 대금 지불 등 거래 행위의 일체를 이야기한다. 물적 유통은 상품의 실질적 이동을 뜻하는 것으로 이를 물류로 일컫는다. 이제 상류와 물류를 구별할 실익이 없다. 이를 동시에 하나로 묶어 서비스하는 온라인 쇼핑몰이 태동하였기 때문이다. 온라인 쇼핑몰에서 주문한 상품은 별도의 상업시설을 거치지 않고, 공장 창고에서 바로 소비자의 주소지로 출고한다. 공장과 소비자 간에 백화점, 상점, 중개인 등 중간 매체가 없이 하나의 매체만이 존재하는 유통구조가 형성되고 있다.

다이렉트 비즈니스가 정착되면서 공장입지도 확연히 달라지고 있는 모양새이다. 인공지능, 3D 프린팅, 로봇에 의한 첨단 자동화 공장이 가능하게 되었다. 공장입지도 인건비 절감보다 물류비를 줄일 수 있는 물류거점이나 소비지 주변으로 옮겨가고 있다. 이들 공장도 반도체와 같은 첨단 상품은 물론 내구성이 있는 모든 상품의 공장으로 확산되어 가는 추세다. 미국은 자국 소비 상품은 자국에서 제조하도록 하는 '바이 아메리카Buy America' 정책을 시행 중이다. 현대자동차, 삼성전자, SK하이닉스 등이 미국, 중국 등에 현지 공장을 짓는 것도 이런 이유 때문이다. 이러면서 소비지 또는 물류거점 주변으로 공장이 모이는 현상이 두드러지게 나타나고 있다.

미래 물자 공급망은 재료와 부품만을 산지에서 조달하고, 물류 거점 또는 소비지 중심으로 조립가공이 이루어지는 물자 공급망이 구축될 것이다. 이렇게 되면 소재, 부품, 장비 등 상품 제조 기술과 이들 운반하는 공항, 항만, 산업단지의 경쟁력이 중요하게 된다. 우리나라는 3면이 둘러싸인 반도 국가로 물자 공급망에 지정학적 우위를 갖고 있다. 이를 잘 활용하면, 우리나라는 동북아 물자 공급망의 허브가 될 수 있다.

과학 기반 비즈니스

포브스지(2023.4월)에 따르면 세계 부호 2위는 테슬라의 일론 머스크Elon Musk로 3위는 아마존의 제프 베조스 Jeff Bezos, 4위는 거대 소프트웨어 오라클Oracle의 래리 엘리슨 Larry Ellison, 5위는 투자 귀재인 워런 버핏Warren Edward Buffett, 6위는 최초로 컴퓨터 운영시스템을 만든 마이크로소프트 빌 게이트Bill Gates이다. 10위와 12위는 마이크로소프트 CEO였던 스티브 발머Steven Anthony Ballmer와 구글 CEO였던 래리 페이지Larry Page이다. 이외에도 엔비디아, 화이자, 모더나, 삼성전자, TSMC 등 잘 나가는 기업들이 있다. 이들 부호들과 기업의 특징은 비즈니스 중심에 과학기술이 있다는 점이다.

연구중심형 공장

과학기술은 객관성을 중시하는 지성의 산물이다. 따라서, 생산성, 일관성, 재현성을 가능하게 하는 강력한 힘이 있다. 앞으로 과학기술이 뒷받침되지 않는 비즈니스 모델은 상상하기 어렵다. 미래 공장은 연구와 생산이 함께 이루어지는 '연구 중심형 공장'으로 발전하게 될 것이다.

인공지능 활용

어느 기업이나 급격히 진화하는 인공지능을 어디까지, 그리고 어떻게 활용할지를 심각하게 고민하고 있다. 인간 지능과 인공지능의 최적의 조합으로 비즈니스를 운영하는 기업이 미래 기업의 자리를 차지하게 될 것이다.

산업현장에서 이루어지는 일의 대부분은 반복적인 일이다. 단순 반복적인 일들은 모두 기계화 또는 자동화의 길을 걸어왔다. 이제 복잡하고 반복적인 일을 인공지능으로 처리하고자 하는 시도가 이어지고 있다.

인류가 축적해 온 지식은 컴퓨터 알고리즘으로 모듈화되어 라이브러리 형태로 누적되고 있다. 인공지능은 이들 알고리즘을 이용하여 원자재 구매, 재고관리, 제조, 마케팅, 배송, 재무, 회계 등 비즈니스 전반에 걸쳐 효율적으로 일을 처리하고 있다. 하지만 인공지능은 여태까지 경험하지 못했던 일 처리에 한계를 드러내고 있는 것도 사실이다. 따라서, 인간 지능과 인공지능의 최적의 조합으로 비즈니스를 운영할 줄 알아야 미래 기업이 될 수 있다.

인공지능을 과신하여 생각하는 인간의 중요성을 간과해서는 안된다. 인간의 위기는 인공지능이 인간 지능을 뛰어넘는 특이점이 도래하여 오는 게 아니다. 인공지능에 의존하여 생각하지 않는 인간에게 그 위기가 생각보다 빨리 찾아올 수 있다. 인공지능 출현을 두려워하기보다, 인공지능을 활용하여 인간 지능의 쓸모를 높이는 지혜가 필요한 시점이다. 언제 어디서나 깨어 있고 생각하는 인간만이 만물의 영장의 지위를 누릴 자격이 있다.

제7부

매력의 나라

진정으로 매력의 허브가 되기 위해서는
지적 혁신은 물론 교육, 공간, 인구, 일자리,
도시, 인프라, 공급망, 에너지, 성장동력 등
여러 분야에 걸쳐 혁신적 변화가 필요하다.

제1장 세계인의 매력, 한류

우리나라는 세계 교역 6위권 국가이다. 그리고 한류韓流[135]란 매력으로 세계적인 관심을 받는 나라가 되었다. 그동안 우리나라에 어떠한 일이 일어난 것일까?

한류의 발상지

한류의 음악이 있는 공연장, 길거리busking에는 이를 보러 오는 사람들로 북새통이다. 한류 드라마와 영화는 케이블 TV, 유튜브, 넷플릭스, 디즈니 채널 등을 통해 끝 모르게 확산되어 가고 있다. 세계는 한류란 매력에 푹 빠져 있는 모습이다. 한류는 음악[136], 영화[137], 드라마를 넘어 웹툰, 스포츠, 방송, 예술, 패션, 음식, 육아, 교육, 과학, 기술 등으로 그 영역을 확대해 가고 있다. 이제 한류는 한국인의 모든 것을 의미하는 그 무언가가 되어가고 있다.

2021년 1월 7일 넷플릭스는 경기도 연천, 파주 스튜디오 2곳에 1만 6,000제곱미터에 달하는 촬영 공간에 대한 장기 임대 계약을 체결했다. 아시아 최초로 한국에 스튜디오를 확보한 것이다. 그 이전만 해도 넷플릭스는 미국(4개소), 스페인, 영국, 캐나다 4개국에만 7개소[138]에 스튜디오를 갖고 있었다. 이에 더해 넷

---

135 한류는 한국의 대중문화가 세계적인 인기 몰이하는 현상을 표현한 말이다.
136 한류 음악은 서태지와 아이들(1992년), H.O.T.(1996년), 핑클(1998년), 소녀시대(2007년), 동방신기(2003년), 슈퍼주니어(2005년), 방탄소년단(2013년), 마마무(2014년), 블랙핑크(2016년) 등이 계보를 이어가고 있다.
137 한류 영화는 겨울연가(2002년), 기생충(2019년), 사랑의 불시착(2019~2020년), 킹덤(2019년), 미나리(2020년), 오징어 게임(2021년), 헤어질 결심(2022년) 등이 계보를 이어가고 있다.
138 넷플릭스는 미국 LA, 뉴욕, 애틀랜타, 앨버커키, 스페인 마드리드, 영국 런던, 캐나다 밴쿠버와 토론토에 스튜디오를 두고 있다.

플릭스는 2023년 4월 25일 한국 콘텐츠에 3조 원 이상의 투자계획을 발표했다. K 콘텐츠를 얼마나 중요하게 여기는지 가늠할 수 있는 대목이다.

도미니카의 한 한국인 사업가는 과거 1년에 내내 팔던 소주燒酒 컨테이너 한 박스를, 한류 열풍으로 인해 한 달 만에 팔아 치우고 있다. 한류 영향으로 소주 소비가 12배가 늘어난 것이다. 한류와 연관된 소주는 물론, 라면, 과자 등도 마찬가지 상황이다. 이렇듯 한류가 우리나라 경제에 효자 노릇을 하고 있다.

중동국가에서 한류 공연만 열리면, 청소년은 물론 그의 부모들이 공연장을 가득 메운다. 이러한 중동국가들이 한류의 본고장인 우리나라와 비즈니스를 하지 않는 것이 이상할 정도이다. 2009년말 우리나라는 아랍에미리트UAE에서 총 400억 불(한화 47조 원) 규모의 원자력발전 사업을 따냈다. 이후 우리나라는 사우디아라비아와 2022년과 2023년 각각 300억 불(한화 40조 원)과 156억 불(한화 21조 원) 규모의 계약 또는 투자 양해각서를 체결했다. 2023년 아랍에미리트UAE와도 300억 불(한화 41조 원) 규모의 계약 또는 투자 양해각서를 체결했다. 이들 성과는 한류 열풍과 무관하지 않다. 이렇듯 한류의 매력은 국가간 우의를 다지거나, 비즈니스 성사에 커다란 기여를 하고 있다. 한류의 매력 가치가 끝을 모르고 커지고 있는 모양새이다.

지난 80년간 대한민국은 빠른 혁신으로 수많은 매력을 만들어 왔다. 이들 매력으로 우리나라가 세계에서 주목받고 있다. 지금 우리나라는 선진국과 후진국의 갈림길에 서있다. 우리나라가 선진국의 지위를 공고히 하려면, 세상을 흔들 매력 만들기에 집중할 필요가 있다.

이제 지구촌에 우리나라가 한류韓流의 허브라는 사실을 모르는 사람이 없다. 한류이외 또 다른 매력을 만들어 낸다면, 우리나라는 명실상부한 매력의 허브가 될 것이다.

우리나라는 첨단과학 기술의 결정체인 반도체, 우주로켓, 인공위성, 원자력발전소, 해수 담수화 시설은 물론 전차, 대포, 구축함, 초음속 전투기 등 육해공의 모든 종류의 방산무기를 생산하고 있다. 이에 더해, 세계에서 가장 우수한 문자인 한글, 교육 중시의 지적 문화, 혁신을 위한 도전 정신이 있다. 이렇듯 우리나라는 다양한 분야에서 매력을 만들어 낼 충분한 조건과 역량을 갖추고 있다.

이러한 조건과 역량을 바탕으로 다양한 매력을 만들어 명실상부한 '매력의 허브'로 도약해야 한다. 이미 그런 조짐이 여기저기서 나타나고 있다. 이제 우리나라를 매력의 허브로 만드는 일은 한류 스타만이 아닌, 기업인, 공직자, 과학자, 예술가, 교육자, 직장인, 학생, 학부모 등 국민 모두의 몫이다.

우리나라는 반도 국가이다. 힘이 있으면 세계로 뻗어 나가고 힘이 없으면 남에게 침략당하는 지정학적 조건을 갖고 있다. 가치 높은 매력을 만들어, 그 힘으로 우리 대한민국을 강하게 만들어야 한다. 5000년 전에 발원한 고대 문명 이후 가장 위대한 미래 문명이 우리나라에서 발원하고 있을지 모른다. 이를 어찌 마무리할지는 우리의 몫이다.

한류 매력의 이유

그렇다면 우리나라가 한류 발상지가 된 이유는 과연 무엇일까?

절대 빈곤 상태였던 우리나라는 1945년 광복 이후 80년도 지나지 않아 자유민주주의, 시장경제, 인프라, 제조, 디지털 혁신으로 세계 교역 6위권 국가가 되었다. 그리고 한류란 매력을 만들어내기에 이르렀다. 이렇게 된 데는 반드시 이유가 있다.

우리 국민은 지난 수백 년 동안 빈곤과 강압 속에서 하루하루를 고된 생을 살았다. 그 고된 하루하루는 조선왕조 500년, 36년의 일본 강점기, 대한민국 건립 이후까지 이어졌다. 그 이유는 우리 스스로 만들어 낸 남다른 매력이 없었기 때문이다.

조선왕조 500년 동안 우리나라는 중국의 강력한 영향력 아래 있었다. 중국 황제의 승인이 없으면 국호도 만들 수 없었다. 우리 스스로 무엇을 한다는 것을 엄두를 내지 못한 시절이다. 세종대왕이 만든 과학적인 문자인 한글도 1446년 반포 이후, 정작 이를 사용하기를 꺼렸다. 중국을 대국으로 모신 조선 사대부의 사대주의 사상 때문이다. 어렵사리 불어온 서구 문물마저 중국의 눈치를 보며 위정척사衛正斥邪[139]를 부르짖으며 외면했다. 그러면서 그 알량한 권력을 나누기 위한 당파싸움으로 밤새우는지를 몰랐다.

이로 인해 조선은 서구문물을 앞서 들여온 일본에 합병되는 수모를 겪었다. 그리고 36년 동안 일제 치하에서 정체성 없는 삶을 살아야 했다. 과거 우리 백성들이 고된 생을 살았던 것은 애국심이 없었기 때문이 아니었다. 무지와 무능으로 스스로 일구어 낸 매력이 많지 않았기 때문이다. 이완용은 을사조약, 정미조약, 기유각서, 한일병합조약을 앞장서 체결했다는 이유로 매국노가 되었다. 나라 잃은 이유를 이완용 등 몇 명에게 책임을 묻고 끝날 일이 아니다. 이들 조약 체결 오래전부터 일본에 나라를 잃어버릴 수밖에 없는 조건이 만들어졌기 때문이다. 그 조건은 권력의 눈치만 보며 혁신 없이 살아온 무능과 무지였다. 그 무능과 무지가 매국賣國이 되었다.

오랫동안 갈 길을 못 찾던 우리나라는 1945년 광복 이후 80년도 채 지나지 않아 세계에서 주목받는 국가로 성장했다. 그동안 대한민국에서 어떠한 일이 있었던 것일까? 무無에서 유有를 창조하는 혁신으로 많은 매력을 만들었기 때문이다. 그 혁신은 권력구조 혁신, 지적 혁신, 일의 혁신, 인프라 혁신 등이 될 것이다.

권력구조 혁신

우리나라의 권력구조 혁신은 자유민주주의 권력구조를 도입하면서 시작되었

---

139 조선 후기 외국의 세력 및 문물이 침투하자, 이를 배척하고 유교 전통을 지킬 것을 주장하며 일어난 사회적 운동이다. 위정(衛正)이란 바른 것, 즉 성리학과 성리학적 질서를 수호하자는 것이고, 척사(斥邪)란 사악한 것, 즉 성리학 이외의 모든 종교와 사상을 배척하자는 것이다. [네이버 지식백과]

다. 국민을 억압했던 조선시대 왕정, 일본 제국주의, 북한의 공산주의와는 완전히 결이 다른 '국민이 주인'이 되는 권력구조의 혁신이었다. 이로 인해 우리 국민은 수천 년 동안 옥죄어 온 절대권력의 억압에서 벗어나 자유를 누리게 되었다. 그리고 국민 하나하나가 매력을 만드는 주체로 탈바꿈하기 시작했다.

이민자들로 구성된 미국은 영국과 치른 독립전쟁에서 승리하여 독립국가로서 면모를 갖추게 되었다. 미국은 독립전쟁 이후 과거 유럽의 군주국가와 단절된 형태의 자유민주주의 권력구조를 구축했다. 미국은 시민의 자유와 인권이 제도적으로 보장 될 수 있도록 국가 권력을 행정, 입법, 사법의 3권으로 나누고, 시장경제를 도입하는 헌법[140]을 제정했다. 미국 헌법에 명시된 자유민주주의 권력구조와 시장경제를 기반으로 미국의 국민 개인과 기업은 수많은 매력을 만들어 냈다. 그리고 세계 최강의 국가가 되었다. 미국의 자유민주주의 권력구조는 냉전 시대를 거치면서 다른 나라로 급속하게 확산되었다.

지금의 우리나라 권력구조 역시, 자유민주주의와 시장경제를 존중한 미국 헌법을 벤치마킹하여 만들어졌다. 우리나라는 2차 세계 대전이 끝나는 1945년 미국 주도의 연합국에 의해 가까스로 일제의 강점에서 벗어날 수 있었다. 1945년 광복 이후 3년이 지나 제헌 국회가 구성되어 국회 임시의장으로 이승만 의장이 선출되었다. 이승만 의장과 제헌 국회의원들은 미국과 같은 삼권분립의 자유민주주의 권력구조와 시장경제 도입을 천명한 대한민국 제헌 헌법을 제정했다. 그리고 보통, 평등, 비밀, 직접, 자유 선거제도를 도입해 '국민이 주인'이 되는 나라의 초석을 닦았다.

그리고 헌법에 명시된 자유민주주의 권력구조와 시장경제로 인해 국민 개개인은 자유와 인권, 그리고 자유로운 경제 활동을 보장받게 되었다. 국민 개인과

---

[140] 우리 합중국 국민은 좀더 완벽한 연방을 형성하고, 정의를 확립하며, 국내의 안녕을 보장하고, 공동방위를 도모하고, 국민 복지를 증진하고 우리와 우리의 후손들을 위한 자유와 축복을 확보할 목적으로 미합중국 헌법을 제정한다. (대한민국 국회도서관 http://www.nanet.go.kr)

기업이 매력을 발산하는 주체로 나설 수 있게 된 것이다. 시장경제 도입으로 시장을 통해 국민 개인과 기업이 만든 매력을 사고팔 수 있게 되었다. 우리나라 제헌 헌법이 기반이 되어, 국민 개인과 기업이 자유롭게 매력을 만들고 거래할 수 있게 된 것이다. 이는 우리 대한민국 발전의 초석이 되었다. 이승만 전 대통령을 우리나라 국부國父로 부르는 이유이다. 그러면서 국민의 자유와 인권은 확대되어 갔다. 이를 기반으로 수많은 혁신이 일어나며 수많은 매력들이 만들어졌다. 그중 하나가 한류韓流라는 매력이다.

지구 한편에서는 절대왕권으로부터 인민을 해방한다는 명분으로 절대왕권을 무너뜨리고 절대권력이 지배하는 공산주의 국가가 들어섰다. 공산주의 국가 권력자들은 부의 공정 배분을 명분으로 권력과 부의 모두를 독차지 했다. 공산주의 국가 권력자들은 그 막강한 권력을 주체할 수 없어, 국민 위에 군림하는 독재자로 거듭 태어났다. 이후 공산주의 대부였던 소비에트연방공화국은 1917년 러시아혁명이 일어난 지 74년 만인 1991년에 붕괴되었다. 그리고 러시아로 어렵사리 명맥을 이어 오늘에 이르고 있다. 공산주의 국가인 중국, 북한 역시 어렵기는 마찬가지이다. 그 이유는 국가 권력의 독점으로 개개 국민, 기업이 가치 높은 매력을 만들어 내지 못했기 때문이다.

이제 한반도에 또 다른 혁신이 일어나야 한다. 그 혁신은 북한 주민에게 자유와 인권을 보장하여, 이들이 매력을 만드는 주체로 당당히 나서게 하는 일이다. 그렇게 되면, 한반도 전체를 '매력의 허브'로 만들 수 있다.

우리나라는 1945년 광복 이후 80년 만에 교역규모 세계 6위권 국가가 되었다. 우리 헌법이 보장한 자유민주주의와 시장경제를 바탕으로 국민 스스로 인프라, 제조, 디지털 혁명을 일구어 냈기 때문이다. 지금 인터넷, 반도체, 전기차, 로봇, IT 기술, 인공지능을 선도하는 국가 대부분은 자유민주주의 권력구조와 시장경제를 갖춘 국가들이다. 자유민주주의와 시장경제가 우리나라를 '매력의 허브'로 만드는 데 얼마나 중요한지를 가늠하게 하는 대목이다.

권력과 부富의 배분

권력과 부는 떼어 놓을 수 없는 관계이다. 부의 공정한 배분은 권력의 공정한 배분으로부터 시작된다. 자유민주주의 국가에서는 권력을 분산하고 시장경제를 통해 국민 개인의 사유 재산을 보장한다. 국가는 국민 개인이 부자가 되기를 원하고, 이를 국가의 부를 키우는 것으로 보았다. 국민이 부자가 되면 될수록, 세수 증대로 인해 국가 수입이 늘고, 이로 인해 재정이 건실해지기 때문이다. 국민이 부자가 되려면 국민 개인이 자신만의 매력을 만들어, 이를 시장에 내다 팔아야 한다.

반면에 공산주의 국가는 공정 배분을 명분으로 부의 원천인 생산수단을 국가에 귀속시켰다. 이로 인해 공산주의 권력자들이 권력과 부를 한 손에 움켜쥐는 결과를 가져왔다. 공산주의 국가들의 권력의 집중은 부의 집중으로 이어졌다. 이렇게 보면, 공산주의 국가는 애초부터 부의 공정 배분이 이루어질 수 없는 구조를 가진 국가다. 이들 국가는 국민 개인에 대한 처우는 능력보다 권력에 대한 충성도를 나타내는 신분 또는 계급으로 결정되었다. 계층간 계급 타파를 지향하고 나선 공산주의 국가에서 보다 계급적인 사회의 모습을 보이는 것은 아이러니하다. 이들 공산주의 국가들에서는 권력에 가까울수록 부의 배분이 집중되었다. 권력에 저항하면 반동분자, 회색분자라는 이름으로 처참하게 처형당했다. 이들 국가의 국민은 권력자들의 노예로 전락하여 권력과 부, 모두에서 소외된 삶을 살고 있다. 그럼에도 불구하고 공산주의 국가에서 부의 집중문제가 부각되지 않는 이유는 무엇 때문일까? 절대권력을 가진 통치권자가 이를 공론화하는 것을 가만히 두지 않기 때문이다.

한 정당 대표는 국회 연설에서 우리나라 인구의 1%가 개인 토지의 55.2%를 소유하고 있고, 인구의 10%가 97.6%를 소유하고 있다며 부의 편중을 집중적으로 부각했다. 이 이야기대로라면 전국 500개 골프장에 넘쳐나는 골퍼들로 인해 예약이 어렵고, 수많은 호텔이 결혼식과 돌잔치로 만원사례 인 것을 어떻게 설명할 수 있을까?

부동산 소유와 관련해 부의 집중 문제를 이야기하려면 면적이 아닌 가격을 기준으로 이야기해야 한다. 가치 높은 부동산 대부분은 국토 면적의 16.7%에 불과한 도시 지역에 몰려 있다. 그리고 서울 강남 아파트 한 채의 값이 지방의 토지 가격 보다 수만 배나 비싸다. 토지 면적을 기준으로 부의 집중문제를 이야기하면 사실이 왜곡될 수 있다. 이에 대한 논의를 부동산 가치 기준으로 확대하여 보자.

부동산 공시지가 총액을 100%로 보면, 주택은 60%, 법인 및 단체 소유 공장, 종교시설, 빌딩은 30%, 국가소유 토지는 10% 정도이다. 부동산 공시지가 총액이 60%에 달하는 주택의 경우, 전체 주택 1,954.6만 호 중 85.7%인 1,674.2만 호가 개인 소유 주택이다. 이는 부동산 공시지가 총액의 51.4%에 해당한다. 이들 주택을 소유한 가구 수는 1,246만 가구로 이를 인구로 환산하면 2,741만 명(가구당 평균 2.2명)이 부동산 공시지가 총액의 반 이상을 나누어 소유하고 있는 셈이다.

부동산 공시지가 총액의 30%를 차지하는 부동산은 법인 또는 단체 소유 공장, 종교시설, 빌딩 등이다. 이들 부동산 등기부상 소유자는 1인으로 표기된다. 이 소유자는 1인은 실질적인 소유자가 아니라 여러 사람을 대신해서 관리하는 관리자에 불과하다. 예를 들어 삼성전자 보유 부동산 총액은 6조 3백 74억원이다. 이 부동산의 소유주는 대표이사인 이재용 회장 1인의 소유가 아닌, 581만 명의 삼성전자 주주들이 나누어 소유하고 있는 것이다. 오히려 투자규모가 커지면서 주식소유가 분산되며, 이는 부의 분산으로 이어지고 있다. 이러한 상황에서 삼성전자 보유 부동산 모두를 이재용 1인 소유로 보아 부의 편중문제를 이야기하는 것은 무리다.

우리나라의 부富는 국가의 권력과 부를 독점한 공산주의 또는 독재 국가에 비해 개개 국민에게 크고 넓게 분산되어 있다. 그렇게 된 이유는 권력이 분산된 자유민주주의 권력구조와 시장경제체제를 오랫동안 유지했기 때문이다. 이 과정에서 가치 높은 수많은 매력이 창출되며, 동시에 부의 증가와 순환이 급격하게 일어났다.

지적 혁신

문자는 지식을 축적하고 담아내고 소통하는 지적 혁신을 위한 중요한 무형의 도구이다. 한글은 표의문자인 한자는 물론, 표음문자인 알파벳을 넘어서는 가장 과학적인 인류의 문자이다. 우리나라에서는 1945년 광복 이후 과학적인 한글을 본격 사용하면서 지적 혁신이 시작되었다. 그리고 가장 가난했던 우리나라가 광복 이후 80년 만에 세계 6위권의 교역국가가 되었다. 이는 한글 사용으로 인한 지적 혁신과 무관하지 않다.

한글은 오랜 세월 조선의 중국에 대한 사대주의, 일제 강점기 등으로 널리 사용되지 못했다. 훈민정음 창제 이후 500년이 지난, 1945년 대한민국 광복으로 한글이 본격 사용되기 시작하였다. 한글을 사용한 우리 국민의 문맹율은 거의 제로에 수렴했다. 이때부터 우리 국민 간의 빠른 의사소통, 지식 전파와 축적이 가속화되었다. 한글로 쓰인 각종 창작물은 물론, 외국의 저명한 인문, 과학, 경제, 문화, 역사 서적의 한글 번역판이 쏟아져 나왔다. 한글만 알면 전 세계의 인문, 과학, 경제, 문화, 역사를 알 수 있게 된 것이다. 이때부터 우리 국민의 지적 성장 속도은 매우 빨라졌다.

한글은 컴퓨터와 스마트 기기 사용이 일상화되면서 더욱 위력을 발휘했다. 과학적인 한글과 과학의 결정체인 컴퓨터가 환상의 조합을 이룬 것이다. 정보통신기술 발달로 한글의 존재감은 더욱 커졌다. 이를 문자로 사용하는 우리 국민 존재감 역시 커졌다.

반면에 중국에서는 어려운 한자 사용에 대한 비판의 목소리가 연이어 나왔다. 1930년대 중국의 대 문호였던 루쉰魯迅((1881~1936)은 '한자가 사라지지 않으면 중국이 망한다. 漢字不滅 中國必亡'는 한자 망국론을 주장했다.[141] 이로부터 20년이 지난 1949년 중국 정부는 문자개혁위원회를 구성하고 한자 개혁에 나섰다. 한자 개혁의 일환으로 전통 한자 대신, 간자체와 알파벳을 병행하여 사용하기로 했다. 한자를 컴퓨터에 입력할 때는 한자 발음을 알파벳으로 타이핑한 후, 이를 한자로 변환하여 입력하는 방식을 택했다. 당시 중국이 한자 전환에 사용한 문자를 알파벳이 아닌 한글을 사용했다면 더욱 빠른 지적 성장을 이루었을 것이다.

한글 쓰기나 타이핑 속도는 중국의 한자, 일본의 '카타카나'와 '히라카나'보다 7배나 빠르다는 조사 사례가 있다. 그만큼 한글을 사용하는 사람은 자신의 생각을 쉽고 빠르게 기록하고 전달할 수 있고, 그로 인해 생각에 몰입할 수 있는 자유로움이 있다.

따라서 한글은 생각이 자유로운 자유민주주의 권력구조에서 더욱 큰 위력을 발휘한다. 절대권력의 북한에서 한글 사용에도 불구하고 지적 혁신이 일어나지

---

141 어문정상화 추진위원회 http://www.kolanguage.org/board.asp?Act=bbs&subAct=view&bid=relate&seq=284

못하는 이유는 북한 주민들에게 생각의 자유가 없기 때문이다.

인공지능 시대가 오면서 한글이 가진 잠재력이 더욱 드러나기 시작했다. 인공지능은 시각적으로 단순 명료한 한글 문서, 영상, 간판 등을 빠르고 정확하게 읽어 내고 있다. 이는 한글이 인간 지성과 인공지능을 연결하는 매우 중요한 연결고리가 될 수 있다는 것을 의미한다.

또 하나의 중요한 지적 혁신은 서양과의 지식격차를 줄이면서 일어났다. 1945년 광복 이후, 초등, 중등, 고등, 대학교 등 각급 학교가 전국적으로 설립되었다. 그리고 많은 젊은이가 미국, 유럽 등 서방국가로 유학을 떠났다. 우리나라 국민을 무지로부터 깨우는 작업이 본격적으로 시작된 것이다.

이와 함께 선진 과학기술이 본격적으로 도입되기 시작했다. 미국의 지원을 받아 설립한 한국과학기술연구원KIST을 시작으로 대전시 소재 대덕 연구단지를 중심으로 30개의 분야별 과학기술관련 연구원이 설립되었다. 1966년 당시 18명에 불과하던 해외에서 유치한 재외 과학자는 24년이 지난 1990년에는 1,000여 명으로 늘어났다. 아울러 과학기술 인재 배출을 위한 과학고, 카이스트, 포항공대 등이 전국에 걸쳐 설립되었다. 또한 과학기술을 비즈니스로 엮어낼 경제, 경영, 통계를 전문적으로 가르치는 대학들이 여기저기 생겨났다. 1945년 광복 이후 반세기가 지나면서, 지난 수백 년 간 우리를 옥죄어 온 무지와 무능에서 벗어나기 시작했다.

정부는 물론 공공기관, 대기업은 공개 채용 방식으로 유능한 인재를 등용하기 시작했다. 유능한 엘리트들이 곳곳에서 중요한 자리를 맡았다. 이렇듯 지식 습득과 출세가 상호 연계되었다. 이로 인해 학교, 독서실, 도서관 구분없이 시험 준비생들로 가득 찼다. 우리 국민들의 지적 혁신은 장소는 물론, 밤낮을 가리지 않고 일어났다.

이제 우리나라에서 인류의 미래를 밝히는 또 다른 지적 혁신이 일어나야 한다. 이 지적 혁신은 예기치 못한 문제를 해결하는 창의적인 인재를 양성하는 것이다. 이제, 전통적인 '내려 받기형 암기 위주 교육'에서 탈피하여, '문제 해결 중심의 창의 교육'으로 교육 시스템 전반을 바꾸어 나갈 필요가 있다. 그리고 국내외를 가릴 것 없이 창의적 인재를 유치하고, 육성하는 양방향 열린 교육 시스템을 구축해야 한다.

일의 혁신

일의 혁신은 1970년 4월 시작된 생각을 바꾸는 의식 개혁운동인 '새마을 운동'에서 비롯되었다. 새마을 운동은 근면勤勉, 자조自助, 협동協動 3대 정신을 가치로 삼았다. 마을마다 확성기를 설치해 새벽이면 주민의 단잠을 깨웠다. 아침이면 어른은 일터로 아이들은 배움터인 학교로 향했다. 이로 인해 일하고, 공부하고, 협업하는 시간이 늘어났다. 이는 농업 위주에서 중공업 위주의 산업 국가로 탈바꿈할 수 있는 기반을 만들었다.

지금은 지구촌 시대다. 지구촌 어느 곳은 낮이고 어느 곳은 밤이다. 비즈니스도 시간과 장소를 가리지 않고 진행되고 있다. 세계 비즈니스 상황에 맞추어 국가, 기업, 국민 모두가 하루 24시간 언제라도 근무할 수 있는 시스템을 구축할 필요가 있다. 정보통신 기술 강국이면서, 인재가 풍부한 우리나라에서는 어렵지 않게 할 수 있는 일이다.

인프라 혁신

박정희 전 대통령은 실용적pragmatic과 실천적practical의 리더십을 발휘하여, 국가 경쟁력에 근간이 되는 인프라 혁신에 나섰다. 경부고속도로, 호남고속도로, 서울 지하철 1호선, 포항제철, 소양강 댐, 공항과 항만시설 등 국가 인프라를 확충했다. 우리나라에 건설된 댐 중에 박정희 전 대통령의 손길이 거치지 않은 곳이 없을 정도이다.[142] 이들 댐에 가두어 놓은 물로 농업용수, 공업용수, 생활용수를 공급하여, 식량 자립, 홍수방지, 도시 및 산업단지 개발의 기틀을 마련했다. 이들 인프라들은 우리 산업 구조를 내수 위주에서 수출 위주의 개방 경제 체제로, 그리고 농업 위주에서 중화학 공업 위주로 탈바꿈시키는데 크게 기여했다. 이로 인해 우리나라 국민은 오랫동안 이어온 절대빈곤에서 벗어날 수 있었다. 절대빈곤 상태에서 벗어난 국민은 부당한 권력에 맞서며 헌법상 보장된 자유를 찾아 나섰다.

---

142 박정희 대통령이 건립한 댐은 섬진강 댐(1963), 소양강 댐(1967-1973), 남강 댐(1969), 대청 댐(1975), 안동 댐(1976), 충주댐(1978) 등이다.

제2장 | 지식 보고寶庫

> 한글은 사람의 생각을 자유롭게 담아낼 수 있는 지식 그릇이다. 한글은 인류에게 생각의 자유로움을 주어 지적 혁신은 물론, 보편적 평등 사회로 이끌 인류의 소중한 지적 자산이다.

인류의 축복, 한글

위대함의 탄생

인류가 사용한 문자는 한글을 제외하고는 모두 관습적으로 사용해 온 관습문자이다. 인류는 오랜 기간의 관습 때문에 그동안 사용한 문자를 어찌하지 못해 수천 년의 세월을 그냥 보냈다. 조선의 세종대왕이 인류 문자의 패러다임을 바꾸는 전기를 마련했다. 세종대왕은 6년의 연구 끝에 1443년 28자의 훈민정음訓民正音을 창제하고, 3년 후인 1446년에 이를 반포했다. 훈민정음은 발성기관의 모양을 딴 표음문자로 인류가 가진 유일무이唯一無二한 과학적인 문자이다. 이 훈민정음이 지금 우리가 사용하는 한글이다.

훈민정음 언해본諺解本에서 한글 창제이유를 이렇게 밝혔다. "우리의 말이 중국의 문자와 서로 맞지 않고 어리석은 백성이 말하고 싶은 것이 있어도 마음대로 뜻을 펴지 못하기 때문"이라고 밝히고 있다. 한글은 어리석은 백성도 쉽게 배울 수 있는 문자라는 의미이다. 이를 달리 해석하면 한글은 지식 보편화를 염두에 두고 만들어졌다는 이야기이다. 지식 보편화는 보편적 평등 사회로 가는 길을 여는 통로이다. 한글 사용이 확대되면 우리 인류를 보편적 인권, 자유, 평등의 사회로 이끄는 길로 인도할 수 있다. 그런 의미에서 한글은 이집트 피라미드, 로마제국 건축물보다 수천수만 배 값진 인류의 소중한 무형자산이다.

한글의 우수성

한글은 인류 문자 중에 가장 과학적인 문자이다. 어찌하여 가장 과학적인 한글이 모든 인류 사용하는 문자로 발전하지 못한 것일까? 어찌하면 한글이 모든 인류가 사용하는 문자가 될 수 있을까? 한글이 인류의 문자가 되기 위한 기초적인 질문들이다.

지금까지와 같이 지식 축적이 미래 패권의 향방을 결정할 것이다. 그 지식은 문자, 언어, 생각의 상호 작용으로 만들어지며, 최종적으로는 문자라는 그릇에 담겨 축적된다. 한글은 발성기관에서 나오는 모든 음을 문자로 기록할 수 있는 정교함을 갖고 있다. 한글이 가진 정교함은 기억, 상상, 감성, 감정, 이성, 지성, 지혜 등 인간의 자유로운 정신 활동을 돕는다. 그만큼 인간의 정신 활동과 문자의 수월성이 상관관계가 있다는 이야기이다. 한글의 우수성은 일관성一貫性, 용이성容易性, 직관성直觀性, 효율성效率性, 함축성含蓄性, 확장성擴張性 등으로 요약할 수 있다.

첫째로 일관성一貫性에 대한 이야기이다. 한글은 음절문자音節文字이다. 한글은 초성과 종성에 자음, 중성에 모음을 배치하여 하나의 음을 낸다. 한글은 음절문자로 문자마다 똑같은 발음이 나는 일관성이 있다. 이 점에서 같은 표음문자인 알파벳과 구별된다. 알파벳 어휘의 경우, 모음과 자음이 불규칙한 배열로 음절 구분이 모호하다. 더구나 문자배열에 따라 또는 의미에 따라 동일한 알파벳도 여러 가지 음으로 읽힌다. 때문에 알파벳으로 표현된 어휘는 별도의 발음기호를 갖는다. 이렇듯 알파벳은 한글에 비해 문자와 발음 간에 일관성이 없다.

둘째로 용이성容易性에 대한 이야기이다. 한글은 음의 최소단위音素인 자음과 모음으로 구성된 음소문자音素文字다. 한글의 자음(14개)과 모음(10개) 문자 숫자는 24개이며, 쌍자음(5개)과 이중모음(11개) 등 어울려 적는 문자를 포함하더라도 40개에 불과하다. 이렇듯 한글을 구성하는 음소문자는 그 숫자가 작고 단순해 배우고 쓰기가 용이하다.

셋째로 직관성直觀性에 대한 이야기이다. 한글의 자음과 모음은 발성기관 모양을 따온 문자이다. 한글은 별도의 발음기호를 갖는 알파벳과 달리 그 자체로 직관적인 발음기호의 역할을 한다. 한글을 전혀 모르는 외국인도 하루면 한글을 읽고 쓸 수 있을 정도로 직관적이다. 세 살배기 아이도 누구의 가르침이 없이 한글 동요와 이야기 듣기만으로 한글을 읽는 경우가 비일비재하다.

넷째로 효율성效率性에 대한 이야기이다. 한글은 쓰기 쉽고 빠르게 기록할 수 있다. 한글로 쓰거나, 타이핑하는 속도는 중국 문자인 '한자', 일본 문자인 '카타카나片假名'와 '히라카나平假名'보다 일곱 배가 빠르다는 조사 사례가 있다. 한글을 사용하면 컴퓨터, 인터넷, 블로그, SNS 등에서 빠르게 소통할 수 있다는 이야기이다. 이런 점에서 한글은 현재는 물론, 미래 인류 모두에게 가장 적합한 효율적인 소통 수단이다.

다섯째로 함축성含蓄性에 대한 이야기이다. 한글과 한국어 어휘의 어원語原의 상당 부분이 한자와 중국어에서 왔다. 표의문자인 한자와 중국어는 문자와 언어 하나하나에 함축적인 의미가 있다. 한글과 한국어는 표의문자인 한자와 중국어를 어원으로 활용함으로써, 간결하고 함축적으로 복잡한 의미를 표현할 수 있다. '좋은 일에는 흔히 방해되는 일이 많다'라는 의미로 한자로 '好事多魔'라고 쓴다. 이를 한국어 발음대로 '호사다마'라는 4개 문자로 표현할 수 있다. 영어로는 'the good comes with the bad'로 6개 어휘, 22개 문자가 필요하다. 이렇듯 한글과 한국어는 한자와 중국어를 어원으로 함으로써 표음문자와 표의문자가 갖는 두 가지 장점을 모두 갖게 되었다.

여섯째로 확장성擴張性에 대한 이야기이다. 표음문자는 뜻과 발음을 분리한 분업형 글자다. 표음문자인 한글은 분업형 글자로 생각나는 대로 적고, 그 뜻은 사전에 담으면 되는 확장성이 무궁무진한 문자이다. 더구나 한글은 하나의 음절로 표현할 수 있는 발음의 숫자는 8,800개에 이른다. 이는 일본어, 영어 300개, 중국어 400개에 비해 20배가 넘는 숫자이다. 한글이 가진 발음의 유연성을 활용하여 다른 문자와 언어로 표기된 어휘를 쉽게 한글과 한국어 어휘로 바꿀 수 있다.

　일곱 번째 한국어 어순語順의 경쟁력이다. 한국어의 어휘 배열은 의미 전달이 빠른 순으로 배치한다. 한국어의 어순은 주어 다음에 바로 목적어가 온다. 목적어만 들으면 이미 다음에 따라올 동사를 예측할 수 있다. 한국어의 의미 전달 속도가 매우 빠르고 효율적이라는 이야기이다.

　이렇듯 한글과 한국어는 다른 문자와 언어와는 다른 여러 가지 장점이 있다. 한글과 한국어로 미세한 감성의 흐름과 지성적 사고에 이르기까지 자신의 생각을 자유롭게 표현할 수 있다. 자연스레, 한글과 한국어를 사용하는 사람들의 지적 성장 속도는 빨라질 수 밖에 없다. 한글이 인류 모두의 문자가 되면 인류 전체의 지식이 보편화되고, 이는 보편적 평등 사회로 가는 큰길을 열게 될 것이다.

　한글과 한국어는 가장 과학적이며 효율적으로 지식을 소통하고 축적할 수 있는 인류 모두의 자산이다. 지난 5000년의 인류의 지적 재산을 한글과 한국어로 바꾸어 한 곳에 모으면, 고대 알렉산드리아 도서관과 같은 인류의 지식 보고寶庫를 만들 수 있을 것이다. 이는 우리 한민족에게 내려진 축복을 인류와 함께 나누는 일이다. 그리고 지식 보편화를 겨냥해 훈민정음을 제정한 세종대왕의 뜻을 기리는 일이다. 한글과 한국어가 우리나라 국민 만이 아닌 인류의 지적 혁신의 모멘텀이 되려면, 인류 전체의 눈높이에 맞추는 나름의 혁신이 필요하다.

혁신적인 한글관리

　1443년 훈민정음을 창제한 지 580년이 흘렀다. 아직도 과학적인 한글을 사용하는 사람은 우리 국민과 일부 외국인에 제한되어 있다. 한글이 인류의 지식 소통과 축적 수단으로 자리 잡으려면 보다 많은 혁신이 필요하다.

　지금까지 한글을 어떻게 관리했는지 돌이켜 보자. 1443년 한글이 창제된 시기의 조선시대 상황이다. 당시 양반들은 한글을 어리석은 백성들이나 사용하는 문자라고 스스로 비하하며, 한글 사용을 꺼렸다. 중국에 대한 사대주의에 편승하여, 기득권을 지키려는 양반들의 욕심 때문이다. 조선시대 이후 36년의 일제강점기 동안, 일본어가 일방적으로 통용되었다. 1443년 한글 창제 이후 1945년 광복 이전까지 500여 년 동안, 한글은 그 위대함에 비해 사용은 미미했다. 그리고 오랜 세월이 속절없이 흘렀다.

1945년 광복 이후, 지금까지 80년 간 한글이 본격적으로 사용되기 시작했다. 한글로 쓰인 창작물은 물론, 외국의 고전, 인문, 과학 서적들이 한글로 번역되어 쏟아져 나왔다. 그러면서 한글은 우리 국민의 지식 소통과 축적에 중요한 역할을 해왔다. 1948년 대한민국 헌법제정으로 자유민주주의 권력구조와 시장경제가 도입되었다. 이들 제도와 한글이 환상의 조합을 이루어, 80년만에 우리나라는 교역규모 세계 6위권의 대국이 되었다. 이는 과학적인 한글로 인한 지적 혁신과 무관하지 않다.

그러나, 한글이 가진 무한한 잠재력은 제대로 드러나지 못했다. 그 이유는 혁신과 동떨어진 한글의 사후관리 때문이다. 한글로 표현된 어휘의 어원의 대다수가 한자와 중국어라는 이유로 한문학자들이 한글학자로 탈바꿈되곤 했다. 이로 인해 한글전용을 주장하는 한글학자 의견은 무시되기 일쑤였다. 일각에서는 한글을 순수 우리말이라는 우리 안에 가두려 했다. 한글을 본격적으로 사용한 이후에도 한글은 어원, 어순, 문법, 맞춤법, 순수 우리말이란 굴레에 갇혀 너무도 오랜 세월을 보냈다. 이는 자신이 가진 것을 순수하게 지키려는 과도기적 편협함 때문이다.

최근, 한글과 한국어가 인류의 지식 소통과 축적의 수단이 되어 가는 조짐이 여기저기 나타나고 있다. 한류 확산으로 한국학 또는 한국어 교육과정을 운영하는 외국대학이 미국, 유럽, 인도, 서남아시아, 러시아 등 106개국 1,405개 대학에 이르고 있다.[143] 미국의 모든 아이비리그 대학을 포함한 미국 대학에서 한

---

143 "세계 한국학 현황지도" (한국국제교류재단 KF 통계센터, https://www.kf.or.kr/koreanstudies/koreaStudiesMap.do),

국어 강좌를 수강하는 대학생 숫자는 연간 2만 명에 달한다.[144] 2007년 9월 유엔 산하 세계지식재산기구WIPO에서 한글과 한국어를 세계 10대 공식 언어로 지정했다. 차제에 한글은 유네스코 등재된 세계문화유산을 뛰어넘는 그 무언가가 되어야 한다.

벤치마킹; 세계인의 언어, 영어

한글과 한국어가 명실상부한 인류의 문자와 언어로 자리매김하기 위해 무엇을 해야 할까? 이에 대한 힌트를 얻기위해 영어가 세계인의 언어가 되어가는 과정을 살펴볼 필요가 있다.

1016년 덴마크의 바이킹 출신인 크누트Cnut 대왕이 잉글랜드를 침공하여, 에드먼드 2세를 몰아내고 20년 간을 잉글랜드 국왕의 자리를 지켰다. 이로부터 30년이 지난 1066년 바이킹 후손으로 프랑스 왕국의 노르망디 공작이었던 '기욤 2세'가 잉글랜드를 정복하고 잉글랜드 노르만 왕조 초대 왕인 윌리엄 1세로 등극했다. 그런저런 이유로 오랜 기간 영국에서는 왕과 귀족들은 평민들이 사용하는 영어보다 프랑스어와 라틴어를 즐겨 사용했다.

16세기 말 무렵 영국의 걸출한 극작가이며, 시인인 셰익스피어William Shakespeare(1564-1616)가 나타나면서 상황은 달라졌다. 그는 영어로 햄릿, 오셀로, 리어왕, 맥베스 등 4대 비극을 포함해, 희곡 39편, 소네트sonnets 154편, 그리고 장시 2편를 썼다. 이들 작품에 사용된 2만여 개의 어휘 중 2,000여 개의 어휘는 셰익스피어가 직접 만든 어휘였다. 새롭게 만들어진 이들 어휘들은 영어로 표현할 수 있는 사물의 가지 수를 대폭 늘렸다. 그리고 영국 전역에 걸쳐 왕과 귀족, 평민 모두 그의 작품에 빠져들어 영어를 보다 많이 사용하기 시작했다. 이는 최근 한류 확산으로 인해 세계 곳곳에서 일고 있는 한국어 배우기 열풍

---

144 "美 아이비리그 모든 대학서 한국어 강좌" (매일경제, 김성훈 등 5명 기자, 2021.10.8, https://www.mk.co.kr/news/world/10054195)

과도 유사한 현상이다.

16세기 후반 엘리자베스 1세 여왕 시절 시작된 식민지 개척과 19세기 빅토리아 여왕 시절 산업혁명으로 영국이 '해가 지지 않는 나라'가 되면서 영국의 영향력이 지구촌 전체로 확대되었다. 그리고 20세기에 들어 영어를 사용하는 미국의 힘이 강대해지면서 영어는 세계인의 언어로 확고히 자리 잡게 되었다.

이를 요약해 보면 영어가 세계인의 언어가 된 이유는 영어가 배우고 쓰기 쉬운 표음문자를 사용하고, 풍부한 어휘 갯수, 다양한 콘텐츠, 영어를 사용한 영국과 미국 국력의 강성함 때문이었다. 이를 벤치마킹하여 한글과 한국어를 혁신하면 세계인 모두의 문자와 언어가 될 가능성은 충분하다.

제2차 말모이 대작전

인간이 문자를 사용하는 이유는 생존 노-하우를 축적하고 전파하기 위함이다. 인간은 자신들의 문자를 이용해, 복잡한 사물을 함축하고 단순화하여 하나의 어휘를 만든다. 하나의 어휘가 만들어지면, 이를 기반으로 더욱 복잡한 사물을 함축하고 단순화하여 또다른 어휘을 만든다. 이는 인류가 생존 노-하우인 지식을 축적하고 소통하는 방식이다. 따라서 어휘 하나하나는 매우 중요한 인류의 지적 자산이다.

문자나 언어의 경쟁력은 어휘의 경쟁력에서 나온다. 어휘의 수가 많으면 많을수록 보다 많은 사물을 간단하게 표현할 수 있다. 영국의 옥스퍼드 백과사전은 표제어로 나온 어휘 수는 60만 개가 넘는다. 표준국어대사전에 나온 한글 어휘 수는 51만 개로 9만 개 정도 어휘 숫자가 적다. 한글 어휘 숫자가 적다는 것은 한글과 한국어로 표현할 수 있는 사물의 가짓수가 적다는 것을 의미한다. 한글이 인류의 지식 소통과 축적의 수단이 되려면 한글 어휘 수가 지금보다 크게 늘어나야 한다. 이를 위해 한글과 한국어 모두를 개방적으로 관리할 필요가 있다. 이제, 한글 어휘 수를 대폭 늘리는 제2차 말모이 대작전에 돌입할 때이다.

최초로 한글 어휘를 모으는 작업, 제1차 말모이 대작전이 시작된 시기는 개항을 전후해서이다. 주시경周時經 선생 등 뜻있는 학자들은 국어사전 편찬의 필요성을 주장했다. 1929년 일제 강점기에 조선조선어연구회를 주축으로 '세상의 모든 어휘 모으기', 말모이 대작전이 시작되었다. 1933년 조선표준어사정위원회는 표준어 심사에 올라온 9,412개 어휘 중 6,111개를 표준어로 확정했다. 1942년 10월 일제에 의해 조선어학회사건이 일어나, 29명이 감옥에 갇히고, 모진 고문으로 2명이 감옥에서 죽었다. 이로써, 어렵게 시작했던 제1차 말모이 대작전은 결실을 보지 못하고 끝나는 듯했다.

이후, 1945년 9월 8일 2,600쪽에 달하는 제1차 말모이 대작전 자료가 경성역 창고에서 발견되었다. 이를 토대로 1947년 16만 4,125항목을 담은 〈조선말 큰사전〉이 발간되었다. 이후 1999년 10월 9일 국립국어연구원은 〈표준국어대사전〉 편찬을 시작한 지 8년 만에 총 3권 7,308면의 분량의 〈표준국어대사전〉을 간행했다. 2008년부터는 인터넷으로 〈표준국어대사전〉 개정 증보판 서비스를 하고 있다.

1929년부터 말모이 작전이 시작된 지 100년의 세월이 지나고 있다. 이제 또 다른 차원의 제2차 말모이 대작전을 재개할 때가 되었다. 지금 우리가 사용하는 한글과 한국어 어휘의 어원 대부분은 한자와 중국어, 그리고 순수 우리말이다. 그래서 한글 학자들은 한자를 알아야 한글을 안다고 이야기한다. 우리나라는 서양과 같은 문명의 발상지가 아니며, 인구도 세계 인구에 비하면 매우 적다. 순수 한글로 된 어휘 숫자는 매우 제한적일 수밖에 없다.

한나라의 언어와 문자로 이루어진 어휘는 그 나라의 역사, 문화, 사상, 과학, 기술을 담아낸 지적 재산이다. 뉴턴의 운동법칙, 피타고라스 정리, 아르키메데스 원리와 같이 이들 사람 이름 그대로를 사용하지 않고는 이들 이론을 논하기 어렵다. 그런 의미에서 중국어는 물론 영어, 프랑스어, 스페인어, 이탈리아어, 아랍어 등 모든 언어와 문자의 어휘를 한글과 한국어 어휘의 어원으로 활용하는 지혜가 필요하다. 이를 통해 인류 모든 지적 재산을 한글이란 지식 그릇에 담아낼 수 있다. 한 음절로 8,800개의 발음을 할 수 있는 과학적인 표음문자인 한글을 활용한다면 충분히 가능한 일이다. 한글 창제 이후 사용하지 않는 4개 문자(ㅿ, ㆁ, ㆆ, ·)를 활용하면 외국어 발음을 완벽하게 재현할 수 있다. 인류의 모든 언어와 문자의 어휘를 한글과 한국어 어휘의 어원으로 활용하기 위해 이들 4개 문자를 다시 사용하는 방안도 검토해 봄 직하다.

한글 어휘를 늘리기 위한 방법 중 몇 가지만을 이야기해 보자.

첫째, 다양한 언어와 문자로 표현된 소리 나는 대로 한글로 적어 한글 어휘를 만들고, 그 뜻은 한글 사전에 자세히 명기하는 방법이다. 일례를 들면 'innovation'을 영어 발음대로 한글로 '이노베이션'으로 적어 한글 어휘를 만들고, 그 의미는 한글 사전에 담는 방법이다. 이들 '이노베이션'이란 어휘를 만드는 대신 중국어와 한자가 어원인 '혁신'으로 대체하여 사용할 수는 있다. 하지만 이 두 개 어휘는 뉘앙스가 전혀 다르다. 혁신이란 고통, 이노베이션은 새로움에 방점이 있다. 의도에 따라 '혁신' 또는 '이노베이션' 어휘를 상황에 맞게 사용하면 더욱 정교하게 의미를 전달할 수 있다.

둘째. 여러 언어를 합성하여 신조어를 만드는 방법이다. 이러한 신조어로 어휘 숫자는 더욱 늘어날 수 있다. 여러 언어가 합성되어 한글 어휘가 만들어진 사례이다. '현타'의 어원은 한자와 영어다. '현실을 자각하는 시간'을 의미하는 '현타'現time란 신조어이다.

셋째, 여러 어휘를 축약하여 하나의 어휘로 만드는 방법이다. 일례를 들어 '품절녀'다. '품절녀'는 인기가 많은 여성으로 이미 결혼했거나 결혼할 예정인 사람을 나타내는 의미를 축약한 어휘이다. 이외에도 한글 어휘를 늘려나가는 방법은 무궁무진하다.

한글 어휘의 숫자가 많으면 많을수록 한글과 한국어로 표현할 수 있는 사물의 가짓 수가 늘어난다. 자연스레 한글과 한국어가 경쟁력 있는 지식 축적과 소통 수단이 되어, 인류의 문자와 언어로 자리 잡게 될 것이다. 국립국어연구원을 한글과 한국어 혁신의 구심점으로 삼는 것도 하나의 방법이다. 이 과정에서 한글과 한국어는 물론, 인문, 사회, 과학, 기술, 문화, 예술, 외국어 등 다양한 분야의 국내외 전문가들을 참여시켜야 한다. 구글, 네이버 등 인터넷 포털 등을 이용하여 새롭게 만들어진 한글 어휘와 그 뜻을 실시간으로 서비스하는 인터넷 시스템 구축도 필요하게 될 것이다. 한글과 한국어가 인류의 문자와 언어로 성장하기 위해서는 한글과 한국어를 보다 개방적으로 운용할 필요가 있다.

소통중심 표준어

한국어 표준어 규정(문화체육관광부고시 제2017-13호)의 표준어 사정 원칙에 따르면 '표준어는 교양 있는 사람들이 두루 쓰는 현대 서울말'로 정함을 원칙으로 한다. 이러한 표준어에 대한 개념도 과학적으로 재정립할 필요가 있다. 표준어를 정하는 기준도 서울과 같은 지역 또는 교양 있는 등 애매한 개념적 정의에 얽매이기 보다, 과학적인 근거에 입각해 재정립되어야 할 것으로 보인다. 어휘의 경쟁력은 소통 능력에 있다. 표준어 역시, 동일한 의미를 가진 여러 가지 어휘 중 가장 소통 능력이 있는 어휘로 구성되어야 한다. 인터넷과 같은 가상 공간에서 어휘 별로 소통 능력 조사는 얼마든지 가능하다. 세상이 바뀌면 이에 따라 문자와 언어도 유연하게 바뀌어야 한다. 살아 숨 쉬는 문자와 언어만이 지속 가능한 인류의 문자와 언어가 될 자격이 있다.

다양한 구조의 한국어

한국인이 영어, 독일어 등 서양 언어를 공부할 때 가장 어려운 점은 어순이다. 서양 언어의 어순은 주어, 동사, 목적어 순이다. 하지만, 한국어의 어순은 주어, 목적어, 동사 순이다. 어순의 차이로 다수의 외국인들이 한국어를 배울 때 많은 어려움을 겪는다. 이를 극복하는 무엇인가가 있어야 한글과 한국어가 외국인들에게 널리 사용될 수 있다. 어순은 하나의 습관이다. 외국인이 배우기 쉬운 주어, 동사, 목적어 어순을 가진 '제2 한국어'를 만드는 것도 고려해 볼 만하다.

세계 표준 발음기호

알파벳을 사용하는 나라들은 정확한 발음을 위해 사전에 발음기호를 병기하고 있다. 이들 발음기호를 한글로 대체한다면, 한글은 다양한 문자와 언어를 잇는 가교역할을 하게 될 것이다. 그 과정에서 한글과 한국어가 인류의 문자와 언어로 자리매김 할 것이다. 특히. 세종대왕의 한글 창제 이후 사용하지 않은 4개 문자(ㅿ,ㆁ,ㆆ,ㆍ)를 활용한다면, 모든 외국어 발음을 완벽하게 재현할 수 있을 것이다. 이들 4개 문자를 다시 사용하는 것도 검토해 볼 만하다.

번역, 통역, 인공지능의 문자와 언어

한글과 한국어를 번역과 통역의 기준 문자와 언어로 활용하는 방안이다. 구글에서는 번역 서비스를 지원하는 언어의 숫자는 250개에 이른다.[145] 다른 포털 사이트들도 번역서비스 언어 숫자를 늘려가고 있다. 이들 번역 프로그램 알고리즘의 기본 문자와 언어는 알파벳과 영어이다. 한글과 한국어는 알파벳과 영어보다 일관성 있는 명확한 발음과 의미를 표현할 수 있다. 이러한 한글과 한국어가 다양한 문자와 언어의 교차 번역과 통역의 기준 문자와 언어가 되면 보다 강력한 번역과 통역시스템을 구축할 수 있다. 또한 인공지능 개발에 한글과 한국어를 기준 문자와 언어로 활용하면, 인간과 인공지능 간의 보다 원활한 소통이 이루어 질 것이다. 언젠가 한글 표기의 서술형 프로그래밍 언어로 경쟁력 있는 인공지능을 만들 날이 오게 될 것이다. 이는 한글과 한국어를 항시 사용하는 우리 하기에 달려있다.

---

145 "멸종 직전 희귀한 언어도 번역해 드려요"…구글, 110개 언어 번역 추가 (2024.07.11 서정명 기자, https://www.sedaily.com/NewsView/2DBP692LHM)

K-라이브러리

한글과 한국어를 기반으로 번역 프로그램을 만들고, 이를 이용해 인류가 만든 수십억 권의 도서를 한글과 한국어로 번역하여 K-온라인 도서관을 만들면 어떨까? 아마도 고대 알렉산드리아 도서관과 같은 인류 지식 축적의 보고가 될 것이다. 이를 통해 한글과 한국어가 인류 지식을 축적하고 공유하는 위대한 길을 열게 될 것이다. 우리에게는 우리 생각한 것보다 소중한 자산들이 많다. 이를 드러내는 일, 우리가 할 일이다.

제3장 | **생각 교육**

> 지구촌 변화 속도가 매우 빠르다. 미래에는 예기치 못한 문제가 많이 발생할 것이다. 이를 해결하려면 '생각하는 교육'으로 '창의적 인재' 양성에 힘을 모아야 한다.

수요자 중심 교육

우리가 많은 돈과 시간을 들여가며, 교육을 받는 목적은 무엇일까? 그리고 그 목적에 맞게 교육이 이루어지고 있을까? 「교육법」 제1조[146]에 따르면 교육의 목적은 '사회적 또는 국가적으로 필요한 인간 양성'에 방점이 있다. 이 정의로만 보면 교육 수요자는 교육의 주체가 아닌 교육의 대상일 뿐이다. 정작 교육을 받는 사람 입장에서 왜 교육을 받아야 하는지에 대한 설명이 없다.

인간이 교육받기 시작한 때는 절대권력이 풍미하던 시절이다. 〈권력의 시대〉 당시 교육의 목적은 절대권력의 편의에 맞게 국가에 대한 충성과 사회적 책임에 중점을 두었다. 이제 〈매력의 시대〉이다. 이제쯤 교육 수요자를 교육의 주체로 인식하고 이에 맞게 교육 시스템을 혁신할 필요가 있다.

인간은 '인간 나름의 치열한 생존 메커니즘'이다. 이런 인간은 자신의 생존에 도움이 되는 지식, 즉 생존 노-하우에 대한 관심이 많다. 이들 관심이 교육의 동기motivation가 되면, 교육의 생산성은 올라가기 마련이다. 그렇다고 국가나 사회 공동체에서의 역할과 책임에 대한 교육을 등한시하자는 이야기는 아니다.

---

146 교육의 목적에 대해 교육법 제1조는 "교육은 홍익인간(弘益人間)의 이념 아래 모든 국민으로 하여금 인격을 완성하고 자주적 생활능력과 공민으로서의 자질을 구유하게 하여 민주국가 발전에 봉사하며 인류공영의 이상실현에 기여하게 함을 목적으로 한다."라고 명시하고 있다.

이 역시 인간의 절대선인 생존에 부합되기 때문이다.

이제, 인간이 가진 생존에 대한 지대한 관심에 맞추어, 교육 시스템 전반을 재정비할 필요가 있다. 즉, 교육을 통해 사람들이 생존의 노-하우인 지식을 배우고, 이를 기반으로 새로운 생존 노-하우를 창출할 수 있는 '생각하는 교육'으로의 전환이다. 교육 수요자들이 진정으로 원하고 필요한 교육 시스템을 만들자는 이야기이다.

우리 교육 시스템은 공무원, 교사, 교수, 직원의 생존 수단으로 전락되어 가는 느낌이다. 그들의 생존 욕구가 교육 수요자의 생존 욕구를 뛰어넘는 게 다반사이다. 이제 교육 수요자가 자신에 필요한 교육과정을 선택하는 교육 수요자 중심의 교육 시스템을 구축할 필요가 있다. 그러려면 여태까지의 '학교와 전공' 중심이 아닌, 선택이 자유로운 '교육과정 중심'으로 교육시스템을 전환할 필요가 있다.

생각의 근육

세상은 점차 복잡 다변화되고 있다. 이로 인해 새로운 문제들이 계속 발생하고 있다. 이러한 상황에서 문제 해결을 위한 정답을 찾기 어렵다. 그때그때 상황에 맞게 최적의 해법을 찾아 문제를 해결할 수 있도록 '생각의 근육'을 키워야 한다. 그러려면 지금의 '내려 받기식 교육'에서 '생각의 근육을 키우는 교육'으로 교육시스템이 전환되어야 한다.

한때 교육의 목표의 하나로 영재교육을 외쳐왔다. 영재를 육성한다는 취지로 전국에 걸쳐 외국어고, 과학고 등이 만들어졌다. 그리고 전국 곳곳에 이들을 공부시킬 과학기술대학이 만들어졌다. 우리나라 전체를 영재로 가득 채울 것만 같은 기세다. 그렇지만 영재교육의 실상을 들여다보면, 기숙사에서 밤을 지새우는 선행先行 학습인 경우가 대부분이다. 이들 학교들은 단기적으로 명문대 진학률을 높이기 위한 지식을 주입하는 학습 방법이 대세를 이루고 있다. 이는 '생각의 근육'을 키우는 인재 양성과는 거리가 멀다.

불확실성이 높아지는 미래에는 '생각의 근육'을 가진 인재가 절실하게 필요할 것이다. '생각의 근육'을 키우는 교육은 교육 수요자에게 정답 없는 과제를 부여하고, 토론과 논쟁으로 자신의 생각을 끌어내며 시작된다. 스스로의 호기심으로 해법을 찾아가는 '생각의 근육'을 키우는 교육이 지속되면, 우리가 염원하는 노벨상도 어렵지 않게 받을 수 있다. 교육 당국, 교사, 교수, 학부모, 학생 모두가, 학제, 학벌, 전공 등 고정 관념의 괴물 속에서 벗어날 때가 되었다.

개방형 교육 플랫폼

하나의 온라인 공개 강좌를 동시에 수강할 수 있는 학생의 숫자는 무제한에 가깝다. 온라인 공개 강의가 일반화되면 지식 보편화에도 도움이 될 것이다. 지식이 보편화되면 우리 사회를 보다 공정하고 경쟁력 있도록 만들 것이다. 이를 지원하기 위해 원격 강의와 대면 강의를 하나로 묶는 개방적인 교육과정 플랫폼을 구축할 필요가 있다.

일제 강점기부터 서구 교육시스템이 들어온 이후 6(초등)-3(중등)-3(고등)-4(대학)의 학제가 공고하게 자리 잡았다. 이들 학제가 우리나라 교육의 기본 플랫폼이 되어버린 지도 100여 년이 지났다. 인간의 수명이 길어지고 평생 교육 시대가 도래했다. 이제는 단계별 주입식 교육의 모태가 된 학제, 학교 중심의 교육 시스템에서 빠져나올 때가 되었다. 그리고 개인의 지적 능력 향상에 초점을 맞춘 '교육과정 중심' 교육으로 전환할 필요가 있다. 이미 이러한 변화의 물결이 이곳저곳에서 일고 있다.

EBS, 대학, 학원 등의 교육 채널, 온라인 공개수업MOOC, 유튜브YouTube, 테드TED 등을 통해 다양한 원격 공개 강좌가 개설되어 있다. 이들 원격 공개 강좌 숫자는 다양한 방식으로 누적되며 늘어가고 있다. 이들 강좌는 인터넷 등 온라인으로 언제 어디서나 쉽게 접근이 가능하다. 대면 강의도 학교는 물론 학원, 문화

센터, 커뮤니티 센터, 지방자치단체 등에서도 강좌를 개설하여 운영하고 있다. 학교에서 가르치는 교육 양보다, 학교 외에서 받는 교육 양이 더욱 점차 많아지고 있다. 이렇게 되면 교육기관으로서 학교의 존재 이유가 줄어들 수밖에 없다. 이제 교육 수요자가 자신에게 필요한 교육과정을 선택할 수 있는 개방형 교육 플랫폼을 구축해야 한다. 이를 위해 할 일이 여러 가지다.

첫째, 교육수요자가 자신에게 필요한 교육과정을 선택할 수 있도록 다양한 교육과정을 만들어 내는 일이다. 이를 위해 분산된 학교 강좌와 원격 공개강좌를 한데 묶고, 일관성 있게 분류하여 다양한 교육과정을 만드는 작업이 필요하다.

둘째, 교육수요자와 교육과정을 매칭시키는 일이다. 이는 교육수요자의 교육에 대한 욕구와 수강능력에 맞는 교육과정을 찾아 내는 일이다. 이를 위해 교육과정 수강에 필요한 사전 지식, 난이도, 선호도 등을 체계적으로 분석한 데이터베이스가 구축되어야 한다. 이를 위해 인공지능을 활용하는 것도 하나의 방법이다.

셋째, 교육과정과 학점, 학위 취득을 매칭시키는 일이다. 개인별로 자신에게 필요한 교육과정을 이수하고, 그 내용에 따라 학위를 취득하게 하는 방법이다. 이러한 방법으로 교육수요자의 교육 동기를 유발하고, 그들의 능력을 대내외에 알려 교육수요자의 취업과 기업의 인재 모집에 도움을 주어야 한다.

넷째, 외국 강좌에 대한 다국어 통역과 번역 시스템을 구축하는 일이다. 최근 발전되고 있는 동시 통역과 번역 프로그램을 고도화하면 가능한 일이다. 동시에 한국어 강좌 역시 다국어 통역과 번역 시스템으로 외국인들이 수강할 수 있도록 해야 한다. 인공지능을 활용한 말뭉치Corpus[147] 기반의 통역과 번역 시스템을 개발한다면 더욱 정교한 통역과 번역이 가능하게 될 것이다.

---

147 말뭉치 또는 코퍼스(corpus)는 자연언어 연구를 위해 특정한 목적을 가지고 언어의 표본을 추출한 집합이다. 컴퓨터의 발달로 자연언어 그대로를 통계적인 방법으로 재현이 가능하다. (https://ko.wikipedia.org/wiki/말뭉치)

다섯째, 온라인 공개수업의 참여율 제고를 위해, 교육 수요자 수강 능력 사전 검증, 선행 강의 주선, 1:1 조교 지원 등의 교육지원 방안이 마련되어야 한다. 이를 통해 교육 수요자의 교육 성취도와 만족도를 높일 수 있다.

여섯째, 온라인 공개수업을 누구나 수강할 수 있도록 장학금, 바우처, 무료 공개 강의 개설 등으로 지원하는 일이다. 이는 개인의 지적 수준을 높임은 물론, 지식 보편화에 커다란 기여를 할 것이다.

다양한 교육과정

2020년부터 3년간 코로나19 팬데믹 사태로 인해 모든 학교에서 원격강의가 전격적으로 실시되었다. 교수, 선생, 학생들 모두 생소한 원격강의를 적응하느라 힘든 시간을 보냈다. 그 힘들었던 시간이 오히려 원격 강의에 대한 거부감을 희석시키는 계기가 되었다.

코로나19 기간 중 원격강의에 대한 전국 대학생 설문조사 결과[148] 대학생 대부분은 원격강의를 선호한다는 입장을 밝혔다. 학생들은 원격강의로 코로나19 감염 위험을 낮추고, 통학 시간과 비용은 물론, 기숙사비, 식사비 등을 아낄 수 있었기 때문이다. 이러한 현상은 지방대일수록 더욱 뚜렷하게 나타났다. 원격 강의는 수도권 대학과 비수도권 대학 간의 지리적 격차를 없애는 역할을 했다. 원격강의가 전격 실시되자, 오히려 대면강의의 비효율성이 적나라하게 드러났다. 원격강의가 일반화되면 세계 최고의 강의를 누구나 수강할 수 있다. 2000년부터 3년 동안 코로나19로 인해 우리 국민 모두가 경험한 원격 강의는 교육 혁신에 큰 발자국big step을 내딛을 수 있는 계기를 마련했다.

우리나라의 원격강의 역사는 지금으로부터 50여년 전인 1970년대로 거슬러

---

148 https://www.news1.kr/articles/?4350312 "교육부에서 2021년 5월 31일부터 5일간 전국 대학생 총 9만4803명을 대상으로 설문조사를 진행한 결과), 이론 수업은 2학기 대면수업 확대 반대가 47.0%로 찬성(36.9%)보다 많았다."

올라간다. 1972년 3월 서울대학교 부설 한국방송통신대학이 개교했다. 방송통신에 의한 원격강의 수강으로 학위를 취득할 수 있는 길이 열린 것이다. 이후 1990년 12월 한국교육개발원 부설 'EBS 교육 방송(EBS TV, FM)'이 개국했다. 평생교육을 지원하고 입시생들의 사교육 부담을 덜기 위한 방송이다. 그리고 10년의 세월이 지난 2000년 한국교육방송공사가 발족하였다.

2000년에 들어서 인터넷이 본격 보급되면서, 이를 이용한 원격 강의가 시작되었다. 최초 인터넷 강의(인강)는 대학입시 전문학원을 중심으로 이루어졌다. 이를 선도한 학원은 2001년부터 온라인 강의를 시작한 대학입시 전문학원인 메가스터디이다. 수험생들은 메가스터디에서 인터넷으로 시간 제약 없이 유명 강사의 강의를 저렴한 가격으로 수강할 수 있게 되었다. 이 때문에 메가스터디의 인터넷 강의는 폭발적인 인기를 누렸다. 메가스터디의 강사, 수강생 모두에게 윈-윈win-win하는 원격 교육 모델이 되었다. 인터넷 강좌의 규모 경제가 최초로 대학입시 전문학원에서 만들어진 것이다. 이렇듯 우리나라 원격 교육은 오래전부터 그 기반을 다져 왔다.

2015년을 전후로 대학의 강좌에도 온라인 공개수업MOOC[149] 열풍이 불었다. 온라인 공개수업은 과거 인터넷 강좌가 진화하여 생겨난 형태다. 이들 강의 중 일부는 토론 게시판을 중심으로 학생, 교수, 조교들이 함께 토론하며 수업을 진행하고 있다. 이들 원격강의는 일부 대학들과 협업하여 학위 취득과 연계시켜 운영하고 있다.

이제 대학의 역할도 이러한 트랜드에 맞게 바뀌어야 한다. 진정한 대학은 학생들 필요에 맞게 내부와 외부 교육과정을 묶어 다양한 교육과정을 제공하는

---

[149] 온라인 공개수업(MOOC, Massive Open Online Course)은 미국 스탠퍼드대 교수진이 만든 코세라Coursera, MIT와 하버드대 교수진이 만든 에드엑스edX, 스탠퍼드대 쓰런 교수가 만든 유다시티Udacity 등이다. 우리나라도 국가평생교육진흥원의 케이무크 K-MOOC, 에드위드 edwith, 중앙대 OOC, 울산과기대 UNIST K-eduX, 카이스트 KAIST KOOC, 연세대 MOOCs, 울산대U-MOOC, 과학기술대학 연합 STAR-MOOC 등이 있다.

대학이다. 즉 학생들에게 '대학과 전공'이란 울타리에서 벗어나, 다양한 교육과정에 접하도록 기회를 부여하는 대학이다. 이제쯤, 전통적인 6(초등)-3(중등)-3(고등)-4(대학)의 학제, 학교, 전공 중심 교육에서 벗어나, 교육 수요자의 교육 욕구에 맞춘 '교육과정 중심 교육'으로 교육 시스템 전반을 혁신할 필요가 있다.

교육과정 디자인

특정한 키워드만으로 구글, 네이버 등 포털만 검색해도 교수나 선생이 가르치는 내용보다 훨씬 자세한 지식을 습득할 수 있다. 지식이 보편화되고 있는 현상이다. 이제, 교육은 자신에게 필요한 지식을 습득하고, 이를 기반으로 새로운 지식을 창출할 수 있는 지성의 능력을 배양하는 방향으로 나가야 한다. 이를 위해 교육 수요자 특성에 맞는 교육과정을 설계할 수 있는 '교육과정 디자이너'를 양성할 필요가 있다. 우리나라에는 다양한 전공 분야에 걸쳐 고학력자들이 많다. 이들의 전문성과 인공지능 기술을 접목시켜 교육 수요자 특성에 맞는 다양한 교육과정을 만들어 낼 수 있다.

다양한 학력 평가

'교육과정 중심 교육'을 위해서는 교육과정 이수 후 이에 대한 이해도와 활용 능력 등을 평가하는 제도적 장치가 마련되어야 한다. 이를 통해 교육 수요자는 자기 학력을 인정받고, 이를 누적하여 학위 취득을 할 수 있다. 이를 위해서는 공신력 있는 교육과정별 학력 평가 기관을 만들 필요가 있다. 그렇게 되면 '전통적 학제, 학교, 전공 중심 교육'에서 '교육과정 중심 교육'으로의 전환이 용이해진다.

제4장 | # 공간 혁명

공간은 우리의 활동 무대이다. 우리의 미래는 이들 공간을 얼마나 생산적이며 효율적으로 활용하는가에 달려있다.

미래 공간

공간 계획의 기본은 토지이용계획Land Use Plan이다. 이는 바람직한 미래 인간의 활동유형을 미리 정해놓고, 이에 맞추어 공간을 체계적으로 개발하기 위한 계획이다. 이들 토지이용계획은 주거지역(주거전용지역, 주거지역, 준주거지역), 상업지역, 업무지역, 공업지역, 녹지지역 등 용도별로 분류하여 관리한다. 이와 별개로 도시 내의 특정한 사업 수행을 위해, 특정 지구를 지정하여 종합적으로 개발하는 경우도 있다.

공간 계획은 인간의 미래 활동을 규정한 것이다. 시대에 따라 인간의 활동 범위와 양상이 바뀌고 있다. 이에 맞추어 공간 계획도 바뀌어야 한다. 인터넷 쇼핑, 재택근무가 활성화되면서 상업과 업무 용도의 공간 수요가 줄어들고 있다. 이 때문에 과거 상가 및 업무용 시설 수요에 맞추어 개발된 상가와 업무시설의 상당수가 공실空室이 되고 있다. 반면에 주거, 여가, 생활 편의 시설 등의 공간 수요가 늘어나고 있다. 아울러 빠른 속도의 철도역을 중심으로 다양한 경제 사회 활동이 전개되고 있다. 시간이 흘러 사람들의 활동 범위와 양상이 바뀌는 만큼, 이에 상응하게 국토 및 도시공간 계획도 탄력적으로 바뀌어야 한다.

그렇지만 지금의 국토와 도시공간 계획의 확정 및 변경절차는 매우 복잡하고 경직적이다. 그 이유는 특혜와 난개발 방지라는 이유 때문이다. 하지만, 국토와 도시공간 계획 변경으로 공간의 가치가 올라가면 국가가 이를 회수하는 다양한 방법들이 있다. 국토 공간의 용도변경에 따라 부동산 가격이 높아지면 그만큼 재산세, 증여세, 상속세, 양도소득세 등으로 세금을 부과하고, 일부 공간을 공공의 용도로 무상으로 기부채납寄附採納을 받는 등의 방법들이 있다. 이들 제도를 잘 활용하면 국토와 도시공간 계획 변경에 따른 특혜 소지를 줄일 수 있다. 지역 전체에 대한 체계적인 공간개발 계획을 수립한 후, 이에 맞추어 개발하면 난개발 방지도 가능하다. 이렇게 되면 국토와 도시공간 용도별 수익의 균형점을 찾을 수 있다.

지적 혁신, 주거 안정, 재택 근무 등 역동적인 미래 공간 수요에 맞추어, 우리 국토와 도시공간을 보다 탄력적으로 활용하여야 한다. 우리의 미래는 우리에게 주어진 공간을 얼마나 생산적이며 효율적으로 활용하는가에 달려있기 때문이다.

지적 공간

지식 축적이 개인, 기업, 나라의 운명을 좌우한다. 미래에도 그럴 것이다. 그런 의미에서 우리 삶의 공간을 지성이 싹트는 공간으로 만들 필요가 있다.

공간이 생각에 영향을 미친다는 연구사례가 있다. 미국 캘리포니아주 샌디에이고에 설립된 솔크생명과학연구소Salk Institute for Biological Studies 사례이다. 1960년 조나스 솔트Jonas Edward Salk(1914~1995)는 소아마비 백신 개발로 큰돈을 벌었다. 그 돈으로 솔트생명과학연구소를 설립했다. 이 연구소 건물은 설립자인 조나스 솔트의 개인적 경험을 반영하여 만들어졌다. 이 연구소 건물의 높은 층고, 건물 중간에 중정中庭 등 트인 공간은 생각의 크기를 키우는 공간으로써 손색이 없다. 이 연구소에서 배출한 노벨상 수상자만도 16명에 이른다. 공간의 크기가 생각의 크기로 이어진다는 이야기가 설득력이 있다.

우리나라에도 여러 차례 공간 혁명이 있었다. 첫 번째 공간 혁명은 1970년 대

박정희 대통령은 새마을 운동의 일환으로 농촌의 초가지붕을 슬레이트지붕으로 바꾼 공간 혁명이다. 이 공간 혁명으로 매년 지붕에 볏짚을 갈아주던 수고를 덜고, 병충해와 누수를 방지할 수 있게 되었다. 두 번째 공간 혁명은 1989년 노태우 대통령 시절 시작된 주택 200만 호 건설로 불리는 주거공간의 혁명이다. 이 사업의 일환으로 분당·일산·중동·평촌·산본 등 5개 신도시가 개발되었다. 이들 사업에 이어 세종, 경기 과천, 옥정, 양주 등 신도시 개발 사업이 한창 진행 중이다. 이들 주거공간 혁명은 국민의 주거 안정과 개인의 사생활 보호로 이어지며 지적 성장의 기반이 되었다.

또 다른 형태의 공간 혁명이 진행 중이다. 전국 어디서나 볼 수 있는 널찍하고 멋진 카페. 이들 카페의 개방된 공간, 구수한 커피 향과 담소 분위기는 창의적 생각을 끌어내고 소통하기 안성맞춤이다. 이들 카페는 식음료 제공, 휴식, 대화, 업무, 공부 등 복합형 공간으로 바뀌고 있다. 이들 카페에는 테이블에 노트북을 펴 놓고 오랜 시간 공부와 업무에 몰입하는 사람들을 흔치 않게 볼 수 있다. 아예 공부만을 위한 스터디 카페도 전국적으로 13,000여 개에 달한다.

최근 신축 아파트에는 여지없이 담소, 공부, 업무가 가능한 카페, 독서실, 비즈니스 룸을 갖춘 커뮤니티 센터가 들어서고 있다. 그 이유는 이들 커뮤니티 센터가 아파트 가격을 결정하는 중요한 시설이기 때문이다. 대도시, 중소도시, 농어촌 구분 없이 공공도서관이 설치되고, 관공서, 백화점, 대학 등이 주관하는 각종 교양강좌가 열리고 있다. 이렇듯 우리나라 곳곳에서 지적 공간 혁명이 진행 중이다. 이러한 지적 공간 혁명은 우리 국민의 지적 수준을 향상시키고, 국민 개개인이 '크리에이터'가 되도록 돕고 있다. 이들 지적 공간 혁명은 카페, 아파트 커뮤니티 센터에 머물지 않고 일반 주택, 업무, 상업 공간으로 폭넓게 이어질 것이다. 이를 지원하기 위해 토지 및 건축규제 완화, 금융지원 등을 강화할 필요가 있다. 이러한 지적 혁명이 우리의 미래를 밝혀 줄 것이기 때문이다.

주거 공간

주택가격 폭등 반복 이유

우리의 삶의 질에 가장 큰 영향을 미치는 것은 매일매일 살아야 하는 주택이다. 또한, 사람들이 가장 고통스럽게 생각하는 문제, 역시 주택 문제이다. 청장년층은 반복되는 주택가격 폭등으로 좋은 집은 고사하고 내 집 마련의 꿈을 이루기 어렵게 되었다. 주택가격 폭등은 단기적으로는 소비를 유도하고, 세수가 증대되어 경기를 활성화시키는 역할을 한다. 하지만, 장기적으론 주택가격 폭등은 빈부 격차를 키우고, 주택 구입에 따른 무리한 대출로 가계부채를 한없이 키우는 원흉이 된다.

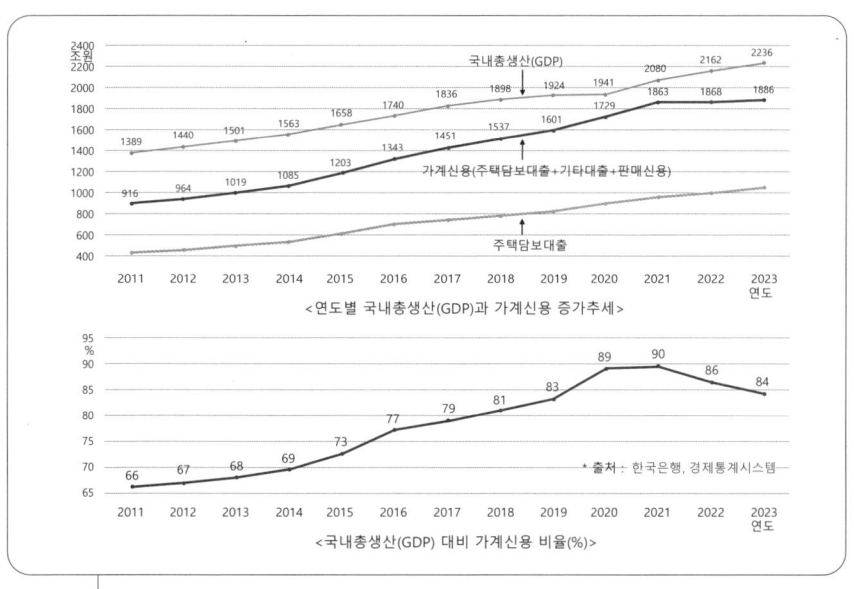

문재인 정부 5년간 주택가격 폭등으로 가계부채를 비롯한 가계신용이 크게 늘어났다.

주택가격이 주택 수요자의 소득으로 감당하기 어려운 수준이 되면, 주택가격에 거품Bubble이 끼었다고 말한다. 이들 거품은 주택에 대한 유효수요가 뒷받침되지 않으면 언젠가는 꺼지게 마련이다. 주택가격에 거품이 꺼지면, 전세보증

금이 주택가격을 넘어서는 역전세 문제, 주택담보 대출 미상환으로 인한 부실채권 발생, 이로 인한 금융산업 연쇄 부도 등 많은 부작용이 발생한다. 이 과정에서 가장 고통을 받는 것은 현금 자산이 없는 서민들이다. 이로 인해 정권이 바뀌는 경우가 심심치 않게 일어나고 있다.

주택가격 상승률은 노무현 정부 94%, 김대중 정부 73%, 문재인 정부 53%, 박근혜 정부 27%, 김영삼 정부 26% 등의 순이다.[150] 김대중 정부 시절은 외환위기로 인해 주택가격 폭락 이후 재반등한 것으로 나름 불가피했던 점이 있다. 이를 제외하면 주택가격 폭등이 문제가 된 것은 노무현 정부와 문재인 정부 시절이다. 서민을 지원한다는 정권이 오히려 빈부의 격차를 키우고 서민의 삶을 어렵게 하는 주택가격 폭등의 진원지가 되었다는 점은 아이러니하다. 왜 그러한 일이 일어났는지 그때 그 시절로 되돌아 가보자.

노무현 정부 시절이다. 노무현 정부 초기 지역균형발전을 강조하는 분위기는 자연스레 수도권 택지개발이 지체되는 결과로 이어졌다. 수도권 택지개발이 늦어지자, 수도권 주택가격이 천정부지로 오르기 시작했다. 이에 놀란 노무현 정부는 허겁지겁 수도권에 대규모의 택지를 개발하기 시작했다. 노무현 정부 시절, 2억 5,905만 제곱미터의 공공택지가 신규로 지정되었다. 이 면적은 이명박 정부 7,203만 제곱미터, 박근혜 정부 553만 제곱미터, 문재인 정부 3,668만 제곱미터 모두를 합친 것보다 많은 물량이다.

일단 오르기 시작한 주택가격은 대규모 택지 개발 계획 발표만으로 잡기에는 역부족이었다. 택지 조성에서 주택 공급까지 최소 5년의 시차가 있기 때문이다. 미래 주택 수요에 상응하여 선제적으로 택지를 개발하지 않으면, 주택가격 폭등을 막을 수 없다는 것을 보여 준 사례이다. 택지 공급이 우왕좌왕하는 사이 주택가격이 폭등했고, 이로 인해 빈부의 격차는 더욱 커졌다.

---

150 "주택가격 잡겠다던 진보정부가 더 올려…통계로 증명된 '부동산 규제' 역설" (서울경제, 박동휘 기자, 2020. 7. 22, https://www.sedaily.com/NewsView/1Z5EGW6ZM8)

▶ 역대 정권 별 택지 지정 실적[151]

구분(정권별)	총계(천 제곱미터)		연평균(천 제곱미터)	
	전국	수도권	전국	수도권
김영삼('93-'97)	97,258	97,258	19,452	8,354
김대중('98-'02)	88,775	88,775	17,755	10,650
노무현('03-'07)	259,054	259,054	51,811	32,437
이명박('08-'12)	72,033	72,033	14,407	11,818
박근혜('13-'16)	5,533	5,533	1,383	869
문재인('17-'19)	36,679	36,679	12,226	10,846

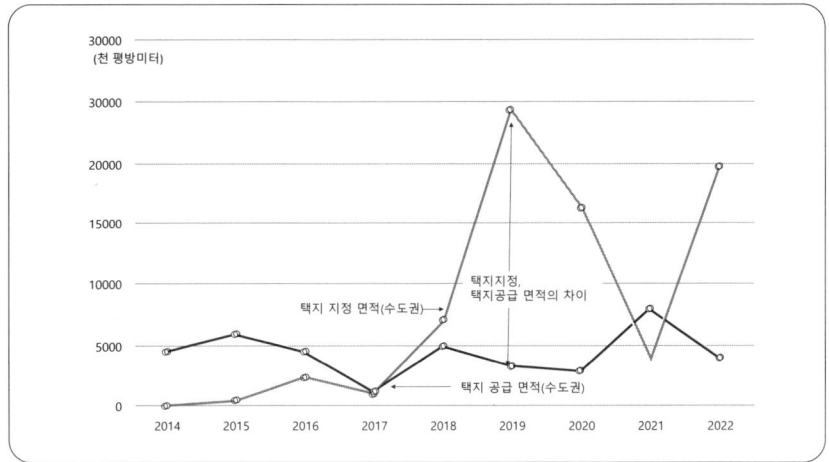

수도권 택지 지정과 공급 사이에는 5년 정도의 시차가 있다. 문재인 정부 3년 차인 2019년에 택지 면적을 크게 늘려 지정했음에도, 당해 연도의 택지공급은 오히려 줄어들어, 주택가격 폭등을 잠재울 수 없었다.

이후 이명박, 박근혜 정부가 연이어 들어섰다. 아이러니하게도 노무현 정부에서 시작된 대규모 택지개발로 인해 주택가격은 안정 기조를 이루었다. 그리고 시중에 미분양 주택들이 넘쳐났다. 이로 인해 장기적으로 준비해야 할 수도

---

151 文 정부 주택공급 부족, '택지지정' 안 한 박근혜 탓? (2020. 10. 11, 머니투데이 인터넷판) 재인용
https://news.mt.co.kr/mtview.php?no=2020101108383524729

권 택지공급은 다시 소홀해졌다. 심지어는 수도권에 신규 택지공급은 더 이상 없다는 공언도 서슴지 않았다. 일시적이고 단기적인 주택 수요와 공급 과정에서 일어나는 현상만으로 다가올 미래를 재단하는 우를 범한 것이다.

2017년 5월 문재인 정부는 들어서자마자, 서울지역 재건축과 재개발에 제동을 걸고 나섰다. 재건축과 재개발로 인해 발생하는 불로소득을 용인할 수 없다는 이유이다. 서울지역 재건축, 재개발이 한없이 늦어졌다. 이는 서울 강남지역 주택의 희소가치를 높이는 결과를 낳았다. 서울 강남을 중심으로 주택가격이 폭등하기 시작했다. 미봉책으로 주택 소유자에게 재산세 및 종부세 중과 등 마구잡이로 징벌적 보유세가 부과되기 시작했다. 이에 부담을 느낀 은퇴한 고령자들이 주택을 팔도록 유도하여 가격이 낮아지기를 바란 것이다.

주택 소유자들이 주택을 내다 팔 경우, 과다한 중개료, 양도소득세, 취득세 등 주택 거래에 대한 비용이 만만치 않았다. 주택 소유자들은 이러지도 저러지도 못하고 징벌적 보유세를 부담하며 눌러앉을 수밖에 없었다. 주택 거래 비용의 감면 등 출구 없이 밀어붙인, 징벌적 보유세 부과에 따른 주택 공급 효과는 미미했다. 오히려 이들 세금의 일부가 전월세로 전가되면서, 서민들의 삶이 더욱 어려워졌다. 시장원리에 반한 임대차보호법 개정으로 임대료가 오르고, 임대인과 임차인 간의 갈등이 증폭되는 등 주택시장의 혼란이 가중되었다. 충분한 주택 공급 없이 규제만으로 오르는 주택가격을 잡을 수 없다는 사실을 다시 한번 확인한 셈이다.

일련의 임기응변적 조치들은 국민들에게 커다란 고통과 혼란을 가져왔다. 정부의 주택공급 실패에 대한 책임을 주택 소유자와 무주택자인 서민에게 떠넘긴 셈이었다. 그리고 국가, 주택 소유자, 무주택자 간에 감정의 골만 깊어졌다. 이로 인해 문재인 정부는 과거 노무현 정부와 같이 5년 만에 정권을 잃었다. 이런 일이 반복되는 이유는 과거로부터 배움과 미래에 대한 성찰이 없었기 때문이다. 주택가격 폭등과 이로 인한 과도한 부동산 규제는 대한민국 헌법 제41조의 사유 재산권 보장[152]과 제14조 거주이전의 자유[153]를 심각하게 훼손하게 되는 결과로 이어졌다.

그렇다면, 주택가격 폭등이 반복된 이유는 무엇일까?

첫째 이유는 5년 단임 정부라는 한계 때문이다. 신규 택지공급과 이와 관련된 인프라 투자는 최소 5년 이상 걸린다. 5년 단임 정부로서는 주택가격이 안정되고 있는 한 택지공급대책을 소홀히 하기 쉽다. 그렇지만 일단 주택가격이 뛰기 시작하면 택지공급 부족으로 이를 수습할 수 없는 단계에 이른다. 정권 초기부터 주도면밀하게 택지수요를 파악하여, 이에 상응한 택지를 공급하지 않으면 언제라도 주택가격이 폭등할 수 있다.

둘째 이유는 과도하게 돈을 푸는 양적완화다. 경제규모가 커지면 그에 걸맞은 양적완화가 필요하다. 하지만 서민 지원을 명분으로 국가 부채를 과도하게 늘려가며 돈을 푸는 양적완화는 두고두고 문제가 된다. 이는 물가상승과 주택가격의 상승으로 이어져 서민 생활이 어려워지고 빈부격차를 늘리는 결과를 초래한다. 이로 인해 늘어난 국가 부채 역시, 미래 세대에게 큰 부담이다.

셋째 이유가 주택시장을 무시한 주택 공급정책이다. 주택가격은 수요와 공급의 원칙에 따라 결정된다. 앞서 이야기 한, 두 차례의 주택가격 폭등은 '지역균형발전'이나 '불로소득 억제'라는 정치적 명분에 집착하여 주택 공급을 인위적으로 억제하면서 일어난 '시장의 반란'이다.

넷째 이유가 과거의 시각으로 주택 수요를 재단하는 주택공급정책이다. 그 대표적 지표가 가구당 주택보급률이다. 주택을 생계 수단으로만 생각하는 낙후된

---

152 대한민국 헌법 제23조에서 "모든 국민의 재산권은 보장된다. 그 내용과 한계는 법률로 정한다."(제1항), "재산권의 행사는 공공복리에 적합하도록 하여야 한다."(제2항), "공공필요에 의한 재산권의 수용·사용 또는 제한 및 그에 대한 보상은 법률로써 하되, 정당한 보상을 지급하여야 한다."(제3항)고 규정하고 있다. 소유권 인정과 보장은 영업활동, 거주이전, 직업선택 자유 등을 향유할 수 있고, 나아가 인격의 자유로운 전개를 가능케 하는 물질적 기초를 제공하는 것이다.

153 대한민국 헌법 제14조 모든 국민은 거주·이전의 자유를 가진다. 세계 인권 선언 제13조 모든 사람은 자기 나라 영토 안에서 어디든 갈 수 있고, 어디서든 살 수 있다. 또한 그 나라를 떠날 권리가 있고, 다시 돌아올 권리도 있다.

양적지표다. 이와 연계된 주택 정책이 1가구 1주택 정책이다. 이 정책지표는 절대빈곤에서 벗어나는 단계에서 만들어진 최소한의 주택 소유 기준이다. 이를 주택 공급 기준으로 삼으면, 가구당 주택보급률이 100%를 넘어선 시점에서 주택가격 폭등은 이해하기 어렵다. 더구나 낮은 출산율로 인해 인구가 줄어드는 상황에서 주택가격 폭등은 더욱 이해하기 힘들 것이다. 주택보급율 100%를 기준으로 주택 공급 물량을 산정하는 것은 시대착오적 생각이다. 그 이유는 이렇다.

우리나라 국민소득은 1960년대 이후로 60여 년 동안 꾸준히 늘어 소득 3만 6천불, 교역규모 세계 6위의 국가가 되었다. 국민소득의 지속적인 증가는 주택에 대한 유효수요를 늘리고, 다양한 형태의 주택 수요를 창출하여 왔다. 주택을 생계는 물론, 재택근무, 여가, 체력단련, 독서, 취미생활 등 다양한 활동 근거지로 활용하고자 하는 다양한 주택 수요가 존재한다. 이렇듯 다양한 주택 수요 변화 추이에 맞는 주택 공급 대책이 필요하다.

하나의 사례를 들어보자. 국내 출생아 수는 2009년 44만 5천 명에서 2020년 27만 2천 명으로 40%가량 줄었다. 하지만, 같은 기간 유아용품 시장 규모는 2009년 1.2조 원에서 2020년 4조 원으로 3배 이상 늘었다. 유아 숫자와 유아용품 매출액이 반비례 관계를 보인 것이다. 유아용품 매출액은 단순한 유아 숫자보다, 소득수준과 유아용품 혁신성과 비례 관계를 보였다. 인구 숫자와 주택 수요를 막연히 연결하는 주택 공급 정책에 경종을 울리는 이야기이다.

다섯째 이유는 정상적인 생활이 어려운 노후 아파트의 물량이 크게 늘고 있다는 사실이다. 1963년에 서울 반포지구에 최초로 3,700가구 규모의 반포주공 1단지가 건설되었다. 이어서 주택 200만호 개발 등 대단위 아파트 단지들이 꾸준히 건설되기 시작했다. 최초로 강남에 아파트가 지어진 지 80년이 지나고 있다. 물리적 수명은 물론, 기능적 진부화로 인해 정상 생활이 어려운 아파트 숫자가 수도권 전역에서 크게 늘고 있다. 따라서 이를 대체하고자 하는 신축 아파트 건설 수요는 무궁무진하다. 강남권 신축 아파트 가격이 폭등하고 있는 이유도 이와 무관하지 않다.

이렇듯 과거, 현재, 미래 주택 수요는 각기 다르다. 미래 주택 수요에 맞추어 총체적인 주택 공급 정책을 재정비할 시점이다.

주택시장 특성

주택가격 폭등이 반복되는 이유는 장기적이며 전략적 공급이 필요한 주택 공급 문제를 임기응변으로 대응하다 일어난 인재人災이다. 이러한 일이 재발하지 않도록 주택시장 특성에 맞는 주택을 공급할 필요가 있다. 이제 주택시장의 특성에 대해 알아보기로 하자.

첫째, 주택시장에서는 주택가격에 대해 주택 공급이 비탄력적이다. 1가구 1주택자가 소유하고 있는 주택은 주로 생계 목적의 주택이다. 하나의 주택을 팔더라도 또 다른 주택을 구입해야 한다. 주택을 사고팔 때 내야 하는 양도소득세, 취득세, 중개료 등의 금액이 매우 크다. 일단 주택을 팔면 같은 수준의 주택을 구입하기 어렵다는 이야기다. 따라서 1가구 1주택자가 소유한 주택은 주택가격이 상승하더라도 주택시장에 나오기 쉽지 않은 구조이다. 1가구 1주택자가 소유한 주택 수는 전체 주택 수의 절반에 해당한다.

다주택자가 소유한 주택의 경우는 1가구 1주택자보다 주택가격에 주택공급이 비교적 탄력적일 것으로 보인다. 하지만 다주택자로부터 나오는 주택 공급 물량 역시, 매우 제한적이다. 다주택자들의 주택을 소유한 이유는 부모와 자식 부양, 상속, 원격 직장 소재지, 생계형 임대수입 목적 등 다양하다. 더구나 다주택자에 중과되는 양도소득세 등으로 인해, 주택을 팔게 되면 엄청난 자산 손실을 감수해야 한다. 이러한 상황에서 다주택자들이 주택가격이 상승하더라도 주택을 시장에 내놓기 어렵다.

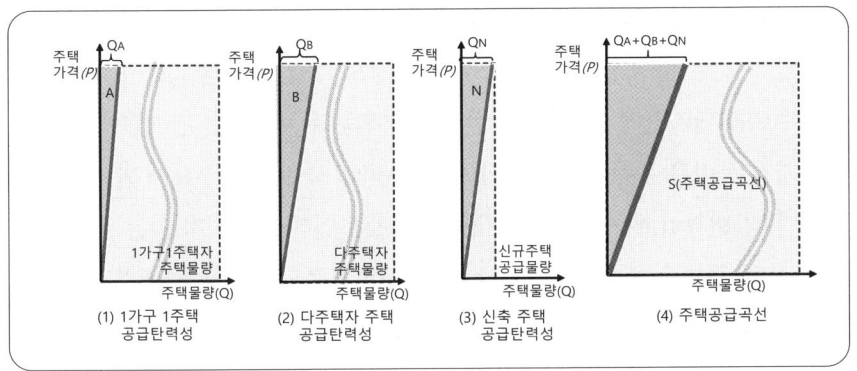

주택공급은 주택가격에 매우 비탄력적이다. 주택가격이 오르더라도 기존 주택에서 나오는 공급은 매우 제한적이다. 주택가격 안정을 위해서는 신도시, 재건축, 재개발을 통해 지속적으로 신규 주택을 공급해야 한다.

둘째, 주택가격은 일시적인 주택공급과 주택 수요가 결정한다. 이렇게 결정된 주택가격이 전체의 주택가격이 된다. 주식 총량의 1%도 되지 않는 주식거래량으로 전체 주식의 가격이 결정되는 주식시장과도 같은 구조다. 이는 주택거래량을 보면 보다 극명하게 나타난다. 지난 10년 간(2014~2023년) 연간 평균 주택거래량은 연평균 92만호 정도다. 이는 전체 주택(2,229만호)의 4.1%에 해당하는 물량이다. 이를 월별로 나누어 보면 8만호 정도로 전체 주택의 0.34%정도이다. 이들 중 주택을 대체하는 거래를 제외하면 순수하게 공급되는 주택 물량은 미미한 수준이다. 이는 주가가 상승할 경우 자유롭게 사고팔수 있고, 신규 주식 공모, 증자 등을 통해 주식을 공급하는 주식시장보다 훨씬 경직적인 주택 공급 구조이다.

금리인하 등 일시적으로 주택에 대한 유효수요가 증가하면, 언제라도 주택가격이 폭등할 수 있는 주택 공급 구조이다. 주택가격 폭등은 주택 수요가 많고, 공급이 제한된 수도권에서 언제든 일어날 수 있는 일이다. 이를 막으려면 신도시 개발, 도시내 재건축과 재개발을 통해 많은 물량의 신규 주택을 상시 공급해야 한다.

셋째로 유동성, 금리, 대출 조건 등 외생 정책변수가 주택 유효수요에 영향을 미친다. 이들은 유동성 확대, 저금리, 주택담보 대출 완화 등으로 주택에 대한 유효수요를 단기간에 늘린다. 그 반대의 경우는 유효수요를 단기간에 줄인다. 주택가격 등락은 주택 공급물량과 이들 주택에 대한 유효수요가 반응한 결과 물이다. 가변적인 유동성, 금리, 대출조건으로 인해 노출되지 않는 잠재된 주택 소유 욕구는 언제라도 분출될 수 있다. 이 분출된 욕구는 주택가격 폭등으로 바로 이어진다. 이를 방지하려면 신규 주택 공급을 늘리는 방법 이외는 달리 방법이 없다.

우리나라 사례를 들어 금리인상이 주택가격에 미치는 영향을 살펴보자. 주택가격이 급등하게 되면, 주택에 대한 유효수요를 줄이기 위해 한국은행의 기준금리인상이 반복되었다. 주택가격이 2배 가까이 올랐던 노무현 대통령 시절에는 7차례나 금리인상을 했다. 당시 최고 기준금리 또한 지금보다 높은 5%대였다. 이후 계속되는 금리인상으로 주택가격은 다소 하향 안정세를 유지하는 듯

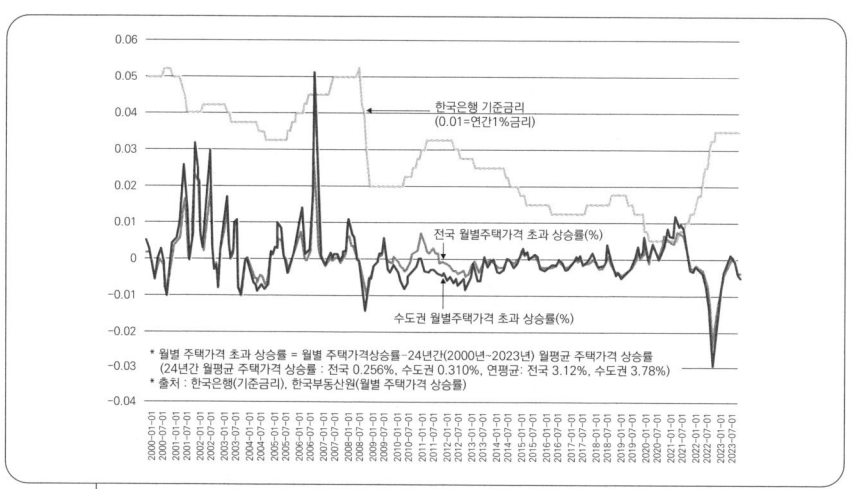

금리 인상은 주택에 대한 유효수요를 줄어 주택가격을 안정시키는 측면이 있다. 노무현 정부와 윤석열 정부의 금리 인상은 시차를 두고 주택가격을 하향 안정세로 이끌었다.

했다. 주택가격이 50% 이상 오른 문재인 정부 역시 3차례 소폭의 금리인상을 했다. 하지만 코로나19로 인한 서민생활 안정과 기업 이자 부담을 줄인다는 명분으로 금리를 낮게 유지하는 조치들이 이어졌다. 이로 인해 주택 유효수요가 늘어나고, 주택가격은 오름세를 탔다.

2022년 3월을 기점으로 미국 연방준비위원회(연준)의 금리 인상이 본격화되었다. 이에 맞추어 한국은행 기준금리 역시 오르기 시작했다. 이를 기점으로 주택가격이 전반적인 하향 안정세가 되었다. 주택가격과 금리 간에는 어느 정도의 상관관계가 있지만, 금리 변동이 항상 주택가격에 영향을 미치는 것은 아니었다.

미래 주택 수요

미래 주택가격은 어떻게 될 것인가? 많은 국민이 느끼는 공통된 궁금증이다. 주택 전문가를 자처하는 사람들은 주택가격에 향방에 대한 많은 이야기를 쏟아내고 있다. 최근에는 주택가격이 내린다고 또는 오른다고 제각각 이야기하는 사람들로 인해 무주택 서민들은 더욱 혼란스럽다. 이는 장기적 문제와 단기적 문제를 혼재하여, 단정적으로 이야기하기 때문에 발생되는 혼란이다. 이럴 때 일수록 기본으로 돌아가는 것이 중요하다.

얼마 전의 주택가격 하락은 주택 공급이 충분해서 발생된 것이 아니다. 금리 인상과 대출 규제라는 외생 변수로 인해 주택 유효수요 감소로 일어난 일시적 현상이다. 이들 외생변수는 항상 변할 수 있다는 측면에서 주택시장의 불안요인은 항상 내재하고 있다.

경제 일반론이다. 주택가격은 주택에 대한 수요와 공급으로 결정된다. 주택 공급보다 수요가 많으면 주택가격이 올라가고, 주택 공급보다 수요가 적으면 주택가격이 내려간다. 여기서 말하는 주택 수요는 유효수요이다. 주택에 대한 유효수요는 주택 구매 의향이 있고, 그 의향에 따라 자금을 동원할 수 있는 수요이다. 따라서 주택에 대한 유효수요는 주택 구매 의향, 소득, 금리, 대출조건 등에 영향을 받는다. 대출 규제완화, 저리 주택 구입 자금이 공급되면, 주택에 대한 유효수요는 언제라도 늘어날 수 있다.

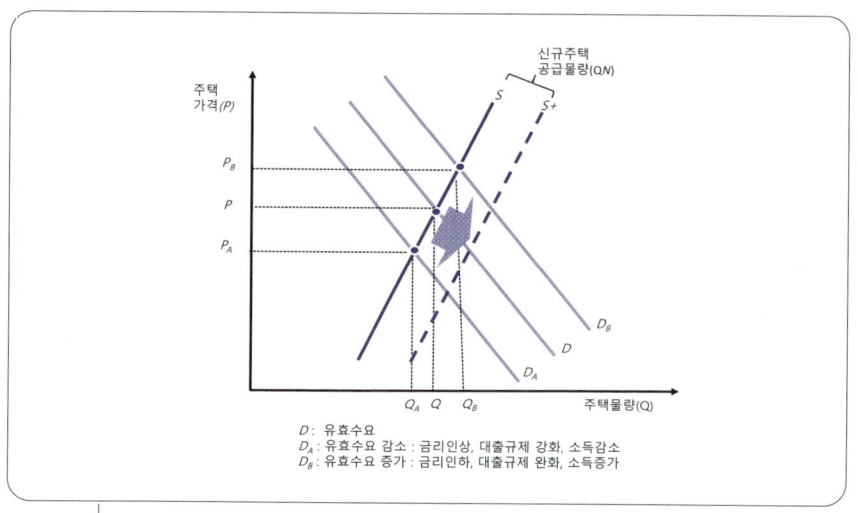

금리, 대출 규제, 소득 변화 등은 주택의 유효수요를 변동시켜 주택가격의 등락에 영향을 미친다. 신규 주택 공급은 경직된 주택시장을 보다 탄력적으로 만든다.

지속적인 금리 인상은 투자와 소비를 억제하여 경기 악화로 이어질 수 있다. 정권유지 차원에서 경기 활성화를 위한 금리 인하와 유동성을 증가시킬 소지는 얼마든지 있다. 이로 인해 언제라도 주택가격이 폭등할 수 있다. 경기순환론이 존재하는 이유이다. 정부는 어떠한 상황에도 주택가격이 안정될 수 있도록 충분한 주택 공급 대책을 마련해야 한다. 이를 위해서는 미래 주택 수요에 대한 통찰이 필요하다. 한마디로 이야기하면 미래 주택 수요는 우리가 통상적으로 생각하는 것보다 훨씬 많다. 이제, 미래 주택 수요가 어떨지 알아보기로 하자.

첫째, 단순 주택보급률로 추정할 수 없는 다양한 주택 수요가 존재하고 있다.

2023년 기준으로 우리나라 주택보급률은 전국 102.5%, 수도권 97.2%, 지방 107.7% 수준이다. 여기서 이야기하는 주택보급률 100%는 생계를 위한 최저 수준의 주택 확보율이다. 주택보급률 통계에 우리나라에 살고있는 외국인 265만 명(2024년 기준)의 거주에 필요한 67만 호의 주택 수요가 제외되어 있다. 그만큼 주택보급률이 과다하게 산정된 측면이 있다. 더구나 사회 활동이 다양화되고 소득이 늘면서 생계 목적이외의 용도의 주택 수요가 꾸준히 늘어나고 있다.

일본의 경우 주택보급률은 117%(도쿄도 112%)이다. 일본을 기준으로 하면 수도권에 추가로 300만 호의 주택이 필요하다는 계산이 나온다. OECD 국가의 인구당 평균 주택수는 1,000명당 500호 정도이다. 2명당 1개의 주택 꼴이다. 우리나라는 2023년 기준 전국 1,000명당 437호로 이중 수도권 403호, 지방은 472호이다. OECD 평균을 기준으로 보면 수도권 250만 호, 지방 70만 호 등 총 320만 호의 주택을 추가로 공급해야 한다는 계산이 나온다. 어쨌든 수도권의 주택공급 부족은 심각한 상황이다.

둘째로 급격한 1인 가구 증가세다. 우리나라 1인 가구 비율은 전체 가구 대비 1990년 9%, 2000년 15.5%, 2010년 23.9%, 2023년 35.5%로 계속 증가해 왔다. 1인 가구 비율은 2050년 40%에 달하는 등 한동안 증가세는 이어질 것으로 보인다. 실제, 지난 13년 동안, 인구는 2010년 4천 955만 명에서 2023년 5천 177만 명으로 4.5% 증가한 반면, 가구 수는 2010년 1천 757만 가구에서 2023년 2천 207만 가구로 25.6%가 증가했다. 지난 13년 동안, 가구 수 증가율은 동기간 인구증가율보다 5.7배가 높다. 이런 추세라면 상당 기간 인구가 감소하더라도, 가구 수 증가는 계속될 것으로 보인다. 향후 10년 간 1인 가구 증가로 인한, 추가 주택 수요도 100만 호에 이를 것으로 전망된다.

이로 인해 지속적인 주택 공급에도 불구하고, 주택 소유 가구와 무주택 가구 숫자가 동시에 늘어나는 기현상이 발생하고 있다. 무주택 가구의 증가는 주택 가격 상승으로 이어질 잠재적 위험 요소이다. 신규 주택을 공급하더라도 그 공급속도가 빠르지 않으면 주택보급률이 오히려 낮아지는 기현상은 당분간 계속 될 것으로 보인다.

▶ 총가구수, 주택소유가구수, 무주택가구수[154]

	2015년(A)	2023년(B)	대비(B/A)
총 가구 수	19,111,030	22,073,158	1.155
주택 소유 가구 수	10,698,686	12,454,684	1.164
무주택 가구 수	8,412,344	9,618,474	1.143
자가주택 보급 비율	0.560	0.564	
(수도권)			
총 가구 수	9,214,649	10,883,851	1.181
주택 소유 가구 수	4,920,447	5,823,047	1.183
무주택 가구 수	4,294,202	5,060,807	1.179
자가주택 보급 비율	0.534	0.535	
(수도권이외 지역)			
총 가구 수	9,896,381	11,189,307	1.131
주택 소유 가구 수	5,778,239	6,631,637	1.148
무주택 가구 수	4,118,142	4,557,667	1.107
자가주택 보급 비율	0.584	0.592	

셋째, 미래의 주거의 질과 관련된 문제이다. 국민소득이 늘어나면서 주택의 양보다 주거의 질이 더욱 중요하게 되었다. 재택근무가 보편화되면서 보다 넓은 주거 공간을 원하는 주택 수요가 늘고 있다. 이 때문에 수도권 외곽에 전원주택이 우후죽순 들어서고 있다. 이렇듯 미래 주택 수요는 양질의 주택으로 향하고 있다. 주택 숫자 늘리기에 급급한 '현대판 쪽방촌'은 빈집으로 바뀌어 두고두고 골치거리가 될 가능성이 높다.

주거의 질을 나타내는 하나의 지표가 1인당 주거 면적이다. 우리나라의 1인당 주거 면적은 2006년 26.2제곱미터, 2012년 31.7제곱미터, 2023년 36제곱

---

[154] 통계청 주택 통계 (https://kosis.kr/statHtml/statHtml.do?orgId=101&tblId=DT_1OH0402)

미터로 꾸준히 늘고 있다. 수도권은 전체 평균 주거 면적보다 다소 낮은 34제곱미터 수준이다. 한국의 1인당 주거 면적인 36제곱미터는 선진국인 미국 65.0제곱미터(2019년), 일본 40.2제곱미터(2018년), 영국 40.9제곱미터(2019년)보다 작은 수준이다. 선진국 수준으로 맞추려면 이보다 10% 정도 주거 면적이 늘어야 한다. 이는 주택 200만 호에 해당하는 면적이다.

넷째, 우리나라는 만성적인 경상수지 흑자, 선거 때마다 돈을 푸는 포퓰리즘으로 인해 유동성이 폭발하고 있다. 이러한 유동성 폭발은 인플레로 이어지고, 일시적 공급에 한계가 있는 주택시장을 뜨겁게 달굴 수 있다. 그러면서 전국적인 투기 현상이 언제라도 나타날 수 있다. 유동성 폭발을 흡수할 정도의 많은 양의 주택이 선제적으로 공급되어야 한다. 그래야 장기적으로 주택가격을 안정시킬 수 있다.

다섯째, 주택에 대한 가수요假需要이다. 우리나라에서는 부동산 투자로 높은 수익을 얻는 구조가 오랫동안 이어져 왔다. 따라서 주택에 대한 투자수요가 항상 존재한다. 이들 투자수요를 흡수할 수 있도록 주택 공급이 충분해야 주택가격이 안정될 수 있다. 주택에 대한 투자수요도 나쁘게만 볼 것이 아니다. 주택에 대한 투자수요로 인해 상당량의 주택공급이 선제적으로 이루어지면 주택가격을 안정시키는 완충buffer역할을 하기 때문이다.

여섯째, 우리나라는 자유민주주의와 시장경제를 추구하는 나라이다. 우리 주변에는 중국, 동남아, 중동 등 공산주의 또는 군주국가 체제에서 살고 있는 부자들이 많다. 이들은 인권과 자유, 시장경제, 사유재산이 보장된 우리나라로 부를 이전하여, 자신의 부를 지키며 여생을 보내기를 원한다. 외국의 부호들이 미국에서 막대한 규모의 부동산을 사들이는 것과 같은 이유이다. 우리나라에 외국인이 보유한 주택 숫자가 꾸준히 늘고 있는 이유도 이 때문이다.

2024년 말 현재, 외국인이 소유한 주택은 100,216호(98,581명)에 달한다. 중국인이 56.2%, 미국인이 22.0%로 다수를 차지하고 있다. 지역별로는 수도권에

72.7%가 분포되고 있다.[155] 외국인 주택매입 건수는 2011년 2,581건(중국인 20%)에서 2024년에는 7,296건(중국인 68%)으로 3배 이상으로 늘었다. 이중 미국인의 상당부분은 여생을 한국에서 살고자 하는 미국 교포들이다. 중국인 주택매입 건수가 크게 늘고 있는 점은 국가 안보 측면에서 우려스럽다. 또한 강남권 주택 거래량의 30%가량을 지방 부호들이 구매하고 있다. 이들의 수요도 만만치 않은 숫자이다. 또한 인구 절벽으로 인해 증가할 외국인 이민자 대한 주택 수요도 무시 못 할 수준이다.

주택 수요는 인구감소, 주택 보급률 등 단순한 지표로만 설명될 수가 없다. 다양한 형태의 주택 수요를 총체적으로 고려한 주택 공급이 필요한 시점이다.

미래 주택 공급

우리나라의 주택에 대한 잠재수요는 아직도 많다. 이러한 주택 잠재수요로 인해 주택가격 폭등은 언제든 나타날 수 있다. 어떻게 하면 주거 환경개선과 주택가격 안정을 동시에 이룰 수 있을까? 주택정책의 근간이 되는 화두이다.

첫째, 주택 수요가 있는 곳에 그에 상응한 주택을 공급해야 한다. 시장 논리에 따라 주택보급률이 상대적으로 낮은 수도권 지역에 더 많은 주택을 지어야 한다. 어설픈 지역균형 개발, 불로소득 방지 등 정치적 이유로 택지개발을 미루면 주택가격 폭등이 언제든 일어날 수 있다.

특히, 수도권 택지 공급과 관련해서는 정부가 선제적으로 해야 할 일이 많다. 수도권은 접근성이 양호한 부지가 많지 않아 택지공급에 한계가 있기 때문이다. 수도권 신규 택지공급을 위해 접근성을 높이는 교통 인프라 구축은 매우 중요한 과제이다.

둘째, 주택 수요와 주택공급 사이에 5년의 시차를 극복해야 한다. 5년의 시차

---

155 24년 말 기준 외국인 토지, 주택보유통계(국토교통부 보도자료, 2025.5.29)

동안 주택에 대한 투기가 일어나도 강력한 규제 외에는 달리 할 일이 없다. 이는 주택공급이 주택 수요에 비탄력적이기 때문이다. 그렇다면 주택 수요와 공급의 5년의 시차를 어떻게 극복할 수 있을까?

그 첫 번째 과제가 장기 주택 수요에 따라 체계적으로 택지를 공급하는 것이다. 장기 주택 수요를 반영한 택지 공급계획에 맞추어 평소 해당 지자체와 택지공급 협의를 선제적으로 해 나가야 한다. 사전 준비만 충분하면 5년 내외 걸리는 택지개발 기간을 3년 내로 단축할 수 있다.

두 번째 과제는 주택 수요와 공급 시차를 완충할 주택 안전재고 물량을 충분히 확보하는 일이다. 평소 주택 안전재고가 충분했다면 반복적인 주택가격 폭등은 일어나지 않았을 것이다. 택지개발과 주택 건설 등 주택공급까지의 시차는 5년 이상이다. 이들 시차를 극복하기 위해서는 많은 양의 주택 안전재고가 필요하다. 그리고 주택 재고량이 일정 수준 이하로 떨어지면, 추가로 택지개발에 착수하는 등 선제적으로 택지공급에 나서야 한다. 공공펀드, 주택기금 등을 활용해서 안전재고 주택 물량을 확보하는 것도 하나의 방법이다. 주택 안전재고 확보로 인한 주택 유휴화 방지를 위해, 3년, 5년, 10년 등 한시적으로 호텔, 레지던스, 관광객 숙소, 선수촌 등으로 활용하는 방안도 강구할 수 있다.

셋째, 자가주택 소유비율을 높이기 위해 충분한 양의 주택을 짓고, 무주택자가 이를 구매할 수 있도록 장기 저리의 정책금융을 제공해야 한다. 무주택자들에 대한 대출 규제 강화로 무주택자가 장기적으로 누적되면 언젠가 주택가격 폭등으로 이어질 수 있다. 우리나라 자가주택 소유비율은 2023년 기준으로 전국 60.7%, 수도권 55.1%, 광역시 62.3%, 도지역 68.6%이다. 2017년 말을 기준으로 미국은 64.2%, 일본 61.9%, 캐나다 66.5%, 영국 64.2%, 프랑스 64.9%.[156]이다. 이들 통계로 보면, 수도권 자가주택 소유비율은 이들 국가에 비

---

156 자가 보유율 70% 못 넘는 까닭은? (조선비즈, 한상혁 기자, 2018.02.28. https://biz.chosun.com/site/data/html_dir/2018/02/27/2018022702029.html)

해 5~10%가량 낮다. 수도권 주택가격 안정을 위해 자가주택 소유비율을 높일 필요가 있음을 시사한다.

넷째, 주택보급률이라는 단순 지표의 착시에서 벗어나야 한다. 주택을 보유하는 이유는 생계형 주거공간 확보 이외에도 무수하게 많기 때문이다. 소득수준이 향상되면서 주택 수요 역시 다양화되고 있다. 지금의 생계 중심의 주택보급지표에서 벗어나, 다양한 주택 수요를 반영한 미래지향적 주택보급지표를 개발해야 한다. 이들 주택공급을 위해 민간에서 선제적으로 주택에 투자할 수 있는 환경을 조성할 필요가 있다. 이로 인해 주택 숫자가 늘어나면, 주택가격을 안정시키는 효과가 있기 때문이다.

마지막으로, 주택 부족을 해결한답시고 쏟아지는 미봉책을 경계해야 한다. 기존 도시에 용적률과 건폐율을 높여 주택을 지으면, 주택 부족 문제를 해결할 수 있을 것이라고 떠들고 다닌다. 심지어 김포공항을 인천공항으로 이전하거나, 대학을 외곽으로 이전하여 그 부지에 주택을 짓겠다고 이야기한다. 이런 주장들은 장기적으로 도시 자체의 경쟁력을 떨어뜨리는 근시안적 생각들이다. 도시는 주택만으로 존재할 수 없다. 설사 그렇게 해서 공급되는 주택 숫자도 매우 제한적이다.

이슈와 쟁점

수도권 택지 확보?

주택가격이 안정되려면 주택공급이 주택 수요를 초과할 만큼 충분해야 한다. 수도권은 부족한 주택, 수도권 이외 지역주민과 외국인의 주택 수요, 주택가격 안정을 위한 안전 재고분을 감안할 때 앞으로 상당한 양의 주택을 공급해야 할 것으로 보인다. 그래야 주택가격이 안정되고 서민의 삶이 편안해질 것이다.

얼마 전 수도권 150만 호 주택 공급계획이 발표되었다. 이들 물량 중 '현대판 쪽방촌' 주택 비중이 너무도 크다. 미래 주택 수요에 맞는 양질의 주택 공급에 주력해야 한다. 그렇지 않으면 주택가격 폭등 소지는 항상 존재한다.

주택가격 폭등의 진원지는 언제나 서울 강남이다. 이에 대해 좀 더 구체적으로 이야기해 보자. 세계에서 가장 비싼 아파트는 뉴욕 맨해튼Manhattan 센트럴 파크 인근에 산제되어 있다. 1980년대 뉴욕에서 가장 비싼 펜트하우스는 뉴욕 블루클린 피어포인트Pierpoint로 전용면적은 약 1,161제곱미터(352평)로 매매가격은 2,000만 불(한화 260억 원)이었다. 그로부터 40여 년이 지난 2023년, 미국 뉴욕에서 가장 비싼 주택은 2019년 3월 건립된 센트럴 파크 타워의 펜트하우스다. 이 펜트하우스는 지상 431미터 높이에 7개 침실, 8개 욕실을 가진 1,629제곱미터(493평) 규모로 매매가격은 2억 5천만 불(한화 3,250억 원)에 이른다.[157] 한국도 사정이 비슷하다. 한국에서 가장 비싼 집은 '더펜트하우스 청담'으로 전용면적 407.71제곱미터(123평) 규모로 2023년 공시가격만 162억 4천만 원에 이르고 있다. 국내 한 건설사가 계획한 서울 강남 청담동 펜트하우스는 20층 19세대에 세대당 350억 원에 분양할 계획을 갖고 있다.

이렇듯 고급 주택가격이 고공행진을 하는 이유는 희소가치 때문이다. 부자들은 그들의 부를 늘리고, 부를 과시하기 위해 희소가치가 있는 고급 주택을 구입하기를 원한다. 우리나라의 국민소득이 늘고, 부자가 늘어나면서 고급 주택 수요가 늘어나는 신호가 여기저기서 나오고 있다.

주택가격 상승 진원지인 강남권 주택의 희소가치를 희석할 수 있는 양질의 주택 공급 대책이 나와야 한다. 그래야 수시로 요동치는 주택가격을 근본적으로 안정시킬 수 있다. 향후 10년 이내 수도권에만 200~300만 호의 주택이 필요할 것으로 보고 있다. 이들 주택을 공급하는 과정에서 서울 강남을 대체할 최고의 주거 단지에 대한 청사진을 마련해야 한다.

이제 주택 숫자에 매몰된 형식적인 주택보급률 위주의 주택공급정책을 내려

---

157 https://www.businessinsider.com/most-expensive-home-250-million-nyc-penthouse-central-park-tower-2022-9

놓을 시기가 되었다. 그리고 우리 국민들의 주택소유에 대한 장기적인 욕구가 어디로 향하는지를 바라보며, 이에 맞는 주택을 공급해야 한다.

수도권에 대중교통으로 접근성이 좋은 여유 부지가 많이 남아있지 않다는 이유로 충분한 택지공급에 한계가 있다는 견해가 있다. 이러한 견해도 지난 수십 년 동안 주택문제를 주택정책으로만 풀어내려는 우愚를 반복해 온 고정관념이다. 미래 수요에 맞게 양질의 택지와 주택을 공급하려면, 주택은 물론, 교통, 교육, 산업 등 이를 둘러싸고 있는 변수들이 함께 움직여야 한다. 양질의 주택 공급을 위해 정부 모든 부서가 일사불란하게 움직여야 하는 이유이다.

빠른 교통수단은 접근성이 좋은 대규모 주거 및 산업단지를 만들 수 있는 핵심 인프라이다. 광역급행철도는 시속 200킬로미터의 속도로 도시철도의 2배 이상의 속도를 가지고 있다. 광역급행철도를 이용하면 기존 도시철도와 동일 출퇴근 시간대를 유지하면서, 면적상으로는 4배의 가용토지를 얻을 수 있다는 이야기이다.

지난 정부에서 4개 노선의 광역급행철도 건설계획을 발표했다. 이를 통해 주택공급 물량도 크게 늘어날 것이라는 기대를 한다. 하지만 계획대로 광역급행철도를 건설하더라도 신규 주택공급 물량은 크게 늘어나지 않을 것이다. 이들 4개 노선은 인구 밀집된 지역을 통과하는 노선으로 '선先개발, 후後교통'의 문제 해결을 위해 마지 못해 건설한 노선이기 때문이다. 이제라도 '선先교통 후後개발' 원칙에 맞게 광역급행철도 노선을 미개발지역으로 확장하는 과감한 대책이 나와야 한다. 그래야 미래 수요에 맞는 주거와 산업 단지를 적기에 확보할 수 있다. 과거 정부시절, '선先교통 후後개발'은 당연한 것처럼 받아들여졌다. 지금 그렇게 하지 못하는 이유는 정부의 인프라 정책 결정 시스템 자체에 심각한 문제가 있기 때문이다. 이에 관해서는 제11장 미래 인프라 편에서 자세히 이야기하기로 하겠다.

대장 아파트, 아파트 리터칭

대장 아파트로 불리는 아파트가 있다. 대장 아파트는 그 지역에서 세대 수가 많고, 높은 주택가격을 선도하는 아파트다. 서울 강남을 중심으로 원베일리(서초구), 래미안대치팰리스, 디에이치 퍼스티어 아이파크(강남구), 올림픽파크 포레온(강동구), 리첸스(송파구) 등이 대장 아파트로 회자되고 있다.

이들 대장 아파트들은 카페, 식당, 독서실, 헬스, 사우나, 비즈니스 룸, 골프연습장, 수영장, 영화관 등 기존 아파트와 차원이 다른 커뮤니티 시설을 갖고 있다. 이들 시설은 모든 연령대의 니즈에 맞춘 유니버설 디자인universal design 개념의 커뮤니티 공간이다. 과거 경로당 등 세대를 분리하는 시설과는 결이 다른 생활편의시설이다. 이들 커뮤니티 공간은 아파트 주민에게 차별화된 다양한 삶의 기회가 주고 있다. 이 때문에 신축 대장 아파트는 인근 구축 아파트보다 매우 높은 가격에 거래되고 있다. 이로 인해 신구축 아파트 주민들 간의 부의 격차가 늘어나며, 또 다른 갈등의 소지가 되고 있다.

이를 극복하는 방법이 없을까? 물론 있다. 구축 아파트도 미활용 공간을 활용하거나, 증개축을 통해 커뮤니티 센터를 만들 수 있다. 빈티지Vintage 형태의 커뮤니티 시설은 일부 시설만 보완하는 아파트 리터칭retouching 작업으로 언제든 설치 가능하다. 아파트를 통째로 개조하는 재건축이나 리모델링 보다는 훨씬 가성비 높은 대안이다. 이에 필요한 돈은 아파트 단지별로 적립된 장기수선충당금 또는 특별준비금 등을 활용하면 가능하다. 작은 규모 아파트 단지도 다른 단지와 함께 공동 커뮤니티 센터를 구축하면 커뮤니티 시설의 규모 경제를 달성할 수 있다. 정부에서도 이를 지원하기 위해 아파트와 같은 집단주거시설 등에 토지와 건축관련 규제를 완화해야 한다. 일련의 조치를 통해, 신축 아파트와 구축 아파트 주민들 간에 삶과 부의 격차를 줄일 수 있다.

신도시, 재건축, 재개발?

신규 주택 공급을 위한 신도시 건설을 반대하는 이들이 있다. 이들의 주장은 기존 도시의 재개발과 재건축으로 미래 주택 수요에 맞는 주택 공급이 가능하다고 이야기한다. 그리고 신도시 건설 시 발생되는 환경파괴 문제를 함께 제기한다.

이는 과거 이명박 대통령이 서울시장 시절 촉발한 신기루와 같은 고정관념이다. 서울에 주택 재개발이나 재건축을 통해 추가 공급할 수 있는 주택 물량은 최대 50만 호 수준이다. 이마저 10년 이상의 세월이 지나야 실현될 수 있다. 재개발과 재건축만으로는 미래 주택 수요에 맞는 주택을 공급하기에는 한계가 있다.

신도시 개발로 탄생한 성남 분당은 나름 쾌적한 주거환경을 갖고 있다. 반면 인근 광주시, 용인시는 도시 진입 시점부터 난개발 현장을 쉽게 목격할 수 있다. 수도권 주택난이 계속되면서 저밀도 난개발이 수도권 외곽과 인접 지역으로 빠르게 진행되고 있는 양상이다. 이들 지역 주민들은 교통, 상하수도, 전기, 가스, 난방 등 인프라 부족으로 열악한 생활 환경에서 살고 있다. 어렵사리 이들 지역에 정착한 주민의 부동산 가치도 담보하기 어렵다. 그리고 이들 주택의 무분별한 확산으로 광범위한 환경파괴가 진행되고 있다. 이로 인해 도시 경쟁력은 물론, 국가경쟁력도 떨어지고 있다.

이러한 난개발을 막고 쾌적한 주거환경을 확보하려면 광역 마스터플랜에 입각한 신도시 개발은 필수적이다. 교통 인프라 투자도 사후투자 방식이 아닌 선제적 투자 방식으로 이루어져야 한다. 그래야 지역주민의 출퇴근 고통을 줄일 수 있다. 이제라도 여러 도시를 묶어 개발하는 광역 단위의 '주거, 교통, 교육, 산업단지 마스터 플랜'을 만들어, 이를 토대로 체계적인 도시 개발을 해야 한다.

똘똘한 한 채?

다주택자에 대한 징벌적 과세는 똘똘한 한 채의 주택 선호 심리를 부추겼다.

이로 인해 생기는 부작용 또한 매우 크다. 몇 가지만 들어보자.

첫째로 장기적으로 민간에서 만들어야 할 임대주택 물량을 고갈시키는 결과를 가져온다. 그렇게 되면 무주택자인 서민의 주거 사다리가 무너져 버린다. 이를 유지하려면 적정 수준의 임대주택 물량이 확보되어야 한다. 이를 위해 국가는 물론, 민간의 선제적 투자를 유인하는 대책이 필요하다.

둘째, 다주택자에 부과되는 과도한 세금은 결과적으로 주택 임대료에 전가된다. 이로 인해 서민들의 생활은 더욱 어려워질 수 밖에 없다.

셋째, 똘똘한 주택 구매 수요는 주택 수요가 많은 수도권으로 몰리게 되어, 지방 주택가격은 폭락하게 된다. 이는 지역 간의 부의 격차를 더욱 크게 만들어 지역균형개발과 역행하는 결과를 가져온다.

다가구 주택자에 대한 세금은 적정수준, 1가구 1주택자에 대한 세금은 최소한 범위에서 부과되어야 한다. 그래야 적정 수준의 주택 물량이 확보되어, 주택 소유자나 무주택자 모두의 생활이 안정될 수 있다.

대규모 빈집?

빈집 하면 단골처럼 이야기되는 것이 일본 사례이다. 하지만 빈집 문제는 대부분의 나라에서 일어나는 일반적인 현상이다.

빈집이 생기는 이유는 두 가지 정도다. 첫째, 국민소득의 증가이다. 국민소득이 늘어나면 양질의 주택 수요가 늘어난다. 양질의 주택이 많이 공급되면 상대적으로 질 낮은 주택은 빈집으로 전환된다. 빈집이란 주거환경이 개선되며 자연스레 나타나는 현상이다. 빈집이 많아지면 재개발, 재건축 등 도시 재생이란 또 다른 기회가 생긴다. 둘째 고속 또는 고속화 철도의 출현이다. 이들 노선은 직선화된 선형을 갖는다. 따라서 고속 또는 고속화 철도역 중심으로 도시가 도시가 이동하며, 종전 도시 지역에서 빈집이 발생하게 된다. 셋째, 인구감소이다. 이 경우 빈집 발생은 불가피하다. 이는 여타 선진국들도 마찬가지 상황이다.

선진국의 항만, 공항의 인프라 시설 활용률은 60% 정도이다. 나머지 40%는 항상 비워 둔 채로 있다. 선박과 항공기들이 언제든지 항만과 공항을 이용할 수 있게 하기 위해서다. 빈집 발생을 문제로 보기보다 주거환경 개선 과정에서 거쳐야 할 과도기적 과정으로 인식해야 한다. 빈집 숫자가 늘어나면 주택가격은 오히려 안정되는 순기능도 있다. 이들 빈집을 새로운 공간으로 활용하는 선순환 구조의 개발 방안을 강구할 필요가 있다.

한국, 일본, 싱가포르?

일본과 싱가포르는 어떨까? 주택가격이 폭등할 때마다 벤치마킹 차원에서 나오는 이야기들이다. 일본의 부동산 버블현상, 대규모 빈집 발생 등 문제점을 부각하고 있다. 그리고 싱가포르는 주택 공유 개념을 이야기하며, 이로 인해 마치 주택문제가 해소된 것처럼 이야기한다. 모두 단면만을 보고 이야기한 것이다. 한국과 일본, 그리고 싱가포르는 많은 점에서 다르다.

우리나라와 일본이 다른 점을 하나의 사례를 들어 이야기해 보자. 2008년 일본 골프장 2,442개 중 700여 개가 부도 또는 도산으로 경영주가 바뀌거나 외국자본에 넘어갔다. 골프장 이용객이 급격히 줄었기 때문이다. 당시 이를 보고 한국도 비슷한 상황이 될 것이라고 예측하는 사람들이 많았다.

그러나, 한국은 일본과 달리 골프장과 골프 인구가 꾸준히 늘어나고 있다. 한국에는 500개가량의 골프장이 성업 중이며, 신규 골프장들이 전국 곳곳에 들어서고 있다. 이에 더해 골프장 이용료와 캐디피가 지속적으로 오르고 있다. 이도 부족해 동남아, 일본, 중국, 미국 등 해외 골프장에는 한국인들로 북적거린다.

한국과 일본의 골프 산업에 상반된 결과가 나타난 이유는 무엇 때문일까? 그 첫째 이유는 한국에는 여성 골프 인구가 지속적으로 늘고 있다는 사실이다. 에

이지엘AGL이 카드사와 함께 골프장 이용객을 빅데이터로 분석한 결과,[158] 한국 여성의 골프 참여 비율은 전체 내장객에 33.5%에 이르는 것으로 나타났다. 일본 여성의 골프 참여 비율인 10%보다 3배 이상 높은 수치이다. 둘째로 우리나라는 골프존GolfZone이 만든 스크린 골프의 성지다. 스크린 골프는 골프에 입문하는 아마추어 골퍼들의 진입장벽을 낮추었다. 그리고 골프에 입문한 아마추어 골퍼들을 오랫동안 골프라는 스포츠에 머물게 하고 있다. 이러한 점이 한국과 일본이 다른 점이다.

주택 수요도 마찬가지이다. 20년 전부터 일본과 같은 부동산 버블이 있을 것이라는 걱정의 목소리가 많았다. 하지만 이를 비웃듯 우리나라 주택가격 상승은 계속되었다. 아직도 일본과 비교하면 우리나라 주택 숫자나 주거 면적은 턱없이 부족하다. 부동산 버블을 걱정하기보다 충분한 양의 양질의 주택 공급에 더욱 신경을 써야 한다.

주택가격이 오르면 주택 규제를 강화하자는 이야기를 쉽게 꺼낸다. 그러면서 드는 사례가 배급식으로 주택을 공급하는 싱가포르 사례를 든다. 우리나라 인구는 싱가포르보다 9배가 많고 국토 면적은 140배나 크다. 싱가포르보다 더 많은 주택을 국민들에게 공급할 수 있는 여력이 있다. 굳이, 주택을 배급 위주로 공급하는 싱가포르 예를 들어 주택에 대한 규제 강화를 논하는 것은 바람직하지 않다. 그 전에 정작 알아야 할 사실이 있다. 싱가포르 청년들은 규제로 도배된 자신의 나라에 사는 것을 행복하게 느끼지 않는다는 사실이다. 우리나라의 주택정책은 국민 스스로 주거지를 선택하고, 소유하고, 옮겨갈 수 있는 큰 틀에서 만들어져야 한다. 그것이 거주이전의 자유를 가진 우리 대한민국의 자유민주주의 헌법 정신을 기리는 길이다.

---

158 "국내 골프장 50대가 가장 많이 이용, MZ세대 코로나19 이후 52.4% 이상 급증" (레저신문, (http://m.golftimes.co.kr/news/articleView.html?idxno=131621)

제5장 인구 구조

우리나라는 낮은 출산율, 고령화로 인구 구조가 급격하게 변화하고 있다. 이에 맞추어 인구와 노동력 확보 대책을 마련해야 한다.

맬서스형 인구 폭증

1798년 영국의 인구 통계학자인 토머스 로버트 맬서스Thomas Robert Malthus, (1766~1834)는 인구론An Essay on the Principle of Population을 발간했다. 그는 인구론에서 인구 폭등으로 커다란 재앙이 일어날 것을 예상했다.

자손을 많이 낳으려는 인간의 성향으로 인해, 식량 생산이 인구 증가를 따라잡지 못하면서 파국이 온다는 것이다. 맬서스는 인구는 기하급수geometric로 증가하고, 생활 물자는 산술급수arithmetic로 증가한다고 보았다. 맬서스는 인구가 대략 25년마다 2배씩 증가하여, 2세기 뒤에는 인구와 생활 물자의 비율이 256대 9가 될 것이라고 예측했다. 파국을 피하려면 인구 증가를 억제해 식량 생산 수준에 맞춰야 한다고 주장했다.[159]

인구 억제에는 전쟁, 기아, 질병과 같은 '적극적 억제'와 출산율을 낮추는 '예방적 억제'로 나뉜다. 맬서스는 '예방적 억제'를 위해 결혼을 늦추거나 출산을 자제하도록 빈민을 계몽해야 한다고 이야기했다. 그의 인구론은 사상가들에게 적지 않은 영향을 미쳤다. 하지만 농업혁명과 기계에 의해 물자가 대량으로 생산되는 산업혁명 시대를 간과했다는 비판을 받았다.[160]

---

159 https://ko.wikipedia.org/wiki/인구론, https://namu.wiki/w/맬서스%20트랩
160 앞의 출처와 동일 출처임

1960년대 우리나라 인구는 폭발적으로 증가했다. 당시 인구 성장률은 연 3%로 약 23년 마다 인구가 두 배로 증가하는 인구 폭발이 일어났다.[161] 맬서스가 인구론에서 이야기했던 상황이 그대로 재현된 것이다.

우리나라는 국토면적이 작고, 자원이 희박한 나라다. 인구가 많으면 먹고 살기 어려운 것은 당연했다. 당시 인구 증가는 빈곤으로 이어진다는 생각이 주류를 이루었다. 1962년을 기점으로 다양한 산아제한birth control, 가족계획family planning 정책들이 시행되기 시작했다. 산아제한을 위해 콘돔condom이 무료로 보급되고, 정관수술과 피임이 장려되었다. 남성들은 정관수술을 받으면 예비군 훈련을 면제받는 해프닝도 벌어졌다. "둘만 낳아 잘 기르자." "둘도 많다."라는 표어가 이곳저곳에 나 붙었다. 자식이 세 명 이상이면, 아예 부양가족 공제 대상에서 제외했다. 그만큼 당시 인구의 폭발적 증가는 우리에게 공포로 다가왔다.

우리나라는 물론 미국, 영국, 중국 등 세계 전역에서 산아제한 정책이 실행되었다. 당시 우리나라의 적정 인구증가율 목표치를 1.3%로 삼았다. 그리고 산아제한 정책을 실시한 이후 20여 년 만인 1984년에 인구증가율은 1.23%로 낮아지며 당초 목표치를 달성했다. 이후에도 지속해서 인구가 늘어 1960년 2천 501만 명이던 인구가 63년이 지난 2023년에는 5천 156만 명으로 두 배 이상 늘었다. 소득은 늘고 생활은 나아졌으나 우리나라 내부의 경쟁은 더욱 치열해졌다.

이유 있는 낮은 출산율

우리나라 합계출산율[162]은 1970년 4.7명, 2016년 1.17명, 2024년 0.75명으로 줄어들어 OECD국가 중 최하위를 기록하고 있다. 우리나라 인구는 2020

---

161 "인구정책, 어제와 오늘" (국가기록원, https://theme.archives.go.kr/next/populationPolicy/policy1980.do)

162 합계 출산율(Total Fertility Rate)이란 가임기간 여성의 연령별 출산율(ASFR)의 총합으로 출산력 수준을 나타내는 지표다. 여성 1명이 평생 낳을 것으로 예상되는 평균 출생아 수를 나타낸 지표다. 일반 출산율이란 15~49세의 가임 여성의 수로 1년간 낳은 출생아 수를 나눈 뒤 1,000을 곱해 얻은 비율이다. 일반 출산율 = 1년간 총 출생 수/가임 연령층 여성 수 × 1000

년 5,183만 명으로 정점을 찍은 후 2022년부터 5,167만 명으로 감소 추세이다. 낮은 출산율로 인해 50년 후인 2072년에는 지금보다 1,542만 명이 줄어든 3,622만 명이 될 것으로 추정하고 있다. 이 인구는 46년 전인 1977년 우리나라 인구 숫자와 비슷한 수준이다. 이를 두고 국가 소멸, 고령화 사회, 노동인구 부족 등 우려의 목소리가 많다.

이러한 인구 감소 예측치는 인구 증가에만 길들여졌던 우리를 당황스럽게 하고 있다. 하지만 이들 인구 감소를 유발한 낮은 출산율은 우리의 집단지성이 작동한 결과로 볼 수 있다. 경제적 관점에서 보면, 출산에 따른 비용이 출산에 따른 편익을 초과한다고 판단했기 때문이다. 출산율 저하의 원인이 된 집단지성의 작동 고리를 푸는 해법을 찾아야 한다. 그래야 우리나라가 지속 가능한 나라가 될 수 있다. 우리나라의 출산율이 낮아지게 된 이유는 무엇일까? 그 이유를 알아야 이를 치유할 수 있는 방안을 만들 수 있다.

치열한 경쟁

우리나라는 인구의 지속적인 증가로 인해 인구밀도가 계속 증가해 왔다. 그리고 국민 개인은 직장, 주거, 교육 등에서 치열한 경쟁을 경험해 왔다. 그 경쟁의 한복판에 있는 국민 개인은 지옥과도 같은 삶을 살고 있다. 현재의 출산율 저하 현상은 치열한 경쟁을 완화하기 위해 인구를 적정 수준으로 조정하려는 집단지성의 작동으로 볼 수 있다.

출산율 저하는 인구밀도와 소득수준과 상관관계가 높다. 인구밀도와 소득이 높을수록 경쟁이 치열하다. 우리나라 인구밀도(제곱킬로미터 당 518명)는 세계 17위, 인구 1,000만 명 이상 국가 중 4위이다. 1인당 국민소득은 3만 6천불로 세계 30위권으로 인구 1,000만 명 이상 국가 중 12위이다. 이렇듯 우리나라는 경쟁이 치열한 인구밀도와 높은 소득수준 모두를 갖고 있다. 경쟁이 치열하면 인간답게 살기 어려울 수밖에 없다. 경쟁이 치열한 도시가 농어촌 지역보다 결혼

연령이 높고 출산율이 낮다. 대도시의 경우, 여성의 사회참여 확대, 늘어나는 양육비 부담으로 인해 출산율 저하가 두드러진다.

치열한 경쟁 속에 살아가는 우리 아이들은 학교와 학원으로 내몰리고 있다. 이에 들어가는 비용도 만만치 않다. 부모들은 이러한 치열한 경쟁 환경에서는 아기를 낳아 기르는 것이 두려울 정도이다. 노인 부양에 아이 양육까지 겹친 중간 세대인 청장년들은 살아가기가 힘들다. 이러한 상황에서 청장년층의 집단지성으로 출산율을 낮추는 것은 자연스럽기까지 하다.

인간 수명 연장, 영아 사망률 저하

인간 수명이 빠르게 늘어나고 있다. 그리고 영아 사망률이 급격히 줄어들고 있다. 이는 생명을 오랫동안 유지하는 기술이 급속도로 발달하고 있다는 사실을 반증한다. 우리나라 국민의 기대수명은 1960년 54.3세에서 2023년 83.5세로 지난 63년 동안 29세(54% 증가)가 늘었다. 기대수명 증가로 인해 매년 0.69%의 인구 증가 효과가 있다. 영아 사망율도 1935년에 20% 수준[163]에서 2005년 0.42%, 2023년 0.25%로 대폭 줄었다. 기대수명 증가, 낮은 영아 사망률도 미미하지만 인구 증가 효과가 있다.

인간의 기대수명은 의료기술 발달에 따라 계속 늘어날 것으로 예상되고 있다. 과거 추세치로 예측해 보면 우리 국민의 기대수명은 2050년 92세, 2070년 95세에 이를 것으로 추정된다. 인간의 장기를 자유자재로 교체할 수 있는 의료기술을 확보하게 되면, 이르면, 우리 국민의 기대수명은 2050년 105세, 2070년 115세에 이를 수 있을 것으로 본다.

---

[163] https://repository.kihasa.re.kr/bitstream/201002/3080/1/213 %20-%20한국의%20영유아사망에%20관한%20연구%20-제1차%20분석자료-.pdf

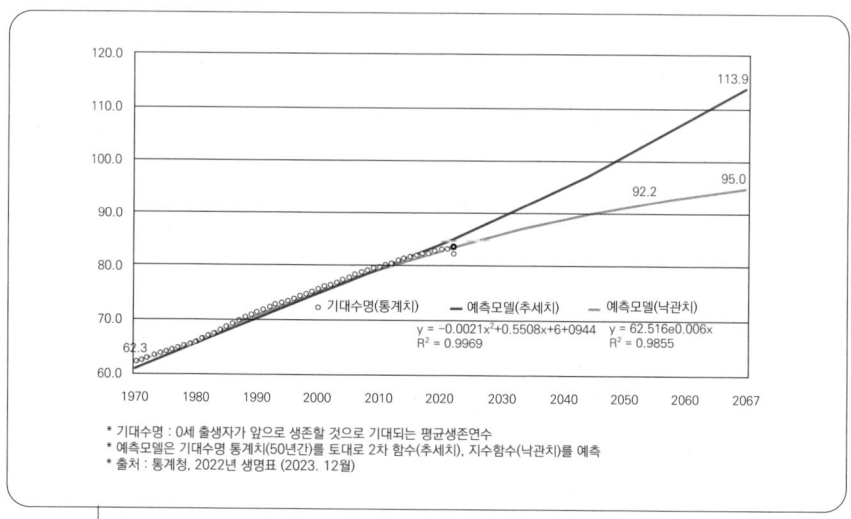

대한민국 국민의 기대수명은 지난 50년간 20세가량 늘었다. 앞으로도 기대수명은 계속 증가할 것으로 보인다.

　미국 발명가 레이 커즈와일Ray Kurzweil은 분자 나노기술로 인체 장기와 조직 재생이 가능하게 되는 2045년 이후에는 인간의 수명이 무한대가 될 것으로 예측했다. 2045년이 되면 자연적 수명 감소를 초과하는 속도의 수명 연장 기술이 나오는 특이점이 발생한다는 것이다.[164] 어찌 되었던 인간의 수명은 연장되고 있는 추세인 것 만은 확실해 보인다. 이를 상쇄하는 출산율 저하는 어쩌면 자연스러운 일일지도 모른다.

출산율 감소 대책

　UN 인구자료(World Population Prospect 2022)에 따르면, 2022년 대비 2050년 우리나라 인구는 11.67%, 생산가능인구working age population는 34.75% 감소할 것으로 예상했다. 반면에 피부양 인구수는 44.67%가 증가할 것으로 추정하고 있

164　"인간 수명 '500세까지 가능'… 미국 미래학자 커즈와일" (https://www.foeconomy.co.kr/id/fhLbbtTGJJDKgPMWUslm

다. 경제협력개발기구OECD 통계에 따르면 생산가능인구 비중은 세계 전체로는 2015년 이후, OECD 국가들은 2011년 이후 감소 추세를 나타나고 있다. 미국은 2007년, 일본은 1993년 이후부터 생산가능인구가 줄기 시작했다.[165]

한국경제연구원은 생산가능인구가 1% 감소하면, 국내총생산(GDP)는 약 0.59% 줄어들고, 피부양 인구가 1% 증가하면 국내총생산(GDP)는 약 0.17% 감소한다는 연구결과[166]를 발표했다. 생산가능인구가 줄면, 국내총생산이 줄어들고, 피부양 인구가 늘어나 국가경제가 어려워진다는 이야기이다. 이로 인한 출산율 저하 및 고령화 사회에 대한 우리 사회의 우려가 높다. 여태까지와 같이 지금의 저출산 문제도 집단지성으로 해결의 실마리를 찾아야 한다.

미래 출산율은 미래 사회의 경쟁 구도, 출산과 육아 부담 정도, 의료기술 발달 정도에 따라 결정될 것이다. 우리나라의 미래 출산율과 이와 관련한 노동력 감소 문제는 비관적이지만은 않다. 그 이유는 이렇다.

첫째, 출산율 저하로 인구가 줄어들면 출산과 육아 환경도 바뀔 것이다. 인구가 줄면 경쟁이 완화되고, 이는 출산율 반등에 긍정적으로 작용할 것이다. 둘째, 출산율은 높이려는 집단지성이 작동할 것이다. 자연스레 출산 장려 및 육아 부담 감소를 위한 다양한 지원정책, 시설 확충, 기술개발 등이 활발하게 이루어질 것이다. 셋째, 의료기술 발달로 인해 평균 수명의 지속적인 증가할 것이다. 이는 인구감소를 늦추는 효과가 있다. 넷째, 입양, 이민 등을 적극적인 인구 조절 장치가 작동할 것이다. 이로 인해 감소하는 노동 인구만큼 충원할 수 있게 될 것이다.

이들 정책 변수와 기술 개발을 잘 활용하면 지금의 출산율 저하로 인한 인구 감소에 따른 우려를 불식할 수 있다. 그렇게 생각하는 이유를 좀 더 구체적으로 이야기해 보자.

---

165 생산가능인구 감소에 따른 서울경제 대응방향(서울연구원, 2022.10.26)
166 '인구구조 변화가 GDP에 미치는 영향 추정 및 시사점'(한국경제연구원, 2023.05.18)

집단지성 활용

지금의 낮은 출산율은 치열한 경쟁에 시달린 청장년층의 집단지성이 작동한 결과로 보아야 할 것이다. 적정수준 이하로 인구가 줄어들면 출산율이 다시 올라갈 것이다. '보이지 않는 손'의 시장 논리와 마찬가지이다.

베이비 붐 세대는 외국은 1946년대부터, 우리나라는 1955년부터 1960년대까지 이어졌다. 이 시기는 외국에서는 제2차 세계대전 이후, 우리나라는 6·25 전쟁 이후이다. 인구 폭등을 가져온 베이비붐 현상은 전쟁으로 인한 사상자를 보충하는 인간의 집단지성의 반사적 행동이라 볼 수 있다. 그리고 1960년대 베이비 붐에 따른 인구 폭등에 대한 반사적 행동으로 산아제한이 시작되었다. 이렇듯 인간은 자신들의 생존을 위해 적정한 인구를 유지하려는 노력을 해왔다. 하나의 경제순환 사이클과 마찬가지인 양상이다.

여러 가지 설문조사 자료에 따르면 출산율이 낮아지는 이유로 '치열한 경쟁 구조', '출산과 육아부담'을 가장 큰 이유로 들고있다.

지금의 5,200만 명의 인구가 40여 년 후 4,000만 명 수준으로 줄어든다고 가정하자. 현재 우리나라의 주택 총 숫자는 2,200만 호다. 인구 4,000만 명을 가정할 경우 인구 2인당 1채 이상의 주택을 보유하게 된다. 그렇게 되면 주거 안정으로 인해 출산과 육아 부담이 완화될 것이다.

아울러, 출산과 육아를 지원하기 위한 제도, 시설, 기술을 확충하는 노력을 지속할 필요가 있다. 자녀 출산 시 일정금액에 대한 증여세 면제, 출산관련 의료비와 장려금 지원, 육아 돌봄 서비스 등 출산과 육아 지원 대책 들이 연이어 나오고 있다. 이들 정책으로 2025년 1분기 합계 출산율이 0.82로 2024년 0.75보다 다소 높아지는 등 고무적인 결과가 나오고 있다. 출산율 제고를 위해 이들 제도를 보완하고, 공동 육아 시설 확충, 출산과 육아에 관련된 기술 개발도 가속할 필요가 있다.

입양과 이민

인구를 조절하는 방법으로 입양과 이민이 있다. 입양은 한국식 교육을 통해, 이민은 개인 능력에 따라 우리나라 사람을 만드는 방법이다. 어찌 보면 전통적으로 고수해 온 혈통주의에 입각한 국적 취득 방식보다 합리적인 방법이다. 세계 인구는 매년 1.1%, 8,300만 명씩 꾸준히 증가하고 있다. 이들 중 우리 국민이 될 자질을 가진 외국인을 입양과 이민으로 받아들이면 인구 감소 문제를 다소나마 해결할 수 있다. 세계 최강인 미국은 이민자들로 이루어진 국가이다. 미국 이민 2세들은 미국 시민으로서 자긍심이 대단하다. 이들이 가진 자긍심은 자유, 인권, 기회, 지성에 기반한 사회 분위기와 이를 가르치는 미국식 교육으로부터 나온다. 입양과 이민으로 인구 감소 문제를 해결하려면 미국의 사례를 벤치마킹할 필요가 있다.

2024년 기준 국내 거주 외국인 수는 265만 명(인구 대비 5.07%)으로, 2006년의 54만 명에 비해 5배 가량이 늘었다. 우리나라의 성장을 뒷받침할 수 있는 우수한 인재는 세계 어디에나 있다. 이민자들 대한 체계적인 조사를 통해, 이민자의 질을 중시하는 이민대책을 만들어 실행해야 한다. 입양과 이민이후에도 양자養子와 이민자가 진정한 우리 국민이 될 수 있도록 지원해야 한다. 그러기 위해서는 자유, 인권, 기회, 지성에 기반한 사회 분위기와 이에 상응하는 교육 시스템을 만들어가야 한다. 그렇게 되면 우리나라는 세계적인 인재 천국이 될 수 있고, 그들의 도움으로 희망찬 미래를 이어갈 수 있을 것이다.

출산과 육아관련 기술 개발

출산율 저하를 막기 위한 또 한 가지 방법은 부모의 출산과 육아부담을 줄이는 것이다. 최근 인공지능 기술을 활용하여 출산과 육아부담을 줄이는 방안이 한창 연구되고 있다.

10개월 임신기간, 출산 고통, 양육과정에서 들어가야 하는 노력과 시간을 돈으로 환산하면 천문학적 금액이다. 여태까지의 출산장려금, 의료비 지원 등의 지원 대책과 함께 임신, 출산, 보육 등 모든 과정에서 다양한 기술 개발로 출산과 육아 부담을 줄이는 대책을 마련해야 한다. 이와 관련된 기술 개발의 예이다.

첫째로 인공수정IUI, Intrauterine insemination과 시험관 아이 기술IVF, In vitro fertilization이다. 채취한 정자와 난자를 초저온(-195℃) 상태로 보관하는 정자와 난자은행이 성업 중이다. 인공수정은 여성 배란기에 맞추어 남성 정액을 자궁강 내에 인공적으로 넣어 임신을 시도하는 방법이다. 시험관 아이 기술은 체외에서 정자와 난자를 인공적으로 수정하는 기술이다. 이 두 가지 기술로 부부가 원하는 시기에 임신이 가능하다.

둘째로 인큐베이팅incubating 기술이다. 인큐베이터incubater란 미숙아인 아기를 넣어서 키우는 기계이다. 이 기계는 온도, 습도, 산소 공급량 등이 미숙아 성장 속도에 맞게 자동으로 조절한다. 이 기술로 임신 후 6개월 만에 2021년 출산한 288그램의 미숙아와 2024년 출산한 260그램의 미숙아를 건강하게 살려낸 사례[167]가 있다. 신생아 평균 무게인 3.2~3.3킬로그램의 10분의 1 정도 무게인 미숙아들이다. 이 기술이 좀 더 고도화되면 여성의 임신기간을 대폭 줄일 수 있다. 그만큼 아이를 낳는 여성들의 활동에 여유가 생긴다. 첨단 통신 기술로 부모들의 정서, 감정 등을 인큐베이터 속 태아로 전달하여 태아와 정서상 교류할 날도 멀지 않았다. 이 기술이 고도화되어 인공 자궁으로 발전하면 임신기간 자체가 필요하지 않게 된다. 그렇게 되면 여성들은 임신으로 인한 경력 단절 등 사회 활동을 제약받지 않고 살아갈 수 있다. 자연스레, 여성들은 출산에 대해서 보다 긍정적인 자세로 바뀌게 될 것이다.

셋째로 인공지능 보육 기술 개발이다. 젊은 부부들의 보육 부담도 만만치 않

---

[167] '288g 아기가 태어났어요 '초미숙아' 조건우 편'(서울 아산병원 뉴스룸, 2021.11.02), '생존율 1%의 기적... 260g 초미숙아 예랑이, 198일만에 집으로' (조선일보, 정아임 기자, 2024.11.12, https://www.chosun.com/national/national_general/2024/11/12/JJ3CO4VRBNBNFPWOKAU73WJALQ/)

다. 아이들 보육에 인공지능을 이용한 로봇을 도입한다면, 부부들의 보육 부담을 줄일 수 있다. 하나의 예이다. 최근 서울시에서 인공지능 로봇 '알파미니'를 이용한 보육지원사업을 추진 중이다. '알파미니'는 키는 24.5센티미터, 무게는 700그램인 작은 로봇이다. 로봇에 인공지능 플랫폼이 탑재되어 동화구연, 율동, 동요 부르기, 스무고개, 끝말잇기 등의 놀이가 가능하다. 걷고, 앉고, 눈동자를 통해 감정을 표현하며 아이들과 정서적 교감도 할 수 있다.[168] 이외에도 유아 보육 부담을 줄이는 더욱 많은 기술들이 나오게 될 것이다.

넷째로 공동 육아 시설 확보이다. 도시가 과밀하게 개발되면서 육아관련 시설을 확충하기 어렵다. 우리나라 주택 중 아파트 등 공동주택 비중이 78%에 이른다. 공동육아 시설을 구축하기 좋은 여건이다. 신축 아파트 단지를 건설할 때는 아예 공공 육아 시설을 단지 내 설치하도록 의무화하고 있다. 문제는 이들 시설이 설치되어 있지 않은 구축 아파트다. 이들 아파트에도 공공 육아 시설을 설치할 수 있도록, 토지와 건축 규제를 완화하고 재정지원을 강화할 필요가 있다.

아파트 단지와 주변에 아이를 키워본 경험이 많고, 외국 유학 등으로 교육수준이 높은 부모와 어르신이 많다. 이분들에게 공동육아에 필요한 교육과 실습, 공동육아 자격 부여, 공동육아 참여 수당 등을 지원한다면 양질의 공동 육아 인력을 확보할 수 있다. 일부 지자체에서는 손주 돌봄 지원 사업을 시행하고 있다. 이를 좀 더 확장한 정책으로 보면 된다.

고령화 시대 노동대책

고령화가 걱정되는 이유는 노동력 감소 때문이다. 피부양자가 부양자보다 상대적으로 많아진다는 우려다. 그러나 생산가능인구 연령대를 기준으로 피부양

---

168 오세훈표 공약사업 시작…어린이집에 AI 로봇 '알파미니' 시범도입 (머니투데이, 2021.7.21, 강주헌기자) https://www.amc.seoul.kr/asan/hospitalstory/realstory/realStoryDetail.do?realStoryId=33865

자 여부를 판단하는 것이 적정한지는 따져 보아야 한다.

현재 생산가능인구를 14세~65세의 연령대 인구로 규정하고 있다. 유엔UN이 1950년대부터 고령 지표를 산출할 때 65세 이상을 생산가능인구 연령 상한으로 보았다.[169] 노인의 구분 기준이 된 생산가능인구 연령 상한은 70년 이상 사용된 기준이다. 이 기준이 만들어진 이후 지난 70년 동안 의료 기술이 발달하여 인간의 기대수명이 대폭 늘어났다. 우리나라 경우에 기대수명은 1970년 62.3세에서 2022년 82.7세로 20세가량 늘어났다. 늘어나는 수명에 맞게 생산가능인구 연령대를 상향 조정하는 것은 자연스러워 보인다.

인간 기대수명이 늘어나면 노동의 한계 연령도 늘어나는 것이 상식적이다. 아래 그림은 인간의 기대수명 증가에 따른 육체 또는 정신노동 한계 연령을 나름대로 추정한 그림이다. 이 추정대로라면 인간의 기대수명이 90세가 되면 육체노동은 70세, 정신노동은 80세까지 가능하다. 이제 생산가능인구의 상한 연령이 70~80세로 상향 조정하는 방안을 검토할 때가 되었다. 그렇게 되면 부양할 노인의 인구를 전체 인구의 20% 내외로 유지할 수 있다.

이를 숫자로 이야기해 보자. 생산가능인구 상한 연령(노인 기준 연령)을 지금대로 65세로 할 경우 2020년 기준 65세 이상 노인 비율은 15.7%에서 2050년에는 40.1%가 된다. 하지만 노인 기준 연령을 매 3년 마다 1살씩 올리면 2050년에는 노인 기준 연령은 75세가 된다. 노인 기준 연령을 75세로 늘이면, 2050년 노인 비율은 24.5%가 된다. 어느 정도 사회경제적으로 감당할 수 있는 수준이다. 늘어나는 인간의 기대수명에 맞추어, 생산가능인구 상한 연령을 단계적으로 올리자는 이야기이다. 이를 기준으로 노동력 수급 대책을 만들면 고령화로 인한 노동력 감소 문제를 다소나마 해결할 수 있다.

---

169 '노인은 65세 이상' 기준은 독일 비스마르크 수상 때 시작됐다?"(SBS 뉴스, 유영규 기자, 2023.02.17, https://news.sbs.co.kr/news/endPage.do?news_id=N1007084020&plink=COPY PASTE&cooper=SBSNEWSEND)

최근 사람 몸에 입는 웨어러블 로봇이 개발되고 있다. 이러한 기술들이 개발되면 고령자의 일부를 노동 인구로 전환하는 것은 어렵지 않을 것이다. 더구나

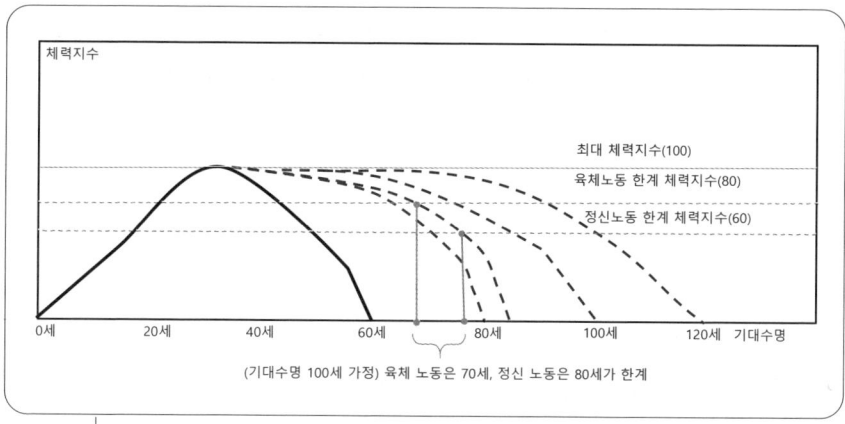

인간 기대수명에 따라 육체적, 정신적 한계 체력을 나타낸 가상의 그림이다. 인간 기대수명(90세 가정)이 늘어나면 육체노동은 최대 70세, 정신노동은 최대 80세까지 한계 연령을 늘릴 수 있을 것이다.

인공지능과 로봇에 의한 자동화로 인해 육체적 노동을 필요로 하는 직업이 급격히 줄고 있다. 반면에 정신노동이 필요한 서비스 산업의 직업 비중이 늘고 있다. 생산가능인구의 연령대 상향 조정을 받아들일 사회경제적 환경이 조성되고 있다는 이야기이다.

지금 우리나라에서 고령자 연령대로 진입하는 사람들은 고학력자이다. 재교육을 통하여 사무, 프로그래밍, 관리, 보육, 교육 등의 업무를 담당하게 할 수 있다. 아예 고령자 맞춤형으로 정신노동 위주의 일자리를 만드는 것도 한 방법이다. 고령 연금 생활자는 얼마간 낮은 급여로 고용이 가능하다. 아울러 이들의 취업 증가는 연금 지급 액수 감소로 이어져 만성 적자인 연금 운용에도 도움이 된다. 이렇듯 선순환 구조의 노동력 확보 대책을 만들어 고령화로 인한 노동인구 감소에 대처해야 한다. 그래야만 지속가능한 사회가 될 수 있다.

7부 매력의 나라

제6장 | 일자리, 융합소득

전통적인 일자리가 사라지고 있다. 새로운 일자리는 우리 눈에 쉽게 드러나지 않는다. 이로 인한 고용 불안이 사회 전반으로 확산되고 있다.

사라지는 일자리

인공지능, 자동화 공장, 로봇, 사물인터넷 등의 도입으로 전통적인 일자리가 사라지고 있다. 한국경제연구원KERI의 조사결과에 따르면 노동시장에 대한 규제가 강화된 2017년부터 2021년 4년 동안 전일제 환산(FTE)[170] 취업자 수는 209만 명이 사라진 것으로 나타났다. 이 중 3040세대 비중이 93%(194만 명)로 나타났다. 이렇듯 노동시장 경직성은 '시장의 반란'으로 이어지고 있다. 그 피해는 고스란히 우리에게 되돌아오고 있다.

급격한 최저임금 인상, 주 52시간 근무제, 노조의 폭력시위, 파업을 동반한 임금협상, 해고 경직성, 중대재해처벌법 등으로 노동시장의 경직성이 위험 수준에 이르고 있다. 언제부턴지 기업 구조조정의 핵심은 가급적 많은 직원을 내보내는 것이 되었다. 그리고 기업들은 내보낸 직원들의 공백을 메우기 위해 인공지능, 자동화 공장, 로봇, 사물인터넷 도입에 속도를 내고 있다. 이 또한, 기업이 생존하기 위한 몸부림이며 거스를 수 없는 흐름이 되었다.

최저임금이 급격하게 인상된 후, 식당 운영 자영업자들은 음식 주문 자동단

---

[170] 전일제 환산 방식(FTE: Full-Time Equivalent): 한 주에 40시간 일한 사람을 취업자 1명으로 계산하는 지표. 일주일에 1시간만 일해도 취업자 1명으로 계산하는 일반 고용률의 한계를 보완한 것으로, OECD에서도 공식 통계로 활용

말기, 배달 로봇 등 자동화 장비를 서둘러 설치했다. 노동집약적인 택배사업도 마찬가지이다. 한 건설회사는 지하철과 아파트를 연계한 자동배송시스템을 제안하고 나섰다. 택배 시장 확대로 어렵사리 조성된 일자리도 사라질 수 있다는 위기감이 든다.

한 해에 수백만 개의 양질의 일자리가 사라지고 있다. 그리고 많은 청년이 근로기준법 사각지대인 프리랜서의 길로 들어서고 있다. 그 속도는 점차 빨라지고 있다. 프리랜서는 하나의 고용주가 아닌 여러 명의 고용주를 갖는다. 그만큼 피곤한 인생을 살아야 한다. 사라지는 일자리를 보충하기 위해 정부는 공공 일자리를 대폭 늘렸다. 그리고 직접지원, 고용지원, 실업수당 확대 등 지원에 나섰다. 이러한 정책들은 들어가는 국고에 비해 지속 지속가능성이 없다. 방만한 재정 운영으로 2017년 이후 5년간 늘어난 부채만 640조 원에 달한다. 이는 수요와 공급 원칙에 따라 움직여야 할 노동시장이 왜곡되어 일어난 '시장의 반란'이다. 이제, 보여 주기식의 일없는 일자리를 만드는 것이 아니라, 가치 높은 매력을 만들기 위한 일자리를 만들어 내야 한다.

꿈과 희망 = 일자리

우리는 꿈과 희망으로 살아간다. 우리의 꿈과 희망을 실현하는 과정에서 만들어지는 것이 일자리이다. 이를 돌려 이야기하면, 보다 많은 일자리를 만들기 위해서 보다 큰 꿈과 희망이 필요하다.

우리가 꾸는 꿈은 미래에 대한 기대가치이다. 우리의 꿈이 크면 클수록 미래에 대한 기대가치도 함께 커진다. 미래에 대한 기대가치가 커지면 투자심리가 살아나고, 자연스레 일자리가 늘어나게 된다. 만약, 우리에게 꿈이 없다면 미래 기대가치는 제로이다. 이러한 상황에선 돈을 풀어도 새로운 투자가 일어나지 않고, 돈이 순환되지 않는 '유동성 함정'과 '신용경색'이라는 막다른 골목에 몰리게 된다.

우리나라는 1945년 일제 강점기를 벗어난 지 5년 만에 6.25 전쟁을 겪었다. 그리고 절대빈곤으로 우리 국민은 고통의 나날을 보냈다. 우리 국민은 이에 아랑곳하지 않고 선진국이 되는 큰 꿈을 꾸었다. 그 꿈을 실현하기 위해 밤낮없이 고속도로, 고속철도, 인천국제공항, 소양강댐, 신도시 등 선진 인프라 구축에 열정을 바쳤다.

경부고속도로는 시속 30킬로미터의 도로를 이보다 3배인 시속 100킬로미터의 도로로 만들겠다는 꿈에서, 고속철도는 시속 50킬로미터의 열차를 이보다 6배인 시속 300킬로미터의 열차를 만들겠다는 꿈에서, 인천공항은 김포공항의 연간 1,000만 명의 승객처리 용량을 이보다 10배인 연간 1억 명을 처리하는 국제공항을 만들겠다는 꿈에서 시작되었다. 그 꿈이 클수록 더욱 많은 일자리가 만들어지고, 이를 기반으로 국가가 성장할 수 있었다. 우리를 설레게 한 큰 꿈들은 우리나라의 기대가치를 높였고, 그 높아진 기대가치로 인해 자본이 모여들고 수많은 일자리가 생겨났다. 그 과정에서 구축한 인프라는 우리 미래의 먹거리가 되었다.

이들 사업 추진 과정에서 우리 기업들은 대형 프로젝트를 기획, 설계, 시공하는 노-하우를 터득했다. 이들 노-하우로 중동, 동남아시아 등에서 대규모 프로젝트를 수주하며, 또다시 수많은 일자리를 만들어 냈다. 이들 노-하우로 또 다른 꿈을 꾸고 실현할 수 있게 된 것이다. 우리나라는 과학기술 개발과 인프라 구축 노-하우를 축적하여, 1945년 광복 이후 80여 년 만에 세계 무역 6위권의 대국이 되었다. 이렇게 된 데는 우리 국민들 모두가 꿈을 꾸고, 이를 실현하려는 끊임없는 의지와 노력이 있었기 때문이다. 일자리 창출을 위해 우리나라 전체를 꿈과 희망이 충만한 사회로 만들어야 한다. 그래야 우리에게 희망찬 미래가 있다.

융합소득

노동이 수반되는 일자리는 생존에 필요한 중요한 소득원이다. 언제부터인지, 노동없는 소득은 불로소득으로 부르며 죄악시 하는 사회적 분위기가 형성되었다. 그러나, 불로소득을 지적 선택에 의한 지적 노동의 대가로 보면 이 역시 노동 소득이다. 부자의 부의 대부분은 육체적 노동보다 지적 노동인 투자와 사업에서 나온다. 어떠한 사업, 주식, 채권, 가상화폐에 투자했는지에 따라 소득의 크기가 결정되는 것이 대표적인 사례이다. 투자와 사업에는 높은 위험 높은 수익high risk high return의 원칙과 낮은 위험 낮은 수익low risk low return의 원칙이 존재한다. 투자와 사업으로 높은 이익을 내기 위해서는 강도 높은 지적 노동이 있어야 한다는 이야기이다.

한 금융기관의 부자들의 부의 원천에 대한 조사결과이다. 2023년 금융자산 10억 원 이상의 부자(45.6만 명)의 부의 원천은 사업소득 31%, 상속증여 20%, 금융투자 13.3%, 근로소득 11.3%로 조사되었다.[171] 부자가 되려면 근로소득 보다 사업소득, 투자소득 등을 올려야 하는 모양새다.

2024년 11월 7일 기준 서학 개미들이 예탁결제원에 보관한 미국 주식 금액은 1,013억 달러(한화 142조 원)에 이른다. 테슬라 166억 불(한화 23조 원), 엔비디아 137억 불(한화 19조원), 애플 46억 불, 마이크로소프트 36억 불 순이다.[172] 이들 국내 개인투자자들이 2023년 해외에서 벌어들인 평가차익과 배당수익 등은 100조 원에 달했다.[173] 지적 노동의 수익율이 육체 노동의 수익율을 크게 넘어서고 있다는 증거이다. 앞으로 개인 소득 중 지적 노동이 차지하는 비중이 점차 커지게 될 것이다. 이제 육체 노동과 지적 노동의 소득이 함께 융합하여, 개인 소득

---

171 "2023 한국 부자 보고서" (KB금융지주 경영연구소, 2023.12.17)
172 서학개미 美 주식 가치, 1000억달러 첫 돌파(한경, 나수지 기자, 2024.11.10, https://www.hankyung.com/article/2024111020731)
173 '환율방어 공신' 서학개미…작년 해외투자로 100조 벌었다" (한국경제, 김익환 기자, 2024. 4. 24, https://www.hankyung.com/article/202404215448i)

을 이루는 융합소득 시대가 도래하고 있다.

국세청 통계에 따르면 근로소득 이외 소득이 있는 종합소득세 신고자와 소득금액은 지난 10년 동안 2012년 435만 명, 122조 원에서 2022년 1,028만 명, 342조 원으로 신고자 숫자는 2.4배, 소득금액은 2.8배가 늘었다. 대부분의 근로자가 사업, 배당, 부동산 소득 등 근로소득 이외의 소득을 올리고 있다는 이야기이다. 근로소득 시대에서 융합소득 시대로 빠르게 이동하고 있다는 증거이다.

일자리 친화형 기업 지원

일자리의 대부분은 기업이 만든다. 이들 기업을 도와야 일자리를 창출할 수 있다. 기업을 돕는 방법은 여러 가지가 있다. 이들 중 일자리 창출과 관련해 기업을 도울 수 있는 방법 두 가지를 이야기해 보자.

첫째, 기업의 자유로운 경제활동을 가로막는 각종 규제를 제거하는 일이다. 이는 자유민주주의 시장경제를 채택하는 우리나라에서 반드시 해야 할 일이다. 규제 완화 문제는 뒤에서 상세히 이야기하는 것이 좋을 듯하다.

둘째, 기업의 신규 공장 설립 등 신규 투자에 법인세 등 세금을 경감하는 일이다. 우리나라는 경제자유구역FEZ을 지정하여, 외국인 투자기업이 이 지역에 공장을 설립할 경우 법인세 감면 등을 지원하고 있다. 이들 경제자유지역은 2003년 인천 송도지역을 지정한 이래 전국적으로 9곳이 지정되어 운영되고 있다. 이 경제자유구역 운영은 「경제자유구역의 지정 및 운영에 관한 법률」, 즉 특별법에 근거하고 있다. 이 법률을 일반법으로 만들지 못하는 이유 역시 정치적인 이유이다. 재벌 특혜와 부자 감세라는 비합리적 프레임에 빠져 있기 때문이다.

오히려 지금의 특별법에 의한 지원제도는 이를 활용할 능력이 있는 대기업과 외국기업에만 주는 특혜 소지가 될 가능성이 많다. 여타 국내 기업에게는 역차별인 셈이다. 기업 입장에서는 공장 신설을 할 경우 막대한 자금이 들어간다. 정상적 영업 상황에서는 그 많은 자금을 조달할 수 있는 기업은 거의 없다. 이들 기업을 국가에서 지원하는 것은 오히려 자연스럽다. 이제 「경제자유구역의 지정 및 운영에 관한 법률」과 같은 특별법을 일반법으로 만들어, 국내외 기업 가릴 것 없이 대한민국 어디에 투자하던 외국인 투자기업이 누리는 혜택을 똑같이 주어야 한다.

1960~70년대 경제개발 초기에는 공장 신설 시 법인세를 상당 기간 면제해 주거나, 연구개발 투자를 비용으로 인정해주는 제도가 있었다. 이마저 시간이 지나면서 재벌 특혜라는 프레임 속에 빠져 들었다. 이로 인해 기업들은 법인세 감면제도 축소와 법인세 최고 세율 인상 등으로 이중고를 겪고 있다. 우리나라에서 사업을 하는 것은 애국자라는 우스개 소리가 나올 지경이다.

과거의 초심으로 돌아가 신규 투자 시 기업에 대한 세제 및 연구개발비 지원을 보다 강화할 필요가 있다. 이는 국가 입장에서도 이득이 되기 때문이다. 신규 투자로 인해 일자리가 늘고, 근로소득이 늘어나 소비는 물론, 세수가 증가하고, 실업자 복지지출을 줄일 수 있기 때문이다.

아울러 일자리 친화형 세제를 도입하는 것도 고려해 볼 만하다. 이는 일자리를 늘리거나, 유지하는 기업에 대해 별도의 세제 혜택을 주는 제도이다. 그중 하나의 방법이 매출액에서 차지하는 인건비 비중, 고용인원 등을 고려하여, 차등하여 법인세를 감면해 주는 방법이다.

국가 입장에서는 일자리 창출로 세수를 늘리고, 이를 통해 실업이 줄어들면 각종 복지지출을 줄일 수 있다. 기업 입장에서는 일자리 창출로 세금을 감면을 받을 수 있어 좋다. 이는 한 가지 방안을 찾아 제시한 데 불과하다. 찾으면 찾을수록 다양한 일자리 창출방안이 나올 것이다.

기본소득에 대한 논의

최저임금과 기본소득

최저임금은 저소득자의 기본소득을 보장해 주기 만들어진 제도이다. 하지만 최저임금의 급격한 인상에 따른 부메랑 효과로 기대만큼의 결과를 얻지 못했다. 오히려 이 때문에 서민들의 생활은 더욱 어려워졌다. 첫째로 생산성이 낮은 저소득자를 시장에서 퇴출하는 상황이 만들어졌다. 결과적으로 저소득자 소득이 줄어들게 되었다. 둘째로 저소득자들의 일자리가 많은 자영업자와 중소기업의 도산이다. 이로 인해 저소득자 일자리 자체가 사라지는 결과를 초래했다. 저소득자인 자영업자 역시 자신들의 생활 터전을 잃었다. 셋째로 사라지는 일자리를 보충하기 위해 공적 일자리가 과다하게 늘어났다. 이는 국가 전반의 생산성 저하를 가져왔다. 아울러, 늘어나는 실업자로 인해 실업수당, 복지지원 등으로 국가부채 규모가 크게 늘었다. 미래 세대의 부담이 크게 늘어난 것이다. 시장경제 원칙에 입각해 이들 정책을 다시금 점검해야 한다.

공정소득과 기본소득

인공지능과 자동화 공장의 출현으로 인한 일자리가 급격히 감소하고 있다. 이로 인한 근로소득 감소는 우리의 미래를 위협하고 있다. 이를 두고 국가가 국민의 소득에 직접 관여해야 한다는 주장이 나오고 있다. 첫째로 최소한의 생계가 가능하도록 누구에게나 일괄적으로 기본소득Basic Income을 지원하자는 주장, 둘째로 부의 세금Negative Income Tax제도를 도입하여 소득지원을 차등화하자는 주장 등이다. 부의 세금제도는 소득이 일정한 수준을 넘는 사람에게는 세금을 내도록 하고, 이 수준에 미달하는 경우 그 금액에 비례해 보조금을 지급하는 방식의 세제 및 소득지원 제도를 말한다. 정치권에서는 이를 두고 공정소득으로 이야기한다. 두 가지 제도 모두 소득 증가만큼 거두어들이고, 이 세금으로 저소득자의 소득을 보상해 준다는 측면에서 동일한 내용이다.

기본소득은 용어만 자체로만 보면 새로운 아이디어인 것처럼 보인다. 하지만 기본소득에 대한 개념은 이미 기존의 다양한 소득 보전 정책에 반영되어 있다.

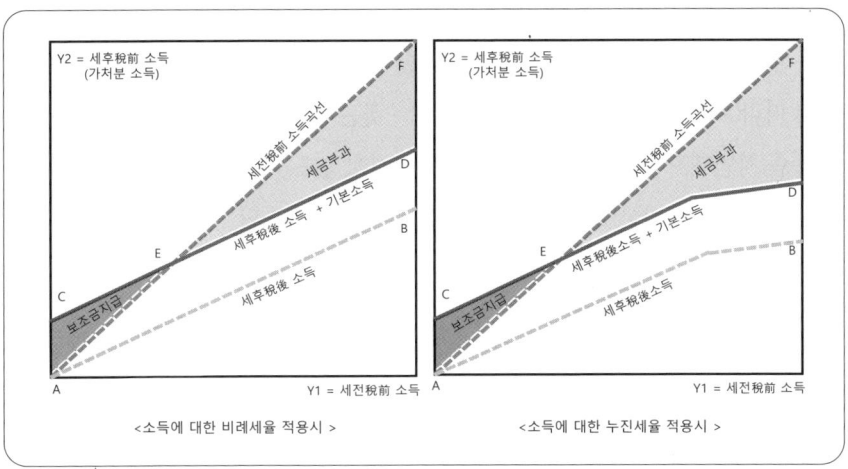

<소득에 대한 비례세율 적용시> <소득에 대한 누진세율 적용시>

부負의 소득 세금Negative Income Tax 제도이다. 이 제도를 도입하면 소득 증가보다 낮게 가처분 소득이 늘어난다. 비례세율보다 누진세율을 적용할 경우, 소득 증가 분보다 훨씬 낮은 비율로 가처분 소득이 증가한다.

소득보전을 위해 기초생활급여, 청년기본소득, 기초노령연금, 실업수당, 출산 및 육아장려금, 저소득자 자녀의 학자금 지원, 실업수당 등 다양한 소득지원 대책은 기본소득의 개념을 반영한 것이다. 부負의 세제를 통한 저소득자 지원 역시, 현행 세제상 근로기초공제, 부양가족 공제, 누진세제 등으로 대부분의 항목이 반영되어 있다. 이러한 제도들은 소득이 적은 국민이 처한 상황별로 소득 지원을 해주는 목적성 소득보전 제도이다. 이런 점에서 일률적으로 지원하는 기본소득 개념과 차이가 있다.

　기본소득은 목적성 소득 보전 정책과 중복되는 측면이 있다. 목적성 소득 보전 제도를 폐지하고, 이를 일괄적인 기본소득 제도로 전환하는 것은 재정운용상 가능할 것이다. 하지만 목적성 소득보전 정책을 폐지했을 경우, 출산율 제고, 학업 장려 등 국가 정책 목표 달성이 어려워진다. 더 큰 문제는 근로 없는 소득

제공으로 근로자의 근로 의욕을 저해하여, 경제활동 위축과 세수 감소 등의 악순환으로 이어진다는 사실이다. 기본소득을 도입하고 아니고는 재정 문제라고 보기보다, 우리 선택의 문제이다.

 우리 사회는 다양한 계층 사람이 다양한 상황에서 살고 있다. 정치적 흑백 논리에 따라 이들 제도의 도입여부를 논하는 것은 매우 위험하다. 우선 현행 목적성 소득지원제도를 분석하여 소득계층별 혜택정도를 종합적으로 산출해야 한다. 이를 토대로 기본소득 또는 부의 세금제도 취지에 맞는 추가적인 소득보전 방안을 강구하는 것이 보다 합리적이다.

제7장 대한민국 메가리전

진정한 의미의 지역균형발전은 전국을 하나의 도시처럼 아우르는 〈대한민국 메가리전〉 프로젝트 성사 여부에 달려있다.

교통이 만든 '명당'

풍수이론에서는 명당明堂은 기氣가 잘 통하는 길지吉地로 만사형통의 땅을 의미한다. 이를 달리 해석하면, 가정이나 사업이 번창하려면 기氣가 잘 통해야 한다는 이야기이다. 현대적 의미의 명당은 사람과 물자가 빈번하게 왕래하는 사통팔달 교통망을 갖춘 땅이다. 일단, 사람과 물자가 모여 들어야, 사회, 경제, 문화활동 기회가 많아지기 때문이다. 전국 방방곡곡을 사통팔달의 고속 교통망으로 연결하면, 모든 지역이 사람과 물자 왕래가 빈번한 명당이 된다. 이미 이러한 현상이 전국 이곳저곳에서 일어나고 있다.

한때 우리 사회를 떠들썩하게 했던 백화점 버스가 있다. 백화점마다 수십 대의 버스를 직접 운영하며, 고객들을 무료로 백화점으로 실어 날랐다. 백화점 버스를 운영한 백화점들은 매출액이 크게 늘어 문전성시의 명당明堂이 되었다. 이에 재미 본 백화점들은 버스운행 노선을 점차 늘려갔다. 이로 인해 기존 버스회사의 적자가 늘고, 버스노선망 자체가 붕괴될 지경에 이르렀다. 전통시장 역시, 고사 직전의 상황에 몰리게 되었다.

이러한 기현상을 차단하기 위해, 백화점 버스에 대한 규제가 생겨났다. 백화점들은 소송으로 맞섰지만 법원은 백화점 버스를 규제해야 한다는 정부와 버스업체의 손을 들어주었다. 이후 백화점 버스는 길거리에서 사라졌다. 하지만 교통이 명당을 만든다는 것을 입증한 사례였다. 우리나라 전 지역을 명당으로 만들기 위해서는, 이에 상응한 교통망이 확충되어야 한다.

교통 인프라와 부동산 가치 간에는 상관관계가 높다. "이 아파트는 인근 역까지 도보로 10분 거리입니다." "아파트 앞으로 GTX역이 생깁니다." 부동산중개업소에서 흔히 듣는 이야기이다. 철도로 인해 접근성이 향상되어 아파트 가치가 높다는 말을 우회적으로 이야기한 것이다. 교통 인프라가 잘 갖추어지면 인간의 활동이 늘어나고 경제가 활성화된다. 교통 인프라가 잘 갖춰진 나라는 선진국, 그 반대가 후진국이라는 등식이 성립되는 것도 이 때문이다. 철도 역세권이 아니면 거들떠보지도 않는 부동산 투자자 또는 개발업체가 많다. 이러한 현상은 비단 우리나라에 국한된 현상이 아니다. 미국, 일본, 영국, 프랑스 등 철도가 있는 곳은 어느 곳이나 마찬가지이다.

교통 인프라 건설과 운영 자체는 수익성이 없다. 하지만, 교통망이 부동산에 연결되면, 그 부동산 가치는 급격히 올라간다. 그 증가하는 부동산 가치의 일부만 회수해도, 교통 인프라 구축과 운영비용을 충분히 보전할 수 있다. 과거, 일본 철도 회사들이 철도 역사驛舍 복합 개발로 철도 운영 적자를 메우고도 상당한 흑자를 낼 수 있었던 것도 이 때문이다. 교통망 연결로 경제 활동이 늘고, 부동산 가격이 올라가면, 사업관련 법인세, 사업소득세 등과 재산관련 재산세, 양도소득세, 종부세 등 세수입이 늘어난다. 늘어난 세수입은 교통인프라 건설비의 수십 배에 달한다. 이는 나라를 운영하는 중요한 재원이 되고 있다. 이러한 이유로 국가마다 앞다투어 막대한 돈을 교통망 확충에 투입하고 있다.

교통 인프라는 개인, 기업, 국가를 부자로 만드는 핵심 인프라다. 지금까지 건설했던 고속도로와 고속철도, 신공항 건설 등 수많은 사례가 이를 입증한다. 선거철만 되면 지하철 연장, 광역급행 철도망 확대, 신공항 건설 등 교통 인프라 확충과 관련된 공약이 넘쳐나는 것도 이 때문이다. 철도나 도로 노선의 선형에 따라 특혜시비가 생기는 것도 이와 무관하지 않다. 교통이 만드는 지리적 '명당'

이 많은 나라가 부자 나라이다.

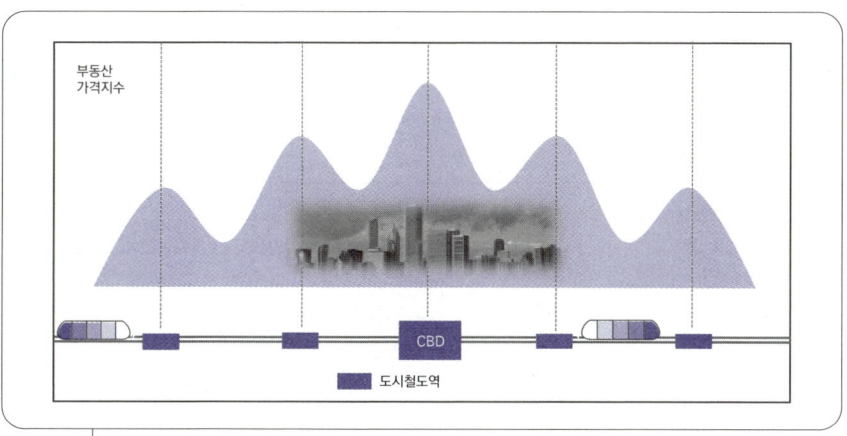

도심(CBD), 철도역과 거리와 부동산 가치의 관계를 나타낸 그림이다.

교통 발달과 도시 형성

도시로 사람이 몰리는 이유는 생존에 유리하기 때문이다. 사람이 한곳에 모이면, 양질의 인프라를 공급할 수 있고, 분업화와 전문화를 통해 생산성을 올릴 수 있다. 이로 인해 도시 주민은 양질의 주거 환경, 폭 넓은 직업 선택 기회, 다양한 상품을 소비할 기회를 갖는다. 이것이 도시가 가진 선순환 구조의 규모 경제이다. 이 규모 경제를 누리기 위해 지구촌 인구의 90%이상이 도시로 몰려들고 있다.

초기 도시는 ① 교통로의 교차 또는 환적·환승 지점, ② 광산지역, ③ 전략적 고려 지점, ④ 휴양지, ⑤ 정치적 또는 대표성을 갖는 지점에 만들어졌다. 근현대로 들어서면서 잘 갖추어진 교통 인프라를 기반으로 대규모 도시들이 생겨나고 있다.

고대 이집트 문명은 나일강, 메소포타미아 문명은 티그리스강과 유프라테스강, 인도 문명은 인더스강, 중국 문명은 황하, 양쯔강 등 고대 문명은 하나같이 강줄기를 끼고 탄생했다. 기다란 강줄기는 대규모 경작지를 제공하면서 독보적인 교통 인프라의 역할을 톡톡히 해냈다. 로마제국은 사통팔달 우마牛馬 교통망으로 고대 세계 중심이 되었다. 이후 중세에 이르기까지 바다, 강줄기, 우마牛馬 길을 따라 촌락들이 생겨나고 그 촌락이 모여 도시가 되었다.

▶ 초기 도시형성 이유[174]

초기 도시형성 이유	도시명
교통로 교차 또는 환적·환승 지점	한국 부산, 미국 보스톤, 뉴욕, 필라델피아, 시애틀, 샌프란시스코, 로스엔젤레스
광산지역	독일 루르(Ruhr), 영국 미들랜즈
전략 거점	덴마크 코펜하겐, 독일 하이델베르크, 세르비아 베오그라드
휴양지	미국 호놀룰루, 우크라이나 오데사, 멕시코 아카풀코, 프랑스 니스, 오스트리아 인스부르크
정치적 또는 대표성 상징	미국 워싱턴(1780년대), 터키 앙카라, 호주 캔버라(1920년대), 브라질 브라질리아(1950년대), 이슬라마바드(1990년대), 한국 세종시(2010년대)

고대 5대 문명은 강을 끼고 생겨났다. 하지만 증기기관차가 발명된 이후부터는 교통을 끼고 도시가 형성되기 시작했다. 교통수단의 속도와 용량이 도시의 입지, 밀도, 규모를 결정해 왔다. 고대 세계 중심이었던 로마 인구는 80만 명에서 100만 명으로 추정하고 있다. 로마 구도심 크기는 반경 4킬로미터에 불과하다. 시속 4~6킬로미터의 마차와 보행이 유일한 교통수단이었기 때문이다. 로마시대 이후 콘스탄티누스 대제가 비잔티움 땅에 세운 동로마 제국 수도인 콘스탄티노플만이 인구 100만 명을 겨우 채울 정도였다. 교통수단 발달이 미흡했던 중세 도시 역시 그 규모가 그리 크지 않았다. 19세기 초까지 유럽의 중심인 영국 런던과 프랑스 파리 인구도 100만 명이 채 되지 못했다. 그때까지도 마차와 도보가 유일한 교통수단이었기 때문이다.

---

174 Urban Transit Systems and Technology, Urban Transit Systems and Technology, Vukan R. Vuchic, Wright, 2007, Wiley - John Wiley & Sons, Inc.

1814년 영국에 최초로 공공철도가 개통되면서 상황이 달라졌다. 철도가 개통되면서 도시 규모는 한없이 커졌다. 도시 규모가 커지면서, 분업화와 전문화로 산업 생산성이 급격히 증대되었다. 영국의 산업혁명과 연이은 교통혁명에 자극을 받은 주변국들은 대규모로 철도, 도로, 항만을 개발하기 시작했다. 버스, 지하철, 고속철도 등 빠른 속도와 대용량의 대중교통수단 출현으로 도시 면적과 인구 규모는 끝 모르게 늘어났다. 영국의 공공철도가 개통된 지 200여 년 만에 전 세계에 인구 1,000만 명 이상의 도시는 17개, 광역 도시권역도 40개가 넘어서고 있다.

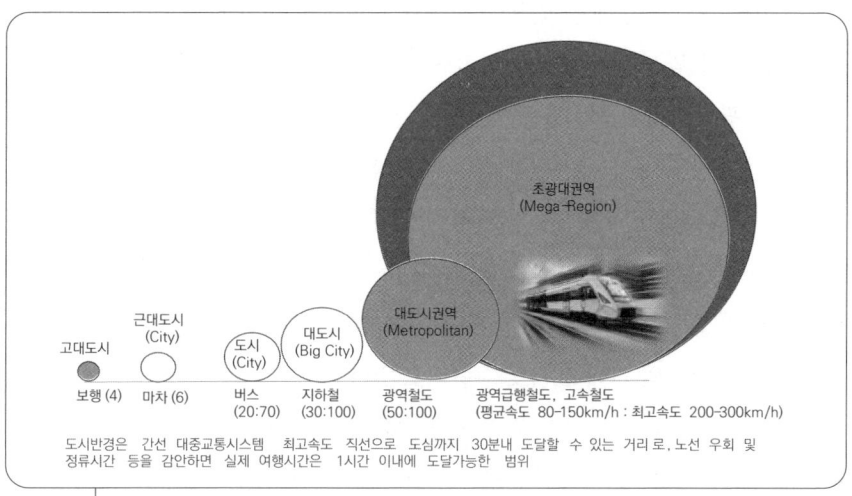

교통 속도는 도시 크기를 기하급수적으로 키울 수 있다. 교통 속도가 2배가 빠르면 4배의 가용토지가 나온다. 국민 모두에게 양질의 생활 공간을 제공할 수 있는 면적이다.

세계적인 도시 광역화 추세가 지속되면서, 국토면적이 작은 우리나라 전체를 하나의 도시처럼 통합 운영할 수 있는 기회를 맞고 있다. 지금도 생활과 밀접한 통신요금, 전기요금, 택배비용 등은 이미 전국 어디서나 동일하다. 전국이 하나의 도시로 바뀌고 있는 조짐이다.

차제에 국토 전체를 고속교통 인프라망으로 연결하면, 전국이 하나의 도시,

〈대한민국 메가리전〉이 되는 것은 한 순간이다. 이미 많은 노선의 고속철도가 건설되어 운행 중이니, 이를 조금만 보완하면 가능한 일이다. 이를 통해 현안으로 떠오르는 일자리, 주택, 교육 문제 등 많은 문제를 해결할 수 있다.

초거대 도시, 메가리전
진정한 지역균형발전

정권마다 지역균형발전의 중요성을 강조한다. 전국이 고르게 잘 사는 나라를 만들겠다는 이야기이다. 지역균형발전을 위해 박정희 정부에서 김대중 정부에 이르기까지 전국적인 교통 인프라 구축과 산업단지 분산 배치 전략을 펼쳤다. 노무현 정부에 와서는 세종시와 혁신도시 건설, 명문대 입학 할당제, 이명박 정부에서는 광역경제권 전략을 펼쳤다. 박근혜 정부에 와서는 행복생활권, 문재인 정부는 초광역 메가시티 전략 등이 제시되었다.

이들 지역균형발전 정책은 두 가지 방향에서 진행되었다. 첫째는 지역별 성장 거점을 확고히 구축하는 것이고, 둘째는 구축된 지역별 성장 거점을 고속교통망으로 연결하는 것이다. 오랜 기간 이어온 지역균형발전 정책 덕분에 우리나라 전역이 하나의 거대 도시로 수렴되고 있다.

일각에서는 '지역별 발전정책'을 마치 지역균형발전 정책으로 포장하여, 무리한 인프라 사업을 요구하기도 했다. 이로 인해 지역별로 도로, 공항, 철도, 항만 등 백화점식 인프라 건설이 추진되었다. 지역별로 각자의 독립된 국가를 만들려고 하는 것과 같은 모습이다. 지역별로 만들어진 공항, 항만, 도로, 관광단지 등 인프라들은 제기능을 하지 못하고 애물단지가 된 사례가 속출했다. 이들 인프라 시설 운영에 필요한 규모의 경제를 달성하지 못했기 때문이다. 이들 사업 추진 과정에서 국가 부채가 늘고, 오히려 지역 간의 갈등의 골만 깊어지는 모양새다. 이제라도, 지역균형발전 정책은 지역별 발전이 아닌 전국이 하나로 통합되는 커다란 골격에서 추진되어야 한다.

초거대 도시 탄생, 국토 공간의 압축

도시는 얼마나 커질 수 있을까? 도시 인구와 규모가 일정 수준 이상 넘어서면 도시 규모의 불경제가 일어나 자연스레 지역균형개발로 이어진다는 학설이 있다. 하지만 도시 규모가 커져, 규모의 불경제가 나타난 실제 사례는 없다. 오히려, 이와 반대로 세계 도시는 중소도시Small and Medium city, 대도시Metropolitan, 광역도시권역Mega-city, 초광역 도시지역Mega-Region 순으로 점차 커져가고 있다. 시간이 흐르면서 도시들은 초超 대규모 도시로 수렴되고 있는 모양새다. 도시의 인구와 규모가 커짐에도 불구하고, 거대 도시의 규모 불경제가 일어나지 않는 이유는 무엇 때문일까?

첫째로 대량 고속교통수단의 발달 때문이다. 도시철도 시속 100킬로미터, 광역급행철도 시속 200킬로미터, 고속철도 시속 300킬로미터 등 빠른 속도의 교통수단이 속속 출현했다. 이들 열차의 탑승 인원도 열차당 최대 1,000명에 이른다. 이들 대량 고속교통수단으로 도시로 밀려드는 사람들을 광범위한 지역으로 효과적으로 이동시킬 수 있게 되었다. 아울러 이들 대량 고속교통수단을 지하에 건설함으로써 도로 교통의 한계를 극복할 수 있었다.

둘째로 고층빌딩 건설기술 발달이다. 이들 기술 발달로 아주 작은 공간에서도 많은 사람을 수용할 수 있게 되었다. 최근 신축 중인 아파트 최고 층수는 50층 규모이다. 이는 동일 면적에 단독 주택에 비해 무려 50배가 많은 거주 공간이다. 이들 고층 아파트가 도시 내에 건설되면, 인구밀도가 높아져 도시 내 부동산 가치가 오르게 된다. 그리고 올라가는 부동산 가치만큼 더욱 높은 빌딩들이 도심에 들어설 것이다. 향후 건축기술 개발로 경제적 건설이 가능한 건물 층수도 지금의 40층 규모에서 60층~70층 규모로 높아질 것이다. 이렇게 되면 한정된 도시 내에 더욱 많은 사람들이 거주하고 활동할 수 있다.

셋째로 도시 내 다양한 형태의 생활 공원의 탄생이다. 도시 확장으로 인한 도시와 도시 사이에 대규모 녹지를 조성해 왔다. 이들 대신 도시 내 또는 아파트

단지 중간 중간에 생활 친화형 공원을 조성하며 도시 규모를 계속 키우고 있다.

　진정한 의미의 지역균형발전은 전국 어디서나 지리적 차별없이 사회경제 활동에 참여할 수 있도록 하는 것이다. 영토의 크기로 보면 한반도는 남북한 합쳐 세계에서 85번째, 남한만은 세계 109번째 국가이다. 남한의 크기는 미국 캘리포니아주의 4분의 1정도 크기이다. 그만큼 대한민국의 국토면적이 작다는 이야기이다.

▶ 세계 경제를 선도하는 10대 메가리전 [175]

Megaregion	Cities	Region	Population	Economic Output (EO)	EO per Capita
1. Bos-Wash	New York, Washington, D.C., Boston	North America	47.6M	$3,650B	$76,681
2. Par-Am-Mun	Paris, Amsterdam, Brussels, Munich	Europe	43.5M	$2,505B	$57,586
3. Chi-Pitts	Chicago, Detroit, Cleveland, Pittsburgh	North America	32.9M	$2,130B	$64,742
4. Greater Tokyo	Tokyo	Asia	39.1M	$1,800B	$46,036
5. SoCal	Los Angeles, San Diego	North America	22M	$1,424B	$64,727
6. Seoul-San	Seoul, Busan	Asia	35.5M	$1,325B	$37,324
7. Texas Triangle	Dallas, Houston, San Antonio, Austin	North America	18.4M	$1,227B	$66,685
8. Beijing	Beijing, Tianjin	Asia	37.4M	$1,226B	$32,781
9. Lon-Leed-Chester	London, Leeds, Manchester	Europe	22.6M	$1,177B	$52,080
10. Hong-Shen	Hong Kong, Shenzhen	Asia	19.5M	$1,043B	$53,487
Total			602.2M	$28,135B	$46,720

175　"Ranked: The Megaregions Driving the Global Economy" (Iman Ghosh, 2019. 9. 19, https://www.visualcapitalist.com/ranked-the-megaregions-driving-the-global-economy/)

이 정도 면적은 시속 300킬로미터의 고속철도로 우리나라 전역을 하나의 통근권으로 묶을 수 있는 면적이다. 그렇게 된다면 전국에 산재한 인적, 물적 자원을 고루고루 활용할 수 있게 된다. 인구 5,000만 명이 매일 만나면 수억 명의 인구를 가진 나라에서 만들어질 일이 일어난다. 우리나라 전체가 도시국가인 싱가포르와 같은 경쟁력을 갖게 되는 것이다. 그리고, 수천 년간 우리를 옥죄어 온 지역 갈등도 사라질 것이다. 이것이 우리나라 전역이 하나의 도시로 탈바꿈하는 〈대한민국 메가리전〉 프로젝트의 청사진이다.

우리나라는 2004년 고속철도 개통으로 〈대한민국 메가리전〉 프로젝트의 첫발을 뗐다. 일각에서는 고속철도 개통으로 수도권 집중이 강화되는 '빨대현상'을 우려하고 있다. 하지만 교통발달은 지역간 격차를 줄인다는 것이 정설이다. '빨대현상'은 전국을 하나의 도시로 묶는 과정에 넘어야 할 조그마한 언덕에 불과하다. 이를 두렵게 생각하고 아무것도 하지 못하면 진정한 의미에서 지역균형발전은 실현될 수 없다.

연이어 개통되는 고속교통망, 수도권 인구의 남하, 역세권 주위로 인구 재배치 등 인구 밀집 지역간 거리를 좁히는 현상이 계속되고 있다. 즉, 국토 공간의 압축이 진행되고 있다. 그 끝자락에서 우리나라 전체가 하나의 통근권이 되는 〈대한민국 메가리전〉이 만들어 질 것이다.

외국에서는 이미 대한민국 전체를 세계 6대 메가리전으로 보고 있다. 〈대한민국 메가리전〉이란 꿈을 빠르게 실현하려면 지역별 성장거점을 구축하고, 이들 성장거점 간을 고속으로 연결하는 지역균형발전의 기본원칙을 충실히 이행해야 한다.

고속교통망으로 연결된 성장 거점

국토균형발전 정책의 핵심은 지역별로 자생력 있는 성장 거점을 만들고, 이를 고속교통망으로 연결하는 것이다. 이렇게 되면 국토 공간의 전체가 하나로 묶이면서, 국토 전반에 걸쳐 시너지 효과를 낼 수 있다. 전국이 하나의 도시가 되는 〈대한민국 메가리전〉을 구현하고자 하는 것도 이 때문이다. 지역별 성장 거점은 고속교통망과 연계되어 조성해야 하는 것이 기본이다. 이미 그러한 작업들이 전국적으로 진행되고 있다.

지역균형개발을 촉진하기 위해 지역별 성장 거점을 구축하는 아이디어 몇 가지를 이야기해보자.

세계로 통하는 성장거점: '월드 트레이드 센터'

하나의 사례이다. 코레일 사장 시절 광명역과 인근 지역에 '월드 트레이드 센터' 건립을 추진한 적이 있다. 그 이유는 이 지역이 수도권은 물론 전국적인 교통 중심이 되어 가고 있고, 주변에 주거, 공원, 상업시설 등 인프라 등 성장 잠재력이 풍부했기 때문이다.

첫째로 고속철도 광명역은 평일 177회, 주말 196회로 고속철도 운행 횟수가 가장 많은 역이다. 그리고 서울역이나 용산역보다 20분 빠르게 전국 주요도시를 연결할 수 있다.

둘째로 지금도 기존 KTX와 전철, 광명역~사당역 간에 셔틀버스를 이용하면 서울 도심을 30분 내로 빠르게 접근할 수 있다. 2027년이면 여의도~광명역을 연결하는 신안산선, 2028년에는 인천시 월곶~경기도 판교를 잇는 월곶판교선이 새롭게 개통된다. 서울 강남, 강북은 물론, 인천, 시흥, 안산, 판교까지 30분대의 교통권역이 된다.

셋째로 도심공항터미널과 공항버스로 인해 인천국제공항과의 접근성이 좋다. 도심공항터미널과 연계하여 면세점 입점도 가능하다. 국제교통 요충지로서 손색이 없다.

넷째로 광명역 주변에는 이케아, 코스트코, 롯데아울렛 등 대형 유통시설들이 집적되어 있다. 그리고 향후 디자인 클러스터도 계획하고 있다. 아파트형 주거단지와 공원녹지도 잘 발달되어 있다. 광명역 주변 일대는 자족도시로 성장할 수 있는 여력이 충분하다.

이렇듯 광명역 일대는 전국을 잇는 고속열차 운행, 도심공항터미널 개장, 신안산선과 월곶판교선 개통, 광명~사당간 셔틀버스 운행 등으로 교통 중심이 되어가고 있다. 이러한 광명역의 잠재적 가치는 무한대이다. 광명역과 그 주변은 세계로 통하는 성장 거점이 될 자격이 충분하다.

이런 광명역과 주변 일대를 사통팔달의 세계 중심으로 키워보면 어떨까? 그래서 구상한 사업이 삼성동 코엑스COEX에 걸맞는 '광명역 월드 트레이드 센터' 사업 구상이었다. 이 사업을 통해 광명역 일대를 세계로 통하는 수도권 남부의 관문으로 만들 수 있다고 보았다.

꿈을 꾸면 모든 이가 알 수 있도록 밑자락을 까는 것이 중요했다. 그 밑자락이 '광명역 월드 트레이드 센터'라는 비전이었다. 코레일 사장 재직 당시, 김천수 사업개발본부장은 이 비전을 구체화하여, '광명역 월드 트레이드 센터' 사업 구상안을 만들었다. 당시 구상안은 광명역사와 주차장 부지를 활용하여, 스트리트몰, 면세점, 종합 쇼핑몰, 호텔, 컨벤션, 의료, 업무시설 등 연 면적 약 59만 제곱미터의 컨벤션 단지를 조성하는 계획이었다. 이 계획대로라면 약 10,000명의

광명역과 주변 지역을 '월드 트레이드 센터'로 탈바꿈하는 구상이다. 광명역은 고속철도, 도시철도(신안산선, 월곶판교선), 등 교통인프라가 풍부한 교통 요충지로 충분히 세계의 중심으로 성장할 수 있는 잠재력이 있다.

고용 유발 효과는 물론, 연간 약 5천억 원의 매출 효과를 기대할 수 있었다. 이 구상이 실현되면, 광명역 주변이 하나의 국제 관문, 수도권 남부의 허브HUB로 수도권 내 균형발전에도 도움이 될 것으로 보았다.

광명역 외에도 세계 중심 관문이 될 수 있는 곳은 우리나라 곳곳에 있다. 이를 지역의 성장거점으로 키우면 지역균형개발을 앞당길 수 있다.

지역 성장거점: 레일파크랜드

또 하나의 사례이다. 모든 사물은 그 쓰임새를 달리하면 얼마든지 가치가 달라질 수 있다. 만성 적자로 골치거리였던 벽지나 오지를 운행하는 단선철도를 쓰임새를 달리하여 가치를 높일 수 있는 방법이 없을까? 그 고민의 끝자락에서 이들 단선철도 노선을 소외된 이들 지역 일대의 성장동력으로 삼는 방안을 강구하기 시작했다.

코레일 사장 시절 이야기이다. 2016년 7월 경북 북부 폭우로 산사태가 발생했다. 산사태로 인한 낙석으로 인해 무궁화호 열차 한 량이 탈선하는 사고가 발생했다. 이 사고는 기관사의 기지로 인명 사고 없이 수습되었다. 무궁화호 6량

디젤기관차 무게는 120톤 이상으로 매우 무겁다. 많은 량의 열차를 끌기 위한 견인력과 마찰력을 얻기 위해서이다. 100명 이하 인원(중량 6톤)을 수송하기 위해서 디젤기관차가 견인하는 6량의 열차(중량 300톤)를 운행하는 것은 매우 비효율적이다.

의 열차에 타고 있던 승객 숫자는 불과 42명(중량 3톤)이었다. 버스 한 대로 수송할 수 있는 인원이다. 디젤 기관차는 엄청난 무게(120톤)와 자동차 엔진(100~200마력)의 30배인 3,000마력의 동력을 가지고 있다. 이 적은 규모의 승객(중량 3톤)을 수송하기 위해, 기관차를 포함한 6량의 열차(중량 300톤)를 운행한다고 하는 것은 비상식적이다. 이런 정도의 소규모 수송은 버스나 트럭으로 수송하는 것이 보다 효율적이다. 하지만 이러한 열차 운행은 전국에서 그리 어렵지 않게 볼 수 있다.

일제 강점기에 놓인 철도는 경부선을 제외하고는 대부분 단선철도였다. 이 땅에서 철도가 시작된 이후 110년 동안, 철도개량 사업은 고속철도를 제외하고는 모두 단선철도를 복선화하는 사업이었다. 그러나 복선화된 이후 폐선된 단선철도 구간과 아직 복선화되지 못한 단선철도[176]구간이 많다. 특히, 영동선, 경북선 등 내륙 산간지역 강원도와 경상북도에 운행하는 철도 대부분이 단선철도이다. 여태까지 복선철도로 개량되지 못한 이유는 도로 건설, 인구 부족 등으로 수요가 없기 때문이다. 코레일 적자의 상당부분이 이 단선철도 구간을 운행하는 여객과 화물열차에서 발생한다.

단선철도의 쓰임새를 달리하여 가치를 올리는 방법이 없을까? 다양한 방법이 있을 수 있다. 하나의 예를 들어보자. 부산에는 해운대, 청사포, 송정까지 이어지는 아름다운 해변이 있다. 이 구간 4.8킬로미터를 시속 15킬로미터의 낮은 속도로 운행하는 열차가 있다. 블루라인파크 해변열차이다. 이 해변열차를 타기 위해 많은 관광객이 몰려들고 있다. 요금은 1회권이 8천 원, 2회권이 1만 2천원, 자유이용권이 1만 6천 원이다. 요금으로 따지면 지하철, 전철 요금의 6배 정도이다.

---

176 중앙선(안동 ~ 영천), 장항선(홍성 ~ 대야), 영동선, 중부내륙선, 전라선(여천 ~ 여수엑스포), 태백선(입석리 ~ 동백산), 정선선, 경전선(순천 ~ 광주송정), 광주선, 경북선, 교외선, 동해선(포항역 ~ 영덕역), 경원선(동두천역 ~ 백마고지역), 경의선(문산역 ~ 도라산역), 경강선(남강릉신호장 ~ 강릉역)

이 해변열차는 동해남부선 복선화로 인해 폐선 된 단선철도를 활용하여 관광자원으로 다시 탄생시킨 열차이다. 여태까지는 폐선 철도 부지를 이관 받은 대부분 지방자치단체는 이들 부지를 공원으로 활용하는 것이 고작이었다. 코레일 역시 폐선 된 단선 철도를 레일 바이크로 활용하는 게 전부였다.

부산시 생각은 달랐다. 폐선된 단선철도를 활용하여, 멋진 해변 관광 철도를 만들어 냈다. 이를 이용해 부산 해운대를 넘어 송정까지 하나의 관광 벨트로 묶었다. 이와 비슷한 아이디어를 전국에 산재한 단선철도에 적용하면, 단선철도의 활용 가치를 높이고 소외되었던 지역의 경제를 활성화할 수 있다.

동해남부선 복선화로 폐선된 단선철도를 이용하여 블루라인파크 해변열차를 운행하고 있다. 이 해변열차 운행으로 부산 해운대와 송정을 잇는 해변 일대가 부가가치가 높은 관광지로 거듭 태어났다.

코레일에서 운영하는 단선철도는 1,246킬로미터에 달한다. 영동선, 경북선, 경전선 등 산간 또는 평야 지역을 통과하는 수요가 없는 노선이다. 이 때문에 코레일은 이들 노선에 대한 적자 보전을 명분으로 연간 4,000억 원 규모의 국고 지원(PSO)을 받고 있다. 더 이상의 국고 지원은 정부 재정 여건상 한계가 있다. 정부와 코레일이 함께 이 문제의 돌파구를 찾아야 한다.

그 돌파구 중 하나가 코레일 사장 시절 마련한 '레일파크랜드' 구상이다. 전국에 산재한 단선철도를 활용하여, 레일버스 열차를 운행하는 철도의 올레길을 만드는 구상이다. 부산의 블루라인파크 열차와 비슷한 아이디어였다. 그렇게 되면 레일버스 열차의 운행빈도를 늘려 소외된 지역에 활력이 넘치게 할 수 있다. 또한 열차 운영비와 선로 유지보수비를 대폭 줄일 수 있어 코레일 적자 해소에도 도움이 된다.

전기버스 한 대의 가격이 3억 원 내외다. 200대를 구매한다면 차량 가격은 600억 원 정도이다. 디젤기관차 1량에 60억원, 전동차 1량에 20억 원인 것을 감안하면, 매우 적은 금액이다. 수요가 많을 때는 2~3대의 레일버스를 묶어 한 개의 열차로 운행하면 된다. 레일버스를 연결 운행하는 기술은 초장대 화물열차에서 사용한 무선통신 기술을 활용하면 된다. 이렇게 했을 경우 한 열차당 최대 100~150명 정도를 태울 수 있다. 전기버스를 레일버스로 활용하고, 정차역에서 무선 충전으로 전기를 공급하면 전차선 유지에 드는 막대한 비용도 줄일 수 있다. 이들 지역에 100여 대의 레일버스 열차들이 줄지어 달리면, 천혜의 경관을 보고 즐기려는 관광객이 몰려들 것이다. 몰려든 관광객으로 인해 소외되었던 지역 전체에 활력이 넘칠 것이다.

이러한 생각으로 단선철도가 통과하는 강원도, 경북, 전남 일대의 산악과 평야 지역 전체를 '레일파크랜드'로 조성하는 방안 마련에 착수했다. 우선, 코레일 직원들과 이에 대한 생각을 공유하는 것이 좋겠다고 생각했다. 간접 체험을 할 수 있도록 버스나 트럭을 개조하여 레일버스와 레일트럭을 만들도록 했다.

2016년 10월 대전철도차량정비단에서 소형 트럭을 개조하여 레일트럭을 만들었다. 이 레일트럭은 객차 3량을 끌고 선로 위를 서서히 움직였다. 5개월 후인 2017년 3월에는 소형 레일버스를 철도선로 위에서 달리는 시험 운행을 했다. 이날은 많은 간부들과 함께 레일버스에 탑승했다. 레일버스 운행은 시험 수준이었지만, 생각을 공유하는 것만으로도 큰 의미가 있었다.

이로써 '레일파크랜드' 프로젝트 추진에 최소한의 동력은 마련된 셈이다. 이

아이디어를 현실화하면 매년 수천억 원의 비용을 절감하고 또 다른 수천억 원의 새로운 수입이 생기게 된다. 이들 아이디어를 구체화하기 위한 범 정부차원의 관심과 지원이 필요하다.

소형 트럭과 버스에 철제 바퀴를 장착하여, 이를 철로 위에 달리게 하는 시연을 했다.
직원들은 철도와 도로가 그다지 다르지 않다는 것을 체험하게 되는 계기가 되었다.

융복합 성장거점: 강한 중소도시

전국적으로 75개의 중소도시가 있다. 이들 중소도시는 인구 감소 등 소멸 위기에 놓여 있다. 이 도시들을 제대로 된 지역 성장 거점으로 만드는 방법이 없을까?

도시 청장년층의 귀농이 이어지고 있다. 이들 귀농 청장년층은 사업가, 전문가, 교수, 공직자 등 다양한 계층으로 구성되어 있다. 이들의 귀농은 단순하게 도시 인구가 농촌으로의 이주만을 의미하지 않는다. 청장년층의 귀농이 활발해진 이유는 초고속 통신망과 교통망으로 인해 농촌에 살더라도 큰 불편이 없기 때문이다. 귀농 청장년은 농촌을 자신에게 친숙했던 도시 모습으로 바꾸어 나가고자 할 것이다. 이 과정에서 농촌의 도시화를 재촉하여 새로운 기회의 땅으로 만들어 갈 것이다. 청장년층의 귀농은 전국에 산재한 중소도시를 성장 거점으로 변화시키는 동력이 될 수 있다. 이를 통해 지역균형발전을 앞당길 수 있다.

이들 중소도시 중에는 대학생이 5,000명(수도권 1만 명) 이상 도시 숫자가 52개에 달한다. 이들 대학과 산학 협력, 교통 및 주거 인프라 개선을 통해 이들 도시를 지역 성장 거점으로 키워 나갈 수 있다. 이를 위해서는 이들 도시에 대해 체계적인 교통 인프라, 주거 및 산업단지 유치, 인재 양성 계획이 종합적으로 마련되어야 한다.

이들 지역에 기업 공동화를 유발하는 정책이 있다. 지역균형발전 차원에서 관공서를 분산배치하면서 규제 위주의 관공서가 대도시에 비해 상대적으로 많아졌다. 기업 입장에서는 이들 지역으로 자신의 기업을 옮기는 것 자체가 부담스럽다. 기업활동이 쉽게 노출되고 보이지 않는 사회적 비용이 증가되기 때문이다. 중소도시에 기업을 유치하려면 정부의 규제부서는 대도시로, 지원 부서는 중소도시로 전환 배치할 필요가 있다. 이를 통해 중소도시를 기업 친화형 도시로 성장시킬 수 있다.

고속도로와 고속철도의 환승 거점

국토교통부 교통정책실장 시절 고속도로 휴게소에 고속버스 환승센터를 설치했다. 이 사업으로 고속버스 노선이 많지 않은 중소도시도 전국적인 고속버스 노선이 신설한 것과 같은 효과가 생겼다. 고속도로 휴게소 내 고속버스 고속버스 환승센터가 설치되면서 중소도시의 전국적인 접근성이 매우 향상되었다. 이러한 생각을 이어가면 〈대한민국 메가리전〉을 앞당기는 또 다른 매력을 만들어낼 수 있다.

이제, 고속교통망 전체의 시너지 효과를 내기 위해 고속철도와 고속도로를 연결하는 방안을 강구할 때이다. 그중 하나가 '고속교통 환승센터'를 설립하는 방안이다. 많은 사람이 오가는 '고속교통 환승센터'는 또 하나의 지역 성장 거점이 될 것이다. 국토교통부 교통정책실장 시절 이를 구체화하기 위해 고속철도 울산역과 정읍역 인근지역에 '고속교통 환승센터'를 설치하는 방안을 검토했다. 이들 지역 외에도 여러 곳에 '고속교통 환승센터'를 만들 수 있을 것으로 보앉다. 국토교통부를 떠나며 이러한 구상은 수면 아래로 가라앉았다.

코레일 사장으로 오게 되면서 이 구상을 구체화하려고 했다. 가칭 고속도로와 고속철도를 연계시키는 EX-HUB이다. 이를 위해 도로공사와 협의하고 양해각서까지 체결했다. 하지만 현실적인 장벽에 막혀 더 이상의 진척은 없었다. 앞으로 고속철도와 고속도로 간에 환승이 가능한, '고속교통 환승센터'를 설치하는 방안이 다시 추진되기를 기대한다.

고속철도와 고속도로가 교차 통과하는 고속철도 정읍역 주변에 고속교통 환승센터를 건립하여 성장 거점을 만드는 아이디어다.

도심CBD 이동, 초미니 신도시

고속교통망이 통과하는 도시는 성장하고, 그렇지 않은 도시는 소멸의 길로 접어들고 있다. 호남고속철도 분기分岐역 결정을 두고, 천안, 오송, 대전 등의 지역이 치열한 경합을 벌어진 것도 이 때문이다.

전국적 접근성을 높이기 위해, 고속도로, 고속철도 등 고속교통망이 구축되고 있다. 이들 고속교통망은 고속화를 위해 직선 또는 곡선반경이 큰 선형을 갖게 된다. 이러한 기하학적인 특성으로 인해 고속교통망이 우마차 또는 보행 위주로 건설된 도로를 따라 조성된 전통적인 중소도시의 도심을 우회 통과하는 경우가 대부분이다.

이러한 이유로 고속도로 인터체인지, 휴게소, 고속철도역의 대부분이 도시 외곽에 설치되고 있다. 대표적인 고속철도역이 울산역, 신경주역, 공주역, 정읍역 등이다. 대다수의 고속도로 인터체인지 역시 도심에서 멀리 떨어져 있다. 이들 역사 주변이나 인터체인지 부근은 자연녹지나 절대농지로 장기간 도시개발이 미루어지고 있다.

고속교통망이 도시를 일일이 따라가기 어려운 만큼, 이제부터는 도시가 고속교통망을 따라 움직여야 한다. 고속교통망과 소외된 도시들은 기존 도심을 고수할 것이 아니라, 고속교통망 통과 지역으로 도시 중심을 이동시켜야 한다. 그래야 이들 도시에 전국적인 접근성이 양호한 대규모 주거 및 산업단지를 조성할 수 있다. 이미 이러한 움직임이 여러 도시에서 나타나고 있다. 그 예가 KTX 송정역, 경주역, 울산역 주변에서 일고 있는 역세권 개발 사업이다.

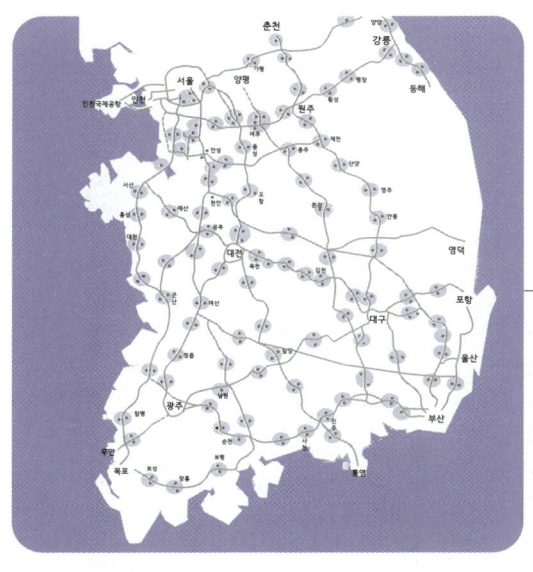

우리나라 고속도로 휴게소는 296 개소이다. 이를 2~3개씩 묶어 지역 커뮤니티 센터를 조성하고, 이들 휴게소에 버스정류장, 미니 톨게이트 등을 설치하게 되면, 전국적으로 접근성이 양호한 100여 개의 초미니 신도시가 만들어 진다.

또 하나의 작지만 매우 큰 지역 성장 거점 확보 방안이 있다. 우리나라 고속도로 휴게소는 296개소나 된다. 이를 2~3개씩 묶어 지역 커뮤니티 센터를 조성하고, 버스정류장, 미니 톨게이트 등을 설치하게 되면, 전국적으로 접근성이 양호한 100여 개의 초미니 신도시가 만들어진다. 이들 초미니 신도시에 1인 기업 또는 은퇴자 창업 특성화 단지를 조성할 경우, 또 다른 개념의 지역 성장 거점이 될 수 있다.

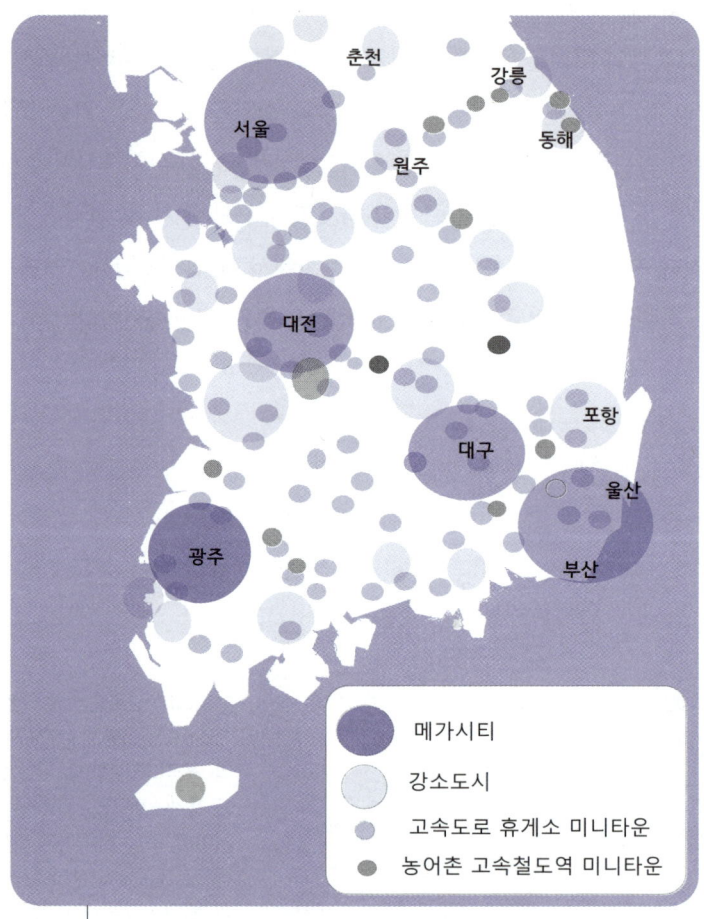

전국적인 성장거점 구축을 위한 아이디어가 모두 실현되었을 때를 가정하여, 지역별 성장 거점을 시각적으로 표현한 그림이다.

제8장 | 초고속 대량교통망

우리나라가 하나의 도시, 〈대한민국 메가리전〉이 되어가면서 고속교통 수요가 폭발적으로 늘고 있다. 이들 고속교통 수요를 처리할 초고속 대량 교통망이 필요하다.

폭발적인 고속교통 수요

경부고속철도 건설 초기에 고속철도 수요 부족을 걱정하는 사람이 많았다. 그로부터 30년이 지났다. 주말 혼잡 시간대에는 3주 전에 예약하지 않으면, 고속열차 좌석을 확보할 수 없다. 고속열차 승차권을 구입하지 못한 승객은 고속버스로 몰리고 있다. 고속철도 용량 한계로 대체재였던 고속버스가 어느새 보완재로 바뀐 것이다. 최근 부족한 수도권 고속철도 용량을 늘리기 위해 평택~오송 간에 고속철도 신선 건설에 착수했다. 그렇지만 이들 조치만으로 미래 〈대한민국 메가리전〉의 교통 수요를 감당할 수 있을지 의문이다.

고속철도 예측 수요와 실제 수요 사이에 괴리가 생기는 이유는 무엇일까? 이는 고속철도의 빠른 속도 때문이다. 이 빠른 속도로 인해 교통 수요 패턴 자체가 바뀌었기 때문이다. 이를 경제이론으로 설명하자면, 고속철도의 빠른 속도로 인해 교통 수요 곡선 내 이동이 아닌, 교통 수요 곡선 자체가 이동되어 나타난 현상이다. 우리나라 1일 교통 수요는 7,300만 통행 수준이다. 그중 8%인 600만 통행은 지역교통 수요이고, 나머지 92%인 6,700만 통행이 도시교통 수요이다. 고속철도 건설 초기에는 지역교통 수요만 대상으로 고속철도 수요를 예측했다. 이 때문에 고속철도의 미래 예측 수요는 실제보다 과소 평가될 수밖에 없었다.

지역균형발전 정책의 일환으로 세종시, 공공기관 지방 이전 등이 진행되었다. 이들 지방 이전 정책으로 인해 100~200킬로미터 이내 거리는 고속열차로 출퇴근하는 직장인이 늘어나고 있다. 과거 고속철도 수요예측에서 누락된 10배나 많은 도시교통 수요의 상당 부분을 고속철도가 속속 흡수하고 있다. 이 때문에 연휴, 주말, 출퇴근 시에는 고속열차 승차권을 구하기 힘들다. 전국이 하나의 도시, 즉 〈대한민국 메가리전〉이 되어가고 있다는 징후다.

실제로 2010년 국토교통부 교통정책실장 시절, 지역과 도시 전체의 교통 수요를 대상으로 고속철도 수요를 예측한 적이 있다. 예측 결과, 정부가 공식적으로 발표한 고속철도 수요보다 1.7배가량 많은 잠재 수요가 있다는 결과가 나왔다. 이에 더해 고속철도 요금을 조금만 낮추면, 고속철도 수요는 더욱 폭발적으로 늘어날 것이다. 하지만 이들 수요는 과다 수요 예측이라는 논쟁에 휘말릴 소지가 있어 사용하지 못했다.

코레일에 사장으로 온 2016년, 한국교통연구원KOTI에서 또다시 고속철도 수요를 예측했다. 지난번과 유사한 방식으로 2025년까지의 고속철도 수요를 다시 산출한 것이다. 그 결과는 놀라웠다. 2025년 주말 고속철도 수요는 하루 최대 29~36만 명에 달하는 것으로 나타났다. 당시 고속철도 이용 수요보다 2~3배 많은 숫자였다.

서울~평택 경부고속도로 양편에는 대단위 반도체 공장과 주거단지가 빼곡히 들어서고 있다. 팽창하고 있는 수도권이 북쪽으로 뻗지 못해 수도권 남부로 이동하고 있는 현상이다. 수도권 남부의 대규모 주거 및 산업단지들로 인해 중부권마저 하나의 출퇴근 생활권으로 묶이고 있다. 수도권 남부와 중부권이 합쳐 〈대한민국 메가리전〉의 중심축이 되는 모양새다.

이와 별개로 도심에서 멀리 떨어진 울산역과 경주역 등 고속철도역 주변에 대규모 역세권 개발 사업이 진행되고 있다. 도시 외곽 고속철도역 주변으로 도시의 중심축이 움직인다는 시그널이다. 이들 고속철도역 주변에 역세권 사업은 전국 도시 간의 접근성을 높이는 마중물 역할을 하게 될 것이다.

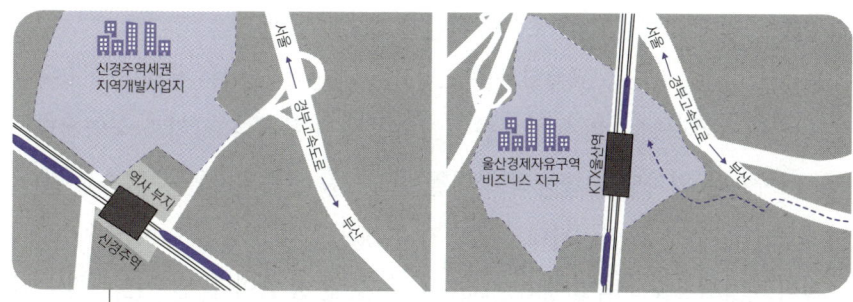

경주시와 울산시의 고속철도역 주변의 역세권 개발 사업들이다. 이러한 역세권 개발 사업은 전국적으로 진행 중이다. 고속철도 또는 고속도로 결절점(역사 또는 IC) 주변으로 도시를 이전하면 도시의 경쟁력을 높일 수 있다.

수도권 남하 현상도 전국이 하나의 도시, 〈대한민국 메가리전〉으로 바뀌는 과도기적 현상 중에 하나이다. 이러한 현상이 얼마간 계속되면, 시속 300킬로미터 고속철도로 전국 어디서나 1시간대로 출퇴근이 가능해진다. 이렇게 되면, 고속철도와 광역급행철도 수요는 급격히 늘어날 수밖에 없다.

급격히 늘어나는 고속교통망 수요에 대응하려면, 고속철도와 광역급행철도의 용량이 큰 폭으로 늘어나야 한다. 현재 고속철도는 물론, 신분당선, 김포골드라인, 신공항철도, 지하철 2호선, 지하철 9호선 등은 극심한 차내 혼잡으로 하루하루 출퇴근이 고통스러울 지경이다. 이렇게 된 데는 국민의 넓어진 활동 범위에 걸맞은 교통 인프라를 적기에 구축하지 못했기 때문이다.

초대용량 고속교통망

우리나라 전역이 하나의 도시로 바뀌는 〈대한민국 메가리전〉 시대가 다가오고 있다. 이로 인해, 폭발적으로 늘어날 장거리 교통 수요에 대한 대비를 해야한다. 초대용량의 고속교통망 구축이 필요한 이유다. 이에 대한 과제들이다.

첫째로 평택~오송 구간의 선로용량 문제를 극복하는 과제이다. 이 사업은 2019년 예비타당성 면제사업으로 지정된 지 4년 만인 2023년 6월 7일에서야 착공했다. 늦게 착공한 만큼 조속히 완공할 필요가 있다.

둘째로 초대용량 2층 고속열차를 도입하는 과제이다. 이는 우리나라 고속철도 기술의 종주국인 프랑스의 예를 참고하면 좋을 듯하다. 프랑스 국영철도회사SNCF에서는 열차당 수송능력 확대를 위해 2층 고속열차를 운행하고 있다. 아예 고속열차에 용량을 최대로 높이기 위해 특실을 보통실로 바꾼 1,000석 남짓의 저가형 2층 고속열차TGV-duplex-econo를 운행 중이다. 별다른 위험 부담이 없는 용량확대 방안이다. 우리나라도 프랑스 사례를 참고하여 고속철도 용량을 늘릴 필요가 있다. 초대용량 2층 고속열차는 지금의 승차난을 완화하고, 고속열차 요금 인하, 코레일 경영 개선을 위한 가장 현실적인 대안이다.

셋째로 첨단 열차 정밀 위치 정보기술을 토대로 신호시스템을 개량하여 고속열차를 촘촘히 넣는 방안이다. 신기술 신호시스템 도입을 두고 안전 문제를 우려하는 사람들이 있다. 신기술 신호시스템이 안정화될 때까지 기존의 신호시스템과 병행하여 운영하면, 신호시스템 교체로 인한 안전 문제는 해소될 것으로 본다.

앞서 이야기한 두 가지 대안 모두를 시행하게 되면 하루에 38~56편성의 고속열차를 추가로 투입할 수 있다.

전국이 하나의 도시가 되는 〈대한민국 메가리전〉이 실현되면, 핵심 교통수단인 고속철도 수요는 폭발적으로 늘어날 것이다. 이들 수요에 맞추려면 평택~오송 구간에 신규 고속철도 선로 건설은 물론, 2층 고속열차도 필요하며, 신호시스템을 개선하여 철도 선로에 열차 밀도를 높이는 노력도 필요하다. 이들 방안에 대해 좀 더 구체적으로 이야기해 보자.

전국을 1시간30분의 고속철도망으로 연결 : 제2차 국가철도망 구축계획

우리나라에 건설 또는 계획 중인 모든 간선철도를 시속 250킬로미터로 이상으로 속도를 높인 전환점이 된 사건이 있다. 이는 2010년 9월 1일 전국을 1시간 30분의 고속철도망으로 연결하겠다는 취지에서 만들어진 제2차 국가철도망 구축계획이다.

일정 금액 이상의 인프라 투자는 예비타당성조사라는 절차를 거치게 되어 있다. 철도 인프라 구축 사업도 마찬가지였다. 사업 추진 부서는 예비타당성조사를 통과하기 위해 사업비를 낮추는 등 안간힘을 썼다. 이로 인해, 신설되는 철도 노선의 설계 속도마저 낮추는 일이 서슴지 않고 일어났다.

그 결과 철도 구간마다 시속 100, 150, 200킬로미터 등 각기 다른 속도의 철도가 건설되고 있었다. 그 대표적인 경우가 최고 시속 150킬로미터로 건설된 전주~여수 간을 잇는 전라선이다. 전라선 구간의 낮은 속도로 인해 KTX 열차로 서울에서 여수까지 3시간 이상 걸린다. 이로 인해, 20조 원 이상의 큰 돈을 들여 개최한 여수 엑스포 흥행에도 찬물을 끼얹었다. 건설비 3~4천억 원을 아끼려다 그 돈 수십 배를 날리게 된 것이다. 해당 지역 국회의원과 주민들이 5조 원에 달하는 고속 신선 건설을 요구하고 나섰다. 전라선 전체가 통째로 매몰 비용이 될 처지에 놓인 것이다. 정부는 마지못해 기존 노선을 활용하여, 선로 속도를 높이는 3조 원의 투자계획을 제4차 국가철도망에 반영하는 웃지 못할 해프닝도 벌어졌다.

전라선 구간 이외에도, 판교~여주, 청량리~원주, 부산~진주 간 철도는 150킬로미터 내외로 건설되었다. 특히, 예산 부족을 이유로 서울~광명 간 100킬로미터 내외의 속도로 기존 철도 노선을 이용하는 경부고속철도 노선의 문제는 더욱 심각하다. 이들 철도 노선은 전국적인 고속교통망 구축을 가로막는 커다란 장애가 되고 있다.

철도망은 하나의 네트워크이다. 일부 구간의 낮은 속도로 건설된 철도 노선은 연결된 철도망 전체의 경쟁력을 떨어뜨린다. 이들 낮은 속도의 선로와 연결된 경부와 호남고속선, 신설되는 중부내륙선, 강릉선, 경전선 등은 KTX를 운행하더라도 시간 단축 효과가 그리 크지 않다. 이는 철도수요 부족, 이로 인한 철도운영 기관의 적자로 이어진다. 전략적 인프라 투자에 대한 근시안적인 예비타당성조사라는 잣대를 들이대면서 발생된 문제들이다. 장기적인 미래를 보고 투자했더라면, 발생하지 않았을 일이다. 지금이라도 그 악순환의 고리를 끊어내야 한다.

이를 반전시킬 계기가 만들어졌다. 2010년 9월 1일 철도기술연구원에서 이명박 대통령이 참석한 가운데 'KTX 고속철도망 구축전략 보고회'가 열렸다. 우리나라에 체계적인 고속교통망 구축을 위한 보고회였다. 당시 정종환 국토해양부 장관, 청와대 최중경 경제수석, 신종호 국토해양비서관의 지원으로 열린 행사였다.

이날 보고대회에는 이명박 대통령, 국토해양부 장관, 미래기획·녹색성장·지역발전 등 3개

위원장, 청와대 정책실장, 경제수석, 홍보수석과 코레일 사장, 철도기술연구원장 등 국가의 주요 정책 결정자들이 모두 참석했다. 당시 국토교통부 교통정책실장이었던 나는 이 자리에서 전 국토를 단일 도시형 경제권으로 통합하는 KTX 고속철도망 구축 전략을 보고했다. 그날 보고의 핵심은 건설 또는 계획 중인 간선철도 모두를 시속 250킬로미터 이상의 고속철도로 건설하는 것이었다. 이러한 구상이 국가계획으로 확정되기까지는 2년 동안의 치밀한 준비 기간이 있었다. 이날 대통령 보고로 인해 우리나라에서 건설 중이거나, 계획 중인 모든 간선철도를 고속화하는 역사적인 전환점이 마련되었다. 이는 우리 나라 전체를 하나의 도시처럼 운영할 수 있는 〈대한민국 메가리전〉이라는 희망을 갖게 한 사건이다.

2010년 전국 고속철도망 계획이 확정된 지 15년째 되는 해이다. KTX-이음 열차가 청량리~안동까지 신설된 고속화된 철도 선로를 이용해 운행하기 시작했다. 소요 시간은 2시간 11분이다. 이 길은 자동차로 3시간 이상 걸리는 길이다. 청량리~원주 구간 속도만 향상되면 1시간 40분이면 갈 수 있는 거리이다. 그리고, 이 노선을 연장할 경우 서울~해운대까지 2시간대 도달할 수 있다. 서해선 철도가 완공되면 충남 홍성~경기 화성을 40분이면 오갈 수 있다. 이를 기존 고속선과 연결하여 운행하면, 충남 홍성~ 서울(수서)을 1시간 30분이면 오갈 수 있다. 2010년 건설 중인 간선철도를 모두 고속화하는 전환점이 없었다면, 이보다 1~2시간은 족히 더 걸렸을 것이다. 그럴 경우, 철도가 승용차에 비해 경쟁력이 떨어져, 큰돈을 들인 철도 투자가 통째로 매몰 비용이 되었을 것이다.

초대용량 2층 고속열차

우리나라 고속열차 기술의 종주국인 프랑스에서는 30년 전부터 2층 고속열차를 운행하고 있다. 이의 도입을 두고 논란을 벌이는 것은 아무런 도움이 되지 않는다.

일반적인 열차 차량 구조는 열차 하부에 바퀴와 모터가 배치되고 승객 탑승공간은 상부에 배치되어 있다. 이러한 열차 차량의 설계로 인해 열차 하부공간은 상당 부분 비어 있는 편이다. 기존 단층 열차의 하부공간을 최대한 활용하고, 열차 크기를 조금 키운 열차가 2층 고속열차이다. 선로에 대한 신규 투자 없이 수송 용량을 증대시키는 가성비 높은 투자 대안이다.

2층 고속열차는 기존 단층 열차의 객실을 아래로 내려 레일에 붙여 배치하고,

그 위에 2층 객실을 배치하는 구조이다. 따라서, 기존 단층 열차와 높이 차이가 그리 크지 않아, 기존의 선로, 터널, 역을 그대로 이용할 수 있다. 열차에 승하차 시에도 2층 열차는 저상홈 승강장을 이용해 바로 평면으로 승하차가 가능하다. 따라서 계단을 오르내려야 하는 기존 단층 열차에 비해 승하차 시간이 단축된다. 아울러 2층 열차의 무게 중심이 선로와 가까운 열차 하부에 위치하여 더욱 안정적인 운행이 가능하다. 유럽과 북미 등에서 고속열차와 일반열차 모두에서 2층 열차가 운행되는 이유이다.

프랑스의 TGV 2층 고속열차의 모습이다. 두 개의 열차를 연결하여 중련 편성으로 한 개 열차에 1,000명 정도 실어 나르고 있다. 프랑스 방문 중 이 열차의 기관실에서 탑승하여 열차를 운전하는 모습을 직접 볼 수 있었다.

프랑스 경우, 2층 고속열차 운영 역사는 매우 길다. 1990년 프랑스 국영철도 회사SNCF에서는 2층 고속열차TGV-duplex를 처음으로 발주했다. 이로부터 6년이 지난 1995년 6월 21일 한 편성의 2층 고속열차가 생산되었다. 그 여세를 몰아 2007년 이후에는 2층 고속열차만을 발주하고 있다. 고속차량을 제작하는 알스톰사는 기존 단층 고속열차 제작라인을 모두 2층 고속열차 제작라인으로 대체했다. 6년 전 프랑스 방문 때만 해도 프랑스는 총 428편성의 고속열차 중 2층고속열차는 절반에 가까운 200편성(46.7%)에 달했다. 지금은 이보다 높은 비율의 2층 고속열차가 운행하고 있을 것이다. 이런 추세라면 프랑스에는 기존 단층 고속열차는 내용연수를 다해 모두 사라지고, 2층 고속열차만 남게 될 것이다.

프랑스 국영철도회사에서는 2층 고속열차 도입하게 된 이유를 이렇게 말한다. 유럽에서는 철도는 선로 관리와 열차 운영이 분리되어 있다. 이를 철도의 상하 분리 정책이라고 말한다. 이들 정책으로 프랑스 국영철도회사에서는 열차를 운행할 때마다 선로사용료를 낸다. 2층 고속열차는 더욱 많은 승객을 태울 수 있어, 승객 1인당 선로사용료를 절감하는 효과가 있다. 프랑스 국영철도회사는 2층 고속열차 운영으로 경영수지를 개선해 나가고 있다. 만성 적자인 코레일 입장에서는 2층 고속열차의 도입은 보다 절박한 과제이다. 더구나, 2층 고속열차는 고속에서 더욱 안정적 운행이 가능하고, 계단 없이 평면 탑승을 할 수 있어 승하차 시간을 줄일 수 있다. 2층 고속열차 도입을 놓고 논란을 벌이는 것은 무의미하다.

또 하나의 사례는 일본 사례이다. 일본의 동일본철도는 신칸센 MAX 2층 고속열차를 운행하고 있다. MAX란 'Multi Amenity eXpress'를 줄인 말이다. 이 열차의 좌석 정원은 1,636명으로 기존 신칸센 열차의 1,323명보다 20%가량 많은 승객을 태울 수 있다. 일본 도쿄를 중심으로 증가하는 고속철도 수요 처리를 위해 한정된 선로 용량을 최대한 활용하겠다는 생각에서 만들어진 고속 열차이다. 그러나 2층 열차의 차량이 노후화되면서, 기존 단층 신칸센 열차로 모두 대체할 예정이다. 이렇게 의사결정을 내린 이유는 여러 가지로 추정이 가능하다.

첫째 이유가 일본은 고속철도 노선의 터널 단면적이 매우 작다. 일본의 신칸센 터널 단면은 최소 64제곱미터로 우리나라의 고속철도 터널 단면(경부 107, 호남 97제곱미터)의 60% 정도이다. 일본은 고속철도 건설 초기에 최대 시속 210킬로미터 운행 속도에 맞추어 터널을 건설했기 때문이다. 이로 인해 2층 고속열차는 전두부 단면적이 넓어, 고속운행 시 과도한 공기압으로 인해 미기압파[177]는

---

177 미기압파(micro pressure wave)는 열차가 고속으로 터널을 진입할 때 생기는 공기 압축으로 터널 출구에서 형성되는 소음을 동반한 미세한 진동파다. 진동파인 미기압파는 방음벽으로 차단이 곤란하며 주변 축사에 동물의 불임으로 이어진다.

물론, 과도한 소음이 발생할 여지가 많다. 따라서, 열차 단면이 큰 2층 열차인 MAX는 작은 터널에서 고속으로 달리기 부담이다. 반면에 우리나라 고속철도 터널 단면적은 97~107제곱미터로 세계에서 가장 크거나 같다. 우리나라는 일본과 달리 2층 고속열차를 시속 300킬로미터 이상 운행하더라도 과도한 공기압이나 미기압파를 걱정할 필요가 없다.

▶ 각국의 열차 터널 크기에 따른 미기압파 발생 크기 비교

	한국		일본 신칸센	대만 고속철	독일 ICE
	호남고속철	경부고속철			
터널단면(m^2)	96.7	107	63.4	90	92
전두부 유효 단면적(m^2)	9.77(KTX-1) 9.64(KTX-2) 10.15(해무열차) 13.2(2층열차)	9.77(KTX-1) 9.64(KTX-2) 10.15(해무열차) 13.2(2층열차)	10.20 13.02 (2층열차)	11.87	10.4
차량/터널대비	0.0997~0.136	0.090~0.123	0.161 0.205	0.132	0.113
미기압파(추정) (시속 300km)	30~35	28~33	50초과	35	33
비고	1) 터널 출구 미기압파(micro-pressure wave) 허용치 최대 50 파스칼 2) 일본 고속열차인 노조미 최대 시속 270km, 2층 고속열차(MAX) 최대 시속 220km로 운행 3) 2층 열차 단면과 미기압파는 추정치				

둘째 이유는 2층 열차인 MAX 열차는 기존 단층 신칸센 고속열차에 비해 좌석 용량 증가가 그리 크지 않다는 이유이다. 일본의 신칸센 기존 단층 고속열차는 좌우 폭을 늘려 2×3 구조의 좌석 배치로 좌석 수가 1,323명이나 된다. 기존 단층 신간센 열차만으로도 KTX-1보다 35%가량 많은 좌석 용량을 갖고 있다. 이는 KTX-산천을 중련 운행할 경우와 비교하면 2배 정도의 좌석 용량이다. 2층 열차인 MAX 열차의 좌석 용량은 1,636명으로 기존 단층 신간센 고속열차에 비해 용량 증가는 20%에 불과하다. 우리나라의 경우 2층 고속열차를 도입하게 되면, 기존 고속열차에 비해 40~60% 정도의 용량 증가가 가능하다. 경제성

이 충분한 용량 확대 방안이다.

 셋째 이유는 승하차 시간이 지연되는 문제이다. 신칸센 고속열차는 모두 고상홈 전용 차량이다. 고속열차의 승객 승하차는 모두 고상홈에서 이루어진다. 기존 단층 신칸센 고속열차 승객은 고상홈 승강장에서 계단 없이 평면 승하차를 하고 있다. 그러나 일본의 MAX 2층 열차 경우에는 차량 1층이 고상홈 승강장 아래에 배치되어 있다. MAX 2층 열차를 고상홈 승강장에서 타고 내리려면, 승객들은 열차 내 아래 계단을 이용해 1층 객실로, 위 계단을 이용해 2층 객실로 올라가야 하는 불편함이 있다. 승하차 시간이 단층 신칸센 열차에 비해 오래 걸린다.

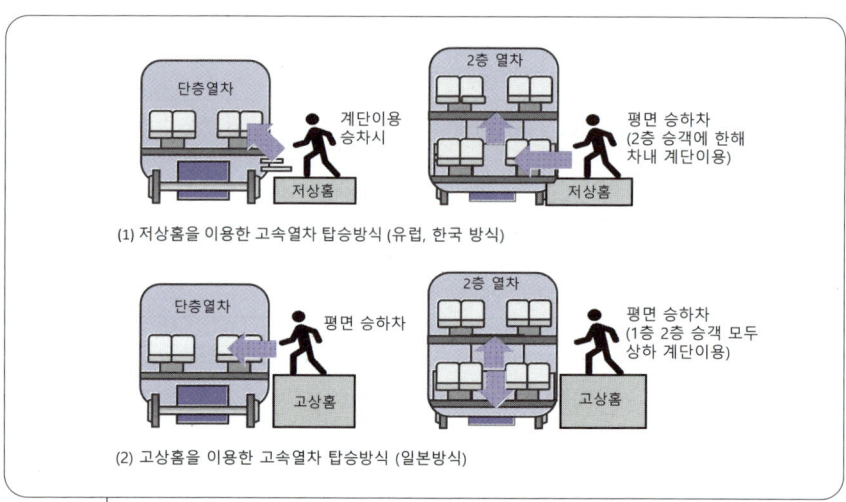

저상홈 승강장(유럽, 한국) 또는 고상홈 승강장(일본)에서 단층 고속열차와 2층 고속열차의 승하차 방식을 그린 그림이다.

 우리나라는 이와 반대이다. 우리나라 고속열차는 프랑스와 같이 저상홈 승강장을 이용한다. 기존 단층 고속열차 경우에 승객들은 승하차 시 계단을 오르내려야 한다. 그렇지만 2층 고속열차의 경우, 저상홈에서 바로 1층 객실로 평면 승하차가 가능하다. 고속열차의 감속과 가속시간이 일반 열차에 비해 길다. 열차 출발 시 앞뒤 흔들림이 거의 없다는 이야기이다. 열차가 운행을 시작하면 2층 승객은 계단을 이용해 2층 좌석으로 이동하면 된다. 저상홈을 이용하여 평면 승차를 하는 2층 고속열차의 승하차 시간은 지금의 단층 고속열차보다 줄어든다. 우리의 고속열차 기술은 일본이 아닌 프랑스에서 도입한 기술이다. 프랑스의 경우는 모든 고속열차를 2층 고속열차로 바꾸어 나가고 있다. 이를 반면교사로 삼을 필요가 있다.

2017년 코레일 사장 시절 초대용량 2층 열차의 개념 설계를 진행한 적이 있다. 그때의 이야기이다. 이는 2017년 프랑스 국영철도회사SNCF 방문 당시 기욤 페피 회장과 나눈 이야기로부터 시작된다. 기욤 페피 회장에게 프랑스의 2층 고속열차TGV-duplex는 최대 몇 개의 좌석이 있는지를 물었다. 그는 1,000석 정도라고 답했다. 우리는 한 개 열차에 1,400석짜리 2층 고속열차를 구상하고 있다고 이야기했다. 깜짝 놀라는 분위기이다. 기욤 페피 사장은 "그게 가능하냐?"고 되물었다. "가능할 것으로 본다."라고 답했다.

유럽 출장에서 돌아와 초대용량 2층 고속열차에 대한 세부적인 개념 설계에 착수했다. 이를 위해 철도기술연구원에 코레일 사장이었던 나를 비롯한 담당 직원, 철도기술연구원 원장과 연구원, 현대로템 기술자 모두가 모였다. 초대용량 2층 고속열차에 대한 논의가 시작되자 철도 차량 기술자들은 2층 열차 도입 시 1,200석 정도가 최대 용량이라는 계산을 내놓았다. KTX-산천을 중련 운행하는 것보다 500석이 늘어나고, 향후 도입될 EMU-320(KTX-청룡) 열차를 중련 운행한 것보다 200석가량 좌석이 늘어난다. 이 정도 좌석 증가도 매우 큰 증가이다.

이왕, 2층 고속열차를 설계할 바에 초대용량으로 설계해야 한다고 생각했다. 그래야 2층 고속열차 도입에 대해 부정적인 국토교통부 설득도 쉬울 것으로 보았다. 2층 고속열차 설계 도면을 하나하나 보아가며, 고속철도 용량 증가를 위한 기술적 검토를 시작했다. 2층 고속열차는 기존 열차와 달리 계단, 하차 대기 공간 등 추가 공간이 필요하다. 이 때문에 2층 열차의 좌석 수를 생각만큼 늘리기 쉽지 않았다. 우선, 동력 분산식 또는 동력 집중식 고속열차를 전제로 좌석 용량을 늘이는 방안을 검토했다. 어떤 열차 형태를 택하든 애초 검토했던 1,200석 이상으로 좌석을 늘리기는 어려웠다.

토론 시작 후 4시간쯤 지났을 무렵이다. 초대용량 2층 고속열차 개념 설계가 나왔다. 이는 동력분산식, 동력집중식 두 가지 열차의 장점을 혼합하며 차량 공간 활용을 최적화하면서 나왔다. 고정관념의 틀을 깨는 사고의 유연성 덕분이었다. 당시 철도기술연구원 김기환 원장의 고속철도 기술개발 경험이 크게 도움이 되었다. 초대용량 고속열차 개념 설계의 윤곽이 잡히자 참석자들의 표정이 한순간 밝아졌다. 고생한 만큼 그에 상응한 성과가 있었기 때문이다. 이날 논의된 개념 설계에 따라 세부적인 설계 검증을 당부하고 자리를 떠났다. 이후 현대로템은 초대용량 고속열차의 세부적인 구동장치, 좌석 배치 등을 구체화하여 개념 설계 결과를 보내왔다.

▶ 초대용량 고속열차 개념 설계에 따른 좌석 용량[178]

방안별		KTX-산천 중련운행 기준	초대용량 2층열차 개념설계안		
			좌석형	좌석+도시철도형	좌석+도시철도형
좌석 배치	1층	회전식 좌석	회전식 좌석	회전식 좌석	회전식 좌석
	2층	–	회전식 좌석	도시철도형 좌석	도시철도형 좌석 (입석포함)
최대승차 인원(석)		726 (363석×2)	1,262~1,422	1,490~1,650	1,684~1,844
배수 (최대 좌석기준)		1.00	1.85	2.16	2.42

현대로템에서 보내온 개념 설계에 따르면, 초대용량 2층 고속열차는 6량 편성 열차를 중련 운행할 경우 좌석을 1,422석까지 늘릴 수 있다고 보았다. 당초 검토보다 200석이 늘어난 수치다. 2층 고속열차 1층에 도시철도형 좌석을 배

---

178 2017년 현대로템, 한국철도기술연구원, 코레일이 함께 검토한 자료

치하여, 입석까지 감안하면 1,800석까지 용량 확대가 가능한 것으로 나타났다. 초대용량 2층 고속열차의 개념 설계가 세계 최초로 탄생한 순간이었다. 현재 운행 중인 KTX-산천을 중련 편성한 열차 좌석 수(726석)보다 2배 이상 늘어난 용량이다. 이 늘어난 좌석을 활용해 더 많은 승객을 태울 수 있고, 요금도 지금의 70% 수준 이하로 낮출 수 있다. 이렇게 되면 고속철도가 〈대한민국 메가리전〉의 명실상부한 대중교통수단으로 자리 잡게 된다.

실제로 만든 2량의 2층 고속객차

2층 고속열차 도입에 대한 나름의 관심과 구상은 2004년 고속철도 개통 이후 지금까지 이어져 왔다. 고속철도 수요의 급격한 증가에 따른 승차난 해소, 고속열차 요금 인하, 코레일 경영 개선 등 미래를 대비하기 위해서이다.

국토교통부 시절 내내 2층 고속열차 운행을 위한 선로조건 등을 점검하고, 철도기술연구원 원장 시절 2층 고속열차에 대한 개념 설계와 기술개발 예산을 확보했다. 연구가 시작될 무렵 철도기술연구원을 떠났다. 어찌된 일인지 국토교통부에서 현대로템이 2층 열차 기술 개발 사업을 부실하게 관리했다는 이유로 사업 중단을 결정했다. 통상, 국가 기술 개발 사업은 정부에서 단계마다 철저히 관리한다. 그런 상황에서 2층 열차 기술 개발 사업이 부실하다는 이유로 중단된 것은 납득하기 어려웠다. 더욱 안타까운 점은 고속철도 혁신의 중간 고리가 없어졌다는 사실이다.

코레일 입장에서는 2층 고속열차 도입은 시급한 과제였다. 연휴, 주말, 출퇴근 시간이면 어김없이 벌어지는 KTX 승차난과 코레일의 만성 적자를 해소할 효과적인 대안이기 때문이다. 일단 국토교통부에서 2층 고속열차 기술 개발 사업을 실패한 사업으로 규정한 만큼 국토교통부에서는 이 사업을 다시 추진하기는 곤란하다고 판단했다. 코레일이 직접적인 이해당사자인 만큼 사장으로서 할 수 있는 일은 해야 한다고 생각했다.

당시, 철도기술연구원 김기환 원장과 2층 고속열차 기술 개발 사업을 재개하는 방안을 논의했다. 그는 1996년부터 시작된 G7 열차, 해무열차 개발 등 지난 30년 간을 한국형 고속철도 기술개발에 자신의 일생을 바쳐 온 분이다. 그는 2층 고속열차 객차 2량을 제작하여, 이를 시험 중인 해무 열차HEMU-430에 연결하여, 필요한 차량 테스트를 하는 방안을 제시했다. 연구개발비도 최소화하고, 상용화도 빠르게 진행할 수 있는 획기적인 아이디어였다.

차량 제작사인 현대로템은 2013년부터 국가 사업으로 2층 고속열차 기술 개발 사업을 추진한 바 있다. 당시 2층 고속열차에 대한 설계가 어느 정도 진척된 상태였다. 또한 현대로템은 2층 청춘열차를 납품하고, 2층 객차를 만들어 해외에 수출한 경험이 있다. 현대로템의 기술력이면 어렵지 않게, 2층 고속 객차를 만들 수 있을 것으로 보았다. 이에 들어가는 돈도 그리 크지 않아 가성비 높은 연구개발 대안이라 생각했다. 해무열차는 최대 시속 430킬로미터 속도로 개발된 열차이나. 이 열자에 연결하여, 시속 350킬로미터의 속도로 2층 고속 객차의 안전성과 성능을 테스트하기는 어렵지 않을 것으로 보았다.

코레일은 철도차량에 관한 한 현대로템의 최대 발주처. 코레일이 2층 고속열차 도입에 대한 확고한 의지를 보여 준다면, 현대로템은 2층 고속 객차 시제차량 제작에 나설 것으로 보았다. 그렇게 되면 국가 연구개발 예산 확보 및 연구를 위해, 허송 세월을 보내지 않아도 된다. 코레일 사장으로 오자마자 현대로템에 2층 고속 열차 상용화 의지를 물었다. 현대로템에서는 향후 수요만 보장된다면, 2층 고속열차 상용화에 참여할 수 있다는 입장을 밝혀 왔다.

2016년 11월 코레일, 현대로템, 한국철도기술연구원 3자 간에 2층 고속열차 개발을 위한 양해각서를 체결했다. 양해각서에는 현대로템이 차량을 개발하고, 코레일이 시운전을 담당하고, 철도기술연구원은 안전성을 검증한다는 내용이다. 그리고 제작될 2량의 고속 객차는 시험 중인 한국형 동력분산식 해무열차에 장착하여 시험할 계획이었다.

코레일 사장을 나올 무렵, 현대로템은 약속대로 2량의 2층 객차를 만들어 냈다. 1층에는 변형된 도시철도형 좌석 배치, 2층에는 고속열차의 좌석 배치 방식으로 설계 제작되었다. 이들 객차는 차량기지에 입고하여 해무열차에 연결하여 시속 250킬로미터 속도까지 올렸다. 주행 중 특이한 문제점은 발견되지 않았다.

코레일 사장 퇴임과 동시에, 국토교통부에서는 2층 고속객차에 대한 시험 운행을 중단시켰다. 명분은 2층 고속열차 전체에 대한 기술개발이 필요하다는 이야기이다. 하지만 속내는 자신들이 실패로 규정한 2층 고속열차 기술개발 사업에 대한 논란거리를 만들지 않겠다는 것으로 보였다.

이를 중단한 또 하나의 이유로 초대용량 2층 고속열차 도입이 가시화되면, 평택~오송 간 신선 건설에 대한 예비타당성 조사에 불리한 결과로 이어져, 이들 사업이 지연된다는 이야기도 나왔다. 미안한 이야기이지만, 평택~오송 간 신선이 건설되더라도 폭증하는 고속철도 수요로 인해 고속열차 승차난은 계속 될 것이다. 따라서 평택~오송 간 고속 신선 건설도 필요하고, 2층 고속열차도 필요하다.

당초 계획대로 시운전이 완료되었다면, 2026년경 2층 고속열차 상용화가 가능했을 것이다. 코레일을 떠난 후 2층 고속열차 도입과 관련한 더 이상의 진전은 없었다.

2023년 5월 평택~오송 간 새로운 고속철도 노선이 착공되었다. 이들 노선만으로는 전국이 하나의 도시처럼 바뀌는 상황에서 고속철도 수요를 흡수하기란 순탄치 않을 것이다. 이제라도 초대용량 2층 고속열차 도입에 대한 논의가 다시 재개되기를 바란다.

좌측 상단 그림은 초대용량 통근형 2층 고속열차의 개념 디자인이다. 나머지 그림은 실제 제작한 시험 차량의 내외부 모습이다. 열차 1층은 통근형 좌석 배열, 2층은 일반 좌석 배열로 도시 및 지역교통수단을 겸용할 수 있도록 설계했다.

고속철도와 광역급행철도 병행 운행

고속철도로 통근이 가능한 구간은 지하철과 같이 1시간 이내 거리이다. 1시간 이내 거리는 서울~대전, 대구~부산 등 대부분의 구간이 포함된다. 고속열차를 통근형으로 만들려면 어느 정도 변신이 필요하다.

현재의 고속열차의 수송용량을 대폭 키워 대량교통수단으로 바꾸는 것이다. 이 개념의 열차가 초대용량을 가진 통근형 2층 고속열차이다. 이 고속열차는 지금처럼 1층에 병렬형 좌석 배치가 아닌 도시철도와 같이 창가에 좌석을 배치하는 구조다. 그렇게 하면 더 많은 승객을 고속열차에 태울 수 있다.

수서~동탄 고속철도 구간은 고속열차와 광역급행열차GTX-A가 동시에 다니는 구간이다. 따라서 광역급행철도 수서~동탄 구간의 배차간격은 20분까지 벌어지고 있다. 벌써부터 광역급행열차의 수요대비 용량부족 문제가 제기되고 있다. 그리고 시속 200킬로미터인 광역급행열차과 시속 300킬로미터인 고속열차 속도차이로 선로 인프라 활용도 비효율적이다. 또한 이들 정차역에도 고상홈과 저상홈을 별도로 설치할 수 밖에 없어 환승거리가 길어진다. 이러한 문제를 다소나마 해결하려면, 고속열차와 광역급행열차를 겸용할 수 있는 2층 고속열차를 운행할 필요가 있다. 초대용량 2층 고속열차의 2층 객실은 고속열차용으로, 1층 객실은 광역급행열차용으로 활용하면 된다. 이렇게 되면, 고속선의 선로용량 저하 방지, 승객의 승하차 및 환승거리 단축, 고상홈과 저상홈을 이중으로 건설하고 운영하는 비용을 줄일 수 있다.

고밀도 열차 운행

고속철도 수요는 폭증하는 데 선로용량 한계로 열차를 추가로 운행할 수 없다고 한다. 과연 그 말이 사실일까? 아니다. 숨어있는 철도 선로용량을 찾아내면 열차를 추가로 운행할 수 있다. 이를 설명하려면 우선 철도 신호 통신 시스템에 대한 이해가 필요하다.

철도 선로용량은 열차간 안전거리의 함수다. 운행 중인 열차는 앞 열차와 충돌 방지를 위해 안전거리만큼 떨어져 운행해야 한다. 열차 속도가 빠르면 안전거리가 길어야 하고, 열차 속도가 느리면 안전거리가 상대적으로 짧다. 하지만 열차의 정확한 위치에 대한 오차 범위가 크다면, 그 만큼 앞뒤 열차 간 안전거리가 늘어나게 된다.

지금의 철도신호시스템에서 파악하는 열차 위치의 오차범위는 매우 크다. 그 이유는 열차와 열차 간에 필요 이상의 완충지대buffer zone를 두는 선로 폐색회로에 의한 열차 위치 파악 방식 때문이다. 이 열차 위치 정보의 오차를 줄이면, 기존 철도 선로 용량을 상당 부분 늘릴 수 있다.

선로 폐색회로에 의해 열차 위치를 파악하는 방식은 100년 전부터 사용해 온 낙후된 방식이다. 선로 폐색회로에서 열차의 위치 파악 방식은 이렇다. 철도 선로 구간을 여러 구간으로 나누어 선로 폐색회로 구간을 만든다. 만들어진 선로 폐색회로 구간별로 미량의 전류(12V)를 흘려보낸다. 열차가 하나의 선로 폐색회로 구간에 진입하면, 철제 열차 바퀴와 축이 폐색회로에 흐르고 있는 전류를 차단한다. 해당 폐색회로 구간에 흐르던 전류가 차단되면, 그 폐색회로 상에 열차가 있다고 인지한다. 이들 폐색회로 구간 점유 정보가 철도교통관제센터로 모여, 선로상에 운행되고 있는 모든 열차 위치를 파악하게 된다. 철도교통관제센터에서는 이들 열차 위치정보를 토대로 신호통신으로 앞뒤 열차 간의 안전거리를 유지하도록 하고 있다.

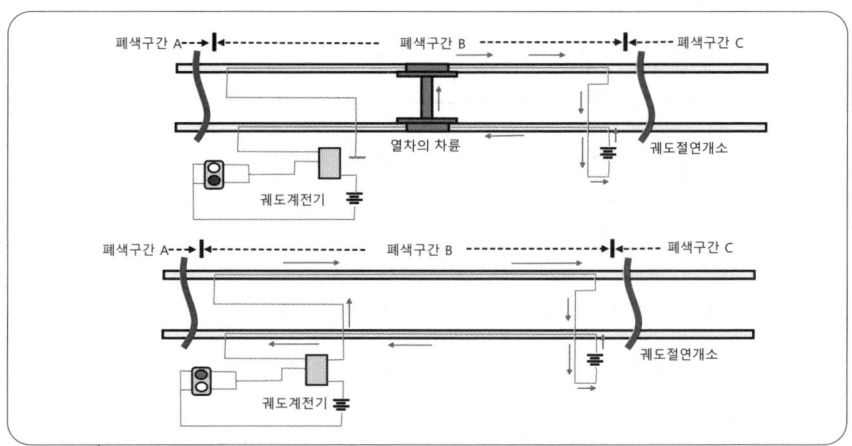

철도 폐색회로 구간을 나타낸 그림이다. 하나의 폐색구간 길이는 고속철도의 경우 1.5~2킬로미터, 일반철도의 경우는 690~800미터이다. 이 구간의 길이 만큼이 열차 위치정보의 오차범위이다.

이들 폐색회로 구간의 길이는 고속철도 경우 1.5~2킬로미터, 일반철도 경우는 690~800미터에 달한다. 일단 열차가 하나의 폐색회로 구간에 들어서면 그 구간을 빠져나올 때까지 그 구간 전체를 점유하고 있는 것으로 나타난다. 즉 열차 위치는 대충 알 수 있지만 정확하게는 모른다는 이야기이다. 이 폐색회로 1개 구간에서, 많게는 3개 구간이 열차 위치의 오차범위인 셈이다. 열차 간 충돌 방지를 위해 열차 안전거리와 폐색구간 위치 오차만큼 떨어져 후속 열차를 운행해야 한다. 그만큼 선로 이용에 낭비가 발생한다. 철도 선로 용량을 최대로 활용하기 위해, 정확한 열차 위치를 기반으로 한 새로운 열차 신호시스템이 필요하다.

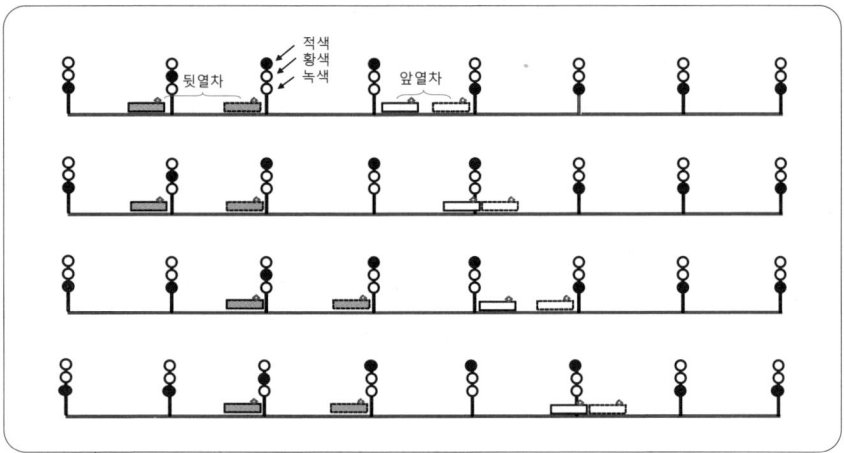

지금의 폐색회로 신호시스템으로는 열차 안전 운행을 위해 전방 2~3개의 폐색구간을 비워 놓아야 한다. 이 경우 선로용량을 최대로 활용하기 어렵다.

고속철도는 지하철과 같은 3분 배차간격으로 신호시스템이 설계되어 있다. 이들 3분 배차 간격은 이론적인 간격일 뿐이다. 고속철도 경우는 앞뒤 열차 간격을 6개 폐색회로 구간을 떼고 운행하고 있다. 앞뒤 고속열차 간격이 최소 9~12킬로미터라는 이야기이다. 시속 300킬로미터 고속열차를 가정하면 안전하게 정지할 수 있는 3.3킬로미터이다. 우리나라의 경우 고속철도역 간 거리가 짧아 고속열차의 평균 주행 속도는 250킬로미터 내외다. 이럴 경우 안전 정지거리는 3킬로미터 이하이다. 조금 여유를 두더라도 앞뒤 열차 간 거리가 4~5킬로미터만 떨어져도 안전에 큰 무리가 없다. 그렇지만 지금 운영 중인 앞뒤 고속 열차 간격은 이론적인 안전거리의 두 배이다. 폐색회로 방식의 열차 위치정보로 인해 철도선로가 효율적으로 사용되지 못하고 있는 셈이다. 만일 정확한 열차 위치를 알 수 있다면 선로의 용량을 지금보다 크게 늘릴 수 있다.

코레일 사장 시절, 열차 정밀 위치 정보 시스템 구축을 위해 여러 가지 기술 개발을 시도했다. 그때 추진했던 기술 개발에 대한 이야기이다.

열차의 정확한 위치를 파악하는 대안으로 하나의 폐색회로 길이를 수십 미터 단위로 낮추는 방법이 있다. 그렇게 되면 폐색회로 개수가 대폭 늘어나고, 이를 설치하고 관리하는 비용은 천문학적으로 늘어난다. 이제쯤, 철도 선로 용량을 늘리기 위해 지금까지와는 다른 방식의 열차 정밀 위치 정보 시스템을 구축할 필요가 있다. 이를 위해 두 가지 방향에서 작지만 큰 기술들이 개발되었다.

첫째로 자동차와 같이 GPS 수신정보를 활용하여 열차 정밀 위치를 파악하는 방법이다. 운행 중인 열차에서 GPS로 파악한 자신의 위치 정보를 고속 통신망을 통해 관제센터로 보내고, 관제센터에서는 이를 종합하여 운행 중인 모든 열차의 위치를 파악하는 방법이다. 이 기술 개발을 담당한 IT경영실에서는 연구를 착수한 지 얼마되지 않아, GPS에 기반한 열차 정밀 위치 정보 수집 시스템을 만들어 냈다. GPS 위치 정보의 오차 범위는 15~33m로 이를 이용할 경우 지금의 폐색회로 방식 보다 100배가량 열차 위치 오차 범위가 줄어든다.

정확한 위치 정보가 절대적인 항공기는 인공위성 및 지상기지를 활용한 GPS, SBAS, GBAS[179] 기술을 활용하여 정확한 위치정보를 얻고 있다. 이들 기술을 활용할 경우 GPS 위치 정보 오차범위를 1미터 정도로 줄일 수 있다.[180] 미국의 스

---

179 GBAS(Ground-Based Augmentation System)는 지상 장비로 GPS 정보 오차를 보정시키는 위치 정보를 보정하는 시스템, SBAS(Satellite Based Augmentation System)는 정지 또는 지구 동기 위성을 통해 GPS 정보 오차를 보정시키는 위치정보 보정시스템이다.
180 'GPS 위치오차 1m로 줄어든다…내비·택시호출 정확도 ↑' (머니투데이, 이소은 기자, 2022.12.13.

페이스 엑스는 일단 12,000기의 저궤도 인공위성을 지구궤도에 올린다는 목표 아래 연일 로켓을 쏘아 올리고 있다. 이를 토대로 GPS 정밀도를 6배까지 높인다는 계획이다. 그렇게 되면 인공위성 위치 정보 기술의 패러다임이 바뀌게 된다. 이제 번거롭고 정밀도가 떨어지는 고비용의 지상 위치 정보 시설을 걷어낼 시기가 다가오고 있다. 이울러 최첨단 GPS 위치 정보에 기반한, 새로운 철도 신호 시스템이 나올 날도 얼마 남지 않은 것 같다.

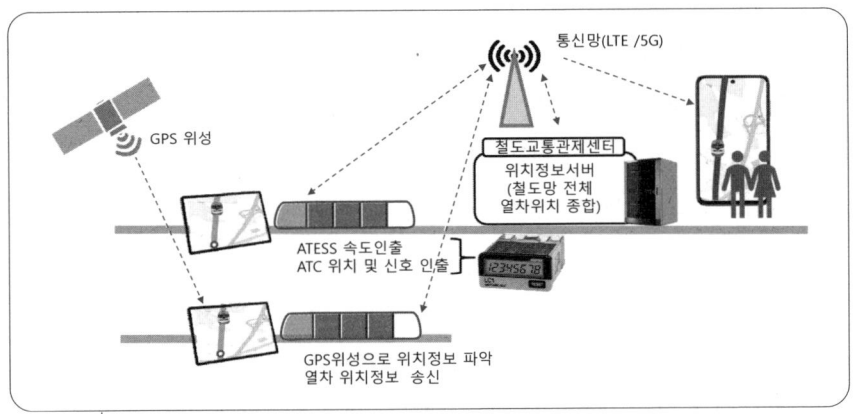

위 그림은 열차 정밀 위치 검지 시스템 개발에 대한 개념 설계다. 하나는 기존 폐색회로 방식의 신호통신 시스템을 그대로 활용하여 열차 정밀 위치를 파악하는 방안이다. 아래 그림은 GPS에 의한 위치 정보를 토대로 이를 정밀 교정하여 열차 정밀 위치를 파악하는 방안이다.

둘째로 기존 폐색회로를 그대로 활용하여 열차 정밀 위치를 알아내는 방법이다. 이 방법은 저비용 열차 정밀 위치 정보시스템 개발을 고민하던 과정에서 나왔다. 위치가 고정된 폐색회로 진입지점을 ATC 신호로 알아내고, 그 지점부터 열차 바퀴 숫자를 세어 열차의 정확한 위치를 알아내는 방법이다. 이 열차의 정밀 위치 정보를 무선 고속통신망을 통해 관제센터로 보내고, 관제센터에서 이

---

https://news.mt.co.kr/mtview.php?no=2022121310155533714)

를 종합하여 모든 열차의 정확한 위치를 파악하는 방식이다. 별도의 센서가 필요하지 않아, 비용도 크게 들지 않는 방법이다. 수도권차량정비단 PCB팀[181] 김영철 과장이 주도적으로 기술 개발에 나섰다. 그리고 경부선 및 경부 고속선에서 신호 테스트를 완료했다. 이 두 가지 기술 모두 지도에 열차 위치를 표시하는 매핑 작업이 진행되었다.

앞서 이야기한 두 가지 기술은 큰 돈을 들이지 않고 선로를 효율적으로 활용하는 동시에 안전한 열차 운행을 담보할 수 있는 기술들이다. 작지만 큰 기술로 그 부가가치는 수조 원에 이를 것이다.

이제 정밀성이 떨어지는 폐색회로로 열차 위치를 파악하는 낙후된 열차 위치정보 시스템에서 과감히 벗어나야 한다. 그래야 하나의 선로에 더 많은 열차를 운행할 수 있다.

시속 200에서 300킬로미터로

2010년 9월 1일 이명박 대통령에게 전국적인 고속철도망 구축계획이 보고되었다. 이 계획은 '전국을 하나의 도시로'라는 목표로 만들어졌다. 계획의 핵심은 그동안 시속 100, 150, 200킬로미터 등 들쭉날쭉 건설되던 모든 간선 철도를 시속 300킬로미터로 높이는 구상에서 출발했다. 하지만 당초 계획은 예산이 많이 든다는 이유로 재정당국의 반대에 부딪혔다. 결국 간선철도 속도를 시속 250킬로미터로 낮추고 이를 준고속철도로 명명하고 난 후, 이들 계획을 확정하여 발표할 수 있었다. 이날 발표 이후 건설한 간선철도는 시속 250킬로미터의 준고속철도로 건설되었다. 그나마도 다행이었다.

하지만 모든 지역간 철도를 300킬로미터로 상향하지 못한 아쉬움이 남았다. 일단 시속 250킬로미터로 철도 노반이 건설되면, 철도차량 성능개선

---

181 PCB: 인쇄회로 기판(Printed Circuit Board)의 약자다. PCB는 보통 플라스틱으로 만드는 절연 카드다. 전기적 부품이 붙어 있는 구멍이 있으며, 회로는 그 표면에 인쇄되어 있다.

으로 시속 300킬로미터까지 속도를 올리겠다는 생각으로 위안을 삼았다.

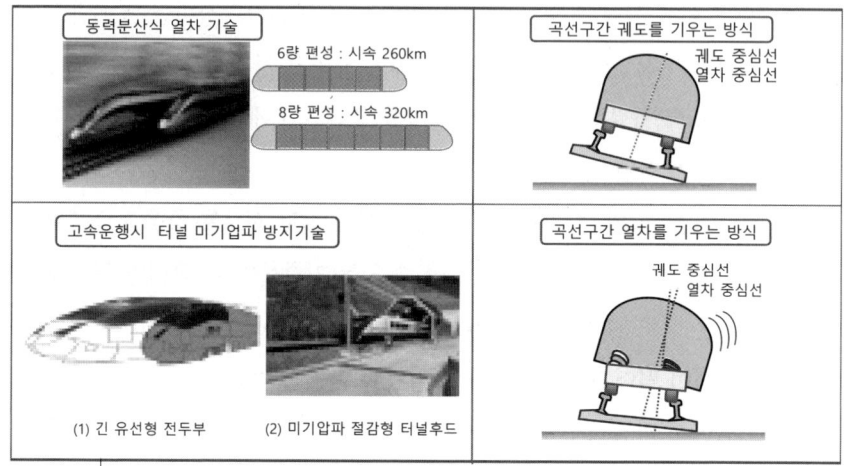

최대 시속 200~250킬로미터대 속도의 철도가 전국적으로 건설되고 있다. 이를 최대 시속 300킬로미터대 고속선로와 고속열차로 전환시키는 기술들이다.

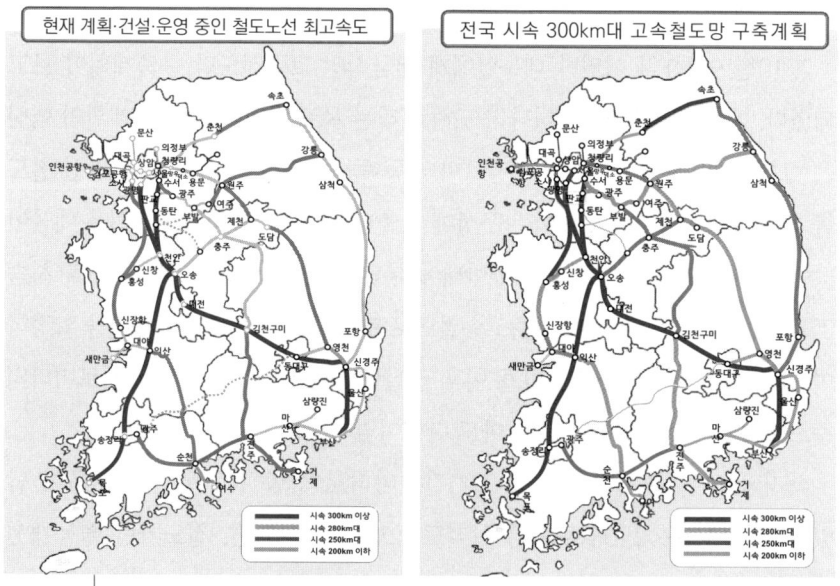

속도 향상기술로 만들어 낸 전국 300킬로미터대 고속철도망 구축구상이다. 이를 통해 〈대한민국 메가리전〉을 완성시킬 수 있다.

열차 속도를 조금 더 올린다면 〈대한민국 메가리전〉 시대를 앞당길 수 있다. 이제 숨겨진 열차 속도를 찾아내야 한다. 경부와 호남고속철도는 최대 시속을 300킬로미터에서 350킬로미터로, 준고속선으로 설계된 강릉선, 중부내륙선, 중앙선 등을 최대 시속 250킬로미터에서 300킬로미터로 올리는 작업을 본격 추진해야 한다. 지금까지 건설된 또는 건설 중인 준고속철도 노선에 대해 일부 선로 및 차량을 개량하여 고속철도 수준으로 속도를 높이자는 이야기이다. 이에 들어가는 추가적인 인프라 비용이 그리 크지 않아, 투자대비 효과가 높은 대안이다.

고속선로의 경우에는 ① 선로 분기기를 고속 분기기로 바꾸고, ② 터널 단면적이 작은 경우 터널 입구에 후드를 붙여 빠른 속도로 주행 시 발생하는 과도한 미기압파 발생을 방지하고, ③ 선로 종단면 기울기(캔트)를 조정하여 운행 속도를 올리더라도 열차의 주행 안정성을 확보하도록 하는 것이다.

고속열차의 경우에는 ① 틸팅 기능을 넣어 선로의 곡선 부위에서도 속도를 줄이지 않고 주행을 할 수 있도록 하고, ② 열차 전면부를 오리 주둥이 모양으로 유선형으로 만들어 작은 터널 통과 시 발생할 미기압파를 방지하고, ③ 기존 동력분산식 열차(KTX-이음 260)도 6량에서 8량으로 차량편성 수를 늘려 고속열차의 속도를 증가시킬 수 있다.

대도시권 광역급행철도

그 간의 과정들

2007년 이명박 정부 출범을 즈음해서 수도권 광역급행철도망 구축의 필요성이 거론되기 시작했다. 이유는 이렇다. 수도권으로 인구가 몰리면서 주거 지역이 서울 중심에서 수도권 전역으로 확산되었다. 그러면서 서울 외곽에 사는 수도권 주민의 출퇴근 시간이 평균 1시간 45분으로 늘어났다. 선진국 평균보다 30분이나 긴 출퇴근 시간이다. 이들 주민의 출퇴근 시간을 줄이는 일이 국가의 중요한 현안이 되었다. 이는 수도권 경쟁력 확보 차원에서도 매우 중요했다.

그래서 나온 아이디어가 광역급행철도GTX 건설이다. 지하 40미터 이하의 대심도로 도시를 관통하는 터널을 건설하고, 시속 200킬로미터의 고속 전동열차를 투입하여 출퇴근 시간을 단축하는 아이디어이다. 그렇게 되면 수도권 외곽에서 서울 도심까지 1시간 이상 걸리는 출퇴근길을 20~30분 대로 단축할 수 있다. 이 때문에 서울 외곽에 사는 수도권 주민들의 광역급행철도에 대한 열망은 매우 컸다.

하지만, 이들 수도권 광역철도 건설계획은 예비타당성조사, 민자 적격성 검토, 예산 확보 문제 등으로 한없이 미루어져 왔다. 수도권 광역철도가 거론된 지 11년 만인 2019년 6월에 GTX-A 한 개 노선이 겨우 착공할 수 있었다. 그로부터 5년 후인 2024년 3월 GTX-A 노선의 동탄~수서 구간이, 2024년 12월 파주 운정~서울역 구간이 개통되어 운영 중이다. 나머지 GTX-B, C 2개 노선도 착공을 서두르고 있다. 하지만 이미 수도권 외곽 거주 주민들이 오랜 기간 출퇴근 불편을 감수하고 난 후이다.

2007년 국토교통부 생활교통본부장 시절이다. 광역급행철도 건설을 위한 논의 당시의 이야기이다. 그해 12월 이명박 정부 출범을 위한 대통령직 인수위원회가 꾸려졌다. 이명박 대통령직 인수위원회를 직접 찾아, 광역급행철도 건설 필요성을 이야기했다. 그러나 정권 준비에 바쁜 인수위원회에서는 이렇다 할 결론을 내지 못했다. 그리고 2008년 2월 이명박 정부가 들어섰다. 당시 경기 지사였던 김문수 지사는 광역급행철도 건설의 시급성을 강력히 주장하고 나섰다. 이를 논리적으로 뒷받침하기 위해, 경기도는 2008년 4월 대심도 광역급행철도 건설 타당성 용역을 발주했다. 그 용역 결과, 수도권을 관통하는 A, B, C 3개 노선의 광역급행철도 노선이 제안되었다. 이를 GTX[182]라는 이름을 붙여 홍보에 나섰다. 이 계획이 발표되자 서울 외곽 수도권 주민들은 광역급행철도

---

[182] GTX란 명칭은 경기도 영문 표현 Gyeonggi-do의 앞 글자와 급행열차를 의미하는 Train-Express의 앞 자를 따서 만든 약어로 보인다. 후일 'G'는 녹색Green을 의미하는 것으로 통용되기도 했다.

개통을 학수고대했다. 매일매일 1시간 30분이 넘는 출퇴근 길이 너무도 고통스러웠기 때문이다.

이명박 정부 출범 2년 차에 국토교통부 교통정책실장으로 자리를 옮겼다. 정종환 장관과 함께 이명박 대통령께 광역급행철도 건설 필요성을 두 차례나 직접 보고했다. 당시 이명박 대통령은 4대강 사업 추진으로 인한 재정 과다 부담 문제 등으로 야당으로부터 집요한 공격을 받았다. 이 때문에 이명박 대통령은 또 다른 대형 사업에 대한 언급을 삼가는 분위기였다.

그렇지만 이 사업이 중요했던 만큼 논의를 이어가야 한다고 생각했다. 2009년과 2010년 두 차례 한국교통연구원에 광역급행철도 타당성 조사에 대한 점검 및 보완 용역을 맡겼다. 그러면서 광역급행철도 건설에 대한 논의를 이어갔다.

사업추진이 지지부진해지자 이명박 대통령과 이 사업을 요구하던 김문수 경기도 지사와의 관계도 서먹서먹해졌다. 4대강 사업으로 과도한 재정이 들어간다는 야당 비난에 부담을 느껴 미래를 준비하지 못한 아쉬움이 들었다. 지금에 와서 보면, 당시 이명박 대통령의 큰 결단이 있었다면 좋았을 것이다.

아이러니하게도, 문재인 정부 시절인 2019년 6월 GTX-A 노선이 착공되었다. 이어서 2021년 7월, 제4차 철도망 계획의 일환으로 연장 262킬로미터의 GTX 4개 노선, 17조 원 규모의 광역급행철도 건설계획이 확정 발표되었다. 아마도 넘쳐나는 수도권 주민의 교통 불편 민원을 더 이상 외면할 수 없었기 때문이다. 이어 출범한 윤석열 정부, 역시 보다 확장된 광역급행철도 노선을 제시했다.

이제 광역급행철도는 수도권에 국한되지 않고 전국적으로 확대되는 모양새다. 수도권의 광역급행철도GTX망 이외에도 물론, 대전, 세종, 충청지역을 잇는 충청권 광역철도망CTX, 그리고 부산, 대구, 울산, 양산, 경남의 동남권 광역급행철도망, 광주와 나주를 잇는 광역급행철도망 구축이 추진 중이다. 이러한 대도시 권역별 광역급행철도망은 권역 내 규모의 경제를 촉진시켜 전국적인 균형발전에 이바지할 것이다. 아울러 이들 광역급행철도망은 고속철도망과 연계되어 〈대한민국 메가리전〉을 이끄는 핵심 사업으로 성장할 것이다.

미완의 수도권 광역급행철도

2024년 3월 GTX-A 노선 중 수서~동탄 간 일부 구간이 개통되었다. 개통 이후 수요 부족, 20분 내외의 긴 운행 간격, 역내 이동 시간 과다 등 여러 가지 문제점이 노출되고 있다. 현행 광역급행철도 건설과 관련해 개선해야 할 것이 많다는 이야기다. 이에 대한 몇 가지의 이야기를 해보자.

첫째 선교통 후개발의 원칙을 지키는 일이다. 이 원칙을 지키면 신도시 주택 건설 과정에서 광역철도 건설비의 일부를 회수할 수 있다. 그리고 신도시 건설 단계에 새롭게 건설될 간선도로 바로 밑 낮은 심도에 광역급행철도를 건설할 수 있다. 그렇게 되면 고속으로 달릴 때 발생되는 공기압을 쉽게 줄일 수 있어 터널 단면을 축소할 수 있다. 일련의 조치가 이루어질 경우 이들 구간의 광역급행철도 건설비를 지금의 반 이하로 줄일 수 있다. 아울러, 낮은 심도의 승강장 설치로 승하차 시간 단축 등 승객의 접근성도 대폭 향상된다. 선교통 후개발로 광역철도 건설비가 줄어들고, 건설비 일부가 회수되면 광역철도 요금도 대폭 낮출 수 있다. 선제적 교통 인프라 투자가 갖는 장점을 최대한 활용하자는 이야기이다.

광역급행철도 건설로 인한 신도시 주택 가치 상승분의 일부만 회수해도 광역급행철도 건설비 대부분을 충당할 수 있다. 일례를 들어 100만 호의 신규 주택에 가구당 1,000만 원의 개발부담금을 부과할 경우 100조 원의 자금을 모을 수 있다. 이 돈은 광역급행철도 1,000~1,500킬로미터를 건설할 수 있는 돈이다. 도시 외곽에 조성된 주택에 광역급행철도가 연결되면, 그 주택가치는 그 개발분담금의 수십 배가 올라갈 것이다. 이는 GTX-A 노선 개통과 맞물려, 화성 동탄역 역세권 아파트 가격이 강세로 돌아선 것을 보면 쉽게 이해할 수 있다. 선교통 후개발 정책은 국가나 주택을 분양받는 사람들 모두에게 이익이 된다. 이들 광역급행철도 노선 주위로 공장 부지나 또 다른 대규모 택지를 조성할 수 있다. 이를 통해 수요와 공급이 선순환 되는 주택 및 산업 단지 공급이 가능하다.

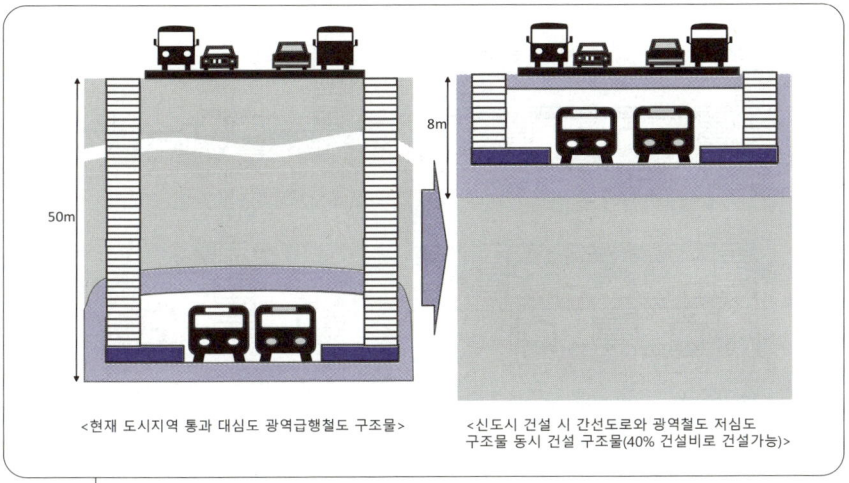

<현재 도시지역 통과 대심도 광역급행철도 구조물>   <신도시 건설 시 간선도로와 광역철도 저심도 구조물 동시 건설 구조물(40% 건설비로 건설가능)>

신도시 건설단계에서 간선도로 바로 밑에 낮은 심도로 광역급행철도를 건설하게 되면 광역급행철도 건설비를 반값 이하로 줄일 수 있다.

둘째로 광역급행철도 역사 구조를 단순화하는 것이다. 지하철 역사 건설비는 총 노선 건설비의 30~40%를 차지한다. 과거에 건설된 지하 역사는 승강장, 중층 매표소, 지상 출입구로 이어진 3단계 구조이다. 현재는 교통카드가 일반적으로 사용되고 있어 중층 매표소가 그다지 필요하지 않다. 지하 승강장에서 바로 지상 출입구로 연결하면, 지하 역사 건설비의 상당 부분을 줄일 수 있다.

셋째로 광역급행철도를 타고 내리는 시간의 단축이다. 광역급행철도의 도심 통과 노선은 40미터 이하의 대심도에 건설되고 있다. 에스컬레이터의 최대 법정 경사도는 30도, 법정 최고 속도는 분당 30미터이다. 이 경우, 50미터 지하 승강장과 지상을 오르내리는 에스컬레이터를 타는 거리는 100미터 이상으로 4분 정도가 소요된다. 아울러 역내 계단, 복도 등 보행 시간을 합치면 열차를 타거나 내리는 데 걸리는 시간은 7분 정도이다. 열차를 타고 내리는 2개 역을 모두 감안하면 타고 내리는 시간이 14분 정도가 소요된다. 광역급행열차의 빠른 속도로 인해 줄어든 교통 시간을 열차를 타고 내리는데 모두 소진하는 셈이다.

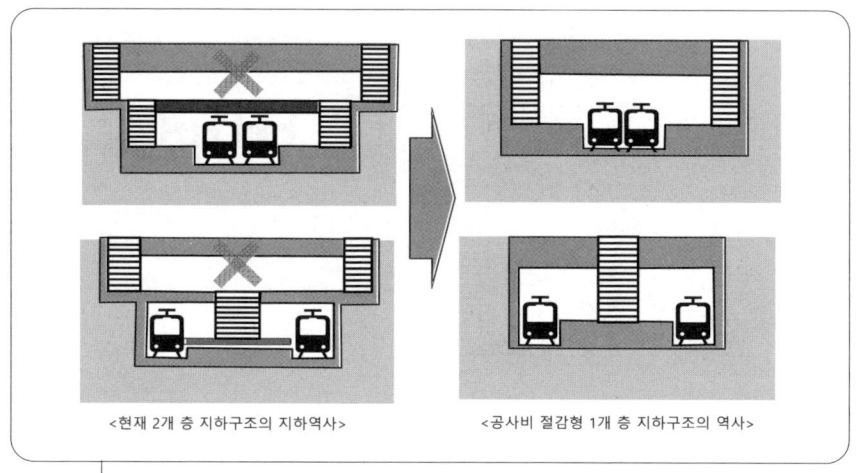

<현재 2개 층 지하구조의 지하역사> <공사비 절감형 1개 층 지하구조의 역사>

교통카드 사용에 따른 중층 매표시설 등 필요 없는 공간을 줄이면 역사 건설비를 대폭 줄일 수 있다.

그렇다고 안전 문제에 민감한 우리나라에서 에스컬레이터 운행속도를 러시아(분당 50미터), 영국(분당 44.3미터)과 같이, 지금의 법정 최고속도(분당 30미터) 이상으로 올리기는 쉽지 않을 것이다. 에스컬레이터로 4분 거리를 고속 엘리베이터(분당 120미터)를 이용하면, 상하 이동 시간을 30초 내외로 줄일 수 있다. GTX-A 수서~동탄 구간도 파주운정역 사례와 같이 여러 대의 고속 엘리베이터 운영을 고려해야 한다. 이는 지하철 운영의 원조였던 영국 런던 지하철에서 흔히 볼 수 있는 일이다.

기존 전철과 지하철 급행화

수도권 주민의 출퇴근 시간을 획기적으로 줄이는 GTX-A 노선 일부가 개통되었다. 이제 현재 운행 중인 전철과 지하철의 운행 시간을 단축하는 사업에 관심을 가져야 할 때가 되었다.

철도기술연구원 원장 시절이다. 2012년 10월과 2013년 12월 두 차례 "출퇴근 시간을 반으로 줄이자."라는 제하에 '기존 광역전철과 지하철 급행화 방안' 세미나를 개최했다. 이 세미나에서 기존 전철과 지하철을 급행화 하기 위한 구체적인 방안이 제시되었다. 그 방안이 실현되면 수서역~충무로역 37분 → 24분, 죽전역~선릉역 41분 → 24분, 노원역~서울역 31분 → 22분, 평촌역~서울역 36분 → 25분, 신도림역~강남역 26분 → 17분, 송도국제역~계산역 45분 → 27분, 부산역~해운대역 48분 → 29분으로 단축할 수 있는 것으로 나타났다. 이들 노선을 이용하는 많은 숫자의 이용객과 이로 인해 줄어드는 교통 시간 비용 등을 감안할 때 천문학적 가치를 지닌 프로젝트이다. 당시, 이 세미나를 개최한 이유는 정부에서 역점사업으로 추진해 주기를 바라는 마음에서였다. 그로부터 7년의 세월이 흘렀다. 2020년에 발표된 제2차 서울특별시 도시철도망 구축계획에 일부 노선의 직결화 및 급행화 계획이 반영되었다. 이제 기존 도시철도의 급행화 계획을 보다 속도감 있게 추진할 시기이다.

코레일 사장 시절이다. 이 구상을 구체화하기 위해 코레일이 운영하는 전철을 대상으로 급행화 사업에 착수했다. 신규 투자 없이 기존 시설을 이용해야 하므로 충분한 검토가 필요했다. 급행 전철 운행을 위해 기존 전철 노선에 대해 대피선, 급행 전용선 등 운행 여건, 철도 이용수요 및 패턴 등을 면밀하게 살펴야 했다. 이 때문에 정작 급행전철 운행까지는 긴 시간이 걸렸다.

오랜 검토 끝에 수도권 4개 전철노선에 급행전철을 투입하기로 결정하고, 열차 운행 간격 조정 등을 통해 일부 전동차를 급행 전동차로 전환했다. 2017년 7월 7일 수도권 수인선, 경인선, 경의선, 안산선 등 4개 전철 노선에 최대 18회 광역급행전철이 운행되기 시작했다. 이 급행 전철을 이용하면 종전보다 6~20분 출퇴근 시간이 빨라지게 된다. 출퇴근길이 보다 가벼워지게 된 것이다. 이를

▶ 신설된 급행전철 운행 횟수 및 시간 단축 효과

	급행전동차 1일 운행 횟수	일반전동차 대비 시간단축 효과
경인선	18회	20분
수인선	8회	7분
경의선	10회	6분
안산선	8회	5.5분

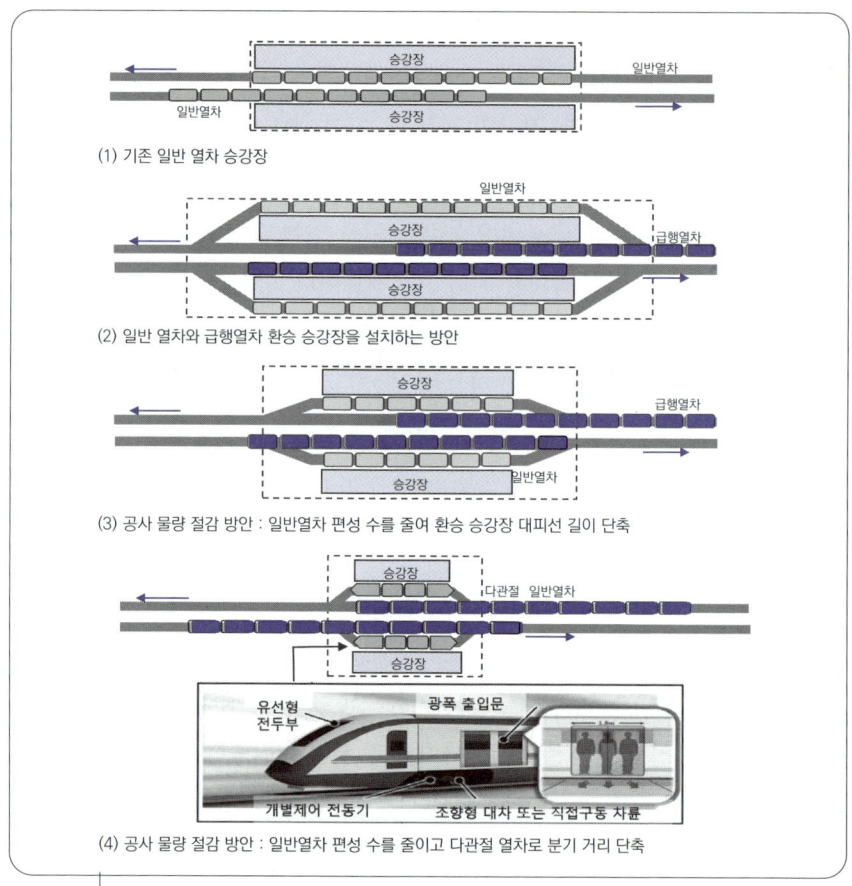

(1) 기존 일반 열차 승강장

(2) 일반 열차와 급행열차 환승 승강장을 설치하는 방안

(3) 공사 물량 절감 방안 : 일반열차 편성 수를 줄여 환승 승강장 대피선 길이 단축

(4) 공사 물량 절감 방안 : 일반열차 편성 수를 줄이고 다관절 열차로 분기 거리 단축

기존 지하철, 전철 운행 시간 단축 및 대피선 건설비 절감을 위해, 일반열차 편성수 축소, 가감속 성능이 뛰어난 열차 도입, 승하차 시간 단축을 위한 대형 출입구 설치, 선로 전환거리 단축을 위한 조향성 다관절 열차 도입 등의 방안을 검토할 수 있다.

본 지역주민의 반응은 매우 호의적이었다.

지금부터는 시설투자를 병행하는 기존 지하철과 전철 노선을 급행화하기 위한 전략을 마련해야 한다. 기존 노선에 급행과 일반 열차의 병행 운행이 가능하도록 대피선을 신설하고, 공사비 절감을 위해 일반 열차 편성 축소, 대형 출입문과 감·가속 성능이 뛰어난 신개념 열차 도입 등 다양한 방법을 강구해야 한다. 국가와 국민에 대한 애정, 열정, 의지만 있으면 가능한 일이다.

제9장 | 물자 공급망

물자 공급망supply chain은 국가의 생존과 직접적인 관련이 있다. 국내외 물자 공급망과의 효율적으로 구축하기 위한 전략이 절실히 필요하다.

생존을 위한 네트워크

물자공급망은 생존을 가름하는 매우 중요한 인프라다. 물자가 제때 공급되지 않으면 개인, 기업, 국가는 생존 자체가 어렵다. 예를 들어보자. 러시아와 우크라이나 전쟁이 발발하여 기름과 가스 가격이 폭등했다. 이로 인해 승용차 운행비가 늘고, 난방비가 폭등하는 등 서민의 일상생활이 어려워졌다. 개인, 기업, 국가 모두의 생존을 위해 물자공급망 확보는 매우 중요한 전략적 과제이다.

제조업이 탄탄해야, 일자리도 탄탄해진다. 제조업에게는 원자재 조달과 생산한 상품을 소비자에게 전달하는 물자공급망은 절대절명의 필수 인프라이다. 물자공급망 구축에 실패하면 제조업 전체가 흔들릴 수 있다는 이야기이다.

2016년 우리나라의 글로벌 물자 공급망 구축에 큰 역할을 담당한 한진해운이 전격적으로 퇴출되었다. 마지막 보루인 HMM(구 현대상선) 마저 새 주인을 찾지 못해 불안정한 경영을 이어가고 있다. 이로 인해, 우리나라 제조업의 물자공급망이 흔들리기 시작했다. 더욱 심각한 문제는 외국 대형 선사들이 부산항 취항을 기피하기 시작했다는 사실이다. 그렇게 되면 우리 제조업체가 만든 유럽, 미주 수출물량을 중국의 상해 양산항 또는 일본의 요코하마항까지 실어 날라야 한다. 우리나라 제조업체들은 웃돈을 주고 외국 해운선사를 이용하여 수출해야 하는 상황이다. 그만큼 수출 물류비용 측면에서 우리나라 제조업체 경쟁력이 다른 경쟁국가에 비해 현저하게 떨어질 수밖에 없다. 한진해운의 퇴출은 우리에게 돌이킬 수 없는 큰 아픔이다. 당시 정책 결정자들이 그 아픔만큼이나 고민이 깊었는지 묻고 싶다. 이렇듯 물자공급망은 개인, 기업, 국가 모두의 생존이 걸려있는 문제이다. 미국의 경우 국가 안보를 명분으로 자국 선박회사의 선복량 확보를 위해 막대한 자금을 지원하고 있는 사례를 참고할 필요가 있다.

지금 세계 곳곳에서 나름의 물자공급망 구축을 위해 총성 없는 전쟁을 하고 있다. 한반도는 세계 물자 공급망이 교차交叉하며, 분기分岐하는 통로에 있다. 한반도는 삼면이 바다로 둘러싸고 있어 다른 나라들과 항공, 해상으로 물자교역이 쉽다. 우리의 이러한 지리적 장점을 이용하여 탄탄한 물자공급망을 구축하여 한반도 전체를 물자가 넘쳐 흐르는 축복의 땅으로 만들어야 한다. 이를 위해서 선박, 항공기, 철도로 오가는 국제 물자공급망을 정비하고, 이를 지원하는 인프라를 업그레이드해야 한다. 우리의 미래가 여기에 달려있기 때문이다.

남북연결 프로젝트

국제 물자공급망 구축을 위해 대륙횡단철도와 연결된 남북한 철도수송망 복원은 매우 중요하다. 남북이 통일되면 통일 초기 폭증할 여객과 화물을 어떻게 수송할 것인가?

가장 빠른 방법은 항공기를 이용하는 방법이다. 항공기는 활주로 3~4킬로미터만 건설하면 장거리도 쉽게 오갈 수 있다. 우선, 통일 초기에 북한 4~5개 지역에 공항 활주로를 보강하면 항공기를 이용하여 긴급 물자를 수송할 수 있다. 그러나 항공기를 이용해서 많은 양의 생필품을 지속적으로 공급하기에는 무리가 있다. 북한 도로망이 취약하여 당장에는 도로망을 이용한 물자 수송은 어렵다. 그나마 전국 네트워크를 가진 철도망을 이용하는 방법이 차선책이다.

남북철도가 연결된다는 것은 많은 의미가 있다. 단순히 남북철도 연결이 남북 간의 교류만을 의미하지 않는다. 남북철도 연결로 시베리아, 중국, 몽골 대륙 횡단철도를 이용할 수 있다는 점에서 경제성이 높은 대안이다. 이들 철도망을 이용하여 러시아, 중국, 유럽을 오가는 많은 물동량을 처리할 수 있다. 아울러, 러시아의 광활한 시베리아 자원과 동유럽의 광물, 가스 등 원자재를 선점할 수 있다. 그리고 동아시아권과 동유럽권을 잇는 관광 벨트 역할을 할 수 있을 것이다.

남북철도를 연결하고, 대륙횡단철도까지 연결하려면 해결되어야 할 몇 가지 과제가 있다.

첫째는 전기신호, 전력공급 시스템 등 남북철도 간의 호환성을 확보하는 문제이다. 남북철도가 개통되더라도 당장은 남북 간에 열차 운행이 어렵다. 하지만, 철도의 전기와 신호 분야에 많은 기술개발이 이루어져, 호환성 확보에는 오랜 시간이 걸리지 않을 것이다. 유엔UN 제재가 끝나고 남과 북이 합의만 되면 많지 않은 시설 투자 및 장비 보완으로 호환성 확보가 가능하다.

둘째는 북한철도 노후화로 인해 중량 화물을 실어 나르기 어렵다는 점이다. 북한의 노후화된 철도시설 활용에는 장단기 대책이 필요할 것으로 보인다. 새로운 철도건설은 아무리 빨라도 10년 이상 걸린다. 단기적으로 기존 북한철도를 그대로 활용하는 방안을 고민해야 한다. 전시 계획 상으로는 유사시 디젤기관차를 이용하여, 북한에 사람과 물자를 수송하는 것으로 되어 있다. 코레일에서 많은 양의 디젤기관차를 확보하고 있는 이유이기도 하다. 아마도 남북철도가 전기와 신호방식이 달라, 전차선이 필요 없는 디젤기관차를 활용하겠다는 생각이다.

하지만 이는 현실과 동떨어진 이야기이다. 디젤기관차 무게는 120톤 이상이다. 이 정도 무게의 디젤기관차로 화물을 싣고 운행하게 되면 노후화된 북한철도가 견뎌내기 어려울 것이다. 남한의 레일 무게는 미터 당 50~60킬로그램인 반면, 북한의 레일 무게는 미터 당 37~50킬로그램이다. 작은 레일 무게 만큼 노반 역시 열차 하중에 취약하다. 지금의 북한 철도가 시속 40킬로미터 내외로 서행하고 대부분이 전기 열차인 것을 보면 쉽게 알 수 있다. 디젤기관차 무게를 낮추어야 지금의 북한철도를 다소나마 이용할 수 있다.

남북통일 또는 남북 간의 교류 초기에는 북한의 노후화된 철도를 그대로 활용하는 방안이 강구되어야 한다. 그 한 가지 방법은 전철화하는 방법이다. 전차선만 설치되어 있으면, 120톤 무게의 디젤기관차를 80톤 무게의 전기기관차로 대체하면 하중의 상당부분을 줄일 수 있다. 기관차 하중을 줄이면 북한 철도의 일부만 보강하면 한동안 사용 가능할 것이다.

또 다른 방법은 전기방식의 동력 분산식 화물열차를 운행하는 방법이다. 중앙집중식인 전기기관차를 대신하여, 화차 중간중간에 모터를 넣어 동력을 분산시키면, 열차의 축당 하중을 대폭 낮출 수 있다. 만족스럽지는 않지만, 제한된 범위에서 열차 운행이 가능하다. 이들 화물열차의 운행 빈도를 늘리면 긴급한 생필품과 전략물자의 수송은 가능할 것이다.

현재 곡선 반경이 작은 북한철도를 개량만으로는 고속화하기엔 한계가 있다. 장기적으로는 지금의 북한철도를 대체할 고속열차와 화물열차가 동시에 운행할 수 있는 직선화된 철도 노선을 신설해야 한다. 이를 위한 체계적인 준비가 필요하다.

철도 물류의 혁신

2단적 컨테이너 열차

미국 여행 중 승용차 차창 너머로 초장대 2단적 열차가 운행하는 모습을 쉽게 목격할 수 있다. 이들 초장대 2단적 열차는 최대 600여 개의 컨테이너를 싣고, 최대 시속 100킬로미터로 달린다. 미국 철도회사들은 이들 열차 운행으로 막대한 이익을 챙기고 있다. 철도 대량 운송으로 운송비를 낮추어, 도로나 선박으로 운송할 물량을 흡수하기 때문이다.

미국은 물론 캐나다, 중국, 인도, 호주 등도 마찬가지 상황이다. 우리나라도 이들 나라와 같이 초장대 2단적 열차를 운행하는 방법이 없을까?

우리나라에서는 컨테이너 화물열차는 1단으로 30량 정도를 달고 달린다. 효율성 측면에서 보면, 미국의 2단적 열차의 10분의 1정도이다. 우리나라 화물열차의 경우 수송거리가 짧고, 열차당 운송량도 적어 운행할수록 적자가 커진다. 이럴 바에는 철도 화물수송을 아예 접는 게 나을 정도이다.

서울~부산 편도에 화물열차를 운영할 경우 6명의 기관사가 필요하다. 이 숫자는 서울~부산 편도에 필요한 고속열차 기관사 숫자의 12배에 해당한다. 디젤기관차가 견인하는 화물열차의 연료비도 고속열차에 버금가는 수준이다.[183] 그러나 서울~부산을 오가는 1개의 컨테이너 화물열차 수입은 2천만 원 내외다. 이는 고속열차 수입의 10분의 1도 되지 않는다.

이로 인해 코레일은 화물수송에서 엄청난 적자를 내고 있다. 적자 일부를 운송업체에 도로수송 전환 보조금으로 주고, 철도화물 수송을 접으면 오히려 경영이 나아질 정도이다. 코레일이 화물운송에서 적자를 줄이려면, 지금보다 수송효율을 4배 이상 올려야 한다. 그 방법 중 하나가 초장대 2단적 컨테이너 열차이다. 이 열차는 기존 화물열차보다 4배 정도 수송용량을 높일 수 있어, 철도 화물운송에 따른 적자를 다소나마 줄일 수 있다.

미국에서는 글로벌 또는 장거리 물동량의 상당부분을 초장대 2단적 열차가 수송하고 있다. 과거 파나마 운하의 폭이 작아 20피트 컨테이너 기준으로 4000개를 운반하는 4000TEU Twenty-foot Equivalent Unit 급 이상의 컨테이너 선박은 파나마 운하를 통과할 수 없었다. 따라서, 파나마 운하을 우회하여 초장대 2층 컨테이너 화물열차로 미국 대륙을 횡단한 후, 미국 양안兩岸에서 선박으로 환적하는 복합운송경로가 이용되기 시작했다.

이를 두고 아시아와 유럽을 오가는 선박 항로 중간에 미국 대륙횡단철도를

---

183 서울-부산 기준으로 연료비는 KTX 열차 222만 원, 화물열차 (디젤 기관차) 189만 원이다. "KTX가 서울-부산 424㎞ 달리면 전기료는 얼마?" (중앙일보, 강갑생 기자, https://www.joongang.co.kr/article/25263290#home)

이용하여 운송경로를 연결했다고 해서, 랜드 브리지land-bridge라는 별명이 붙었다. 아시아나 유럽에서 미국 내륙으로 운송하는 미니 브리지mini-bridge, 마이크로 브리지micro-bridge의 개념도 이때 생겨난 것이다. 그동안 미국의 초장대 2단적 열차는 파나마 운하 통과항로를 대체하는 복합화물수송로 역할을 해왔다. 이들 열차의 높은 수송 생산성으로 침체일로에 놓였던 미국 철도산업은 르네상스기를 맞았다.

2016년 파나마 운하의 새로운 갑문閘門이 개통되어 13,000TEU의 컨테이너 선박이 오갈 수 있게 되었다. 이로 인해 화물의 철도와 선박운송 간에는 또 다른 경쟁 국면에 직면하고 있다. 그렇지만, 철도는 시간과 거리에 우위를 갖고 있고, 선박수송은 비용 우위를 갖고 있다. 전 세계적으로 화물 운송량이 늘어나고 있고, 시간이 지날수록 그 가치가 늘고 있다. 이로 인해 미국의 초장대 2층 컨테이너 열차의 경쟁력은 여전하다. 우리나라도 물류 경쟁력 확보를 위해 미국, 인도, 중국 등에서 운영하고 있는 2단적 컨테이너 열차를 도입할 필요가 있다.

2010년 국토교통부 교통정책실장 시절이다. 2단적 컨테이너 열차 도입을 위해 예비타당성 조사를 마치고, 어렵게 전차선 상향조정을 위한 150억 원의 예산을 확보했다. 하지만 안타까운 일이 공직을 떠난 후 일어났다. 국토교통부 한 고위 공직자가 감사원에 이를 예산낭비로 몰아 감사하도록 한 것이다. 이로 인해 물류 혁신을 위해 열심히 일한 공직자들이 감사 받느라 어려운 시간을 보냈다. 이후 부산항과 광양항을 잇는 2단적 컨테이너 열차 운행 계획은 좌초하고 말았다.

공직을 떠난 이후, 6년을 돌아 코레일 사장으로 돌아왔다. 코레일 사장으로서 철도화물 수송에서 발생하는 천문학적인 적자를 줄여야 했다. 과거에 추진하던 2단적 컨테이너 열차 사업을 다시 추진하고자 하니 이미 곳곳이 암초다. 감사원과 국책연구원이 한 번 나섰으니, 그 누구 하나 선뜻 나서는 이가 없다.

코레일 사장으로 오기 전, 대한통운에서 한국형 2단적 열차 기술 개발을 요구했다. 이 방식은 소형컨테이너를 별도로 제작하여 2단으로 적재하는 기술이다. 먼저 추진한 전차선을 상향 조정하여, 표준 컨테이너를 2단적으로 적재하는 방식과는 다른 방식이다. 기업에서 요구한 사항이니 정부 입장에서 기술 개발에 호의적이었다. 한국철도기술연구원이 주축이 되어 기술개발에 나섰다.

이들 기술개발을 뒷받침하기 위해, 2016년 6월 7일 관계기관 간 '철도와 항만의 물류 활성화를 위한 2단적 화물열차 도입 추진을 위한 업무협약'을 체결했다. 당시 업무협약 체결에 참여한 기관은 코레일, 부산항만공사, 한국철도기술연구원, CJ대한통운, 코레일로지스, 의왕ICD 등 6개 기관이다.

부산진역에서 시연한 한국형 2단적 열차의 모습이다. 열차에 활용되지 않는 하부 공간을 살려내어 보다 많은 화물을 실어 나를 수 있다.

이로부터 6개월 이후, 부산에서 한국형 2단적 열차 운행에 대한 시연회를 가졌다. 시연회 자체는 매우 성공적이었다. 그렇지만 화물운송업체가 한국형 2단적 열차를 이용하려면, 추가로 소형 컨테이너와 저상 화차 제작 비용 모두를 부담해야 했다. 이래저래 한국형 2단적 열차에 대한 더 이상의 진전이 없었다. 당초 추진한 대로 전차선을 높여 기존 표준 컨테이너를 2단 적재하는 2단적 컨테이너 열차를 운행했다라면, 그 활용도가 매우 높았을 것이다. 한번 흔들려 버린 국가 장기 프로젝트를 다시 추진한다는 것은 그만큼 어렵다. 우리나라는 세계 물류 중심국가라는 꿈이 있다. 그 꿈을 실현하려면 2단적 컨테이너 열차 운행은 필수이다.

초장대 화물열차

화물열차 수송력을 강화하는 또 다른 방법이 있다. 화물열차를 초장대화하는 방법이다. 코레일 화물열차는 화차를 최대 40량 까지만 연결할 수 있다. 외국처럼 100량 이상의 화차를 연결하는 초장대 화물열차를 운행할 수 없을까?

우리나라에서 초장대 화물열차를 운행하지 못하는 이유는 화물열차의 제동 방식 때문이다. 달리는 화물열차를 정지시키려면, 기관차에서 만들어진 압축공기를 순차적으로 뒤쪽 화차로 보내 제동을 잡아야 한다. 열차 길이가 길어질수록, 기관차와 맨 마지막 화차 간에는 제동 시차가 생긴다. 이 제동 시차로 인해, 열차 앞뒤 화차 간에 반대 방향의 힘이 생겨 충돌하게 된다. 이 충돌로 탈선의 위험이 상존한다. 한 개의 기관차가 탈선하지 않고 끌 수 있는 화차 숫자는 최대 40량 정도이다.

코레일 직원, 철도기술연구원, 철도 전문가들에게 초장대 화물열차 운행을 위해 무엇을 해야 하는지를 물었다. 이 질문에 대해 제대로 답하는 사람이 없었다. 아마도 초장대 화물열차 운행 자체에 관심이 없었기 때문이었다. 초장대 화물열차 운행에 관한 노-하우를 알아 보기 위해 미국, 중국 등에 직원을 파견하여 조사하도록 했다. 이 과정에서 미국 제네널일렉트릭GE과 와부텍이란 회사가 화물열차 초장대 기술을 갖고 있다는 것을 알았다. 이들 회사와 화물열차 초장대 기술 도입을 위해 다각인 접촉을 시도했다. 이들 기업은 자신들의 기술을 제공하는데 상당한 금액과 기간을 요구했다. 그들이 요구하는 돈은 그 효율성에 비해 그다지 문제가 되지 않았지만, 기술을 도입하는 과정에서 거쳐야 하는 절차가 복잡했다. 코레일 사장 임기 중에 이 기술을 도입할 수 있는지도 의심이 들었다.

이 기술을 빠르게 구현하기 위한 고민이 깊어졌다. 오랜 고민 끝에 직접 초장대 열차 기술을 개발하는 방법을 찾아 나섰다. 그러기 위해서는 초장대 열차 핵심기술을 아는 게 중요했다. 초장대 화물열차를 운행하려면, 열차 앞뒤에 두 대의 기관차를 배치하고, 그 중간에 화차를 배치해야 한다. 이를 기관차 두 대가 열차를 앞뒤에서 끄는 방식push-pull이라 한다. 이럴 경우 화물열차가 정지하게 되면, 열차 앞뒤에 배치된 두 개의 기관차에서 무선으로 동시에 압축공기를 앞뒤 화차로 보내 제동을 걸게 된다. 그렇게 되면 열차의 앞뒤 화차 간 제동 시차를 줄일 수 있다. 따라서 열차 길이가 늘어나도 화차 간 충돌이나 탈선의 위험이 없다. 초장대 열차를 운행하기 위해서는 열차 맨 앞 기관차에 탑승한 기관사가 맨 앞과 맨 뒤에 연결된 두 개의 기관차를 무선으로 동시에 제어해야 한다. 두 개의 기관차를 동시에 제어하는 기술은 우리나라의 뛰어난 IT 기술력과 현대로템의 기관차 제작 경험으로 어렵지 않게 개발할 수 있을 것으로 보았다.

2017년 3월 27일 코레일, 현대로템, 한국철도기술연구원, IT 업체가 한자리에 모였다. 이들 기관과 '무선 중련 제어 기술개발 협약'을 체결했다. 앞 기관차 기관사가 열차 앞뒤에 배치된 두 개의 기관차를 동시에 제어하는 기술을 개발하기 위해서이다. 코레일에서는 기술개발을 위해 열차, 기관사, 선로 제공 등 적극적인 지원을 약속했다. 협약 체결 행사 말미에 2개월 내로 기술개발을 끝내줄 것을 당부했다. 그 기간이면 우리의 우수한 기술력으로 기술개발이 가능하다고 믿었기 때문이다.

2017년 5월 18일 부산신항역에서 초장대 화물열차에 대한 시연이 있었다. 기술개발 협약이 체결된 지 2개월도 채 되지 않던 시기이다. 부산신항역에 컨테이너 화차 80량이 연결된, 길이 1.2킬로미터의 초장대 화물열차가 위용을 드러냈다. 그리고는 부산신항역~진례역 간 21.3킬로미터 구간을 미끄러지듯 달려갔다. 운행 과정에서 어떠한 장애나 오류가 없었다. 앞으로, 이 기술을 이용한다면 200량의 화차가 연결된 3킬로미터에 달하는 초장대 화물열차를 운행할 수 있다. 언젠가 우리나라에서 이들 열차를 볼 수 있는 날이 올 것이다. 초장대 화물 열차 위용을 본 언론들은 1면 톱으로 이 사실을 국민에게 알렸다. 그리고 많은 국민이 우리 철도에서 새로운 희망을 보았다.

2017년 3월 27일 코레일, 철도기술연구원, 현대로템 등 3개 기관은 '무선중련제어 기술개발협약'을 체결했다. 협약체결 후 2개월만에 80량의 화차를 연결한 1.2킬로미터 길이의 초장대열차를 선보였다.

초장대 화물열차는 3개월이라는 짧은 기간에 기술조사, 개발, 시험 운행까지 모두 마친 빠른 혁신의 성과물이다. 혁신에는 오랜 시간이 필요하지 않다. 평소 공부하고, 경험하고, 준비하고, 열정이 있으면 일순간에도 혁신할 수 있다. 초장대 화물열차 운행에 필요한 대피선로가 없다는 이유로 이를 비판하는 사람들이 있다. 심야시간대 운행한다면 대피선로 없이도 운행할 수 있다. 고민하면 언제든지 해법을 찾을 수 있다. 이것이 우리 대한민국이 여태까지 살아온 방식이다.

남해안 항만 산업 벨트

북한 철도망을 이용하면 대륙 횡단철도와 연계가 가능하다. 이들 선로를 표준궤도와 광궤도를 모두 부설된 복합선로로 건설한다면 환적없이 시베리아 횡단철도를 이용할 수 있다. 이들 복합선로는 시베리아 횡단철도에서 북한의 나진선봉지구까지 부설되어 있다. 이 복합선로를 연장하여 부산항까지 끌어들이면 된다.

남북철도가 연결되면 북한, 러시아, 중국, 일본을 통틀어 중국의 상해항 북쪽의 국제항로와 대륙철도가 만나는 지점은 부산항이 유일하다. 남북철도 연결의 최대수혜자는 러시아 블라디보스토크도, 북한 나진항도 아닌 우리 부산항이다. 일단 대륙횡단철도가 부산항과 연결되면, 복선화된 경전선 철도를 배후 수송망으로 활용하여, 남해안 일대에 거대한 항만 벨트와 대규모 산업단지를 조성할 수 있다. 그리고 부산항과 광양항, 인접한 항만들을 하나의 허브 항만으로 묶어내면, 동북아 물류 허브로써의 단초를 마련할 수 있다.

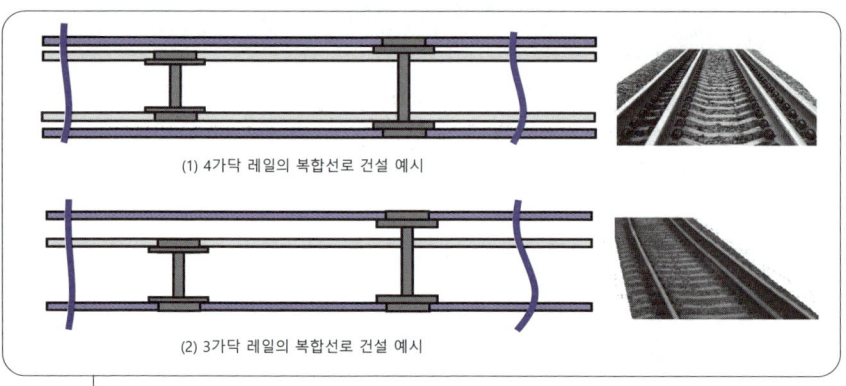

(1) 4가닥 레일의 복합선로 건설 예시

(2) 3가닥 레일의 복합선로 건설 예시

표준궤와 광궤를 동시에 부설하는 복합 선로를 건설하는 방안이다. 상단 그림은 분기점 근처에는 개별적인 궤도의 복합 선로를 건설하는 방안이다. 하단 그림은 분기점이 없는 구간이 지속될 경우, 두 개의 궤도를 병행하여 사용하는 복합 선로 설치를 검토해 볼 수 있다.

경쟁력있는 남해안 항만 벨트를 조성하려면, 이들 항만 배후를 연결하는 내륙수송망은 필수적이다. 그래야 세계 각처로부터 오가는 컨테이너 환적 물량을 용이하게 처리할 수 있다. 부산신항에서 진주까지 경전선 복선전철이 부설되어 있다. 이 복선철도를 광양항까지 확장하고, 부산항과 광양항 간에 2단적 컨테이너 열차를 운행하면 대규모 항만 배후 내륙 수송망이 만들어진다. 이를 기화로 남해안 일대의 항만을 하나로 묶어 낼 수 있다.

이렇게 되면 남해안 항만 벨트 주변으로 세계 각지의 물자공급 체인과 연계된 대형 산업단지를 조성할 수 있다. 이에 더해 가덕도 신공항, 사천공항, 여수공항 등을 이용해 항공, 해운, 철도가 연결된 복합 국제 물자공급망도 구축도 가능하다.

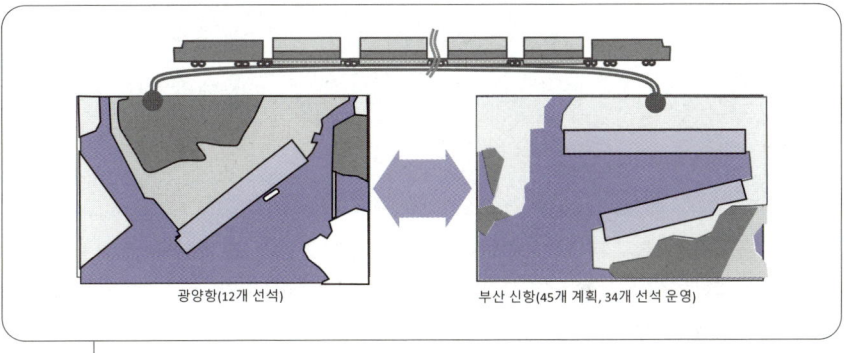

광양항(12개 선석)   부산 신항(45개 계획, 34개 선석 운영)

부산신항과 광양항을 신설된 경전선 복선과 연결하여, 하나의 항만으로 운영하는 방안이다.

세계 물류 중심에 서면, 세계 제조업의 중심에 서는 것도 어렵지 않다. 이들 항만 주위를 인공지능형 공장들로 가득 채운다면, 세계 최고의 경쟁력 있는 산업 벨트가 형성될 것이다. 인구가 많고 인건비가 저렴한 중국과 동남아시아보다도 높은 생산성을 가진 공장을 지을 여지가 생긴다.

기후 온난화로 북극항로 이용이 빈번해지고 있다. 이 항로를 이용하여 북극권에서 채취되는 석유 및 천연가스를 선박으로 수송하여 남해안 일대를 대규모 에너지 저장고로 만들 수 있다. 이렇게 되면, 우리나라는 또 다른 형태의 에너지 대국이 된다.

우리나라는 지정학적으로 중요한 위치에 있다. 이를 어떻게 활용할지는 우리 하기 나름이다.

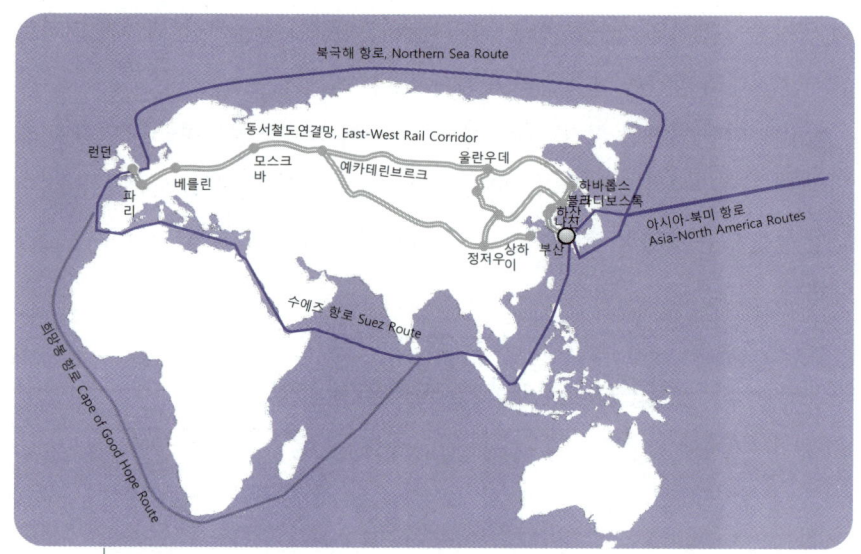

지구온난화로 북극항로를 이용하는 선박이 늘고 있다. 최단 북극항로에 인접한 부산항은 세계물자공급망 거점으로 도약할 기회를 맞고 있다.

제10장 | 미래 에너지

미래에는 데이터 센터, 정밀 반도체 제조, 전기 자동차 등 지금보다 훨씬 많은 양의 에너지가 필요하게 된다. 인류 미래의 생존에 필요한 막대한 양의 에너지를 어떻게 확보해야 할까?

생명의 원천, 에너지

에너지는 생명의 원천이다. 생명의 탄생과 진화 모두 에너지와 밀접한 관계가 있다. 지구 표면에 에너지를 공급하는 태양이 없었다면 지구상에 생명이 존재할 수 없었을 것이다.

모든 생명체는 나름의 온도에서 태어나고 진화한다. '초기 생명체'의 하나인 고세균古細菌, Archaea 중에는 섭씨 45도 이상의 온도에서 생존하는 호열성 세균, 그보다 고열에서 생존하는 초고온 세균이 있다. 이들 고세균들은 자연에서 나오는 고열 에너지를 그대로 이용하여 생존하고 있다.

생명은 바다에서 기원했다. 바다는 태양 에너지를 저장하는 커다란 에너지 저장고이다. 바다는 바람, 사계절, 일교차로 온도 변화가 큰 육지보다 적절한 온도 유지가 수월하다. 이런 바다가 단순한 구조의 초기 생명체가 태어나 번식하기엔 최적의 조건이었다. 초기 생명체 탄생은 태양의 직사 광선을 받는 적도equator 주변의 바다에서 시작되었을 가능성이 높다. 하나의 예로 다양한 종의 생명체로 찰스 다윈의 진화론의 시발점이 된 갈라파고스 제도는 적도를 의미하는 에콰도르Ecuador 땅이다.

이후 생명체들은 태양 광선을 이용해 물과 이산화탄소로부터 포도당과 같은 축적 가능한 화학 에너지를 얻는 방법을 터득했다. 이 광합성 과정에서 생명 유지에 필수적인 다량의 산소를 생산하고 있다. 바다에 널리 펴져 있는 단세포 식물인 규조류는 광합성을 하며 지구 산소의 80%를 공급하고 있다. 이 규조류는 식물플랑크톤으로 동물플랑크톤의 주요한 먹잇감이다.

초기 생명체들이 광합성으로 태양 광선에서 물과 이산화탄소 만으로 에너지를 얻는 방법을 알게 되면서, 생명체는 바다를 떠나 육지로 이동하기 시작했다. 최초의 육지 생명체는 광합성으로 에너지를 얻는 엽록체를 가진 식물이었다. 이들 식물을 먹잇감으로 삼는 초식동물이 태어나고, 초식동물을 먹잇감으로 삼는 육식과 잡식동물이 육지에 자리를 잡기 시작했다. 초기 육지 생명체들은 적도 부근에서 태어나기 시작한 것도 체온유지가 용이했기 때문이었을 것이다. 지금의 인류도 아프리카에서 시작되었다는 아프리카 기원설이 정설이다. 물고기는 자신의 생존에 유리한 온도를 가진 해류를 따라, 철새들은 따뜻한 곳을 찾아 자신의 근거지를 옮기며 생을 유지하고 있다. 인간은 기후 변화로 인한 온도 상승과 불이라는 에너지를 만들면서 지구 곳곳으로 퍼져 나갔다. 그만큼 생명체의 삶은 에너지와 깊은 관계가 있다.

인류는 물론 모든 생명체는 에너지를 기반으로 생존해 왔다. 미래 역시 인류 생존에 필요한 에너지를 어떻게 확보하느냐가 인류 운명의 가르마를 타게 될 것이다.

무한 에너지

제4차 산업 시대에 들면서 초정밀 3D 반도체 제작, 공장 자동화, 전기 자동차, 로봇, 인공지능, 사물인터넷, 빅데이터 기술이 지구촌 전반에 확산되고 있다. 모두 막대한 전기 에너지를 필요로 하는 기술들이다. 이에 필요한 엄청난 양의 에너지를 확보하지 못하면 인류의 미래를 장담할 수 없다. 인류에게는 미래 생존에 필요한 에너지를 확보하는 것이 당견 과제이다.

아인슈타인은 $E = MC^2$ '물질은 곧 에너지다.'라는 공식을 도출해 냈다. 우주에 존재하는 모든 물질은 에너지 응집체라는 이야기이다. 아인슈타인의 공식대로라면, 물질로 가득 찬 우주에서 에너지를 얻어내기는 어렵지 않아 보인다. 하지만 이를 얻기까지는 상당한 투자와 노력이 필요하다. 이에 대한 논의를 해보기로 하자.

인류가 사용하는 에너지양이 빠르게 늘고 있다. 고갈되는 석탄과 석유를 인류의 에너지원으로 계속 사용할 수 있을지 불투명하다. 더구나 지구온난화로 인해 이들 연료를 무한정 사용하기도 어렵다. 그리고 수력, 풍력, 태양광 등 자연 에너지 역시 생산량이 제한적이다.

인류는 무한 에너지를 발굴하기 위한 여정에 올랐다. 그 여정의 시작은 원자력 발전이다. 원자력 발전에는 3가지 유형이 있다. 핵분열, 핵융합, 방사선 붕괴다.

핵분열에 의한 원자력 발전은 불안정한 원자구조를 가진 우라늄-235(^{235}U), 플루토늄-239(^{239}Pu), 토륨-232(^{232}Th)의 분열시켜 이때 발생하는 열로 전기를 생산한다. 우라늄-235(^{235}U) 1킬로그램으로 석유 9,000드럼, 석탄 3,000톤에 해당하는 에너지를 생산할 수 있다. 핵분열 에너지의 높은 생산성으로 원자력 발전소가 세계 곳곳에 들어서고 있다.

현재 운영 중인 원자력 발전 기수는 32개국 422기에 설비용량은 378,314메가와트$_{MWe}$에 달한다. 건설 중인 원자력 발전 기수는 18개국 57개이며, 원자력 발전을 계획 중인 국가도 16개국에 설비용량은 166,055메가와트$_{MWe}$이다.[184] 원자력 발전의존도는 프랑스 70.6%, 슬로바키아 53.1%, 우크라이나 51.3%, 우리나라 27.4%, 미국 19.7% 등이며 세계 평균 10% 정도이다.[185]

핵분열 원자력 발전 방식은 방사선 방출, 핵 오염물질 발생 등 환경문제가 제

---

[184] "세계 원전 현황" (한국원자력산업협회, https://www.kaif.or.kr/ko/?c=189&s=&gp=1&gbn=list)
[185] "전세계 가동 원전 450기…한국 세계 5위·원전 의존도 13위" (글로벌이코노믹, https://www.g-enews.com/article/Global-Biz/2022/01/20220123143556345634229a1f309431_1)

기되고 있다. 이에 대한 하나의 대안이 인공 태양으로 불리는 핵융합 발전이다. 청정 에너지라는 이유로 꿈의 에너지라고도 불린다. 1개의 에너지로 핵융합을 시켜 1개 이상의 에너지를 만들어 내는 것을 목표로 한 기술이다. 조기에 성과를 내기 위해, 핵융합 최소 온도인 1.36억 K(Kelvin 온도, K= 섭씨 온도+273.15)로 수소와 삼중수소를 헬륨으로 핵융합하는 기술이 개발 중이다. 하지만 핵융합 원자력 발전 역시 풀어야 할 많은 난제가 있다.

첫째로 수소와 삼중수소를 헬륨으로 변환시키는 핵융합 발전을 위해서는 1.36억 K 이상의 열을 지속적으로 유지해야 한다. 이 열을 얻기 위해 초전도 자기장 터널에 플라즈마를 가두고, 파장을 이용해 플라스마를 초고열로 달구는 기술이 개발 중이다. 이 기술을 이용하여 우리나라 한국핵융합에너지연구원에서는 2023년 3월 48초 간 1억 K를 유지하는 데 성공했다.[186] 하지만 이 시간은 핵융합 발전을 지속하기엔 너무 짧은 시간이다.

둘째로 핵융합이 일어나면 핵융합에 투입되는 에너지를 보상하고도 남을 충분한 에너지가 나와야 한다. 투입되는 에너지 대비 출력되는 에너지 비율을 융합 에너지 이득계수Fusion energy gain factor, Q ratio라고 이야기한다. 핵융합 발전을 상용화하기 위해서는 에너지 이득계수Q ratio가 22 이상 되어야 한다.[187] 지금까지 융합 에너지 이득계수가 최대 1.94 정도의 실증적 실험 결과를 겨우 내놓는 상황이다.[188] 핵융합의 기술적 난제를 극복하더라도, 상용화까지는 더욱 많은 시간이 필요할 것으로 보인다.

셋째 문제는 핵융합을 하는 과정에서 방출되는 방사능 등 환경 문제이다. 핵

---

186 '1억℃ 48초' 세계 최고기록 갈아치운 한국…2년뒤 '인공태양' 뜬다" (매일경제, 고재원기자, 2024.3.24, https://www.mk.co.kr/news/it/10973096)

187 "핵융합발전" (나무위키, https://namu.wiki/w/%ED%95%B5%EC%9C%B5%ED%95%A9%20%EB%B0%9C%EC%A0%84)

188 미국 에너지부 산하 '로런스 리버모어 국립연구소(LLNL)'의 연구결과이다. "과학자들 '핵융합' 발전 3번 성공…"무한 청정 에너지 시대 열린다" (매일경제, 2023. 12. 21, https://www.mk.co.kr/news/it/10903742)

융합과정에서 방출된 중성자가 플라스마를 가두는 용기에 충돌하면 다량의 방사능이 방출된다. 초전도 기술로 이를 방지하려 하고 있으나 쉽지 않은 모양새이다. 이렇듯 핵융합 과정에서 나오는 방사능 문제는 또 다른 환경문제를 초래할 가능성이 있다.

넷째 문제는 핵융합 전후에 발생하는 초고온의 열을 유지하고 제어하는 문제이다. 핵융합 과정에서 필요한 1.36억 K 이상의 열을 안정적으로 제어하고 냉각하는 기술적 방법이 마련되어야 한다. 또한 초고온에서 견딜 수 있는 용기 개발, 이와 관련된 소재 개발 역시 시급하다.

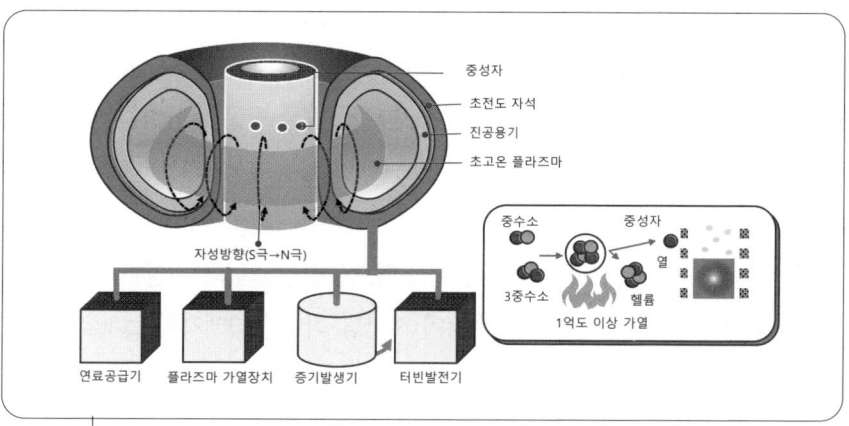

핵융합 원자력 발전의 원리를 설명한 그림이다. 삼중수소와 이중수소로 만든 플라스마를 초전도 자석으로 가두고, 이와 동기화된 파장을 방사하여 가열하는 방식이다. 이 열로 플라스마 온도를 1.36억 K까지 올려 수소와 삼중수소를 헬륨으로 핵융합을 유도한다.

이렇듯 핵융합 발전 실용화까지는 해결해야 할 많은 난제들이 산적해 있다. 이상과 현실사이의 간격은 우리 생각보다 훨씬 커 보인다. 이들 문제를 해결하여 상용화에 이르기까지는 상당 기간이 소요될 것으로 보인다. 당분간 급증하는 에너지 수요를 충족하려면 핵분열 원자력 발전에 의존할 수밖에 없다.[189] 이를 위한 나름의 준비가 필요할 것으로 보인다.

첫째 과제가 핵 원료의 생산 단가를 낮추는 문제이다. 그러려면 지금 핵연료보다 가격이 낮은 범용적인 연료를 사용하는 방법을 고민해야 한다. 첫째 방법은 원자력 발전에 사용된 폐기된 핵연료를 재처리하여 잔존하는 핵연료를 활용하는 방법이다. 이는 이미 선진국에서 시행하고 있는 방법이다. 둘째 방법은 고속증식로에서 고속 중성자 또는 열 중성자를 이용하여 비분열 물질인 우라늄-238(^{238}U)을 플루토늄-239(^{239}Pu)와 같은 핵분열 물질로 변환시키는 기술이다. 현재까지는 기존의 핵연료 가격 대비 핵분열 물질 생산 비용이 많이 들어 활용되지 못하고 있는 기술이다. 셋째 방법은 초고온 등 신기술을 이용해 우라늄, 플루토늄, 토륨 이외에 다양한 원소의 핵연료를 발굴 또는 생산하는 방법이다. 초고온의 열을 얻는 것은 이미 핵융합 기술개발 과정에서 확보된 기술로 시도해 볼 가치가 있다.

두번째 과제가 소형모듈원전SMR, 초소형모듈원전MMR의 개발과 활용이다. 소형모듈원전SMR은 축구장 2개 부지에 시간당 최대 300메가와트MWe의 전력을 생산하는 원전이다. 이 원전의 발전량으로 15만 가구 규모에 전력을 공급할 수 있다. 초소형모듈원전MMR은 대형트럭 크기에 원전시설로 시간당 최대 10메가와트MWe의 전력 생산이 가능하다.[190] 소형모듈원전은 원자력 발전소와 같이 냉각을 위해 바다와 근접하여 건설할 필요가 없다. 소형모듈원전은 물을 대신하여 비등점이 높고 증발하지 않는 나트륨, 납과 같은 금속성 액체와 헬륨, 질소 가스 등을 냉각재로 사용하기 때문이다. 소형모듈원전이 실용화되면, 내륙도시 또는 산간 오지에서 직접 발전이 가능하게 된다. 그렇게 되면, 이들 지역과

---

189 "'꿈의 에너지'... 핵융합 에너지 생산 이정표 썼다." (조나단 아모스, 2022. 2. 10, https://www.bbc.com/korean/international-60331303)

190 "소형모듈원전(SMR)보다 더 작은 MMR까지 개발" (임팩트온, https://www.impacton.net/news/articleView.html?idxno=6998)

바닷가 주변 대형 원전 간에 전력 전송을 위한 송배전 선로를 설치할 필요가 없다. 미래 우주 개척이 본격화되면, 우주선에 장착될 소형 또는 초소형 모듈 원전 수요는 지금의 자동차 엔진 숫자만큼이나 많아질 것이다.

셋째로 원자력 발전으로 인한 핵 폐기물과 방사능 오염 등 환경에 미치는 우려를 불식시키는 일이다. 이 때문에 원자력 발전에 대해 거부감이 있는 것도 사실이다. 이러한 우려를 불식하기 위해 핵폐기물 재처리 기술, 방사능 차폐 기술 등 많은 기술들이 개발되어 왔다. 지금의 인공지능, 로봇, 소재, 바이오 등 기술 발전 속도로 보면 이들 문제는 충분히 극복할 수 있을 것으로 본다.

원자력 발전은 지구 온난화를 방지할 탄소 중립적이며 동시에 미래 수백 년의 인류의 생존을 지킬 중요한 에너지 원이다. 미래를 대비하여 원자력 발전에 필요한 연구, 인력, 장비 보강을 서둘러야 한다.

신재생에너지

자연에서 발생하는 에너지를 그대로 활용하는 신재생 에너지에 대한 논의가 뜨겁다. 신재생에너지는 탄소배출 없이 에너지를 얻을 수 있어 지구온난화를 방지할 수 있다는 생각에서다. 그렇지만 신재생에너지는 발전 효율성, 확장성, 환경면에서 문제가 많다. 더구나 신재생에너지로 원자력 발전소를 대체하려는 생각에는 많은 허점이 있다. 이해를 돕기 위해 하나의 예를 들어 보자.

신재생에너지 중에 가장 효율이 좋다는 풍력발전의 예이다. 고리 원자력 발전소 신1호기에서 생산되는 전력을 풍력 발전으로 대체하여 생산한다고 상정해 보자. 고리 원자력 발전소 신1호기는 시간당 1,060메가와트$_{MWe}$ 용량으로 가동률은 80%정도다. 이를 대체하기 위해서는 시간 당 발전 용량 2메가와트 $_{MWe}$급 풍력발전기 1,800기가 필요하다. 풍력발전기 평균 가동률이 24%[191]에

---

191 "풍력발전 이용률…지난해 고작 24%" (한국경제, 2021.3.8. https://www.hankyung.com/article/2021022809061)

불과하기 때문이다. 풍력발전기 1기당 설치비용 22억원, 소요 부지 면적은 9만 제곱미터[192]이다. 1,800기의 풍력 발전기를 설치하는데만 4조 원, 180제곱킬로미터(관리시설 10% 추가)의 부지가 필요할 것으로 보고있다. 이 부지 면적은 여의도동 전체 면적(8.4제곱킬로미터)의 20배 가량인 땅값만 수십 조원(전국 땅값 평균 1제곱미터 52.4만 원)[193]에 이를 것으로 보고 있다. 따라서 풍력발전소 건설비는 고리 원자력 발전소의 신1호기 건설비(5조 원)의 수십 배, 신1호기 부지 면적(1.1제곱킬로미터)의 164배에 이를 것으로 추정된다. 고리 원자력 발전소 총 면적과 총 발전 설비 용량은 3.5제곱킬로미터로 시간당 5,137메가와트MWe이다. 이에 상응하는 풍력발전시설을 설치하려면 서울시 전체 면적의 1.4배 정도가 필요할 것으로 보고 있다. 이에 들어가는 건설비는 물론, 이를 관리하는 비용도 천문학적인 금액에 이를 것이다.

태양광 역시 마찬가지이다. 원자력 발전소 건립 부지는 설비용량 1메가와트 MWe당 평균 최대 745제곱미터인 반면, 태양광발전소 건립 부지는 1메가와트 MWe당 평균 1만 5,000제곱미터로 태양광발전소가 최소 20배 이상의 면적이 필요하다는 조사 결과가 있다.[194] 태양광 평균 발전시간이 기상 상황, 일조 시간, 유지보수 등을 감안하여 하루 3.71시간(가동률 15.4%)[195]에 불과하다. 이점을 감안하면, 똑같은 발전량을 갖는 원자력 발전소에 비해 최소 100배 이상의 부지 면적이 필요할 것으로 보고 있다.

신재생에너지 발전 장치의 낮은 효율은 한국수력원자력에서 조사한 발전 통

---

192 2메가와트급 풍력발전기의 날개(blade) 길이는 통상 50미터 내외이고 풍력발전기 간 간격은 날개 길이의 5-7배 정도인 점을 감안하여, 풍력발전기 간의 간격을 300미터로 가정하여 산출한 수치임
193 "태양광발전 건설 부지, 원전의 최소 20배 이상 필요" (에너지데일리, 2017.09.11 https://www.energydaily.co.kr/news/articleView.html?idxno=82393
194 "2021년 전국 태양광 발전시간 분석(1) - 월별·계절별 발전시간" (엔라이튼, 2022.01.28, https://www.enlighten.kr/insight/biz-development/8173)
195 "열린원전운영정보 : 운영정비편" (한국수력원자력, https://npp.khnp.co.kr/index.khnp?menuCd=DOM_000000102002001002)

계에서도 잘 나타나고 있다. 2023년 기준으로 발전설비 용량은 원자력 발전은 시간당 24,650메가와트MWe이며, 신재생에너지는 시간당 31,396메가와트MWe이다. 그렇지만 실제 연간 발전량은 원자력은 180,494기가와트시GWh인데 반해, 신재생에너지는 56,592기가와트시GWh에 불과하다.[196] 이들 통계로 유추하면 신재생에너지 발전 설비의 용량 대비 효율은 원자력 발전에 비해 25%에 불과하다.

신재생에너지 발전의 경우, 광활한 지역에 퍼져 있는 발전시설, 이를 관리하기 위한 도로 시설, 전력공급 시설 등 건설비, 유지관리 인력과 장비 비용은 천문학적 규모이다. 그리고 기상에 따라 들쭉날쭉한 전력 생산으로 소요되는 에너지 저장장치 설치에 드는 돈도 무시 못할 정도의 금액이다.

킬로와트시kWh당 전기요금(2024년 기준)과 1차에너지 중 신재생에너지 발전비율(2023년 기준)은 한국 158.45원(2.6%), 미국 219.37원(8.4%), 일본 303.29원(7.8%), 영국 585.35원(14.8%), 이탈리아 569.83원(19.2%), 독일 527.98원(19.6%), 프랑스 339.52원(13.6%)이다. 이렇듯 신재생에너지 발전비율이 높은 국가일수록 전기요금이 비싼 것이 일반적이다.[197] 우리나라의 메가와트시MWh당 에너지균등화비용2(LCOE : Levelized Cost of Electricity2)는 원자력발전 53.3달러, 석탄 75.6달러, 가스(복합화력) 86.8달러, 태양광 96.6달러, 육상풍력 113.3달러, 해상풍력 161달러로 신재생에너지의 발전비용이 훨씬 비싼 것으로 나타나고 있다.[198]

신재생에너지 생산비율이 높아질수록 높은 전기요금, 이로 인한 국민 생활부

---

[196] https://npp.khnp.co.kr/index.khnp?menuCd=DOM_000000102002001002 (열린 원전 운영정보, 한국수력원자력)

[197] "신재생에너지 발전비율" (지표누리, (https://www.index.go.kr/unify/idx-info.do?idxCd=4293), "1년간 묶어놓은 전기요금 '일본의 반값'…영국보다 3.7배 싸다" (뉴스핌, 2024.3.22, https://www.newspim.com/news/view/20240322000580)

[198] "한국 재생에너지 단가 비싸…태양광·해상풍력 미국의 두배 넘어 [갈 길 먼 RE100③]" (한국일보, 이윤주 기자, 2023.10.21, https://www.hankookilbo.com/News/Read/A2023101611280003604)

담 증가와 산업 경쟁력 저하를 감수할 수 밖에 없다. 더 큰 문제는 신재생에너지 발전시설을 설치할 경우 광범위한 지역에 환경 훼손, 태양광 패널과 풍력설비의 폐기물 처리 문제 등 또 다른 환경문제가 수반된다는 사실이다. 또한 신재생에너지 발전시설 설치를 위해 산림지역을 훼손할 경우 산림의 탄소흡수량을 감소시켜 온실가스를 오히려 증가시키는 결과를 초래한다. 신재생 에너지는 그 용어에 걸맞지 않게, 낮은 발전효율, 광범위한 환경파괴, 천문학적 투자비와 유지보수비, 탄소흡수량 감소 우려 등 많은 문제를 안고 있다.

특히, 우리나라와 같이 인구밀도가 높고, 산악 지형 위주의 작은 국토 면적, 자원이 없는 수출 위주인 산업구조를 가진 나라에서는 신재생 에너지로 미래 필요한 에너지를 충당하기에는 한계가 있다. 신재생에너지 발전 비율이 높아 전기료가 매우 비싼 독일의 자동차 공장이 통째로 전기료가 낮은 중국으로 이전하는 이유도 그 때문일 것이다. 현실과 이상의 거리가 매우 크다는 것을 상징적으로 보여주는 사례이다. 따라서 신재생에너지 발전시설은 도서나 오지 등 전력 공급이 어려운 지역을 위주로 제한적으로 설치해야 할 것으로 보인다. 미래 에너지 확보를 위해 탄소중립적인 원자력 발전 비율을 높이거나, 개발도상국에서 청정개발체제CDM: Clean Development Mechanism 사업을 통해 탄소배출권을 확보하는 것이 보다 나은 대안이 될 수 있다.

제11장 | 미래 인프라

산발적 인프라 건설 요구, 근시안적 예비타당성 조사 등으로 전략적 인프라 구축이 어려워졌다. 대한민국 100년을 바라보는 전략적인 인프라 구축이 필요한 시점이다.

고대 이집트 피라미드

고대 이집트인들은 3000년에 걸쳐 300기 정도의 거대한 피라미드를 축조했다. 이중 발굴된 것만도 138기에 이른다. 이집트 최대 규모의 피라미드는 쿠프Khufu왕의 묘지로 알려진 대大 피라미드이다. 이는 기원전 2560년, 2.5톤 무게의 사각 돌 300만 개로 축조한 높이 146미터의 구조물이다.

이집트 피라미드와 스핑크스는 당시 이집트인들의 무모한 도전처럼 보인다. 하지만 그 이면에는 이집트인 나름의 위대한 도전의 이유가 숨겨 있을 것이다.

이면에 숨겨진 위대한 도전의 이유를 찾아보자. 현재로서는 이집트의 왕이며 동시에 신神인 파라오 묘지를 축조했다는 것이 통설이다. 그렇지만 그 이유만으로는 피라미드와 같은 거대 구축물을 건설했다는 이야기는 납득하기 어렵다. 이외에도 여러 가지 이유가 있었을 것이다. 한번 상상의 나래를 펼쳐 생각해 보자.

첫째 이유는 대형 프로젝트에 대한 노-하우의 터득이다. 이집트인들은 나일강 주변에 관개시설을 건설하며 대형 프로젝트에 대한 노-하우를 습득하기 시작했다. 이를 한 단계 발전시켜, 피라미드, 스핑크스 등과 같은 대형 축조물 건설에 필요한 노-하우를 터득하고자 했을 것이다. 이들 노-하우를 이용해 왕궁, 주거지, 성벽 등 고대 도시를 건설하여 외부 침략을 막아내고, 보다 안정적인 삶을 살고자 했을 것이다.

둘째 이유는 국가의 역량 확보와 국력을 과시하기 위해서이다. 이집트인들은 피라미드를 나라의 힘과 역량을 집결시키는 구심점으로 삼고, 나아가 주변 국가에 국력 과시용으로 활용하고자 했을 것이다. 덕분에 이집트는 고왕조(B.C. 3100~B.C. 2200), 중왕조(B.C. 2050~B.C.1800), 신왕조(B.C. 1550~B.C. 1100)에 이르는 3000년 간을 이집트 문명을 주도하는 국가가 되었다. 로마제국 역시 대규모 도시 건설, 사통팔달 도로망 등으로 국가 역량을 확보하여 국력을 확대함으로써 1229년을 존속할 수 있었다.

셋째는 일자리 창출이다. 대형 프로젝트에 대한 노-하우로 나일강 주변에 수로를 깔아 넓은 농지에서 많은 농작물을 수확할 수 있었다. 이 농작물로 나일강 일대로 유입되는 사람들에게 먹거리를 제공했다. 이 먹거리의 대가로 남아도는 노동력을 활용할 대형 프로젝트를 생각했을 것이다. 그 프로젝트는 신에 이르는 왕의 꿈을 실현하기 위한 거대한 피라미드 건설이었을 것이다.

대형 인프라 구축은 프로젝트 건설 노-하우를 축적하고, 국력을 키워 외연을 확대하고, 일자리 창출에 크게 이바지했다. 지금, 이 순간에도 선진국이 되고자 하는 국가들은 대형 공항, 항만, 도로, 철도를 건설하고 있다. 피라미드를 만들던 5000년 전 인류의 지혜가 오늘날까지 이어져 오고 있는 것이다.

국가 인프라 전략

우리나라의 현재는 체계적인 체계적인 인프라 구축 전략에서 시작되었다. 대한민국 최초로 장기적인 국가계획은 박정희 전 대통령이 만든 1962년부터 1981년까지 20년 동안 계속되어 온 경제개발 5개년 계획이다. 이들 장기 계획에 따라 국가전략을 일관되게 추진하여 나락에 빠진 대한민국을 구출할 수 있었다.

현재 대한민국의 미래를 위한 장기 인프라 구축 전략이 있는가? 이에 대해 부정적 입장이다. 빈번한 정권교체로 인해 장기적인 인프라 구축 여지가 없다. 정권 입맛에 맞추어 전임 정권이 추진했던 국가 인프라 사업이 중단되고 있다. 막대한 자금을 투자한 인프라 구축 사업이 매몰비용으로 바뀌는 것은 한 순간이다. 문명의 축적이 아니라 문명의 중단이 현실화되는 상황이 벌어지고 있다.

대표적 사업이 4대강 사업이다. 4대강 사업은 홍수로 인한 상습적인 강의 범람으로 인한 인명과 재산피해, 가뭄으로 인한 물부족 문제를 대처하기 위한 프로젝트였다. 이들 4대강 사업이 종료된 2011년 10월 이후 7년 동안 홍수와 같은 자연재해로 인한 인명과 재산피해가 급격히 줄었다. 그렇지만 4대강 사업을 추진했던 이명박 정부에 대한 비난은 계속되었다. 국가와 국민의 미래와 안위는 온데간데 없었다.

한 예로 4대강 사업을 비난하는 단골 메뉴는 물에 녹색 빛을 내는 녹조綠潮, water bloom현상이다. 녹조는 "부영양화된 호수 또는 유속이 느린 하천에서 녹조류와 남조류가 크게 늘어나 물빛이 녹색이 되는 현상"[199]이다. 이 녹조현상은 없던 물이 생겨나 악화된 환경이 개선되거나, 흐르던 물이 고여 악화되는 중간단계 현상이다. 정밀 분석없이 녹조 발생만으로 환경이 악화되었다고 몰아붙이는 것은 옳지 않다. 4대강 사업의 핵심은 우리가 미래 사용할 물을 확보하는 것이다. 물을 확보하기 위해, 설사 녹조가 발생했더라도 이를 정화하면 될 일이다.

하천유역 정비사업은 4대강 사업의 계속되는 비난으로 투자 우선 순위밖으로 밀렸다. 더구나 지역 주민들의 반대에도 보를 해체하여, 가뭄을 대비할 수 없었다. 그리고 크지 않은 홍수에도 둑이 무너져 농민들이 피해를 입는 결과를 낳았다. 일련의 일들로 인해 4대강 사업이 종료된 2012년 이후 줄어들었던 인명과 재산 피해가 7년만인 2018년 4대강 사업 이전 수준으로 되돌아왔다. 결국 그 피해는 국민들이 고스란히 안았다. 더욱 안타까운 것은 4대강 사업으로 인해

---

199 나무위키: 녹조(https://namu.wiki/w/%EB%85%B9%EC%A1%B0)

생긴 아름다운 수변 공간을 활용하여 청계천과 같은 또다른 매력을 만들 기회를 잃었다는 것이다. 국가 100년 대계의 인프라 사업을 정권 입맛에 맞게 재단하다가 이런 사태를 맞게 된 것이다.

모든 일에는 장단점이 있다. 장점은 크게 살리고 단점은 줄여 나가는 것이 우리가 할 일이다. 반면에, 단점을 침소봉대針小棒大하고, 장점은 감추어 비난에 몰두하는 일은 우리 자신을 위태롭게 하는 일이다. 남을 쉽게 비난하기를 일삼는 일은 자신의 무지를 쉽게 드러내는 일이다.

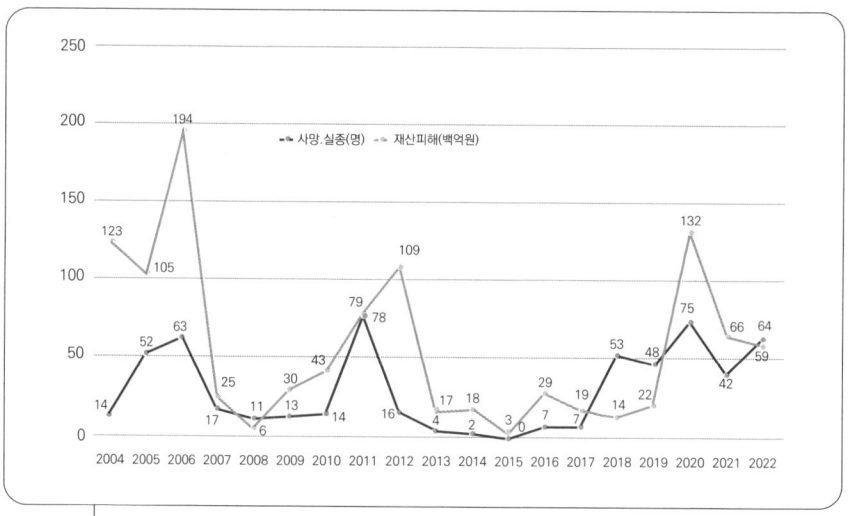

지난 28년간 자연재해로 인한 인명과 재산피해를 나타낸 그림이다. 4대강 사업이 종료된 후 7년 동안 인명과 재산피해가 확연히 줄었다.

국가인프라전략기획단

우리나라에 미래 인프라 전략이 사라진 지는 오래전이다. 5년 단임 정부가 들어선 이후 반복되어 온 일이다. 설사 전략적 투자계획을 마련하더라도, 새로운 정부에서 지난 정부 지우기에 몰두하여 휴지 조각이 되는 경우가 다반사다. 동시에 막대한 예산을 수반하는 거대 인프라 사업들이 전문적 검토없이 묻지마식의 정치적 합의만으로 추진되고 있다. 이래서는 국가 미래를 장담할 수 없다.

우리나라의 인프라 건설은 체계적인 전략없이, 그때그때 국가재정법에 따라 총사업비가 500억 원 이상이고, 국가재정이 300억 원 이상이 들어가는 인프라 건설사업은 예비타당성조사를 거치는 게 전부다. 다만, 지역 균형발전이나 긴급한 경제·사회적 상황 대응 등을 위해 추진되는 사업에 한해 예비타당성조사가 면제될 수 있다. 이와 별개로 민간투자 사업의 경우에는 민자 적격성 검토를 통과해야 한다. 이러다 보니 체계적인 국가 인프라 투자 전략은 갈 길을 잃었다. 지방 또는 정치권에서 산발적으로 인프라 투자사업을 제안하고 정부는 이들 사업의 예비타당성조사로 추진 여부를 묻는 것이 전부다. 이 예비타당성조사에도 많은 문제가 있다.

첫 번째 문제점은 예비타당성조사가 진정한 의미의 타당성 조사라기 보다, 예산 심의 과정의 일부분으로 전락되었다는 사실이다. 예비타당성 조사는 기획재정부 산하 한국개발연구원KDI에서 담당한다. 예비타당성조사에서 타당성이 있는 것으로 나오면 국회의원 등쌀에 예산을 배정할 수밖에 없다. 이를 벗어나는 길은 예비타당성 조사에서 타당성이 없다고 하는 방법이 전부이다. 이런저런 이유로 기획재정부는 한국개발연구원과 사전 조율이란 명목으로 예비타당성조사를 사실상 통제해 왔다. 예비타당성 조사는 사업타당성을 보기보다 과도한 예산 요구 민원에 대한 방어수단으로 활용되어 온 경향이 크다. 예비타당성 조사와 관련한 국회의원과 지자체장의 로비, 기획재정부의 예산운영상 문제 등으로 제대로 된 예비타당성조사 결과를 기대하기 어렵게 되었다.

두 번째 문제점은 정권은 5년마다 바뀐다는 사실이다. 예비타당성조사에 걸리는 시간은 사전타당성조사, 예비타당성조사, 사업예산 반영, 타당성 재조사 등 3년 이상 걸린다. 5년 단임의 정부가 어렵사리 만든 국가 전략 프로젝트는 예비타당성조사로 시간을 보내는 동안 이를 실행할 골든 타임을 상실한다. 그리고 정권이 바뀌면서 모든 것은 원점으로 돌아가기를 반복하는 것이 다반사이다.

세 번째 문제점은 예비타당성 조사로 인해 선先인프라 후後개발 원칙이 무너져 버린다. 선先인프라 후後개발 원칙은 매우 상식적인 이야기이다. 하지만 말만 난무하고, 최근들어 이를 지킨 정권이 한 번도 없다. 예비타당성조사에서 사업비는 정확히 산출할 수 있지만, 장기적 개발계획에 따른 정확히 추정이 어려운 수요는 불확실하다는 이유로 예비타당성 조사에서 제대로 반영하지 않기 때문이다. 따라서 선투자가 필요한 인프라 투자는 예비타당성조사를 통과하지 못하고 하염없이 미루어진다. 예비타당성조사로 시간을 보내는 동안 공사비와 토지가격은 상승한다. 이로 인해 늘어나는 사업비로 인해 아예 사업 자체를 접어버리게 된다. 그리고 인프라 부족으로 인한 국민불편으로 국민의 국가에 대한 불신의 골은 더욱 깊어만 간다.

네 번째 문제점은 예비타당성조사 통과를 위해 사업 규모를 줄인 사업들이 재앙이 되어 돌아온다는 사실이다. 그 대표적인 사례가 김포골드라인[200], 신분당선, 공항철도 등이다. 이들 사업은 예비타당성조사 때마다 타당성이 나오지 않아 투자를 걱정하던 사업이다. 예비타당성조사를 통과하기 위해 중전철에서 경전철로 사업 규모를 줄이거나, 열차편성을 10량에서 2~4량으로 규모를 축소하여 건설하는 관행이 반복되었다.

일례를 들어 김포골드라인은 당초 계획된 47미터(3량 1편성) 승강장 길이를 예비타당성조사를 통과하기 위해 33미터(2량 1편성)로 축소되어 건설된 사업이다. 현재, 이 구간은 대표적인 지옥철이다. 수요 과다 예측이란 이유로 오랫동안 논란이 되었던 공항철도도 늘어나는 승객으로 인해 혼잡이 가중되고 있다. 이로 인해, 인천공항을 오가는 공항 이용 승객과 출퇴근하는 인천지역 주민이 많은 어려움을 겪고 있다. 대중교통을 이용하는 서민들이 사업축소로 줄어든 사업

---

200 한국개발연구원 공공투자관리센터가 발간한 김포 경량전철 건설사업 예비타당성 최종보고서 (2001.6.)중 결론 부분이다. "경제적 타당성이 낮게 나타난 바, 현 여건에서 민자유치사업으로 김포 경전철 건설사업을 추진하는 것은 바람직하지 않음"

비의 수백 배에 달하는 마이너스 편익을 감수하고 있다. 이들 모두 예비타당성 조사가 불러온 문제들이다.

다섯 번째 문제점은 예비타당성 조사비는 한 건에 1억 원 내외이다. 이 돈으로는 심도 있는 사업 검토가 불가능하다. 예비타당성조사로 국가 전략 프로젝트 추진 여부를 결정한다는 것은 수학 문제를 산수로 풀려고 하는 것과 같다. 이 예비타당성조사를 수주하기 위해 기획재정부 예산 방어 취지에 맞게 조사 결과를 낼 전문가들이 넓게 포진되어 있다. 그러니 예산 규모가 큰 전략적 인프라 투자사업이 제대로 추진될 리 없다.

여섯 번째 문제점은 예비타당성조사 결과가 타당성 있다고 나온 이후도 문제이다. 그동안 상황변화로 사업확장이 필요한 경우에도 원안을 그대로 수용할 수밖에 없다. 그렇지 않으면 예비타당성 재검토 과정을 거쳐야 하고, 이로 인해 하염없이 시간을 보내야 하기 때문이다.

우리나라에서 전략적 인프라 투자계획은 사라져 버린지 오래이다. 그리고, 악화惡貨가 양화良貨를 구축하는 양상이 계속되고 있다. 부족한 인프라로 문제가 크게 발생하고 난 후에야 예비타당성조사 면제사업으로 지정하는 해프닝이 반복되고 있다. 병 주고, 약 주는 식의 일 처리 방식이다.

예비타당성조사 면제사업은 이명박 정부 61조 원, 박근혜 정부 25조 원, 문재인 정부는 106조 원에 이른다. 이에 더해 선거전략 차원에서 여야가 법령으로 예비타당성조사를 면제한 가덕도 신공항 사업비는 1단계 사업비만 15조 원을 훌쩍 넘어서고 있다. 예비타당성조사를 통과한 사업비보다, 예비타당성조사 면제 사업비가 더 큰 비정상적 상황이 계속되고 있다.

예비타당성조사 면제사업이 많아진 이유는 인프라 부족으로 인해, 고통받고 있는 지역주민 불만을 더 이상 외면할 수 없었기 때문이다. 전략 없이 서둘러 투자하다 보니, 토지 가격 상승, 건설비 상승 등 사업비 증가로 예산이 추가로 들어가는 상황도 심심치 않게 벌어지고 있다. 더욱 안타까운 점은 인프라 사업 간 연계성을 강화하여 시너지 효과를 낼 수 있는 기회를 잃어버렸다는 사실이다.

과거 간선철도에도 비슷한 일이 일어났다. 사업 타당성 확보를 위해 설계속도를 낮추어 사업비를 낮추는 일들이 곳곳에서 생겨났다. 이 때문에 구간마다 시속 100, 150, 200킬로미터 등 각기 다른 속도의 철도가 건설되고 있었다. 이로 인해 막대한 투자를 수반한 철도망 전체가 매몰 비용이 될 상황에 이르렀다. 다행히 2010년에 수립된 제2차 국가철도망 계획을 통해 모든 간선철도를 시속 250킬로미터로 높이면서 서둘러 수습하긴 했다. 하지만, 그 이전에 깊은 고민 없이 투자한 국가 프로젝트로 인한 후유증으로 아직까지 골머리를 앓고 있다.

미래 100년을 가늠하는 인프라 투자를 예비타당성조사에 의존하여 투자하는 것은 옳지 않다. 이 때문에 '선 교통 후 개발'이라는 구호는 공염불이 되고 있다. 많은 세월이 지난 후에 이를 보완하느라 몇 배의 돈을 들여 새롭게 교통 인프라를 추가로 건설해야 한다. 그 이전에 투자한 인프라는 매몰비용이 되고, 이로 인해 국민들은 하루하루 고통을 받는다. 지금도 전국 곳곳에서 이러한 일이 일어나고 있다.

인천공항철도의 경우, 개통초기 일시적 수요부족을 이유로 예산을 낭비했다는 비난을 감수해야 했다. 이를 추진했던 정책 담당자에게 감사원과 수사기관에게 이리저리 불려 다니느라 많은 고생을 했다. 하지만 지금의 공항철도는 매우 혼잡하다. 만약, 그당시 공항철도를 건설하지 않았으면 어떻게 되었을까 하는 생각이 든다. 그렇다면, 수요를 과소하게 예측하여 비관적인 예비타당성조사 결과를 낸 전문가들에게도 똑같은 잣대로 처벌해야 한다. 그럼에도 그들은 투자한 예산이 없으니 예산 낭비로 처벌받지 않았다. 상황이 이럴진 데, 타당성이 있는 사업도 타당성 없다고 결론 내는 자칭 전문가의 관행이 지속될 수밖에 없다.

코레일 사장 시절, 장기 수요와 승차난을 감안하여 대규모 고속열차 차량 구매 계획을 마련한 적이 있다. 3개월이면 끝난다는 예비타당성 조사는 1년 가까운 시간을 보낸 후에 타당성이 없다는 결론을 냈다. 당시 출퇴근 시간이나 주말이면 승차권 구하기 전쟁이 일어나는 상황에서, 1년의 허송세월을 보내고 그런 결과가 나왔다는 것은 어처구니가 없다. 2016년 예비타당성조사 당시, 시속 320킬로미터의 동력분산식 고속열차 1량 가격은 32억 원 정도였다. 이로부터 7년이 흘러, 2023년 동일사양의 고속열차 1량 낙찰가격은 53억 원이 되었다. 그리고 최근에는 고속열차 1량당 가격을 70억원 정도로 부르고 있다. 예비타당성 조사로 투자 적기를 놓치며 막대한 추가비용이 발생한 것이다. 코레일은 당시 예비타당성조사 결과로 고속열차 구매계획이 좌절되어 막대한 손실이 생겼다. 하지만, 당시 예비타당성조사를 담당한 전문가들은 투자한 돈이 없어 손실이 발생하지 않았다는 이유로 아무런 처벌을 받지 않았다.

불확실한 미래를 얼마되지 않는 돈으로 예측할 수 있다는 근거 없는 자신감은 도대체 어디서 나온 것일까? 그리고 타당성이 나오지 않을 것이 뻔한 예비타당성조사로 언제까지 아까운 시간을 낭비해야 할까? 국가 인프라 프로젝트를 권력 투쟁의 정쟁 도구로 삼아 국정감사, 감사원 감사 등을 통해 화풀이하는 후진적인 모습을 언제까지 보아야 하나? 그리고 국가 인프라 프로젝트에서 한발 물러나 바라만 보는 공직자들은 어찌할 것인가? 선진국으로 가는 길에 일어나서 안 될 일이 대한민국에서 공공연히 일어나고 있다. 이제 예비타당성조사를 통해 우리의 미래를 잘라 내는 일에 열중하기 보다, 다가오는 미래에 무엇을 해야 할지를 진지하게 고민해야 한다.

코로나19로 인한 재난지원금이 지난 3년간 160조 원[201]에 이른다. 이는 고속철도 2,300킬로미터[202] 건설비로, 경부고속철도 5개를 건설할 수 있는 돈이다. 이 돈들은 건설해야 할 인프라 건설이 억제하고, 국가 부채를 늘리며 만든 돈이

---

201 평택~오송 2복선화 연장은 46.4킬로미터, 건설비는 3조1,816억 원으로 평균 1킬로미터 건설비는 686억 원이다.
202 재난지원금 규모는 1차 14.3조 원, 2차 7.8조 원, 3차 9.3조 원, 4차 19.5조원, 5차 34.9조원, 6차 16.9조 원, 7차 59.4조 원으로 총 162조 원으로 추정됨(각종 언론 자료 등 참고)

다. 정치적 이득 여부만을 따져, 막대한 금액의 예산이 타당성조차 산출하기 어려운 사업들로 흔적없이 사라져 버리고 있다. 그 규모는 선거가 반복되며 점차 커지고 있다. 이들이 남긴 부채는 미래 세대 부담으로 고스란히 남았다.

인프라 부족으로 국가 경쟁력은 떨어지고 국민의 고통은 심화되고 있다. 그리고 국가 부채는 한없이 늘어나고 있다. 이러한 모습으로는 대한민국의 미래를 제대로 그려 낼 수 없다. 지금이라도 제대로 된 국가 비전과 그에 맞는 인프라 투자전략을 마련하고, 이를 일관성 있게 추진해야 한다. 전략적인 인프라 사업이 성공하기 위해서는 모든 부서의 일사불란한 협조가 필요하다. 전략적 인프라 구축 사업에 국가 최고 의사결정자권인 대통령이 직접 나서야 하는 이유이다.

가덕도 신공항, 대구 신공항 등이 지역 숙원사업으로 추진되고 있다. 이들 사업비는 수십 조 원에 달한다. 이들 사업이 여러 부처 사업과 유기적으로 추진되지 않으면 시너지 효과를 낼 수 없다. 지금이라도 이들 인프라를 다른 인프라 사업들과 연계시켜 시너지 효과를 내도록 하는 전략적 접근이 필요하다.

이를 위해 대통령 직속 '국가인프라전략기획단(가칭)'을 설치하여, 인프라사업에 대한 전략적인 청사진을 그려 내야 한다. 이를 바탕으로 신도시와 산업단지 등 인구와 일자리 배치계획을 만들어 내야 한다.

노태우 대통령 시절 유사한 사례가 있다. 대통령 직속 사회간접자본투자기획단(약칭 SOC기획단)이다. 당시 사회간접자본투자기획단 단장은 김종인 대통령 경제수석, 부단장은 이석채 전 정보통신부장관이 맡았다. 대통령이 신임하던 인사들이다. 이 당시 주택 200만 호 건설, 경인복복선 전철 건설, 교통사업특별회계 신설 등 선제적인 전략적 투자 결정이 바로바로 이루어졌다. 노무현 대통령 시절에는 국가경쟁력강화기획단이 청와대 직할로 설치되어 이들 사업을 이어 갔다. 이들 사업은 우리나라 경제발전의 디딤돌이 되었다. 이제라도 갈 길 잃은 국가 전략적 인프라 사업의 투자방향을 바로잡아야 한다.

제12장 인재, 시스템, 벤처기업

매력의 나라가 되려면 유능한 인재, 경쟁력 있는 시스템, 나름의 독특한 매력을 만들 벤처 기업이 필요하다.

유능한 인재

가수, 배우, 선수들은 무대stage를 통해 스타로 탄생한다. 스타는 무대에서 관객의 눈높이로 만들어진다. 관객의 질이 스타의 질을 결정한다는 이야기이다. 세계적 스타를 만들어 내는 국민이 1등 국민이며, 그들이 사는 나라가 1등 국가이다.

빈번한 정권교체로 우리나라는 점차 스타의 사지死地가 되고 있다. 그 대표적인 모습이 '적폐 청산'이다. '적폐 청산'이란 명분을 내세워 내 편만 기용하고 상대편은 적敵으로 몰아 제거하고 있다. 이 때문에 수많은 인재가 자신이 있어야 할 자리를 영문도 모른 채 떠나고 있다. 인사의 기본원칙인 인재 양성과 적재적소 원칙은 온데간데 없다. 자유, 창의, 혁신으로 매력을 만들어 생존해야 하는 우리나라에서 일어나선 안 될 일이다.

언제부터인지 일하는 사람보다 일하는 사람을 비난하는 사람의 숫자가 넘쳐나고 있다. 비난하기는 쉽다. 비난은 일하는 과정의 일부분만 떼내어 자신만의 기준으로 어긋남을 이야기하면 된다. 그렇지만 일하기는 정말 어렵다. 일이 이루어지는 메커니즘 전체를 이해하고 그때그때 적절히 대처해야 하기 때문이다. 일할 수 있는 사람을 찾기도, 만들기도 어렵다. 일하는 사람을 격려하고 힘을 모아 주어야 인재들이 제자리를 찾아 일할 수 있다. 그래야 우리에게 가슴 뛰는 미래가 있다.

　정권교체가 5년마다 반복되면서 권력투쟁의 방편으로 '적폐 청산' 구호와 '아니면 말고'식의 고소고발이 넘쳐나고 있다. 무리한 고소와 고발이 난무하는 이유는 이로 인한 이득이 있기 때문이다. 고소와 고발을 일삼는 사람은 일단 이로 인해 고통받는 피해자 보다 우월적인 법적 위치에 있다. 이러한 무리한 고소와 고발로 많은 기업인과 공직자들이 국회, 감사원, 검찰, 경찰 등에 이리저리 불려 다니고 있다. 사정기관들 역시 살아남기 위해 정권 입맛에 맞게 이들을 몰아 붙이고 있다. 이들 중 상당수는 수년 동안 조사, 수사, 재판 등으로 인한 심리적 압박과 경제적 부담으로 엄청난 고초를 겪는다. 그 자체만으로 이미 무거운 형량을 받은 것과 같은 고통이다. 이러한 상황에선 기업인이나 공직자 모두는 아예 논란이 생길 일을 만들지 않는 게 덕목이 되어버렸다. 이러한 상황이 계속되면 그 피해는 고스란히 국민의 몫이 된다. 더 큰 문제는 우리나라가 더 이상 매력을 만들지 못하는 나라가 될 수 있다는 사실이다.

　무리한 고소 고발로 인해 피해자가 무혐의로 판명 날 경우, 이를 사회적 범죄로 규정하고 피해자 의사와 상관없이 무고를 일삼는 사람을 처벌할 수 있는 법적 제도적 장치가 필요하다. 그래야 권력투쟁 수단의 하나가 된 무리한 고소 고발로 인한 선량한 다수의 피해자를 보호할 수 있다.

효율적 조직, 시스템 빌딩

　정부 조직은 계속해서 늘어나고 있다. 조직이 늘어나는 것은 업무량과 그리 상관이 없다. 이에 대한 대표적인 이론이 파킨슨 법칙[203]이다. 정부 조직이 늘

203　영국의 행정학자 파킨슨(Cyril Northcote Parkinson)이 1957년에 주창한 법칙으로 공무원 수는 업무량과는 직접적인 관계없이 심리적 요인에 의하여 꾸준히 증가한다는 이론으로 이를 설명하기 위해 두가지 공리를 이론적 근거로 제시하고 있다. 부하 배증의 법칙(제1공리) - 업무량이 늘어날 때 업무 재분배보다 신입 공무원의 보충을 통해서 업무 경감을 꾀하려는 '심리적 특성'이 존재한다.
업무 배증의 법칙(제2공리) - 1공리로 인해 신입공무원이 늘어나면 조직내부의 관리업무가 늘어나 업무량이 더 늘어난다. (https://namu.wiki/w/파킨슨의 법칙)

어나면 가치 높은 정책 업무보다, 규제 또는 관리업무 비중이 늘어난다. 국가 기관의 비대화는 국가 예산을 과도하게 사용함은 물론, 과도한 규제로 이어져 기업 활동과 시장 경제를 위축시킨다. 이는 국가의 생산성 저하로 이어져, 국가 경쟁력을 급격히 떨어뜨린다. 작은 정부의 청사진이 필요한 시점이다.

국가도 문제 해결을 위해 어떠한 시스템을 장착하느냐 여부에 따라 국운이 결정된다. 그 대표적인 것이 자유민주주의와 공산주의 권력구조이다. 권력구조의 선택 하나로 한반도 남쪽과 북쪽이 삶은 천양지차이다. 이외에도 탈세 방지를 위해 세무행정을 전산화 한다든지, 신용카드 소득공제로 거래를 투명화하는 방법도 시스템을 구축하여 해결 방안을 찾은 것이다. 문제가 생기면 사람이 일일이 나서 이를 해결하는 것이 아니라, 시스템을 만들어 이를 해결하는 나라가 선진국이다.

최근 스포츠에서 영상 판독시스템이 빠르게 도입되고 있다. 2024년부터 프로야구에서는 투수의 '볼' 판정을 인공지능에게 맡기는 자동투구판정시스템ABS Automatic Ball-Strike System을 도입했다. 배구, 농구 등 스포츠 여러 분야에서도 오심을 바로잡는 비디오 판독 시스템이 도입되고 있다. 이들 시스템 도입으로 경기마다 빈번히 발생하는 심판의 오심 논란이 사라졌다. 공정한 경기 운영으로 선수 기량 향상은 물론 흥행에도 성공할 수 있었다.

이러한 일들은 과거 반복적으로 문제가 발생하던 일로써 인간이 재량권으로 자의적으로 해 오던 일들이다. 그런 일들을 공정한 시스템을 만들어 해결하면, 갈등이 줄어들고 상호 협력 분위기가 조성될 수 있다.

문제가 반복됨에도 이를 해결하는 시스템을 만들지 못하는 나라는 실패한 나라이다. 한가지 예이다. 정부에서는 일자리 확보와 우리 미래를 위해 창업을 독려하고 있다. 그리고 이를 위해 막대한 예산을 투입하고 있다. 그렇지만 일자리가 크게 늘지 않을 뿐 아니라, 정부 지원을 받은 창업자들의 성공률은 거의 바닥에 가깝다. 정부가 창업을 지원하는 막대한 예산은 신용불량자를 만들기 위한 지원금으로 보일 정도다. 이런 문제가 반복되는 데도 이를 개선하는 시스템을 만들지 못하고 있다. 그 이유는 인간의 지성으로 문제를 근본적으로 해결하려고 하기보다, 임기응변식으로 형식적인 모습 갖추기, 감정을 앞세워 인적 처벌에만 치중하는 사회적 분위기 때문이다. 선진국이란 반복적을 발생하는 문제를 형식과 처벌보다, 인간의 지성으로 만든 시스템으로 풀어갈 줄 아는 나라다.

국민 안전과 편의를 볼모로 국가에서는 규제를 양산하는 모양새다. 이들 규제들이 국가 권력기관들의 생존수단으로 자리 잡아가는 느낌이다. 매력은 만들지 못하면서 국민과 기업 위에 군림하고자 하는 절대 군주와 같은 괴물Leviathan의 모습이다. 이러한 상황에서 절대 안전만을 추구하며, 이미 차고 넘치는 규제를 양산하고 있다. 이들 규제로 인해 기업들은 숨이 막혀 고사할 지경이다. 국민과 기업에 희망을 주어야 하는 정부나 국회가 역주행하고 있는 모양새이다. 이런 일이 지속되면 나라 앞날이 어찌 될지는 불 보듯 뻔하다. 국민과 기업의 희망의 불씨를 살려낼 범국가적 리더십이 절실히 필요한 실정이다.

벤처기업

정부에서 벤처기업 창업을 독려하며 많은 돈을 투입하고 있다. 강소기업을 육성하기 위해서이다. 그렇지만 벤처기업의 성공 확률은 제로에 가깝다. 몇 가지 이유가 있다.

첫째, 대기업 기득권 문제이다. 대기업은 투자를 명목으로 투자 전에 벤처기업에 모든 기술을 공개할 것을 요구한다. 그러면서, 아주 적은 돈으로 이와 관련된 모든 특허를 갖기 바란다. 그리고 돈이 된다 싶으면 자신의 연구소를 이용하여 우회 특허로 기존 특허를 무력화하는 시도를 한다. 대기업과 벤처기업 간에 공정거래가 이루어지지 않는 것이 다반사이다. 벤처기업 특허 원천성을 폭넓게 인정하고, 우회특허를 철저히 차단하는 조치가 있어야 한다.

둘째, 벤처기업의 대부분이 상용화 벽을 넘어서지 못하는 문제이다. 상용화에는 디자인, 마케팅, 유지보수 등 연구 개발과 전혀 다른 메커니즘이 작동한다. 벤처 사업가들은 신기술 개발에는 일가견이 있으나, 이를 상용화하는 노-하우 및 투자 재원은 턱없이 부족한 것이 다반사이다. 이때 필요한 것이 정부 지원이다. 정부에서 벤처기업의 연구개발은 물론, 이를 상용화하기까지 지원하는 정책이 필요하다. 이를 두고 특혜 운운하는 것은 바람직하지 않다.

셋째, 상용화 문턱을 가로막는 신제품 인증 문제이다. 현재 정부의 각부처별로 형식승인 또는 자가인증 등 인증제도가 운영되고 있다. 이를 크게 나누면 안전인증과 품질인증으로 나눌 수 있다. 안전인증은 자동차, 전기용품, 생활용품, 어린이 제품 등에 대한 안전도를 검증하는 인증이다. 품질인증은 생활용품, 건설자재, 플라스틱, 고무, 수도강관 도료, 플라스틱관 등 건설의 화학소재의 인증 등이다. 이외에도 환경경영인증ISO 14001, 품질경영인증ISO 9001, 정보보호관리체계ISMS 인증, 국방인증, 가족친화기업인증, 정보화 경영체제인증, 단체표준인증, 소비자중심 경영CCM 인증 등이 운영되고 있다. 인증 천국인 대한민국의 현주소다. 국가가 기업을 위해 무엇을 적극적으로 지원하기 보다, 기업이 하는 일을 국민의 안전과 편의를 빌미로 우월적 지위를 갖겠다는 생각에서 만들어진 제도이다.

이들 인증 기관들은 인증수수료 명목으로 인증을 받아야 하는 기업들의 돈을 받아 운영된다. 인증 수수료 자체가 벤처기업에는 큰 부담이다. 더욱 큰 문제는 신기술로 만든 제품의 경우에는 안전인증기준 자체가 존재하지 않는다. 이들 인증기준을 만드는 데만 5년 이상의 세월이 걸린다. 어떤 경우는 국제 인증기준이 없다거나, 예산 부족을 이유로 아예 국내 인증기준을 만들지 않고 차일피일 미루는 것이 다반사이다. 이것이 현실이다. 제품이 인증되지 않으면 시장에 진입할 수 없다. 그러는 동안 벤처기업은 자금줄이 말라 도산한다. 이들이 국가 예산을 지원받아 출원한 특허는 유지되지 못하고 사장되고 만다. 이것이 현실이다.

2019년 규제 완화 차원에서 샌드박스sand box 제도가 도입되었다. 복잡한 규제를 한꺼번에 처리해 주겠다는 내용의 제도이다. 자세히 내용을 들여다보면 무늬만 규제 완화다. 제품을 만들 때마다 별도 승인절차를 받아야 한다. 이런 상황에서 상용화가 가능한 수준까지 신제품을 시장에 출시한다는 것은 불가능하다. 이제 정부에서 만든 샌드박스 제도는 벤처기업의 희망고문으로 자리잡았다. 이렇듯 촘촘한 규제로 둘러 쌓인 벤처기업이 성공할 확률은 거의 제로다. 우리나라는 벤처기업 발원지가 아니라 무덤이 되어 가고 있다. 이로 인해 우리나라보다 외국에서 창업하려는 벤처기업이 늘고 있다.

이를 해결하는 방법의 하나가 인증 책임의 주체를 기업이 아닌 정부로 바꾸는 것이다. 기업이 정부에 신기술 제품을 시판하기 위한 안전인증기준 제정을 요청하면, 정부에서 2년의 기한을 정하여 안전인증기준을 만들도록 의무화하는 것이다. 정부의 안전인증기준을 제정하기 전까지는 별도의 '간이 인증' 절차를 마련하여 우선 시판을 허용하는 것이다.

전자제품의 경우에는 전기안전, 전자파, 전자기장, 에너지 효율, 환경 유해 시험의 인증 등이 있다. 이 기준은 일반적인 제품에 이미 만들어져 있는 기준들이다. 이를 원용하여 '간이 인증' 기준을 만들더라도, 국민 생활이나 안전에 미치는 영향은 그리 크지 않다. 안전이외 품질과 효율과 관련된 기준은 기업이 스스로 공표하도록 하면 된다. 언제부터인가 아주 쉬운 문제를 매우 어렵게 푸는 것이 습관이 되고 있다. 그 이유는 문제가 발생하면 그 문제의 원인을 살펴 이를 치유하기 보다, 사람을 처벌하는 분풀이 문화가 지속되고 있기 때문이다. 너무나도 오랫동안 지속되어 온 비정상을 정상으로 되돌려 놓을 때가 되었다.

에필로그

2017년 8월 코레일을 떠나, 과학기술연합대학원 대학, 한서대학교로 자리를 옮겨 집필을 시작한 지 8년의 세월이 흘렀다. 이 오랜 세월은 세상을 돌아보며, 나 자신과 대화하며 지성의 목소리를 듣는 소중한 시간이었다. 그 소리를 담아 이번에 〈매력의 시대, The Power of Attractiveness〉라는 책을 출간했다. 2015년 〈HUB-거리의 종말〉이라는 책자를 출간한지 10년 만의 일이다.

국토교통부, 철도기술연구원, 카이스트, 인천시, 코레일에 근무하면서 넘쳐나는 현안 문제를 해결하고 미래를 대비하기 위한 혁신을 하느라 하루하루 바쁜 나날을 보냈다. 돌이켜 보면, 인생 내내 정열을 바쳤던 혁신은 매력을 만들기 위한 몸부림이었다.

인류는 생존을 위협하는 수많은 난제를 풀어가며 생존을 이어왔다. 앞으로도 더욱 많은 난제들이 우리 인류 앞에 놓이게 될 것이다. 이제 매력의 힘으로 살아야 하는 〈매력의 시대〉이다. 가치 높은 매력을 만들면 죽다가도 살아남을 것이고, 어떠한 매력도 만들지 못하면 살다가도 죽을 것이다.

이 책에서 인류의 미래를 가늠할 매력이란 화두로 여러 가지 담론을 벌렸다. 그 담론은 인간의 본질, 세상을 움직이는 권력과 매력의 힘의 실체, 어떻게 매력을 만들고, 가치를 높일 수 있는지 등등에 심도있는 논의를 하고자 했다. 아울러 현안으로 떠오르는 인구, 공간과 주택, 산업과 기업, 소득과 일자리, 에너지, 인프라, 인공 지능, 미래 컴퓨터, 우주 개척 등에 대한 나름의 생각과 고민을 적었다.

새롭게 제기되는 문제의 해결 실마리를 찾아가는 과정에서 그동안 경험하고, 공부하고, 토론했던 인문, 경영, 경제, 과학, 기술, 법률 등의 지식은 물론, 각종 서적과 인터넷의 방대한 자료들은 집필에 큰 도움이 되었다.

　참고로 저자가 공직생활을 하는 동안 교통부, 건설교통부, 국토해양부, 국토교통부 등으로 부서의 명칭이 바뀌었다. 독자의 이해를 돕기위해 이 책에서는 이들 부서 명칭은 가장 최근의 부서 명칭인 국토교통부로 통일했다는 말씀을 드린다.

감사의 말씀

글을 써 나갈수록 많은 부족함을 느꼈다. 그럴 때일수록 한 발 물러나 그 부족함이 무엇을 의미하는지를 끝없이 물었다. 이러한 물음의 방황 속에서 지인은 물론, 다수의 작가, 유튜버, 블로거, 기자 등 여러분들이 제게 깨달음의 기회를 주었다. 이 자리를 빌려, 통찰의 기회를 주신 여러분께 감사의 말씀을 드린다.

그동안 가치 높은 매력을 만드는 혁신을 함께 해 준 국토교통부, 철도기술연구원, 카이스트KAIST, 인천광역시, 코레일 전현직 동료 직원분들에 대해서도 감사 말씀을 올린다. 어려웠던 시절에 나름의 영감을 주시고 지원을 아끼지 않으신, 강동석 전 국토교통부 장관님, 얼마 전 고인이 되신 정종환 국토교통부 장관님, 최중경 한미협회 회장님(전 산업자원부 장관), 유정복 인천시장님, 함기선 한서대 학교 총장님, 한만희 해외건설협회 회장님, 이한준 한국주택공사LH 사장님, 조동호 와이파워원 대표님(전 카이스트 부총장)께도 감사 말씀을 올린다. 특히, 코레일에서 수많은 매력을 만드는 혁신에 동참해 주신 당시 유재영 부사장은 물론, 한문희 전 코레일 사장, 정정래 부사장 등 여러 직원 분들께 감사 말씀을 드린다.

아울러 집필 과정에서 격려와 도움 말씀을 주신 오랜 친구인 함기수 원장님, 박종흠, 김수곤 항공진흥협회 전현직 부회장님, 함현정 이대영 회장님, 최재유 부회장님 등 동료 여러분께도 감사 말씀을 드린다. 서평을 주신 문길주 고려대 석좌교수님(전 KIST 원장, UST 총장), 최기주 아주대 총장님께도 감사의 말씀을 드린다. 수십 차례의 퇴고推敲에도 묵묵히 이 책의 출간을 지원해 주신 이일화 작가님, 백유창 더테라스 출판사 사장님, 디자이너 분께도 진심으로 감사 말씀을 드린다.

마지막으로 인생 내내 어려움과 기쁨을 함께하며, 내 곁을 꿋꿋하게 지켜온 아내, 그리고 딸과 사위, 아들과 며느리, 다은, 채원 두 손녀에게도 이 자리를 빌려 깊은 사랑의 마음을 전한다.